Allgemeine Menschenkunde
als Grundlage der Pädagogik

일반 인간학

교육의 기초인
인지학적 인간 이해

Rudolf Steiner:
Allgemeine Menschenkunde als Grundlage der Pädagogik (GA 293) © Rudolf Steiner Verlag, Dornach
Korean language edition:
© 2023 Korea Anthroposophy Publishing, Seoul

루돌프 슈타이너 전집 교육학 2

일반 인간학

교육의 기초인 인지학적 인간 이해

1판 1쇄 발행 2023년 6월 10일

지은이. 루돌프 슈타이너
옮긴이. 여상훈

발행인. 이정희
발행처. 한국인지학출판사/한국슈타이너인지학센터 www.steinercenter.org
주소. 04090 서울특별시 송파구 마천로 76 성암빌딩 5층
전화. 02-832-0523
팩스. 02-832-0526

기획제작. 씽크스마트 02-323-5609

ISBN. 979-11-92887-02-9 (03370)

이 책은 한국인지학출판사가 스위스 도르나흐 소재 "루돌프 슈타이너 유고관리기구Rudolf Steiner-Nachlaßverwaltung"의
허락을 받아 1997년 강연록 대조 7차 개정판을 텍스트로 하여 번역 출간한 것입니다.
이 책의 내용, 디자인, 이미지, 사진, 편집구성 등을 전체 또는 일부분이라도 사용할 때에는 발행처의 서면으로 된 동의서가
필요합니다. 이 도서의 국립중앙도서관 출판예정도서목록(CIP)은 서지정보유통지원시스템 홈페이지(http://seoji.nl.go.kr)와
국가자료공동목록시스템(http://www.nl.go.kr/kolisnet)에서 이용하실 수 있습니다.

이 책은 사단법인 한국슈타이너인지학센터, 인지학 출판프로젝트 2025, 벨레다 코리
아, 장구지, 권영완, (주)삼아알미늄의 특별후원으로 제작되었습니다.

후원계좌 | 신한은행 100-031-710055 인지학출판사

Allgemeine Menschenkunde
als Grundlage der Pädagogik

일반 인간학

교육의 기초인
인지학적 인간 이해

루돌프 슈타이너 저 · 여상훈 역

한국인지학출판사
KOREA ANTHROPOSOPHY PUBLISHING

일러두기

- 본문 하단의 모든 주석은 옮긴이가 작성한 역주입니다. 역주의 내용에 대한 책임은 온전히 옮긴이에게 있습니다.
- 본문 중에 * 표시가 있는 낱말이나 구문에 대해서는 원서 발행인들이 붙인 주석이 있으며, 권말의 "본문 주석"에 해당 쪽수와 함께 수록되어 있습니다.
- 독일어 병기는 1996년 개정 독일어 표기법을 따랐습니다. 그러나 루돌프 슈타이너 전집 (GA)의 서제와 내용을 직접 전재할 때는 개정 표기법으로 고치지 않고 출판물의 표기와 동일하게 적었습니다.

루돌프 슈타이너의 강연집 발간에 부쳐

정신과학을 형성하는 바탕은 루돌프 슈타이너(1861~1925)가 인지학을 근간으로 집필하고 발간한 저작물들이다. 또한 슈타이너는 1900년부터 1924년 사이에 일반인에게 공개한 다수의 강연회를 가졌고, 신지학협회(훗날 인지학협회로 개명)의 회원만을 대상으로 한 수많은 강연을 행하며 세미나를 개최했다. 그는 원래 원고 없이 행한 자신의 강연 내용이 출판되는 것을 원치 않았다. "출판을 전제로 하지 않은 구두 강연"이라는 이유였다. 하지만 강연이나 세미나에 참가한 사람들의 불완전하고 오류투성이인 필기물이 점차 퍼지게 되자 강연 녹취 방법을 조절할 필요를 느꼈다. 그리고 그 일을 마리 슈타이너 폰 지버스에게 맡겼다. 이로써 속기록 작성자들을 위한 작업 규칙, 필기 기록 관리, 출판을 위한 교열은 모두 마리 슈타이너의 책임하에 이루어지게 되었다. 루돌프 슈타이너는 작업 시간이 많이 부족하여 모든 필기 기록을 직접 수정하지 못했고, 그래서 모든 강연록 출판물에 대해, "내가 직접 수정하지 않은 출판물은 오류가 들어 있어도 그대로 내는 수밖에 없습니다" 하고 말했다.

마리 슈타이너(1867~1948)가 세상을 떠난 뒤, 그녀가 정한 원칙에 따라 슈타이너 전집의 발간이 시작되었다. 이 책은 그 전집에 속한다. 이 발행본에 관한 자세한 내용은 책 말미의 판본 설명 첫 부분을 참조하기 바란다.

5

이 발행본에 관하여

인간의 탄생과 죽음 사이의 발달 과정에서 일어나는 모든 것뿐 아니라 인간의 탄생 이전과 죽음 이후의 일까지 현장에서 고려하는 것을 당연시하는 교육은 1919년 당시로서는 전례 없는 것이었으며, 오늘날에도 여전히 새로운 일이다.

이 책에 실린 강좌들은 《교육예술. 교수방법론》 및 《교육예술. 세미나 토론과 교과 과정 강좌》와 더불어 루돌프 슈타이너 학교 또는 발도르프 학교에서 가르치는 모든 교사가 갖추어야 할 기본 도구이다. 이렇게 세 부분으로 진행된 교사 교육 과정의 의도에 대해 루돌프 슈타이너는 1919년 9월 7일의 슈투트가르트 발도르프 학교 개교 기념식에 행한 인사말에서 다음과 같이 말했다. "그래서 우리의 발도르프 사업에 앞서 교사들을 위해 이루어진 교육 과정에서 우리는 인류학과 교육학의 기초를 마련하여, 그것이 인간 안에 있는 죽은 것을 다시 살려 내는 교육예술이자 인간학이 되도록 했습니다."

하지만 이 교사 교육 강좌는 학부모를 포함해서 인간의 성장발달을 둘러싼 질문에 부딪히는 모든 이에게 대단히 큰 도움이 된다. 이 강좌는 신경 감각 체계, 리듬 체계, 신진대사-사지 체계 등에서 나타나는 주요 기능을 중심으로 인간의 몸을 다루는 데 그치지 않고, 내적(영혼적) 활동의 다양한 층위, 그리고 그것과 신체 및 정신 자체의 관계까지 다룬다. 나아가 인간 안에 있는 정신적인 것, 여러 의식 상태(깨어 있는 상태, 잠자는 상태, 꿈꾸는 상태)의 기능과 발달 및 그 상태들의 상호 관계 등에 관한 루돌프 슈타이너의 견해가 이 강좌에서 또 하나의 중심 내용을 구성하고 있다. 그리고 교육과 사회, 교육과 건강, 교육과 도덕이라는 또 다른 중심 주제들도 대단히 다양한 관점에서 다루어진다.

발터 쿠글러Walter Kugler

내일도 길어 올릴 샘물

수맥의 실줄기까지 살피며 깊게 파고 들어간 교육의 큰 우물 뚜껑 하나를 활짝 연다. 《일반 인간학 ─ 교육의 기초인 인지학적 인간 이해》의 출간은 오랜 숙원을 이룬다는 마음에서 용어 정리와 발행인의 원문 대조까지 채비 과정이 유난히 길었다. 마지막 순간까지 심혈을 기울인 역자의 주석과 신중에 신중을 다한 번역문 덕분에 루돌프 슈타이너 박사가 우리에게 직접 "인간의 본질"을 조곤조곤 설명하는 듯하다. 대한민국의 올바른 교육 문화를 갈망하는 사람들, 그리고 수십 년간 고착된 교육 난제에도 좌절하지 않고 다양한 형태로 아이들을 만나는 교육자들에게 《일반 인간학》이 새로운 활력과 교육적 상상력을 더해 줄 수 있기를 간절히 소망한다.

이런 소망과 바람을 품게 된 과거의 순간들이 주마등처럼 스친다. 그동안 수차례 국제 행사를 통역하며 경험한 《일반 인간학》과 관련된 장면들, 특히 30년 전 자칭 교육 대통령이 단행한 "5.31 교육 개혁"의 여파로 "창의 교육"을 찾아 나선 공교육 교사들과 사교육의 부작용을 인식한 학부모들을 만난 시공간이 영상처럼 재생된다. 발도르프 교육 자료를 갈구했던 이들이 바로 발도르프 교육의 수용사를 쓴 초기 주인공이었고, 이들의 열정이 나를 발도르프 교육의 지킴이로 이끌었음을 새삼 확인한다. 그런 내면의 동인이 담긴 사진첩을 넘겨본다.

1980년대 독일에서 처음 발도르프 교육예술 입문서를 읽고 음미했던 긴 여운이 40년이 흐른 지금도 생생하다. 대한민국의 대학가가 민주화를 열망하며 늘 어수선했던 시절, 나는 "사회 발전과 시민 의식의 성숙은 교육에서 출발한다"는 소신으로 1983년 유학길에 올랐다. 바실리 칸딘스키의 초기 추상화에 영향을 미친 영감을 추적하다가 루돌프 슈타이너의 인지학을 만났고, 그 응용 분야를 하나씩 따라가다가 발도르프 교육학 자료를 잠깐 탐독했다. 한국의 교육 현실과 비교하여 신선했기 때문이다. 인간의 정신적 본질을 인정하여 저마다의 개별성을 존중하는 교육, 머리만이 아니라 가슴과 손을 움직이는 학교, 아이들이 배움에 대한 두려움 없이 창의적으로 성장하도록 돕는 예술적인 교수방법론이 신기했다. 유학 초기에 누구나 느끼듯, 한국의 주입식 교육이 창의적인 사고에 얼마나 걸림돌이 되는지 통감했기 때문일까?

　　발도르프 교육에 대한 나의 관심은 의식의 표면에서 물러나 있다가, 1994년 귀국하면서 조금씩 구체화되었다. 물질적 풍요를 누리는 한국인의 소비 문화에 한껏 위축된 나는 이방인의 시선으로 주변을 관찰했다. 어쩌다 '소비가 미덕'인 나라가 되었나? 88올림픽의 댓가일까? 민주화의 결실은 어디에서 찾을 수 있는가? 사교육 열풍을 당연시하는 교육 현실은 80년대보다 훨씬 심각해 보였다. 매스컴에서 교육의 대전환으로 홍보하는 "5.31 교육개혁"이 과연 공교육의 폐해를 줄일 수 있을까? 유아기에서 청소년기까지 인간의 성장을 지배하는 맹목적인 교육열, 조기 영어 교육과 주입식 선행 학습, 이른바 비행 청소년 문제, 입시 경쟁 등은 불치병으로 보였다. 이 정도면 개혁이 아니라 혁명이 필요한 것 아닌가? 이렇게 구시렁거릴 때, 유학생들끼리 돌려보던 고국 신문의 기사 한 조각에 충격을 받았던 기억이 떠올랐다. 민주화 항쟁이 연일 절정에 달하던 1980년대 중반, 어느 여중생이 지상에 남긴 마지막 말, "행복은 성적순이 아니잖아요!" 가슴이 뻐근했던 느낌이 되살아났다.

　　그해 여름방학에 나는 의무적으로 쓰던 독어독문학 분야 논문을 서둘러 제출했다. 그러고는 학자로서 현실 참여를 하겠다는 결의로 비전공 분야의 번역 봉사를 시작했다. 내적 동기는 단순했다. 세계 곳곳에서 실천하고 있는 "아이를 살리는 교육"을 우리 사회에 알리고 싶었다. 발도르프 교육의 얼개를 소개한 소책자 《정신과학에서 바라본 아동교육》을 야심 차게 붙잡았다. 인류 복지를 위한 미래 교육의 기본 원칙을 제시한 루돌프 슈타이너 박사의

1907년 베를린 강연문이 시의적절해 보였다. 그가 말하는 "새 교육"이란 정신적 존재인 아동에게 미리 정해진 교육 프로그램을 넣어 주는 것이 아니라 아이 스스로 발달할 수 있도록 뒷받침하는 일이다. 그의 논조는 명확했지만, 초반부터 생소한 용어들과 씨름해야 했다.

그 무렵, 유네스코가 추천한 "창의 교육의 모델 – 세계적인 발도르프 교육" 사진전시회와 국제 심포지엄이 독일문화원에서 열리고 있다는 소식을 들었다. 겨우 마지막 강연과 토론회만 목격할 수 있었다. "한국에는 몇 년 사이 학교 폭력과 청소년 문제가 부쩍 늘고 있는데, 독일은 어떤가요? 발도르프 학교에서는 이런 문제를 어떻게 처리하나요?" 절박한 질문에 확신에 찬 답변이 돌아왔다. "어느 곳이든 크고 작은 학교 폭력은 일어납니다. 독일에서는 집단 따돌림 문제도 심각합니다. 그런데 발도르프 학교는 발생한 문제를 수습하기보다 오히려 예방에 주력합니다!" 참석자들은 그 예방책을 캐물었다. 교육적 처방전을 얻어내려는 간절함이 관찰자인 나에게 안타깝게 들렸다. 국제 행사 관계자들, 독일에서 온 발표자들과 인사를 나누고 산란한 심경으로 귀가했다. 얼마 후 독일처럼 집단 따돌림 현상이 사회 문제로 떠올랐고, "왕따"라는 신조어가 등장했다. 우리 교육의 현안을 풀기 위해 "바로 지금" 발도르프 교육이 긴요하다는 생각이 들었다. "왕따"의 첫 번째 희생자가 발생한 시점에 한동안 중단했던 번역을 다시 잡았다.

어느 날, 발도르프 정기 모임에 참석했다. 사진전시회를 계기로 루돌프 슈타이너의 "새 교육"을 공부하고 발도르프 방법론을 나누는 자리라고 했다. 한번은 어느 수녀님의 배려로 미아동 서울애화학교에서 월례회가 있었다. 내가 주제 발표를 했고, 우리는 루돌프 슈타이너의 특이한 용어에 관해 집중적으로 토론했다. 참석자들의 열정과 진지함이 나에게 고스란히 전달되었지만 머릿속의 질문은 여전했다. 이들이 목말라하는 것은 무엇일까? 발도르프 교육론의 이해 없이 급한 대로 방법론만 구하는 것은 아닐까?

발도르프 교육에 대한 이들의 관심에 힘을 보태고자 나는 한길사로 향했다. 그 동안 틈틈이 번역해 놓은 《슈타이너》의 출판권 때문이었다. 그리고 내 발걸음은 한국발도르프교육협회가 주관하는 국제 행사의 통역 봉사로 이어졌다. 1998년 여름 아카데미의 한 장면이 선명하다. 강의 주제는 아동발달론이었다. 먹먹한 심정에 나는 잠시 통역을 멈춘 적이 있다. 늘 앞줄을 차지한 열성파 학부모와 공교육 교사 몇 명이 수업내용을 열심히 받아 적으며 공감의 눈물을 연신 훔치고 있었다. 열흘간의 연수를 마치고 이들은 강사에게 진지하게 물었다. "발도르프 교사를 위한 지침서가 따로 있나요?" 초빙강사는 친절하게 답했다. "발도르프 교육을 실천하려면 먼저 《일반 인간학》을 깊이 이해해야 합니다. 저는 20년 전부터 그 책을 읽고 있습니다." 국내 교육학 학술지에 발도르프 학교가 겨우 이색적인 대안교육으로 소개되던 시절이었으니,《일반 인간학》은 우리에게 낯선 도서명이었다.

　　그해 부활절 즈음, 나는 원고 없는 특강을 무사히 통역하기 위해 초빙 강사 슈테판 레버 교수를 만나 강의의 윤곽을 들었다. 슈투트가르트 발도르프 사범대학장으로 해외 발도르프 교육운동의 지원을 주도하는 인물답게 그는 한국의 교육 상황을 세세히 물었다. 교실 붕괴와 경쟁 교육이 빚어낸 "자살 사건"이 잦던 때여서 이것저것 진솔하게 설명했다. 발도르프 교육자의 진단은 간결하고 확고했다. "한국은 일본만큼이나 주입식 교육의 강도가 센 나라입니다. 학생들이 스트레스에 시달리기 때문에 학교 폭력도 계속 늘어날 겁니다. 미래를 위해 발도르프 교육이 절실해 보입니다!" 그러고는 덧붙였다. "슈타이너 교육이 실천되려면 번역 자료들이 필요합니다. 발도르프 교육운동을 위해 당신의 독어독문학 전공이 활용되면 뜻 깊은 일이 아닐까요?" 노련한 교육자는 우리의 미래를 조망하며 "나"라는 개인에게 말을 던지기 시작했다. 의미심장한 분위기 속에서 발도르프 교육이 내 운명으로 다가오는 느낌을 받았다. 이에 더하여 발도르프 교육에 뜻을 함께하는 동지들이 나를 설득했다. "제7차교육과정에서 말하는 창의성을 키우려면 발도르프 교육이 필요합니다. 어린아이들을 위해 발도르프 유아교육부터 소개해야 합니다. 슈타이너 교육학을 좀 더 적극적으로 전달할 전문가와 전문교육기관이 있어야 하지 않을까요?" 이들의 말에 공감은 했지만, 봉사활동으로 여기던 발도르프 교육을 일생의 과제로 삼기에는 고민의 시간이 필요했다. 그 사이 《슈타이너》(이정희 역, 한길사, 1999)가 발간되었다. 어느 날 문득, "그래! 순수 학문의 쓰임새가 교육의 변화에 보탬이

된다면!" 내면의 소리에 따라 대학 활동을 결연히 정리했다. 첫 번역서의 저자인 슈투트가르트 발도르프 사범대학 린덴베르크 교수에게 직접 전달할 책을 짐 속에 찔러 넣고, 1999년 3월에 나는 다시 한 번 유학길에 올랐다.

두 번째 독일 유학 생활은 "위임받은 목표"를 수행하느라 분주했다. 발도르프 담임교사 집중 코스 입학자 25명은 각국에서 모였다. 독일, 이스라엘, 호주, 뉴질랜드, 루마니아 친구들은 교육예술 방법론을 습득하기에 주력했지만, 나는 처음부터 훗날 교생실습 시기에 이르도록 루돌프 슈타이너의 교육철학과 발도르프 교육의 본질을 캐는 데 집중했다. 첫 번째 교생 실습을 준비하는 기간에는 《일반 인간학》 세미나가 있었다. 독일 학생들은 카르마, 탄생 이전과 죽음 이후를 포함하는 루돌프 슈타이너의 교육 철학에 동의할 수 없다는 식으로 끈질기게 토론했다. 역사학, 심리학, 사회학을 전공했다는 친구들은 단골 논객으로 매시간 활화산처럼 타올랐다. 발도르프 교육에서 촉구하는 "인간 전체"를 개념적으로 파악하여 수긍하는 데 한 걸음씩 나아가는 과정, 교육예술 방법론의 올바른 적용과 아동관찰을 위해 발도르프 예비교사들이 《일반 인간학》의 농축된 내용을 되새김질하는 극적인 모습에 나는 깊이 빠져들었다.

2차 교생실습이 시작된 2000년 봄, 한국에서는 발도르프 동지들이 순수한 열정을 모아 〈한국슈타이너인지학센터〉를 설립했다. 인지학과 발도르프 교육 자료가 태부족인 상태에서 전문교육기관의 탄생은 "조산"이라는 염려도 들렸다. 이런 우려를 씻기 위해 나는 귀국 직후 전문교육기관의 외적 형태를 만드는 동지들을 도와 교육 내용을 채우는 데 전력을 다했다. 개척기에 필요한 발도르프 계몽 도서들을 번역했지만 매번 외부 출판사에 읍소해야 했다. 지속적인 교육 운동을 위해 우리는 "독립출판사" 설립을 추진했다.

2003년 독일과의 공식 교류가 성사되어 발기인들의 소망대로 발도르프 영유아 교육예술가 전문과정을 개설했다. 슈투트가르트 발도르프 유아교육대학의 커리큘럼에는 《일반 인간학》이 녹아 들어 있을 뿐, 과목명은 따로 없었다. 10년 후 "혁신학교" 운동이 전국적으로 퍼져나갈 때 발도르프 학교 담임교사 양성코스를 시작했다. 이때부터 필수 과목인 《일반 인간학》 강의는 학기별 초빙교수에 따라 다양한 방식으로 이루어졌다. 2018년 마르셀 선생님의 질의응답이 한국인지학출판사의 출간 목록을 재배열하는 계기가 되었다. 《일반 인간학》의 발행이 시급해 보였다. "발도르프 교사들이 그렇게 학생 개개인을 존중하고 맞춤형 개별 지도를 하다 보면 지치지 않습니까? 그럴 때는 어떻게 재충전하나요? 교육예술 방법론은 스스로 개발할 수 있나요?" 노장 교수의 대답에 나는 그의 내공을 직감하며 감탄했다. "제가 현직에 있을 때는 여름방학에 제일 긴 휴식기간을 가졌습니다. 그때마다 《일반 인간학》을 정독했지요. 그러면 수업 중에 잘 안 풀렸던 순간들, 특정 아동을 지도할 때 아쉬웠던 점이 해결되고, 무엇보다 학기 중에 쌓인 피로와 무력감이 씻겨 나갑니다. 그래야 새로운 교수 방법을 구상할 영감을 얻을 수 있죠. 이번 서울 아카데미를 준비하면서도 나는 그 책에서 교육학의 '샘물'을 새로이 길어 올렸답니다!" 담담하게 들려준 《일반 인간학》 체험담은 연수생들의 내면을 사로잡는 분위기를 자아냈다. 모두들 발도르프 교사의 전형적 인물상을 마주하는 가운데 그가 들려주는 말을 귀에 담아 행동으로 옮기겠다는 눈빛을 보였다.

　　코로나 팬데믹으로 영유아 및 학교 담임교사, 수공예와 오이리트미 전문교사를 위한 코스 등 발도르프 교육운동의 여러 갈래가 마비되었다. 긴 공백을 뚫고 2021년 모든 교육생에게 필수 과목인 인간학 강좌를 비대면 수업으로 기획했다. 코로나 위기가 전화위복이 된 느낌이었다. 학기별로 분절하여 다루던 《일반 인간학》을 1년에 걸쳐 이어갈 수 있었으니 말이다. 어려운 시기에 온라인 방식으로 수락한 생물학자 엘마르 슈뢰더 교수는 루돌프 슈타이너가 의도한 과학적 접근 방식으로 인간학의 내용을 전개했다. 통역을 맡은 여상훈 선생님의 저력을 통해 화상 수업은 매끄럽게 전달되었다. 참석자들의 활동 현장은 다양했지만 배움의 자세는 한결같이 적극적이었다. 인지학자로서 30년간 발도르프 학교에 헌신한 경험이 녹아 있는 연속강의는 수용 초기부터 "창의적인 대안 프로그램"으로 환영받은 발도르프 교육의 원동력을 새삼 깊게 조망하는 기회였다.

　　대장정의 수업이 참석자들에게 큰 공명을 일으킨 속사정은 무엇일까? 필립 쿰스가 1968년 유네스코에서 제도교육의 문제점으로 보고했던 획일성, 개인성 상실, 순응성 등을 조장하는 "세계 교육의 위기"에 휩쓸리지 않고,

100년을 지켜온 성공적인 독일 "개혁 교육"의 근간을 체계적으로 알고자 하는 의욕이 그만큼 큰 것이 아니었을까? 1995년에 선포된 대한민국의 "5.31 교육 개혁"을 다시 돌아본다. 문민정부의 출범과 함께 추진된 "열린 교육, 창조적 인간, 교육의 다양성"은 그동안 얼마나 실현되었는가? 해방 100년을 향해 대한민국의 교육 전환을 새롭게 추진하겠다는 이른바 "제2의 5.31 교육 개혁"이 어떤 변화를 가져왔나? 역대 정부마다 쏟아낸 교육 정책은 한낱 시나리오에 불과해 보인다. 뿌리 깊은 "줄 세우기 교육"은 여전하니 말이다. 지금 새 정부 역시 제4차 산업혁명 시대에 맞는 교육 생태계의 대전환을 역설하지만, 그 속내는 여전히 구태의연한 "대입개편안"에 머물고 있다. 초등학생 사교육비는 2022년에도 다시 한 번 폭증했다. "경쟁 교육의 난마"는 누가, 언제, 어떻게 잘라 낼 수 있을까? 한국이 세계 최저 출산국가가 된 이유 역시 비참한 경쟁 교육의 시스템과 무관할까?

괴테 연구자이며, 철학자, 정신과학자, 평론가로 활동한 루돌프 슈타이너는 무엇보다 매순간 성장하는 아이의 존재를 눈에 보이는 신체적 차원을 넘어 영혼적, 정신적 측면에서 통찰하여 교육할 것을 교육의 주체인 교육자를 향해 주문했다. 단말마적 외침에서 우리 아이들을 구하려면 "더 늦기 전에" 교육에 관심있는 모두가 인간에 대한 외적, 내적 관찰과 아이 본성에 대한 존중, 아동 발달에 대한 올바른 파악을 새롭게 시도해야 한다.

한국인지학출판사에서 발행하는 《일반 인간학 - 교육의 기초인 인지학적 인간 이해》가 널리 퍼져 나가길 희망한다. 특히 한국의 백년대계 교육을 꿈꾸는 사람들에게 튼실한 디딤돌, 언제나 기댈 수 있는 "백년지기"가 되길 염원한다. 그리고 통역 봉사 시절에 만났던 사람들, 발도르프 교육의 실천을 갈망하던 모든 세미나생이 우연히라도 이 책을 만나길 소망한다.

2023년 4월 5일, 목천에서 이정희

《일반 인간학》을 깊이 읽는 방법

1919년 독일 슈투트가르트에서 최초의 발도르프 학교가 문을 열었습니다. 제1차 세계 대전이 끝난 지 1년이 지난 시기였습니다. 끔찍한 전쟁의 폐허 위에 모든 생활 기반이 새롭게 구축되어야 했습니다. 이런 상황에서 발도르프-아스토리아 담배 공장의 대표 에밀 몰트는 루돌프 슈타이너 박사에게 노동자 자녀들을 위한 학교의 설립을 제안했습니다. 루돌프 슈타이너는 제1차 세계대전과 무관하게 이미 20세기 초엽에 미래를 위한 교육을 구상하여 베를린에서 강연회를 가진 적이 있었습니다만, 에밀 몰트의 현실적이고 구체적인 요청을 받고는 인류 발달을 위해 사회적 자극을 줄 수 있는 완전히 새로운 학교를 만들어 냈습니다. 당시의 독일 교육 제도를 개선한 "대안학교"가 아니라 교사가 교과서 없이 수업하고 교장 없이 운영하는 세상에 없던 "혁신 교육 모델"을 실현한 것입니다. 소박하게 출발한 최초의 발도르프 학교는 100년이 지나 세계의 모든 문화권에서 발도르프 교육 운동으로 이어지고 있습니다.

루돌프 슈타이너는 첫 학교의 교사진이 말 그대로 "혁신 수업"을 이끌 수 있도록 14일에 걸쳐 연속 강의를 진행했습니다. 현대의 독자가 이 열네 편의 강의록을 제대로 읽고 파악하기란 쉽지 않습니다. 인간의 삼중 구조를 다룬 이 강의는 철학, 신학, 심리학을 포함하여 자신이 30년간 연구한 내용을 인지학의 관점에서 농축하여 담은 것이기 때문입니다. 그러니 그 내용을 흡수하려는 독자는 먼저 농축된 것을 희석하고 압축된 것을 풀어 내야 합니다. 1920년 루돌프 슈타이너가 한 말처럼 말입니다. "인간학은 우리가 연구하고, 명상하고, 기억해야 할 대상입니다."

2017년 여름을 시작으로 몇 차례 사단법인 한국슈타이너인지학센터의 발도르프 담임교사 양성과정에서 인간학을 강의했습니다. 한국의 세미나 참석자들이 보였던 배움의 열정은 대단했습니다. 이번에 새롭게 번역, 출간되는 《일반 인간학》이 여러분에게 잘 소화되고 흡수되어 한국에서 인간학적 교육학이 올바르게 실천되길 희망하며, 루돌프 슈타이너가 제시한 방향을 참고하여 제가 네덜란드 헤이그의 발도르프 학교에서 25년간 재직하며 실천한 인간학 공부법을 예시적으로 소개해 드립니다.

인간학의 연구

《일반 인간학》을 연구하여 고농도의 내용을 이해하는 데는 "함께 사고"하고 "깊이 생각"한 다음에 "스스로 생각"하는 세 단계의 과정이 필요합니다.

- 함께 사고하기: 루돌프 슈타이너의 사고 과정을 따라가려면 먼저 우리의 사고가 유연해져야 합니다. 독자의 사고가 유연해야 그가 생각하는 길을 함께 걸을 수 있습니다. 루돌프 슈타이너의 설명에는 간간이 논리적인 비약이 들어 있습니다. "그러므로"라는 말로 이어지는 다음 문장이 앞 문장에서 논리적으로 이어지지 않을 때가 있습니다. 이런 대목은 우리에게 선입견 없는 자세를 요구합니다. 예를 들어 열세 번째 강의에서 신경 생성과 정신의 관계를 논하는 부분은 논리적이지 않아 보입니다. 정신은 사지를 타고 흐르다가 뇌에 이르러 전복되고, "그로 인해" 신경이 생긴다고 합니다. "미시시피 강"의 모래 침전을 비유로 정신이 물질을 내보내고 신경이 만들어진다고 말합니다. 이런 사고 전개를 따라갈 때는 우리 자신의 판단을 내려 놓고 선입견 없이 지각하여 "함께 사고"하는 과정을 거쳐야 이해가 쉬워집니다.

- 깊이 생각하기: 앞의 예처럼 신경과 정신에 대한 강연을 접하면, 우리는 루돌프 슈타이너의 사유 과정을 자발적으로 깊이 생각할 수 있을지 우리 자신에게 물어봅니다. 그리고 책을 덮고는 기억을 되살려 타인에게 그 내용을 이야기해 봅니다. 그런 과정에서 우리는 어떤 대목을 잊어버렸는지 찾아낼 수 있습니다. 그리고 우리는 그 내용에 대해서 아직 아무것도 덧붙이지 않은 상태

로 있어야 합니다.

- 스스로 생각하기: 이 세 번째 단계에 이르러 우리는 비로소 뭔가를 추가합니다. 그리고 묻습니다. 나도 그것을 스스로 생각할 수 있을까? 루돌프 슈타이너가 말한 것을 나 자신의 말로 표현할 수 있을까? 그런 다음 매 단락마다 요약하고 더 압축하여 한 단어 또는 개념의 쌍으로 표현해 봅니다. 예를 들어 열세 번째 강의의 핵심은 "신경과 피"라는 개념의 쌍으로 말할 수 있을 겁니다. 이런 식으로 강연의 내용 전체를 해체하고 재구성해 봅니다.

인간학의 명상

루돌프 슈타이너가 교사들에게 말한 명상이란, 일반적으로 행하는 명상과 다릅니다. 즉, 이전에 생각한 글귀나 읽고 주목한 문장을 것을 떠올리며 가슴으로 따뜻하게 하는 것입니다. 명상의 결과물을 말로 공유하기는 어려우니 예술적으로 표현해 보면 좋습니다. 예술을 통해 우리는 사고하는 머리를 떠나 의지의 영역으로 들어갑니다. 예를 들어 공부한 내용을 다양한 방식으로, 즉 색채로, 스케치로, 그림으로, 오이리트미 동작이나 조소 작업, 또는 잠언으로 재현해 봅니다.

다른 사람의 작업 결과를 지각하고, 그 사람이 생각하고 표현한 것을 말로 설명합니다. 가령 첫 번째 강의에 대하여 어떤 사람은 이렇게 말합니다. "나는 당신의 묘사가 정신적 세계와의 결합과 관련돼 있다는 것을 알 수 있습니다." 누군가는 또 이렇게 말합니다. "그것은 잠자는 것과 깨어 있는 것의 관계입니다." 타인의 진술을 종합하며 다시 한 번 살펴봅니다. 여기서 놀라운 점은 자신의 주된 생각이 타인의 생각과 거의 일치한다는 사실입니다. 다른 사람의 그림에서 우리 자신이 중요하다고 생각한 것을 다시 발견하게 됩니다. 이렇게 명상 작업을 통한 선물을 서로 주고받습니다.

인간학의 기억

우리가 무엇인가를 기억할 때는 이전에 사고했던 것을 다시 의식하여 떠올리는 경우가 대부분입니다. 하지만 여기서 말하는 기억이란 의지와 관련된 하나의 과정이며, 따라서 인간학을 다양한 단계로 연구하고 나름의 방식으로 명상한 다음에는 그 내용을 가지고 잠들고 우리 자신을 돌보는 일에 집중해야 합니다.

우리가 잠을 자는 동안 정신의 본질은 낮에 연구하고 명상한 것을 작업하여 의지의 영역으로 가져가 다음 날 우리가 아이들을 가르칠 때 "기억" 하게 해 줍니다. 다시 말해 수업을 전개하면서 어떤 어려움이 발생하는 상황에서도 올바른 목표에 도달하는 순간이 일어납니다. 우리는 의식이 깨어 있는 상태에서 작업하지만, 잠자는 의식 상태에서도 작업이 수행되려면 정신의 현존이 중요합니다. 수업 후에는 이런 성공적인 순간들을 되돌아보고 동료들과 공유하면 서로 도움이 됩니다.

이런 방식으로 인간학에 다가서면 교육학의 원천에서 샘솟는 물을 흡수하게 되고, 그러면 여러분 안에 있는 "진정한 교육자"가 깨어납니다. 발도르프 교사는 《일반 인간학》을 통해 매순간 거듭날 수 있습니다. 물론 이것은 일반 공교육 교사들에게도 매우 유익한 자료입니다. 아이의 본질을 통찰하는 도구로써 인지학적 인간학은 진정한 교육의 기초이니까요.

이번 번역서가 한국의 새로운 교육 운동이 피어나는 데 활력이 되기를 진심으로 기대합니다.

2023년 부활절,
헤이그에서 마르셀 드 뢰브Marcel de Leuw

＊ 마르셀 드 뢰브 교수는 헤이그 발도르프 학교에서 교사,
헤이그 국제발도르프연합 상임이사, 네덜란드 인지학협회 대표를 역임했다.
현재 스페인, 핀란드, 러시아 그리고 한국의 발도르프 교육운동을 지원하고 있다.

인사말, *1919년 8월 20일, 슈투트가르트* ···························· 27

문화 행위인 발도르프 학교. 단일 학제 학교인 발도르프 학교. 불가피한 타협. 학교와 정치. 교육기관의 무덤인 볼셰비키주의 학교들. 학교의 공화주의적 운영, 교육학 과정의 구성: 일반 교육학, 교수방법론, 연습. 발도르프 학교는 세계관을 가르치는 학교가 아니다. 인지학과 수업, 종교 수업. 교사의 필수적 자질: 세상에 대한 관심, 열정, 유연한 정신, 헌신.

제1강, *1919년 8월 21일* ···································· 33

교육 과제의 도덕적, 정신적 측면. 발도르프 학교의 설립은 "세계 질서의 의식儀式"이다. 영생불사 문제의 예로 본 인간의 이기심에 복속한 현대 문화. "출생 이전에 고차적 존재가 한 일"을 이어가는 작업이 교육이다. "출생 이전에 이루어진 교육"이라는 문제에 관하여. 지상의 현존으로 내려올 때 일어나는 두 가지 이중적 삼원 구조들 간의 결합: 정신인간, 생명정신, 자아정신; 의식영혼, 지성/정서영혼, 감정영혼(영혼정신)이라는 삼원 구조와 아스트랄체, 에테르체, 물질체 그리고 광물계, 식물계, 동물계(육신)라는 삼원 구조 간의 결합. 영혼정신과 육신의 조화를 이루기 위해 교육에서 해야 할 일: 1.호흡과 신경-감각 과정을 조화롭게 일치시키기; 2.깨어 있기와 잠자기의 올바른 리듬 가르치기. 교사와 학생 간의 내적, 영혼적 관계의 중요성.

제2강, *1919년 8월 22일* ···································· 53

인지학적 세계 인식에 바탕을 둔 심리학이 수업의 근간이다. 현대 심리학의 내

용 없는 개념들에 관하여. 사고와 의지의 가장 중요한 의미. 상(그림)으로 이루어
지는 사고: 출생 이전의 체험이 반사된 것. 죽음 이후 정신적, 영혼적 현실의 맹
아인 의지. 출생 이전의 현실은 반감의 힘으로 사고가 되며, 이 힘이 강해진 것이
기억과 개념이다. 의지의 호감적인 힘이 강화되어 환상과 상상력이 된다. 혈액
과 신경: 정신이 되려는 경향을 지닌 혈액, 물질이 되려는 경향을 지닌 신경. 뇌,
척수. 교감 신경에서 호감과 반감이 서로 섞여 작용한다. 인간의 삼원 구조: 머
리 체계, 가슴 체계, 사지 체계. 세 가지 체계, 그리고 그 각각이 지니는 우주와의
관계는 서로에게 영향을 미친다.

제3강, *1919년 8월 23일* ·· 77

교사라는 존재의 바탕이 되는 우주 법칙에 대한 포괄적인 직관. 인간 존재를 이
원 구조로 이해하는 것은 오늘날 심리학이 범하는 중대한 오류이다. 잘못된 해
석을 초래하는 "힘의 보존법칙", 그리고 인간 안에서 만들어지는 새로운 힘과 물
질. 자연 안에서 죽어가는 것을 파악하는 것은 지성이며, 형성 중인 것을 파악하
는 것은 의지이다. 자아 감각의 신체적 기초. 감각으로부터 자유로운 사고를 할
때 자유를 얻는다. 인간 없는 자연: 사멸의 위험. 인간 시신에 포함된 효소가 지
구의 발달에 미치는 영향. (사멸한) 뼈 체계와 (사멸해 가는) 신경 체계 안에서 죽음을
부르는 힘들의 작용, 혈액-근육 체계 안에서 생명을 부여하는 힘들, 그리고 구루
병. "기하학을 하는" 뼈. 우주의 운동을 반사하는 기하학. 우주의 구경꾼이 아
니라 "우주가 펼쳐지는 장場"인 인간. 혈액과 신경의 접촉에서 이루어지는 새로
운 창조. 과학의 방법론에 관하여: 보편적인 정의定義 대신 공준公準.

제4강, *1919년 8월 25일* ·· 102

감정과 의지의 관계. 의지적 존재인 인간의 9중 구조; 각 구조에 나타나는 의지:
신체에서는 본능, 에테르체에서는 충동, 감정체에서는 욕구, 영혼에서는 동기로서
자아 안으로 받아들이는 의지, 정신에서는 맹아적으로 자아정신 안에 있는 소망, 생
명정신에서는 의도, 정신인간에서는 결단으로 나타난다. 우리 안에 있는 "두 번째
인간"의 무의식적인 의지를 탐색하는 분석심리학. 늙은 의지인 지성중심주의와
발달하고 있는 의지인 감정. 사회주의적 교육에 관하여. 교육에서 이루어지는 감
정 형성과 의지 형성: 무의식적인 반복을 통한 감정의 함양, 의식적인 반복을 통한
의지의 함양과 결단력의 강화. 이런 맥락으로 보는 예술 수련의 중요성.

제5강, *1919년 8월 26일* ·· 127

세 가지 영혼 활동이 서로 섞여 드는 모습. 시각 활동에서는 인식적인 것과 의지적인 것, 반감적인 것과 호감적인 것이 서로 연결된다. 동물에 비해 인간은 자신과 환경을 더욱 강하게 구분한다. 사고와 의지의 필연적인 상호 개입. 통찰을 할 때는 자신을 세계와 구분하고, 행동할 때는 자신을 세계와 연결한다. 도덕적 이상들을 통한 동물적이고 "호감적인" 본능의 극복. 인간의 객관적 판단 능력에 관한 브렌타노와 지크바르트의 논쟁 사례에서 등장하는 영혼 활동들의 상호 개입. 억제된 인식이며 억제된 의지인 감정: 의지와 사고 안에 숨어 있는 호감과 반감의 발현. 눈과 귀에서 혈액과 신경의 접촉으로 신체적인 것 안에서 일어나는 감정. 음악 청취에서의 감정적인 것과 인식적인 것에 대한 바그너와 한슬리크의 논쟁. 감각론의 사례에서 본 현대 심리학의 폐해.

제6강, *1919년 8월 27일* ·· 147

순환의 전체 구조. 앞에서 영혼과 신체의 관점에서 관찰한 데 이어서, 이제 정신의 관점에서 관찰한 인간: 의식의 여러 상태. 완전히 의식하고 깨어 있는 상태의 행위인 사고를 통한 인식, 반쯤 의식하고 꿈꾸는 듯한 상태의 행위인 감정, 의식하지 못하고 잠자는 상태의 행위인 의지. 몽상적이고 둔감한 아이를 대하는 방법. 자아의 완전히 깨어 있는 활동은 실제 세계가 아니라 세계에 대한 상 안에서만 가능하다. 영혼의 여러 활동 안에서 자아의 상태: 사고를 통한 인식에서는 상과 함께 깨어 있음, 감정에서는 꿈꾸는 듯 의식하지 못한 채 영감을 얻음, 의지에서는 잠들어 있고 의식하지 못한 채 직관적으로 움직임; 가위 눌림에 관하여. 《파우스트》 2부를 쓰는 괴테의 예에서 나타나는 직관의 등장. 영감에 의한 감정보다 상으로 이루어지는 인식과 더 긴밀한 관계에 있는 직관적인 의지. 잠들어 있는 의지에서 분리된 상태인 머리.

제7강, *1919년 8월 28일* ·· 168

정신의 관점에서 본 인간: 여러 의식 상태에 대한 관찰. 이해하기에 관하여. 나이가 들어감에 따라 정신을 신체적인 것 안으로 받아들이는 능력이 줄어든다. 아이의 느끼는 의지에서 노인의 느끼는 사고로. 성인에게 있는 온전히 영혼적인 것의 관찰; 자유의 순간. 감정이 의지에서 독립하는 것이 교육의 과제이다. 감각

의 본질: 현대 심리학의 잘못된 견해, 모리츠 베네딕트의 올바른 인식. 감각 영역으로서 신체 표면의 잠자고 꿈꾸는 본성: 감각 지각의 의지적이며 감정적인 본성. 아이와 노인의 감각에서 다른 점. 인간 몸의 구조에서 깨어 있기, 꿈꾸기, 잠자기: 말단부와 내부는 잠자고 꿈꾸는 상태, 말단부와 내부 사이에 있는 신경 체계는 깨어 있는 상태. 영혼적-정신적인 것에 대한 신경의 관계: 지속적인 사멸을 통해 잠자기와 그것을 위한 공간이 만들어진다. 인간의 시간적인 요소와 연관된 잠자기와 깨어 있기: 망각과 기억.

제8강, *1919년 8월 29일* ··· 189

불면증의 사례에서 보는 망각, 기억/망각 과정과 잠들기/깨어나기 과정의 비교. 기억의 과정. 습관적인 행동을 통한 기억력 교육. 집중적인 관심을 일깨우면 기억력이 강해진다. 한쪽으로 구분해서 보고 다른 쪽으로는 종합하여 봄으로써 인간의 본성을 이해한다. 12 감각. 자아감각, 그리고 타인의 자아를 지각하는 것(인식 과정)과 자기 자아를 지각하는 것(의지 과정) 사이의 차이점에 대하여. 12 감각의 분류: 의지에 연관된 감각(촉감각, 생명감각, 움직임감각, 균형감각), 감정에 연관된 감각(후감각, 미감각, 시감각, 온감각), 인식에 연관된 감각(자아감각, 사고감각, 청감각, 언어감각). 12 감각으로 세계를 해체하고 판단으로 세계를 재조합한다. 의식 상태를 통한 정신의 파악(깨어 있는 상태, 잠자는 상태, 꿈꾸는 상태), 활기의 상태를 통한 영혼의 파악(호감, 반감), 형상에 따른 신체의 파악(구, 달, 선).

제9강, *1919년 8월 30일* ··· 207

첫 세 번의 7년 주기. 논리적 사고의 세 부분: 추론, 판단, 개념. 완전히 깨어 있는 상태에서만 추론의 건강한 움직임이 가능하다; 판단은 꿈꾸는 상태의 영혼 안으로, 개념은 잠자는 상태의 영혼 안으로 들어간다. 영혼적인 습관의 함양은 판단 행위의 방식을 통해 이루어진다. 잠자는 상태의 영혼 안으로 들어간 개념은 신체, 특히 오늘날 획일적으로 변한 안면 인상의 형성에 영향을 미친다. 생동적인 개념의 필요성: 정의 내리기가 아니라 특성을 확인하기. 유연한 개념과 고정된 개념. 인간에 대한 관념의 형성. 아이가 무의식적으로 지니는 기본적인 정서: 1. 첫 번째 7년 주기 – "세상은 도덕적이다." 따라서 모방할 가치가 있다. 출생 이전 과거의 자극; 2. 두 번째 7년 주기 – "세상은 아름답다." 예술을 하며 지낸다. 현재를 즐긴다. 3. 세 번째 7년 주기 – "세상은 진실되다"라는 성향. 과학적 수업. 미래에 연관된 자극.

제10강, *1919년 9월 1일* ·················· 224

신체를 구성하는 세 부분에서 기초를 이루는 구형: 1. 머리(오로지 신체적) - 구형 전체가 보인다; 2. 가슴(신체적, 영혼적) - 기우는 달과 같은 구의 일부분이 보인다; 3. 사지(신체적, 영혼적, 정신적) - 원주를 향한 직선만 보인다. 머리와 사지는 지적인 것 내지 세계의 의지가 발현된 것이다; 이런 맥락에서 보는 관상골과 두개골. 척추골의 변형으로 생긴 두개골. 두개골이 뒤집혀 만들어진 관상골. 머리, 가슴, 사지를 이루는 구의 각 중점. 우주의 운동과 머리, 사지의 관계. 춤은 우주 운동을 모방하여 음악적인 것으로 변화시킨다. 감각 지각의 원천, 그리고 감각 지각과 조형 예술/음악 예술의 연관 관계의 원천. 머리/가슴/사지를 이루는 구형과 신체, 영혼, 정신의 관계. 869년 공의회: 자연과학적 물질주의를 초래한 가톨릭 교회. 동물계에서 유래하여 발달한 머리. 인간과 우주의 연관 관계를 바탕으로 하는 감정이 교사에게 중요한 이유. 예술로서의 교육.

제11강, *1919년 9월 2일* ·················· 242

인간 신체의 본질과 영혼/정신세계의 관계; 머리 - 완성된 신체, 꿈꾸는 상태인 영혼, 잠들어 있는 상태인 정신; 가슴 - 신체적-영혼적인 것이 깨어 있음, 정신적인 것이 잠들어 있음; 사지 - 완성되지 않은 신체적-영혼적-정신적인 것이 깨어 있음. 이런 관점에서 보는 교육자의 과제: 사지 그리고 가슴의 일부분을 발달시키는 것과 머리인간을 깨우는 것. 아동기의 언어와 영아기의 모유가 미치는 교육적 영향: 잠들어 있는 인간 정신을 깨운다. 초·중학교 시기에 의지를 예술적으로 활동하게 하면 지적인 능력이 깨어난다. 아동기의 성장력에 대한 교육의 영향: 기억에 대한 과도한 요구는 성장을 자극하고, 상상에 대한 과도한 요구는 성장을 저해한다. 전체 교육 기간을 통해 교사가 아이의 신체 발달에 주목해야 하는 이유, 일반적으로 이루어지는 잦은 교사 교체가 어리석은 이유. 기억력이 강한 아이와 상상력이 강한 아이.

제12강, *1919년 9월 3일* ·················· 258

물질체와 환경의 상호 관계. 인간 신체의 형성: 머리를 기초로 하는 동물적인 형상들은 몸통-사지 체계를 통해 지속적으로 극복된다; 이에 대한 초감각적 상관 개념인 사고. 식물의 동화작용과 반대되는 과정인 인간의 호흡. 식물적인 것이 인간 안에서 생기는 것이 질병의 원인이다. 주변의 식물이 모든 질병의 모습을 보여 준다. 식물 안에서 진행되는 연소 과정의 중간 부분에 해당하는 인간의 양분 섭취 과정. 반^反식물 과정인 호흡. 호흡과 양분 섭취, 신체적인 것과 영혼적인 것은 각기 서로 연결되어 있다. 미래 의학과 위생학의 과제; 박테리아를 탐색하는 오늘날의 의학. 사지 체계와 무기질의 관계. 사지 체계에 의해 지속적으로 분해되는 무기질; 몸 안에서 무기질의 결정화가 이루어지기 시작했음을 알려 주는 당뇨병과 통풍 등의 질병. 인간 신체의 과제: 무기질의 분해; 식물적인 것을 되돌려놓기, 동물적인 것을 정신화하기.

제13강, *1919년 9월 4일* ·· 274

사지인간의 형성(외부에서 내부를 향해 이루어지는)과 반대되는 머리인간의 형성(내부에서 외부를 향해 이루어지는). 정신적-영혼적인 것의 "저장 공간"인 인간; 정신적-영혼적 과정에서 빨아들이는 것. 가슴-복부 체계를 통해 이루어지는 잉여물질의 생성(지방 형성); 사지 체계에서 잉여물질이 분해되도록 하는 영혼적-정신적인 것. 머리에 고이고 신경줄을 따라 "다시 뿌려지는" 정신적-영혼적인 것. 정신을 투과시키지 않는 신체적-유기적인 것; 뼈와 신경의 물질적인 것과 죽은 것은 정신을 투과시킨다. 육체 활동에서는 정신 활동의 비중이 더 크고, 정신 활동에서는 신체 활동의 비중이 더 크다. 의미 있는 활동, 의미 없는 활동이 수면에 미치는 영향; 이런 맥락에서 보는 체조와 오이리트미. 과도한 스포츠 활동은 "다윈주의의 실천"이다. 정신적-영혼적 활동이 지나치면 불면증이 오고, 육체 활동이 지나치면 잠에 취하게 된다; "시험 벼락치기"의 어리석음. 건강한 사고 능력과 건강하지 않은 사고 능력. 외부를 향한 일을 정신화하여 생기는 교육적-사회적 결과, 내면을 향한 일에 혈액을 통하게 하여 생기는 교육과 건강 측면의 효과.

제14강, *1919년 9월 5일* ·· 289

신체의 삼원 구조. 머리의 삼원 구조: 머리 부분, 가슴 부분(폐의 변형생성으로 생긴 코), 사지 부분(입); 턱뼈의 변형생성으로 생긴 사지. 머리와 사지 사이에 있는 가슴-몸통 체계: 작은 머리가 되려는 가슴 상부(후두와 언어), 대략적인 사지가 되려는 가슴 하부(생식 관련 기관). 상급반 교과 내용으로 상상력에 호소하기. 교사의 생활 조건: 상상으로 교과 내용을 채우고, 상상을 생동적으로 유지하기; 부도덕한 고지식함. 교육에 상상을 동원하는 것에 대한 19세기 사람들의 견해; 셸링. 교육자를 위한 모토: 상상력, 진실에 대한 감각, 책임감.

[부록]
1919년 9월 7일
루돌프 슈타이너의 자유 발도르프 학교
개교 기념 행사 인사말
마리 슈타이너 ·· 302

[참조]
이 책의 판본 성립에 관하여 ························· 312

본문 주석 ··· 316

인명 색인 ··· 352

사항 색인 ··· 354

강연 필사본에 대한 루돌프 슈타이너의 언급 ··········· 368

루돌프 슈타이너 전집 목록 ························· 371

옮긴이의 말 ··· 377

인사말*

강좌 시작 전야,
1919년 8월 20일, 슈투트가르트

(참가자의 기록을 바탕으로)

1 　　　오늘 저녁에는 강좌 준비를 위한 몇 가지 사항만 말씀드려야 하겠습니다. 발도르프 학교는 오늘날 우리 정신 생활의 개혁을 이뤄낼 진정한 문화 행위가 되어야 합니다. 우리는 모든 것을 변화시키겠다는 마음을 가져야 합니다. 사회 운동은 그 전체가 결국 정신적인 것으로 귀결되며, 학교를 둘러싼 문제는 오늘날의 거대한 정신적 당면 과제의 근간입니다. 이런 상황에서 우리는 발도르프 학교가 가진 가능성을 최대한 활용하여 학교 체계를 쇄신하고 변혁해야 할 것입니다.

2 　　　이 문화 행위의 성공 여부는 여러분 손에 달렸습니다. 이 일에 동참하여 새로운 틀을 제시할 수 있도록, 많은 것이 여러분에게 맡겨져 있습니다. 많은 것이 이 행위의 성공 여부에 좌우될 것입니다. 발도르프 학교는 인지학이라는 세계 이해가 현실에서 효력이 있음을 보여 주는 실질적인 증거가 될 것입니다. 이 학교는 인간이 요구하는 대로, 인간의 전체 본성이 요구하는 대로 교육하고 수업하는 것에만 관

심을 기울인다는 의미에서 단일 학제 학교Einheitsschule[1]가 될 것입니다. 우리의 모든 일은 이 목표를 달성하는 데 동원되어야 합니다.

3 하지만 타협해야 할 것도 있습니다. 타협이 불가피한 이유는 우리가 아직 진정으로 자유로이 행동할 정도까지는 진전을 이루지 못했기 때문입니다. 국가는 우리에게 잘못된 교수 목표, 잘못된 졸업 목표를 정해 줄 것입니다. 그런 목표들은 우리가 생각할 수 있는 가장 나쁜 것이지만, 그것들을 두고 사람들은 생각할 수 있는 최고의 목표라고 자부할 것입니다. 이제부터 정치, 즉 정치 활동은 인간을 획일적으로 다루겠다고 나설 것이며, 어느때보다 더 심하게 인간을 획일적인 틀에 끼워 넣으려고 애쓸 것입니다. 사람들은 인간을 줄에 매달려 움직여야 하는 인형으로 여길 것이며, 그렇게 하는 것이 생각할 수 있는 최고의 진보를 이루는 일이라고 자부할 것입니다. 그들은 사실과는 거리가 먼 오만한 생각으로 교육 시설들을 세울 것입니다. 그런 것

---

1) 루돌프 슈타이너가 말하는 단일 학제 학교는 초·중·고라는 시기적 구분이 없는 학교인 동시에 대학 교육을 준비하는 인문 과정과 직업 교육 과정을 구분하여 편성하지 않을 뿐 아니라 학업의 우열을 고려하지 않고 개별성을 존중하는 교육을 실천하려는 의도였다. 초·중·고로 나뉜 학교 체계를 개혁하여 대학 이전의 교육을 시기적으로 분리하지 않도록 하거나 직업 및 기능 교육을 학교 제도에서 분리하려는 움직임은 유럽 각국의 시민혁명과 함께 등장했다. 독일의 경우 1848년 혁명과 더불어 교육 제도의 개혁을 위한 논의가 시작되었으며, 바이마르 공화국의 성립 이후 1920년대에 작센주와 튀링엔주에서 처음으로 초·중·고를 통합한 단일 학제가 시도되었으나 곧 좌절되었다. 중세 신분제를 바탕으로 하는 차별적 교육 제도를 비판한 훔볼트에 이어 구체적으로 단일 학제를 주장하고 실현한 사람들은 이탈리아의 그람시를 비롯한 사회주의자들이었다. 루돌프 슈타이너의 단일학제론은 이 강의에서 천명하듯 19, 20세기 유럽 교육개혁론자들의 정치사회적 평등이라는 동기와는 그 근본적인 출발점이 다르다.

을 미리 보여 주는 예가 바로 러시아에 등장한 볼셰비키 학교의 구조인데, 이는 그야말로 모든 진정한 교육 제도의 무덤입니다. 우리는 격렬한 싸움에 부딪힐 것이지만, 그럼에도 이 문화 행위를 실천해야 합니다.

4   그러려면 서로 모순된 두 힘을 조화롭게 일치시켜야 합니다. 한편으로 우리는 우리의 이상이 무엇인지 알아야 하며, 동시에 다른 한편으로는 우리의 이상과는 동떨어진 것들에 적응하는 유연함이 있어야 합니다. 이 두 힘을 조화롭게 일치시키는 일은 여러분 가운데 누구에게나 어려운 일이 될 것입니다. 그렇게 하려면 각자가 자신의 인격 전체를 투신해야 합니다. 시작부터 자신의 인격 전체를 투신해야 하는 것입니다.

5   그런 까닭에 우리는 이 학교를 통제 조직이 아니라 운영 조직이 되도록 만들어 공화주의적으로 운영할 것입니다. 교사들이 진정으로 공화적으로 움직여 교장의 지시에 안이하게 의존하는 대신 우리가 할 수 있는 것을 다하고, 해야 할 일에 따르는 책임을 스스로 다할 것입니다. 한 사람, 한 사람이 온전히 스스로 책임을 져야 합니다.

6   이 개교 준비 강좌를 마련하고 이를 통해 학교를 하나의 균등한 조직체로 만들 방도를 받아들여 연구한다면 우리는 교장의 지휘를 대신할 방법을 만들어 낼 수 있을 것입니다. 이 개교 준비 강좌에 정말 진지하게 임한다면 우리는 그런 균등한 조직을 만들어 내게 될 것입

니다.

7   이 강좌가 어떤 내용으로 진행될지 알려 드리자면 다음과 같
습니다.

첫째, 강좌 내내 지속적으로 일반적인 교육학 관련 문제들을
다룰 것입니다.

둘째, 수업의 주요 내용에 대한 특별한 방법론적 질문들을 다
룰 것입니다.

셋째, 우리의 교수 과제가 될 내용들을 일종의 세미나 형식으
로 다루는 시간을 가질 것입니다. 그런 교수 내용들을 자세히 분석한
뒤, 토론 작업을 통해서 그 타당성을 확인할 것입니다.

8   매일 오전 중에는 주로 이론적인 내용을 다루고, 오후에는 그
에 관한 세미나를 진행할 것입니다.

9   그러니까 오전 9시에 일반 교육학을 시작하고, 10시 반에 특
별한 방법론 안내, 오후 3시부터 6시까지는 세미나 방식으로 교수 연
습을 하게 됩니다.

10   우리는 이 거대한 문화 행위가 모든 방면을 지향하여 이루어
져야 한다는 사실을 명확하게 의식해야 합니다.

11   우리는 이곳 발도르프 학교를 세계관을 가르치는 학교로 만

들기를 원치 않습니다. 발도르프 학교는 학생들에게 인지학의 신조를 주입하는 세계관 학교가 되지 말아야 합니다. 우리는 인지학의 신조를 가르칠 의향이 없으며, 따라서 인지학은 교육 내용에 들어가지 않습니다. 그렇지만 인지학을 실천적으로 활용하도록 노력할 것입니다. 우리는 인지학 영역에서 얻어 낸 것을 실제 수업 내용에 응용할 것입니다.

12   인지학에서 얻는 일반적인 교육학적 내용과 특별한 방법론적 내용, 그리고 인지학을 실제 수업에 활용하는 방법이 인지학의 신조에 비해 훨씬 중요하게 다뤄질 것입니다.

13   종교 수업은 각 교단에 맡길 것입니다. 인지학은 오로지 종교 수업의 방법론에만 적용됩니다. 따라서 학생들은 각자가 속한 교단의 종교 교사에게 맡겨집니다.

14   이는 또 하나의 타협입니다. 이런 합당한 타협을 통해 우리는 우리의 문화 행위를 더욱 빠르게 진전시키려 합니다.

15   우리는 이 커다란 과제를 확실하게 의식하고 있어야 합니다. 그저 교육자로 머물러서는 안 되며, 말 그대로 최상급의 문화인이어야 합니다. 우리는 이 시대에 벌어지는 모든 일에 활발한 관심을 가져야 하며, 그렇지 않은 사람은 이 학교에서 바람직한 교사가 될 수 없습니다. 우리의 특별한 과제에만 마음을 기울여서는 안 됩니다. 이 세

상에서 일어나는 모든 것에 활발한 관심을 가지는 사람만이 바람직한 교사가 될 것입니다. 세상에 대한 관심이 있을 때 비로소 학교를 위한 열정, 우리가 해야 할 과제에 대한 열정을 얻을 수 있기 때문입니다. 이를 위해서는 유연한 정신과 우리 과제에 대한 헌신이 필요합니다.

16　　　오늘날 얻을 수 있는 것을 얻어 내려면 우리는 반드시 이 시대가 겪는 커다란 곤경과 이 시대가 요구하는 거대한 과제라는 상상하기 힘들 정도로 중요한 두 문제에 관심을 기울여야 합니다.

제1강

1919년 8월 21일, 슈투트가르트

1   사랑하는 친구 여러분, 우리의 과제를 제대로 수행하려면 그 과제를 단순히 지적, 정서적인 과제가 아니라 글자 그대로 도덕적이며 정신적인 과제로 생각해야 합니다. 그런 이유로 오늘 이 일을 시작하면서 우리가 바로 이 일을 통해 처음부터 정립하려는 정신세계와의 관계에 대해 먼저 명심해야 한다는 것을 여러분은 납득하실 것입니다. 그런 과제를 수행하기 위해서는 우리가 단순히 여기 이 물질적 차원에서 살아가는 인간으로서 일하는 것이 아님을 의식하고 있어야 합니다. 특히 지난 몇 세기 동안 물질적 차원의 인간으로서 과제를 수행하는 관행이 크게 번져서 사람들의 머릿속을 가득 채웠습니다. 과제에 대한 그런 이해로 인해 수업과 교육에서 빚어진 결과를 이제 우리가 맡는 과제를 통해서 개선하려는 것입니다. 따라서 준비 작업을 시작하면서 우리는 먼저 우리 한 사람 한 사람이 수행해야 할 과제를 주문하는 정신적 주체들[2]과의 연결을 세부적으로 어떻게 정립할지 깊이 생각해 보려 합니다. 그러므로 저는 여러분이 이런 일을 안내하는 저의 이 머리말을 일종의 기도로, 이 과제를 넘겨받는 우리에게 상상

---

[2] 인지학에서 우주 내 모든 것의 발달에 참여하는 높은 위계의 정신적 존재들을 가리킨다.

력과 영감과 직관을 불어넣으면서 우리 등 뒤에 서 있는 주체들을 향한 기도로 이해하시기를 부탁드립니다.

(이어지는 부분은 속기록[3]에 남아 있지 않다.* 317쪽 이하 본문 주석을 참고할 것.)

2   사랑하는 친구 여러분! 우리는 우리에게 주어진 과제가 얼마나 중요한 것인지 반드시 느껴야 합니다. 그러려면 이 학교에 주어진 과제가 얼마나 특별한 것인지 알아야 할 것입니다. 그리고 우리는 바로 이에 대해 우리의 사고를 분명하게 구체화하려 합니다. 이 학교가 뭔가 특별한 것을 실현해 낸다는 의식을 가질 수 있도록 우리의 사고를 형성해 가려 합니다. 그러려면 우리는 이 학교의 설립과 함께 행해진 일을 일상적인 것으로 치부하지 말고 세계 질서[4]의 의식儀式으로 여겨야 합니다. 이런 의미에서 제가 가장 먼저 하고 싶은 일이 있습니다. 그것은 제가 인류를 곤경과 비참한 상황에서 끌어낼 선한 정신의 이름으로, 수업과 교육을 통해서 인류를 발달의 최상위 단계로 끌어

---

3) 《일반 인간학》 판본은 속기 전문가의 속기록, 교사 교육 과정에 참가한 교사 후보들, 초청 인사 등의 필기와 메모를 기반으로 성립되었다. 초기에는 속기록의 타자본이 복제되어 배포되었고, 이어서 속기록을 비롯하여 그 복제본과 참가자들의 필기 등을 바탕으로 1932년 도르나흐 초판이 마리 슈타이너에 의해 출판되었다. 판본 성립의 자세한 경위는 권말의 "이 책의 판본 성립에 대하여" 참조.

4) 루돌프 슈타이너에게 세계(우주)는 감각 아래의 세계("기초 세계"), 감각적(물질) 세계, 초감각적 세계로 구분되거나 물질계/물질에테르계, 아스트랄계, 정신계 등으로 구분된다. 이에 따라 각 세계의 존재들에게도 일종의 위계가 적용된다. 《Die Schwelle der geistigen Welt》(정신세계의 문턱), GA 17, 《Theosophie》(신지학, 한국인지학출판사 2023), GA 9, 《Die Geheimwissenschaft im Umriß》(비밀학 개요, 한국인지학출판사 2023), GA 13, 《Makrokosmos und Mikrokosmos》(대우주와 소우주), GA 119 등 참조.

올릴 그 선한 정신의 이름으로, 친애하는 에밀 몰트Emil Molt 씨*로 하여금 이런 방향으로, 그리고 이 장소에서 발도르프 학교를 설립하겠다는 선한 생각을 넣어 준 그 선한 정신들에게 진정으로 감사의 말을 전하는 것입니다. 제가 아는 바로는, 몰트 씨는 오늘날 미약한 힘만으로도 그 과제를 위한 일을 할 수 있다고 생각합니다. 몰트 씨의 판단은 그렇습니다. 하지만 몰트 씨와 함께 우리가 이 과제의 중요성과 이 일이 시작되는 순간을 세계 질서 안에서 일어난 장엄한 사건으로 받아들인다면, 바로 이를 통해 몰트 씨는 우리 안에서 정말 큰 힘으로 영향을 미칠 수 있게 될 것입니다. 사랑하는 친구 여러분, 우리는 이런 관점을 출발점으로 하여 우리의 활동을 시작하려 합니다. 평범한 일이라고는 아무것도 일어나지 않는 곳, 함께 행동하는 사람들로 하여금 우주의 장엄한 순간을 느끼도록 하는 무엇인가가 일어나게 되는 곳, 그런 장소에 카르마5)로 인해 자리 잡게된 인간 존재로 우리 자신을 바라보려 합니다. 우리의 활동을 여는 장엄한 개막에 이어 제가 할 다른 이야기는 이 교육 과정의 말미에 말씀드리도록 하겠습니다. 그때쯤이면 여러

---

5) 카르마: "행위, 작용"을 뜻하는 산스크리트어 "कर्म"의 인도게르만어족의 음역. "이전의 행위는 언제나 어떤 형태로든 행위자에게 남으며, 이것이 나중의 상태 또는 행위에 영향을 미친다"고 할 때 "행위자에게 남은 것, 결과"가 카르마이다. 불교의 영향을 받은 한자 문화권에서는 업보, 응보 등으로 옮긴다. 고대 인도의 베다와 우파니샤드 사상의 윤회론에서 인과율을 설명하는 데 쓰인 개념이다. 행위의 결과이자 윤회의 원인이 되는 것으로, 그 개념상의 상세한 분화는 불교에서 확립되었다. 유럽 심령주의 전통의 끄트머리에서 인도 사상의 카르마를 행위의 중요한 결과로 이야기한 신지학은 루돌프 슈타이너의 어법에도 큰 영향을 끼쳤다. 인간의 내적, 외적 행위는 카르마로 아스트랄계에 각인되어 새로이 육화되는 인간의 아스트랄체에 포함된다는 루돌프 슈타이너의 설명이 그런 연관성을 보여 준다. 이에 관한 루돌프 슈타이너의 상세한 설명은 《Der irdische und der kosmische Mensch》(지상의 인간과 우주의 인간), GA 133의 6강 참조.

가지가 설명되었을 것이고, 그래서 오늘 제시하려는 과제를 지금보다 훨씬 구체적인 생각을 가지고 마주보게 될 것이니 말입니다.

에밀 몰트: 이 장엄한 순간에 감히 한 마디 드려도 될른지요. 제가 여기서 이 순간을 함께하는 것이 저에게 허락되었다는 사실에 진심으로 감사드리 며, 오늘 우리가 시작하는 이 거대한 사업에 저의 미약한 능력이나마 더하 여 협력할 것이라는 말씀을 드리고 싶습니다.

3   사랑하는 친구 여러분, 이 일을 시작하면서 우리는 먼저 우리 의 교육 과제에 관해 여러 가지를 논의해야 할 것입니다. 오늘 저는 여 러분에게 이 여러 가지 논의의 서론에 해당하는 이야기를 하려 합니 다. 우리의 교육 과제는 지금까지 인류가 내세웠던 교육 과제들과는 정말 달라야 할 것입니다. 우리의 교육 과제가 이전의 것과 다르다는 것은, 우리 자신이 나서야 교육의 새로운 세계 질서 같은 것이 만들어 진다는 허황된 자만심 때문이 아닙니다. 그보다 연속되는 인류의 발 달 시기마다 각기 다른 과제가 인류에게 주어진다는 사실을 우리가 인지학을 지향하는 정신과학을 통해서 명확히 알고 있기 때문입니다. 첫 번째 발달 시기에 주어진 과제는 두 번째 시기에 주어진 것과 다르 며, 그런 식으로 지금의 포스트 아틀란티스 시대 제5 문화기[6]까지 이

---

6) 루돌프 슈타이너는 지구의 물리적 발달을 일곱 단계로 구분하고, 그중 네 번째인 아틀란 티스 시대 다음에 오는 다섯 번째 시대를 포스트 아틀란티스 시대(Nachatlantische Zeit, BC 7227~AD 7893)라고 이름 지었다(이 용어의 우리말 번역에 관해서는 옮긴이의 말의 용어 설명 참조). 이 시대는 인류가 기억하는 문화가 시작된 시기로, 제1기 고대 인도 문화기부터 오늘날의 제

어져 왔습니다. 그리고 어쩔 수 없는 일이겠지만, 어느 발달 시기에 인류가 해야 할 것을 의식하게 되는 것은 그 발달 시기가 시작되고 시간이 좀 흐른 뒤에나 가능합니다.

4   지금 우리가 살고 있는 제5 문화기는 기원 후 15세기 중엽에 시작되었습니다. 오늘날에야 비로소 우리 시대에 수행해야 할 교육 과제가 무엇인지에 대한 인식이 정신적인 것들을 바탕으로 어느 정도 등장했습니다. 지금까지 사람들은 그야말로 최선의 의지를 가지고 교육을 실천하는 경우에도 여전히 옛날 교육, 즉 포스트 아틀란티스 시대 제4 문화기식 교육의 근간을 따를 뿐이었습니다. 우리가 세워야 할 교육 과제가 무엇인지를 처음부터 아는 것, 우리가 이 시대의 아주 분명한 지향점을 우리 자신에게 부여할 수 있게 되는 것이 많은 일을 좌우할 것입니다. 그 지향점이 중요한 이유는, 그것이 모든 인류의 발달에 절대적으로 적용되어야 하기 때문이 아니라 바로 우리 시대에 적용되어야 하기 때문입니다. 물질주의가 초래한 것은 여러 가지가 있지만, 사람들이 각 시기에 맞는 개별적인 교육이 필요하다는 것을 의식하지 못하게 된 것도 물질주의 때문입니다. 그러니 여러분이 무엇보다 먼저 각각의 시기에는 그에 맞는 개별적인 과제가 있다는 사실

---

5 문화기로 이어진 다음, 제7 문화기로 막을 내린다고 한다. 지구에 대한 슈타이너의 물리적 시대 구분의 내용과 용어는 그의 신지학 이력에 기인하는 것으로 보인다. 이에 관해서는 《Aus der Akasha-Chronik》(인간과 지구의 발달 - 아카샤 기록의 해석, 한국인지학출판사 2017), 《Die Geheimwissenschaft im Umriß》(비밀학 개요), GA 13, 《Bewußtsein - Leben - Form. Grundprinzipien der geisteswissenschaftlichen Kosmologie》(의식 - 생명 - 형태. 정신과학적 우주론의 기본 원칙), GA 89 등 참조.

을 마음속으로 받아들이기를 부탁드립니다.

5   여러분은 교육하고 가르칠 아이들을 맞이하게 됩니다. 그런데 그 아이들은 이미 특정한 나이에 도달해 있고, 따라서 여러분은 태어나서 가장 이른 시기에 이미 부모로부터 교육을 받은 아이들, 그 중 드물지 않게는 잘못된 교육을 받았을 아이들이라는 사실을 유념해야 할 것입니다. 우리가 지향하는 것을 완전히 실행하려면, 인간으로서 충분히 발달한 상태가 된 우리를 통해서 부모들도 교육의 첫 시기부터 이미 특별한 과제가 오늘날의 인류에게 주어져 있음을 이해해야 합니다. 아이들이 우리 학교에 들어오면, 우리는 그 아이들이 생애의 첫 시기에 잘못 배운 여러 가지를 고칠 수 있을 것입니다.

6   이를 위해서는 우리의 수업, 우리의 교육을 이해하는 데 바탕이 되는 의식을 철두철미하게 가지고 있어야 합니다.

7   이 과제를 위해 헌신할 때 여러분이 잊지 말아야 할 것은, 정신의 영역을 포함해서 오늘날의 전반적인 문화가 인간의 이기심*에 따라 움직인다는 사실입니다. 오늘날 인간이 몰입해 있는 가장 정신적인 영역을 있는 그대로 살펴보고, 종교의 영역을 살펴보십시오. 그런 다음 오늘 우리 문화에서 다름 아닌 종교의 영역이 인간의 이기심으로 가득하지는 않은지 자문해 보십시오. 오늘날 교회의 설교가 그 전형적인 것으로, 설교자는 이기적인 의도로 사람들을 사로잡으려 합니다. 인간을 가장 강하게 사로잡는 영생불사 이야기를 보시고, 오늘날 거의 모든 것이,

심지어 교회의 설교까지도 초감각적인 것을 향한 이기심에 주목하여 인간을 사로잡고 있다는 사실을 생각해 보십시오. 모든 실체를 잃어버린 채로 죽음의 문을 지나지 않고 자신의 자아는 그대로 보존하겠다는 충동도 인간의 이기심 때문입니다. 아무리 고상하게 꾸며도 이것 역시 이기심일 뿐입니다. 영생불사라는 문제에서는 모든 종교가 최대한 이런 이기심에 호소합니다. 그래서 종교 집단이 우리 현존의 한 끝은 잊어버리고 오로지 다른 끝만 중요하게 여기라고 가르치는 바람에, 사람들은 그 무엇보다 죽음에 주목하고 출생을 잊어버리게 됩니다.

8 　　　이런 사실을 확실하게 언급하지 않는 경우에도 그 바탕에는 정말 그런 것들이 깔려 있습니다. 현재와 같은 문화의 하락과 함께 인류가 점점 더 몰락의 길을 가지 않도록 하기 위해서는 모든 영역에서 인간적인 이기심에 대한 이런 호소를 추방해야만 하는 그런 시대에 우리가 살고 있습니다. 우리는 이 지상의 삶에 포함되는 인간 발달의 다른 끝, 즉 출생을 더욱 더 분명하게 의식해야 할 것입니다. 인간은 죽음과 새로운 출생 사이의 긴 시간 동안 발달을 이어가며 이 발달 과정에서 인간은 정신세계로 향하기 위해 죽는 지점에 도달한다는 사실, 이 지점에서 인간은 다른 형태의 현존으로 넘어가지 않으면 계속 살아갈 수 없다는 것을 조건으로 정신세계에서 살게 된다는 사실을 우리 의식 안으로 받아들여야 합니다.[7] 이 다른 형태의 현존은 인간이

---

7) 이 문장, 그리고 이어지는 문장에서 루돌프 슈타이너는 정신세계-물질세계의 차원에서 되풀이되는 삶의 순환, 즉 정신세계의 삶은 계속 이어지지 않으며 반드시 생명을 지닌 물질체(신체)로 살아갈 지상의 삶으로 바뀌는 죽음과 육화의 순환을 언급한다.

물질체와 에테르체를 입음으로써 가능해집니다. 인간이 다른 변화 없이 계속 정신세계에서 발달을 이어간다면 물질체와 에테르체를 입음으로써 얻게 될 것을 얻지 못할 것입니다. 그러니 출생 이후 지금까지 자라온 아이를 육안으로만 보게 되지만, 우리는 이 또한 그렇게 이어져 온 것임을 의식해야 합니다. 그리고 우리는 인간의 현존이 죽음 이후에 겪게 되는 것, 즉 물질의 현존에 이어질 정신적 현존에 눈길을 줄 뿐 아니라, 지금의 물질적[8] 현존이 출생 이전의 정신적 현존에서 이어져 온 것이라는 사실, 그래서 출생 전에 우리의 개입 없이 고차적 존재들이 보살폈던 내용을 우리가 교육을 통해서 이어가게 된다는 사실을 의식해야 합니다. 우리의 교육과 수업이 올바른 분위기로 이루어지려면, 출생 전에 고차적 존재들이 한 일을 이어가야 할 것이 이 인간[9] 안에 있음을 의식해야 합니다.

9   사고와 감정이 정신세계와 연관되어 있음을 망각한 이 시대에는 세계에 대한 정신적 이해를 묻는 질문으로는 아무런 의미가 없는 추상적인 질문을 받는 경우가 흔합니다. 출생 이전의 교육,* 즉 태교는

---

8) 이 강좌에 등장하는 "물리적, 물질적"이라는 관형어는 우리나라의 발도르프 교육학이나 인지학 담론에서 잘못 쓰이는 경우가 잦다. 오늘날 "physisch"(물리적, 물질적)이라는 말은 예외없이 "무생물적"과 동의어로 쓰이지만, 유럽의 옛 언어들에서는 "식물"의 성장 속성을 일컫거나 "생명 있는 자연"을 가리키는 말이었다. 루돌프 슈타이너는 그런 관념을 바탕으로 이 말을 사용한다. 또 슈타이너가 "물리적, 물질적"이라고 말할 때 그 배경에는 7가지 형상을 순차적으로 겪는 우주의 발달 단계에서 네 번째에 해당하는 "물리적 형상" 단계가 있음을 염두에 둘 필요가 있다. 이 용어에 관해서는 역주 6의 루돌프 슈타이너 저작 참조.
9) (우리가 교육할) 아이.

어떻게 해야 하는지 묻는 질문 이 그렇습니다. 오늘날에는 사실에 추상적으로 접근하는 사람들이 많습니다. 사실에 구체적으로 접근한다면, 어떤 영역에서는 질문을 그렇게 임의로 끌어가지 않게 될 텐데 말입니다. 언젠가 저는 이런 예를 든 적이 있습니다.* 어떤 사람이 도로에 고랑이 진 것을 보고는 묻습니다. "저건 왜 생겼을까?" "마차가 지나가는 바람에." "마차는 왜 지나갔지?" "마차에 탄 사람들이 왜 어느 곳으론가 가려 했으니까." "그 사람들은 어느 곳으론가 가려 했을까?" 현실에서는 일단 질문이 멈춥니다. 그런데 추상적인 것에 매달려 있으면, "왜 그럴까?" 하며 질문이라는 수레바퀴를 계속 돌릴 수 있습니다. 구체적인 사고는 늘 끝이 있지만, 추상적인 사고는 바퀴가 구르듯 생각한 내용을 가지고 끝없이 돌게 됩니다. 우리 가까이 있지 않은 영역들에 관련된 질문에서도 마찬가지입니다. 사람들은 교육에 대해 깊이 생각하면서 태어나기 이전의 교육에 관해 묻습니다. 그러나, 사랑하는 친구 여러분, 태어나기 전에 인간이라는 존재는 물질적인 것을 넘어선 존재들의 보호 아래 있습니다. 우리로서는 세계와 개별 인간 사이의 직접적이고 개별적인 관계는 그 존재들에게 맡겨 두어야 합니다. 그러니 출생 이전의 교육으로 아이에게 해 주어야 하는 것은 없습니다. 출생 이전의 교육은 부모, 특히 엄마가 행하는 일의 무의식적인 결과일 수밖에 없습니다. 아이가 태어나기까지 엄마가 제대로 된 의미에서 도덕적이고도 지적으로 올바른 것을 자기 안에서 표현하도록 행동한다면, 그 엄마의 연속된 자기 교육에서 이루어지는 성과는 완전히 저절로 아이에게 전달됩니다. 이 세상의 빛을 보기 전부터 아이를 교육한다는 생각을 덜 할수록, 그리고 자신이 교육에 상응하는 올바른 생활을 해야겠다는 생각을 하면 할수록 아이에게는 좋은 영향을 주게 됩니다. 아이가 실제로 물질 차원의 세계 질서 안으로 들어왔을 때, 즉 아이가 세상의 공기를 호흡하기 시작할 때 비로소 교육이 개입할 수 있습니다.

10   이제 아이가 물질의 차원에 들어서게 되면,* 우리는 이렇게 정신적 차원에서 물질적 차원으로 옮겨오는 과정에서 실제로 어떤 일이 아이에게 일어났는지 지각해야 합니다. 그때 우리가 무엇보다 확실하게 지각해야 할 것은 인간이란 존재가 실제로 두 부분으로 이루어져 있다는 사실입니다. 인간이 이 물질적인 지상으로 발을 내딛기 전에 정신과 영혼 사이의 결합이 이루어집니다. 우리는 이 정신이 오늘날 물질세계에서 완전히 숨겨져 있는 것, 인지학적 정신과학에서 정신인간Geistmensch, 생명정신Lebensgeist, 자아정신Geistselbst[10])이라고

---

10) 슈타이너의 《요한 묵시록》(GA 104)에 나오는 그림은 인간의 구성 요소에 대한 슈타이너의 구상이 고대 인도 사상과 당대의 신지학이 이해하는 인간의 본질을 그 용어와 구조에서 폭넓게 원용하고 있음을 보여 준다.

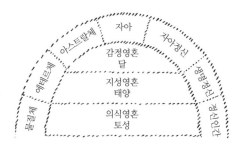

순수한 사고를 통해, 자아의 의식적인 노력에 의해 아스트랄체에서 변형되는 "자아정신", 곧 마나스에 대한 가장 구체적인 설명은 초기 강좌 《신지학》(GA 9)에 등장한다. "자아정신은 자아 안에 있는 정신세계의 현현이며, 이는 감각 지각이 자아 안에 있는 물질세계의 현현인 것과 같습니다. 인간은 빨갛고 푸르고 밝고 어둡고 딱딱하고 부드럽고

일컫는 것이라고 이해합니다. 인간의 본질을 구성하는 이 세 가지 요소*는 일종의 초감각적 영역에 있는 것으로서 우리가 탐색해야 하는 대상이며, 또한 죽음과 새로운 출생 사이에서 우리는 정신인간, 생명정신, 자아정신과 특정한 관계를 가지고 있습니다. 이 세 요소에서 발원하는 힘이 인간의 영혼적인 것, 즉 의식영혼Bewußtseinsseele, 지성Verstandes- 혹은 정서영혼Gemütsseele, 감정영혼Empfindungsseele[11] 안으로 속속들이 스며듭니다.

11   그리고 죽음과 새로운 출생 사이의 현존을 거친 다음 물질세계로 내려오려는 순간의 인간 존재를 관찰해 보면, 여러분은 앞에서 그 특성을 언급한 정신적인 것이 영혼적인 것과 하나가 되어 있음을 알게 될 것입니다. 말하자면 인간은 고차적 영역을 떠나 정신영혼Geistseele 또는 영혼정신Seelengeist[12]으로서 지상의 현존을 시작합니다. 지상의 현존으로 갈아 입는다는 말입니다. 마찬가지로 방금 언급한 이런 성격의 정신 및 영혼과 연결되는 또 다른 구성 요소가 어떤 성격

따뜻하고 차가운 것에서 물질세계의 현현을 인식하고, 참되고 선한 것에서는 정신세계의 현현을 인식합니다. 신체적으로 드러나는 것을 감각이라고 일컫는 것과 같은 의미로, 정신적인 것의 현현은 직관이라고 할 것입니다. 가장 단순한 사고에도 직관이 들어 있는데, 정신적인 것의 현현은 자아를 통해서만 수용할 수 있을 뿐, 손으로 만질 수 없고 눈으로 볼 수 없기 때문입니다."

11) "영혼적인 것"은 "영혼을 구성하는 것", 이어지는 부분의 의식, 지성/정서, 감정의 복합체를 가리키는 루돌프 슈타이너의 어법이다. 그의 조어법 및 의식영혼/감정영혼/정서영혼이라는 역어의 선택에 관해서는 옮긴이의 말의 용어 설명 참조.

12) 루돌프 슈타이너가 인간의 지상적 현존 요소인 "자아"를 일컫는 또다른 말. 역자 서문의 루돌프 슈타이너 용어 설명과 역주 37 참조.

을 지니고 있는지도 말할 수 있습니다. 즉, 지상으로 내려온 정신영혼은 신체적 유전 과정에서 생겨난 것을 만납니다. 그러면 영혼정신 또는 정신영혼에 육신Körperleib 또는 신체Leibeskörper[13]가 더해지고,* 이로써 두 가지 삼원성이 서로 연결됩니다. 정신영혼에서는 정신인간, 생명정신, 자아정신이 영혼적인 것과 연결되는데, 이 영혼적인 것은 의식영혼, 지성·정서영혼, 감정영혼으로 구성되어 있습니다. 이것들은 서로 연결되어 있으며, 물질세계로 내려올 때는 감정체라고도 하는 아스트랄체, 에테르체, 물질체와 연결되어야 합니다.[14] 그런데 다시 이 후자들은 처음에는 어머니의 몸 안에서, 그 다음에는 물질세계에서 광물계, 식물계, 동물계라는 물질세계의 세 영역과 연결되어 있으며, 이로써 여기서도 두 가지 삼원 구조가 서로 연결된 상태입니다.[15]

12   이 세상으로 들어와 성장하는 아이를 아무런 선입견 없이 관찰할 때 지각하게 되는 사실이 있습니다. 그 아이 안에서 영혼정신 또는 정신영혼이 아직 육신 또는 신체와 연결되지 않은 상태라는 것입

---

13) "물질적인 몸". 육신/신체라는 역어 선택에 관해서는 옮긴이의 말의 용어 설명 참조.
14) "물질체, 에테르체, 아스트랄체"는 옮긴이의 말의 용어 설명과 제4강 역주 57 참조.
15) 인간 본질의 구성 요소에 관해서는 먼저 《Die Geheimwissenschaft im Umriß》(비밀학 개요), GA 13의 "Wesen der Menschheit"(인류의 본질)에 실린 루돌프 슈타이너의 다음과 같은 간결한 언급을 참조할 만하다. "앞의 고찰에서 확인된 것은, 인간 본질이 물질체, 생명체, 아스트랄체, 자아조직이라는 네 부분으로 구성되어 있다는 사실이다. "자아"는 다른 세 부분 안에서 작용하면서 그것들을 변화시킨다. 이런 변화를 통해 좀 더 낮은 차원에서 감정영혼, 지성영혼, 의식영혼이 생성된다. 인간 현존의 좀 더 높은 차원에서는 자아정신, 생명정신, 정신인간이 형성된다. 그러면 인간 본질의 이 세 가지 요소는 전 우주와 지극히 다양한 관계에 놓이게 되어, 그 발달이 우주의 발달과 연결된다."

니다. 정신적인 의미에서 이해하는 교육의 과제는 영혼정신을 육신 또는 신체와 조화를 이루게 하는 일입니다. 물질세계 안으로 태어난 아이에게서 그 둘은 아직 서로 잘 들어맞는 상태가 아니기 때문에, 그 둘이 서로 조화를 이루도록, 서로 잘 맞게 해 주어야 합니다. 교육하는 사람, 가르치는 사람의 과제는 그 두 요소가 서로 잘 맞도록 하는 것입니다.

13   이제 우리의 이 과제를 좀 더 구체적으로 정리해 봅시다. 외부 세계와의 관계에서 인간에게 가장 중요한 것은 호흡입니다. 그런데 우리는 물질세계에 발을 들여놓을 때에야 비로소 이 호흡을 시작합니다. 모태 안에 있을 때 하는 호흡은 이른바 준비 단계의 호흡이며 따라서 아직 인간을 외부 세계와 완전히 연결하지 못합니다. 제대로 된 호흡이라고 할 만한 것은 모태를 떠난 다음에야 비로소 시작됩니다. 이 호흡이 인간의 본질에 지극히 중요한 이유는, 바로 이 호흡 안에 물질적인 인간의 삼원 체계 전체*가 들어 있기 때문입니다.

14   인간의 물질적 삼원 체계에 속하는 것으로 먼저 물질대사가 있습니다. 그런데 물질대사는 그 한쪽 말단에서 호흡과 밀접하게 연결되어 있습니다. 호흡 과정은 물질대사에서 혈액순환과 연관되어 있습니다. 혈액순환은 호흡과는 다른 경로로 들어오는 외부 물질을 인간의 몸 안으로 흡수합니다. 그러니 한편으로 호흡은 전체 물질대사 체계와 연결되어 있는 셈입니다. 물론 고유한 기능들이 있는 호흡이지만, 한편으로 그것은 물질대사 체계의 일부인 것입니다.

15   다른 한편으로 이 호흡은 인간의 신경감각 활동과도 연결되어 있습니다. 숨을 들이쉴 때 우리는 지속적으로 뇌수腦水를 두뇌 안으로 밀어 넣습니다.* 숨을 내쉬면 뇌수가 뇌에서 빠져나옵니다. 이를 통해서 우리는 호흡의 리듬을 뇌에 이식합니다. 호흡은 한편으로 물질대사와 연관되어 있는 동시에 다른 한편으로는 신경감각 활동과 연관되어 있습니다. 그래서 호흡이란 물질세계에 발을 들인 인간과 인간 바깥의 물질세계 사이의 가장 중요한 연결고리라고 할 수 있습니다. 그런데 또 한 가지 의식해야 할 것은 이 호흡이 아직은 인간의 물질적 활동을 유지할 만큼 충분히 이루어지지 않는 측면이 있다는 사실입니다. 물질적인 현존을 시작하는 인간에게서는 호흡 활동과 신경감각 활동 사이의 올바른 조화와 연결이라는 측면에서 아직 완전한 상태에 이르지 못했다는 것입니다.

16   아이를 관찰해 보면, 우리는 그 본질이 아직 신경감각 활동을 올바른 방식으로 유지할 만큼 호흡하는 법을 배우지 못했다고 말할 수밖에 없습니다. 여기에 아이에게서 고려해야 할 아주 섬세한 특성이 있습니다. 먼저 우리는 인류학과 인지학16)을 바탕으로 인간의 본질

---

16) 인류학이란 막스 셸러가 주도한 철학적 인간학을 제외하면 통상적으로 인간의 물리적 근원과 변화를 다루는 형질 인류학이나 인문과학으로서의 문화 인류학을 가리키는 용어지만, 루돌프 슈타이너는 그 둘 모두 인간에게 있는 "감각적 차원의 본질"을 다루는 학문으로 여긴다. 감각적 차원의 인간에게서 그 역사적 변화를 다루는 인류학/인간학과 정신적 차원의 인간 본질을 다루는 인지학의 차이를 루돌프 슈타이너는 《Von Seelenrätseln》(영혼의 수수께끼에 관하여), GA 21의 1장 "Anthropologie und Anthroposophie"(인류학과 인지학)에서 다음과 같이 말한다. "인류학자는 영혼 안에서 체험할 수 있는 지성적 개념들을 감각적 체험들과 연관시키는 일에 머물러 있다. 이에 반해

46

을 이해해야 합니다. 그러므로 교육에서 가장 중요한 일은 무엇이 호흡 활동을 올바른 방식으로 신경감각 활동 안에 통합시키는지를 관찰하는 일입니다. 좀 더 차원 높은 의미에서 아이는 세상에 태어나 호흡에 의해 주어지는 것을 자신의 정신 안으로 받아들이는 법을 배워야합니다. 교육의 이 부분에는 이렇게 정신적이고 영혼적인 성격이 있습니다. 호흡이 신경감각 활동과 조화를 이루게 함으로써 우리가 정신적이고 영혼적인 것을 아이의 신체 활동 안으로 끌어들인다는 것 말입니다. 개략적으로 말하면, 아이는 아직 내적으로 올바르게 호흡할수 없으며, 따라서 올바르게 호흡하는 법을 가르치는 것이 교육의 내용이 되어야 한다는 것입니다.

17　　그런데 아이가 아직 제대로 못하는 것이 한 가지 더 있습니다. 이 한 가지를 가르치는 일에 나서야 육신과 정신영혼이라는 인간의 본질적인 두 요소가 조화를 이루게 됩니다. 보통 우리가 정신적으로 강조해야 하는 것이 외면적인 세계 질서에는 어긋나 보이겠지만, 지상의 삶을 사는 초기에 아이가 제대로 하지 못하는 것은 잠자는 것과 깨어 있는 것의 순환을 인간 본질에 맞게 실행하는 일입니다. 겉으로만 보고는 아이가 아주 잘 잔다고 말할 수 있습니다. 아이들은 사실나이 먹은 사람들보다 훨씬 많이 자며, 심지어 활동을 하면서도 잠을잡니다. 하지만 잠자는 것과 깨어 있는 것의 내적인 근간을 아이는 아

인지학자는 감각적으로 받는 인상과 연관시켜야 할 것을 제외하면 그런 지성적 개념들은 영혼 안에서 자신만의 고유한 활동을 펼칠 수 있다는 사실을 경험한다."

직 실행할 수 없습니다. 물질적 차원에서 아이는 갖가지 체험을 합니다. 아이는 사지를 사용하고, 먹고, 마시고, 숨을 쉽니다. 이렇게 물질적 차원에서 갖가지 체험을 할 뿐 아니라 잠자고 깨어 있기를 반복하지만, 아이는 물질적 차원에서 체험하는 것, 즉 눈으로 보고, 귀로 듣고, 작은 손으로 뭔가를 하고, 작은 다리를 버둥거리는 물질적 차원의 모든 체험을 정신세계로 가지고 들어가 처리한 뒤, 그 결과를 다시 물질적 차원으로 옮기는 일을 아직 할 수 없습니다. 아이가 취하는 수면은 어른의 수면과 다르다는 특징이 있습니다.* 어른이 자는 동안에는 무엇보다 깰 때부터 잠들기 전까지 체험한 것이 소화됩니다.* 아이는 깨어나서 잠들기까지 체험한 것을 아직 수면 안으로 가져가지 못합니다. 그로 인해 아이는 물질세계에서 외적으로 체험한 것을 수면 중에 세계 질서 안으로 가져오지 못한 채, 보편적인 세계 질서 안에서 잠을 잡니다. 아이를 올바르게 교육하여 물질적 차원에서 체험한 것을 잠 안으로 가져가 잠자는 동안 영혼정신 또는 정신영혼이 작업할 수 있도록 해야 합니다. 교사, 교육자인 우리가 고차적 세계에 관해 아이에게 알려 줄 수 있는 것은 없습니다. 고차적 세계에서 인간 안으로 무엇인가가 들어오는 것은 잠들 때부터 깨어날 때까지 일어나는 일이기 때문입니다. 우리는 다만 인간이 물질적 차원에서 지내는 시간을 활용해서 우리가 그 인간에게 한 바로 그것을 그가 점차로 정신세계 안으로 가져가도록 하고, 이렇게 정신세계에서 가지고 나오는 힘이 다시 물질세계로 흘러들어 물질세계에서 올바른 인간으로 살도록 할 수 있을 뿐입니다.

18   따라서 모든 수업과 교육 활동은 우선 정말 고차적인 영역, 즉 올바른 호흡을 가르치는 일, 잠자는 것과 깨어 있는 것의 올바른 리듬을 가르치는 일로 방향을 잡아야 합니다. 물론 우리는 교육과 수업이 숨쉬기 훈련이나 잠자고 깨어나는 훈련으로 빠지는 결과를 피할 지침들을 만나게 될 것입니다.[17] 앞에서 언급한 것은 교육과 수업의 배경이 될 뿐입니다. 우리가 만나게 될 지침들은 여러 가지 구체적인 규칙입니다. 하지만 우리는 우리가 하는 일의 토대를 의식하고 있어야 합니다. 아이에게 이런저런 학습 내용을 가르칠 때 우리는 한쪽으로는 정신영혼을 물질체 안으로 가져가고, 다른 쪽으로는 신체성 Körperleiblichkeit[18]을 정신영혼 안으로 가져오도록 작용해야 한다는 것을 의식해야 합니다.

19   지금 들으신 내용의 중요성을 과소평가하지 말아야 합니다. 자신이 어떤 사람인지를 들여다보지 않고 오로지 자신이 하는 일만 살핀다면 여러분은 바람직한 교육자, 교사가 되지 못할 것이니 그렇습니다. 사실 우리가 인지학에 바탕을 둔 정신과학을 추구하는 이유는, 인간은 자신의 행위만이 아니라 무엇보다 자신의 됨됨이로 이 세

---

17) 앞의 "올바른 호흡을 가르치는 일"에 대한 언급을 오해하여 발도르프 학교와 유치원에서 단전 호흡 등 통상적인 호흡 연습을 도입하는 사례가 드물지 않다. 《일반 인간학》에서 루돌프 슈타이너가 말하는 호흡법의 의미와 그 실천에 관해서는 이곳뿐 아니라 특히 《Die Kunst des Erziehens aus dem Erfassen der Menschenwesenheit》, GA 311(한국어판: 《발도르프 교육예술 - 인간 본성이 중심인 교육》, 한국인지학출판사 2019)에서 호흡의 특별한 순환과 교육의 역할을 설명하는 제6강 참고.

18) 물리적인 육신, 또는 그런 육신의 본질이나 특성.

상에 영향을 미친다는 사실을 통찰하기 위해서입니다. 사랑하는 친구 여러분, 많든 적든 학생들이 있는 교실문을 열고 들어서는 교사가 누구인지에 따라서 정말 큰 차이가 생깁니다. 그런 큰 차이는 겉으로 보이는 이런저런 교육 요령에서 어느 교사가 다른 교사보다 더 낫다는 데에만 그 원인이 있지 않습니다. 수업에 영향을 미치는 차이는 주로 교사가 자신의 삶에서 늘 지니고 있는 사고방식을 가지고 교실에 들어오기 때문입니다. 아이를 발달하는 인간으로 보는 사고에 집중하는 교사는 그런 사고에 대해서는 전혀 모르고 그렇게 생각하려고도 하지 않는 교사와는 완전히 다른 영향을 학생에게 미칩니다. 왜 그럴까요? 여러분이 그런 사고의 의미가 무엇인지 숙고하는 순간, 다시 말해서 호흡 과정에 어떤 우주적 의미가 깃들어 있고 또 그것이 교육에서 무엇으로 바뀌는지, 잠자기와 깨어 있기의 리듬에 어떤 우주적 의미가 있는지 알기 시작하는 그 순간에 어떤 일이 일어날까요? 그런 사고를 갖게 되는 순간, 여러분 안에서는 그 무엇인가가 독립적 존재의 정신[19]에 지나지 않는 모든 것을 이겨냅니다. 그 순간 독립적 존재의 정신의 기초를 이루는 모든 요소는 억제됩니다. 물질체이기에 인간 안에 가장 많이 존재하는 것이 얼마만큼 지워지는 것입니다.

20   그리고 여러분이 그런 요소들이 지워진 상태로 교실에 들어서면, 내적인 힘에 의해 여러분과 학생들 사이에는 어떤 관계가 형성됩니다. 처음에는 외적인 사실들이 그 관계와 모순될 수도 있습니다.

---

19) 보편적 정신과는 다른 독립적 존재의 특성.

학교에서 여러분은 아마도 여러분을 조롱하는 개구쟁이 남녀 학생들을 만날 것입니다. 여러분은 여기서 우리가 품으려는 그 사고를 통해 강해져서 그런 상황을 의미 없는 현상 정도로, 즉 우산 없이 외출했는데 갑자기 비가 오기 시작하는 정도의 일로 받아들일 수 있어야 합니다. 물론 그런 뜻밖의 일을 겪으면 마음이 편치 않습니다. 사람들은 보통 비웃음을 당하는 것과 우산이 없어서 비를 맞는 일을 다르게 여기지만, 그 둘을 구별해서는 안 됩니다. 우리는 그 사고를 강하게 가져서 그 둘이 구별되지 않도록, 비웃음 당하는 것을 쏟아지는 빗물처럼 받아들이도록 합니다. 그런 사고가 우리 안에 온전히 스며들면, 다시 말해서 그 사고를 제대로 갖게 되면 아마 한 주나 두 주 뒤에는, 아니면 아이들의 비웃음이 아주 심할 경우에는 그보다 더 시간이 지난 뒤가 되겠지만, 우리와 아이들 사이에 바람직하다고 여겨질 관계가 만들어질 것입니다. 저항이 있더라도 우리는 우리 안에 있는 것을 바탕으로 그런 관계를 만들어 내야 합니다. 그리고 우리가 무엇보다 의식해야 할 첫 번째 교육 과제가 있습니다. 무엇이든 우리 안에 있는 것을 바탕으로 한다는 것, 사고 안에서 이루어지는 관계, 즉 내적인 관계가 교사와 아이들 사이를 주도해야 함을 의식하는 것입니다. 그리고 말로 훈계하여 아이들을 가르치기보다는 이런 내적인 관계가 있어야 수업이 능숙하게 진행된다는 것을 의식하는 상태로 교실에 들어가야 한다는 것입니다. 이것들이 모두 우리가 잘 이끌어 가야 할 외적인 일입니다. 그런데 우리가 확실하게 가져야 할 사고와 수업에서 아이의 신체와 영혼에 일어나는 일 사이의 관계 전체를 교육의 기본 바탕으로 삼지 않는다면, 우리는 그런 외적인 일을 제대로 이끌어 갈 수 없습니다. 세상에 태어남으로써 인간은 정신세계에서는 할 수 없던 것을 할 가능성을 지니게 되었음을 의식하지 않으면, 수업을 하는 우리의 자세는 불완전해지고 말 것입니다. 우리는 먼저 아이들의 호흡이 정신세계와 조화를 이루도록 교육하고 가르쳐야 합니다. 정신세계에 있을 때 인간은 지금 물질세계에서와 같은 방식으로 잠자고 깨어 있는 리듬을 조절할 수 없었습니다. 교육과 수업을 통해서 아이가 이 리듬을 잘 조절해서 육신 또는 신체가 영혼정신 또는 정신영혼* 안에 올바르게 자리 잡도록 해 주어야 합니다. 당연히 이것은 우리에게 주어진 추상적인 내용이 아니고 추상적인 채로 바로 수업에 적용해야 할 것도 아닙니다. 이것은 인간의 본성에 관한 사고로 우리를 지배해야 하는 것입니다.

21   이상이 제가 도입부로 말씀드리려 한 것입니다. 본격적인 교육 이야기는 내일 시작하도록 하겠습니다.

제2강

1919년 8월 22일, 슈투트가르트

1   미래의 모든 수업은 인지학의 세계 이해에서 이끌어 낸 진정한 심리학을 바탕으로 구성되어야 합니다. 당연한 일이겠지만, 많은 곳에서 사람들은 수업과 교육 체계가 모두 심리학을 바탕으로 구성되어야 한다는 사실을 인정했습니다. 그래서 여러분이 잘 아시는 것처럼 과거에 널리 통용되던 헤르바르트[20]의 교육학은 그의 심리학에 바탕을 두고 구축되어 있습니다.* 그런데 지난 여러 세기 동안에 그랬듯이 오늘날에도 실제적이고 실용적인 심리학은 전혀 등장하지 않은 것이 사실입니다. 이런 상황의 원인은, 우리가 사는 이 시대, 즉 의식 영혼의 시대가 아직 인간 영혼을 사실대로 이해할 수 있을 정도의 정

---

20) 요한 프리드리히 헤르바르트Johann Friedrich Herbart(1776~1841), 독일의 철학자, 심리학자, 교육학자. 심리학을 바탕으로 학습과 수업의 목표를 자기 실현에 두는 교육학을 제시하여 근대적 교육학의 기초를 놓았다는 평가를 받는다. 인간의 마음, 영혼이라는 것은 관념적인 어떤 것이 아니라 실재라고 생각한 그는 인간이 무엇을 인식하여 배우고 이해하는 것은 칸트의 설명처럼 인간에게 내재하는 범주적 능력에 의해서가 아니라 오로지 현실에 존재하는 모든 실재를 직접 경험함으로써, 그 실재들을 인식하고 그로부터 연상하게 됨으로써, 즉 표상을 얻음으로써 가능해진다고 주장했다. 루돌프 슈타이너는 당대에 널리 받아들여지던 그의 철학, 심리학, 교육학이 실제에 대한 깊은 통찰보다는 순수한 사고만을 바탕으로 구축되었다고 비판한다. 《Die Rätsel der Philosophie》(철학의 수수께끼), GA 18의 "Reaktioinäre Weltanschauungen"(반동적 세계관들)을 참조할 것.

신적인 깊이에 이르지 못했기 때문입니다. 그런데 이전 사람들이 포스트 아틀란티스 제4 문화기[21])의 옛 지식을 바탕으로 얻어 낸 심리학, 영혼론 영역의 개념들은 오늘날 실제로 그 내용을 거의 상실하여 헛된 말이 되고 말았습니다. 오늘날 어떤 것이라도 심리학이나 심리학적인 개념을 사용하는 것을 접하는 사람이라면, 그런 류의 저작들에 이미 실제적인 내용이 빠져 있음을 알게 됩니다. 그래서 심리학자들이 오로지 개념의 유희를 하고 있을 뿐이라는 느낌을 받습니다. 예를 들어 오늘날 사고가 무엇인지, 의지가 무엇인지에 대해 제대로 된 개념을 만드는 사람이 누가 있을까요? 오늘날 여러분은 갖가지 심리학과 교육학에서 사고와 의지에 대한 다양한 정의를 만날 수 있습니다. 하지만 사고에 대한 원래의 생각, 의지에 대한 원래의 생각은 여러분에게 그런 정의를 제공하지 않습니다. 사람들은 개별 인간을 영혼적으로도 전체 우주에 연결한다는 역사적 현실의 필연성을 그야말로 완전히 놓쳐버렸습니다. 인간의 영혼이 어떻게 전체 우주와 연결되어 있는지 파악할 수 없었던 것입니다. 개별 인간과 전체 우주 사이의 연관관계를 눈으로 확인할 수 있어야 비로소 인간의 본질 자체에 대한 관념이 생기는 것이니 말입니다.

2   사람들이 보통 사고Vorstellung [22])라고 부르는 것을 한번 살펴

---

21) 포스트 아틀란티스 시대는 1. 고대 인도 문화기, 2. 고대 페르시아 문화기, 3. 바빌론-칼데아-이집트 문화기, 4. 그리스-로마 문화기, 5. 우리 문화기, 이후의 6., 7. 문화기로 이루어진다.
22) "사고" 또는 "표상"은 우리가 지각한 외적 대상의 모습이 우리 의식 안에 떠오른다는 의

봅시다.* 우리는 아이들에게서 사고, 감정, 의지[23]를 발달시켜야 하지 않습니까?* 그러니 먼저 우리 자신이 사고가 무엇인지에 대해 분명한 개념을 얻어야 합니다. 인간 안에 있는 사고라는 것을 정말 어떤 선입견도 없이 직관한다면, 그 사고가 그림(象)의 성격을 가졌음을 즉시 알게 될 것입니다. 사고는 그림의 성격을 지녔습니다.* 그런데 사고에서 존재의 성격을 찾으려 한다면, 즉 사고에 실제로 존재하는 것을 찾으려 하는 사람은 커다란 환상에 빠지게 됩니다. 그런데 사고가 하나의 존재라면, 우리에게 그 사고란 무엇일까요? 우리 안에는 의심할 나위 없이 존재의 요소들이 있습니다. 우리 신체가 가진 존재의 요소들만 봐도 그렇습니다. 제가 지금 하는 이야기를 아주 단순하게 받아들이시기 바랍니다. 예를 들어 여러분의 눈은 존재의 요소이며, 여러분의 코도 마찬가지이고, 여러분의 위장도 존재의 요소입니다. 여러분은 이 존재의 요소들 안에서 살고 있기는 하지만 그런 요소들로는 사고할 수 없다고 생각할 것입니다. 여러분은 자신의 본질과 함께 존재의

미에서 "이미지를 내용으로 하는 생각"을 뜻한다. 서양철학의 수용 과정에서 일본인들이 '앞에vor- 놓다stellen'의 조합인 동시에 재귀 용법으로 '상상한다'를 뜻하는 독일어 동사 'vorstellen'의 명사형 'Vorstellung'을 그 구조의 뜻을 고려하여 '표상'(그림으로 나타냄)이라는 조어로 옮겼고, 이것이 우리 인문학에 들어와 그대로 쓰이게 되었다. 엄밀하게 언어적 구조에 따라 사용하지 않는 경우에는 '사고한다, 상상한다, (대상을) 생각한다'는 일상적인 말로 새겨도 충분하다. 루돌프 슈타이너에게 "Vorstellung"은 감각적 지각에 연결된 것으로, 우리의 지성이 감각적 지각이라는 암호를 풀어 추론해 내는 것, 즉 감각적인 것으로부터 생성된 "이미지적 상상Imagination"이라고 할 수 있다. 이 책의 번역에서도 특별히 사고가 이루어지는 과정에서 "상을 떠올린다"는 부분을 지목할 때는 "표상"으로 하고, "사고"와 동일한 의미로 쓰이는 대부분의 경우는 "사고"로 옮겼다. 옮긴이의 말의 용어 설명 참조.
23) 사고, 감정, 의지의 루돌프 슈타이너 어법과 번역어의 이해를 위해서는 옮긴이의 말의 용어 설명 참조.

요소들 안으로 흘러 들어가고, 스스로를 존재의 요소들과 동일시합니다. 바로 이 때문에 우리가 사고를 통해 무엇인가를 파악하고 이해할 수 있게 되며, 사고가 그림의 성격을 가질 수 있게 되고, 사고가 우리와 하나로 합쳐지지 않음으로써 우리가 사고 안에 있지 않게 됩니다. 말하자면 사고란 그것 자체로 존재하는 것이 아니라 그저 상에 지나지 않는다는 것입니다. 직전의 인류 발달기[24] 끝 무렵에 해당하는 지난 몇 세기 동안 사람들은 심각한 잘못을 저질렀습니다. 그것은 "나는 생각한다, 그러므로 나는 존재한다."[25]는 언명으로,* 근대 세계관의 정점에 세워진 가장 큰 오류입니다. "나는 생각한다"는 언명의 외연 안에 있는 것은 "나는 존재한다"가 아니라 "나는 존재하지 않는다"이기 때문입니다. 말하자면, 나의 인식이 닿는 범위 안에는 내가 존재하지 않고 오로지 그림만 존재하는 것입니다.

---

24) 포스트 아틀란티스 시대 제4기인 그리스-로마 문화기.

25) 데카르트의 이 명제는 1637년에 출판된 그의 주저 《Discours de la méthode》(방법 서설)에서 "Je pense, donc je suis"라고 프랑스어로 등장한다. 그 뒤 1644년에 라틴어로 발표한 《Principia philosophiae》(철학 원리)에서 "코기토, 에르고 숨"("나는 생각한다. 그러므로 나는 존재한다.")이라고 썼으며, 나중에는 "나는 의심한다. 그러므로 나는 존재한다. 또는 달리 말하면, 나는 생각한다. 그러므로 나는 존재한다"라고 했다. 이는 우리가 존재한다는 사실, 우리가 우리 자신의 존재를 지각한다는 사실이야말로 인간이 신의 모상임을 증명하는 것이라는 아우구스티누스의 논리적 존재론을 답습하고 있다("Si enim fallor, sum. 만일 내가 오류를 범하는 것이 틀림없다면, 나는 존재한다"는 《신국론》의 아우구스티누스 언명 참조).
루돌프 슈타이너는 이 책뿐 아니라 여러 저작에서 데카르트의 이 명제를 반박한다. 사고할 때 인간은 실제가 아니라 오로지 상을 가질 뿐이며, 그것 자체는 아무런 작용을 일으킬 수 없으니 자아에 다가가지도 못한다는 것이 그의 논리였다. 철학적 논리로 보면 둘 사이에는 방법적 회의와 실제적 자아론이라는 차이가 있고, 따라서 루돌프 슈타이너가 데카르트의 방법적 회의를 철학적으로 반박했다고 보기는 어려울 것이다.

3 이제 여러분이 사고한다는 말에 담긴 상의 성격을 숙고할 때는 그것을 무엇보다 질적인 것으로 받아들여야 합니다. 여러분은 사고가 가변적이라는 점에 주목하고, 그런 가변적인 성격에 대해서 완벽하게 적확하지는 않지만 존재를 연상시키는 개념을 만들어야 합니다. 그런데 우리가 사고하는 행위를 할 때에도* 오로지 상을 떠올리는 행위를 한다는 사실을 생각해야 합니다. 결국 사고에서 등장하는 움직임은 상의 움직임입니다. 그리고 어떤 상이든 그것은 반드시 무엇인가의 상일 수밖에 없으며, 상 자체라는 것은 있을 수 없습니다. 거울에 비친 상을 두고 여러분은 이렇게 말할지 모르겠습니다. "거울에 비친 상들이 보이기는 하지만, 사실 거울에 보이는 것들은 거울 안이 아니라 거울과는 전혀 상관없이 다른 곳에 있다. 그러니 거울에 비치는 것은 거울과는 별로 상관이 없다. 세상의 그 어떤 것이라도 그 모습이 거울에 비칠 수 있다" 하고 말입니다. 바로 이런 의미에서 우리의 사고 행위가 상으로 이루어진다는 것을 안다면, "사고는 무엇에 대한 상인가?"라는 중요한 질문이 생깁니다. 물론 이에 관해서는 통상적인 과학은 아무것도 알려 주지 않습니다. 이에 관해서는 인지학에 바탕을 둔 과학만이 답을 줍니다. 사고는 이 세상에 태어나기 전 또는 잉태 전에 우리가 체험한 모든 것에 대한 상입니다. 여러분이 이 세상에 태어나기 전, 잉태 전에 이미 한 생을 지나왔다는 사실[26]을 분명히 아는 것 말고는 사고가 무엇인지 제대로 깨달을 방법이 없습니다. 그리고 우리가 일상에서 보는 거울상이 공간 안에서 거울상으로 등장하는 것

---

26) 태어나기 전에 정신세계에서 살았던 삶.

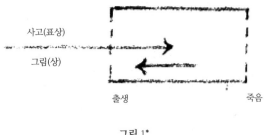

그림 1*

처럼, 죽음과 새로운 출생 사이의 삶도 현재의 삶 안에서 반사되며, 이런 반사가 바로 사고입니다.

즉, 여러분이 그림을 떠올리며 생각한다면 여러분의 현생이 출생과 죽음으로 오른쪽과 왼쪽이 막힌 두 수평선 사이에서 이어지는 것이라고 생각해야 할 것입니다. 그렇다면 이어서 여러분은 사고가 출생 이전의 삶으로부터 지속적으로 현생으로 넘어와 인간의 본질을 통해 반사된다고 생각해야 합니다. 그리고 이런 식으로 여러분이 출생 또는 잉태 이전에 정신세계에서 한 행위가 여러분의 물질적인 몸을 통해서 반사되며, 이로써 여러분이 사고를 경험하게 됩니다. 진정으로 인식하는 사람들에게는 사고 자체가 출생 이전의 삶이 있었다는 증거이며, 이는 사고가 출생 이전의 삶에 대한 상이기 때문입니다.

4   사실에 대한 근본적인 설명은 나중에 하겠습니다만, 저는 일단 이것을 하나의 관념으로 제시하려 했습니다. 갖가지 심리학과 교육학에서 만나는 단순한 개념 설명에서 우리가 빠져나올 수 있다는 것, 그리고 사고란 출생 또는 잉태 이전에 온전히 정신적인 세계에서

이루어진 영혼의 행위가 되비친 것임을 알아야 우리가 사고 행위가 무엇인지를 올바르게 이해할 수 있다는 것을 여러분이 깨닫도록 하려는 것이었습니다. 사고를 이와 달리 정의하려는 시도는 어느 것이든 아무런 소용이 없습니다. 그런 정의에서는 우리 내면에 있는 사고에 대해 실제적인 관념을 얻을 수 없기 때문입니다.

5 　　그러면 이제 의지Wille에 대해서도 같은 식으로 질문해 봅시다.* 의지는 본래 일상적으로 의식하기에는 다소 평범하지 않은 수수께끼 같은 면이 있습니다. 심리학자들도 의지 때문에 곤란을 겪습니다. 그들에게는 대단히 현실적인 무엇인가로 보이는 의지에 근본적으로 뚜렷한 내용이 담겨 있지 않아서 그렇습니다. 왜냐하면, 심리학자들이 의지의 내용이라고 여기는 것을 확인해 보면, 예외 없이 그 내용이 표상에서 생긴다는 것을 알게 되기 때문입니다. 의지 그 자체에는 그 어떤 내용도 없습니다. 그런 연유로 의지에 대해서는 아무런 정의도 없습니다. 의지에는 아무런 내용이 없고, 그래서 정의를 내리는 것이 더욱 곤란해집니다. 그렇다면 의지란 정말 무엇일까요? 다름 아니라 그것은 죽음 이후 우리의 정신적, 영혼적 실재가 현생의 우리 안에 맹아로 존재하는 것입니다. 말하자면 여러분이 죽은 뒤 우리 안에서

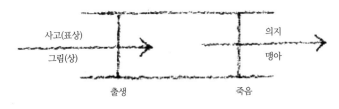

사고(표상)　　　　　　　　　의지
그림(상)　　　　　　　　　　맹아
출생　　　　　　　　　죽음

그림 2

정신적, 영혼적 실재가 될 것이 무엇인지 생각한다면, 그리고 우리 안에 그 실재의 맹아가 있다고 생각한다면, 여러분은 의지가 무엇인지 알게 됩니다. 이 그림에서 우리 일생은 죽음으로 끝나지만, 의지는 그 뒤로도 이어집니다. (그림 2)

6   결국 한쪽으로는 출생 이전의 삶을 상으로 파악해야 하는 사고, 다른 쪽으로는 죽음 이후에 올 삶의 맹아로 파악해야 하는 의지가 있다고 생각해야 합니다.* 여러분이 맹아와 상의 차이를 제대로 이해하시기를 부탁드립니다. 맹아가 현실 너머에 있는 무엇이라면, 상은 현실에 있는 무엇입니다. 맹아는 훗날에 비로소 현실이 되는 것이니 그 안에 미래의 실재가 소질로 들어 있는 셈입니다. 따라서 의지의 본성은 실제로 대단히 정신적입니다. 쇼펜하우어도 이를 짐작했습니다.* 물론 그는 의지가 정신적이며 영혼적인 것의 맹아라는 사실까지는, 그리고 사람이 죽은 뒤에 이 정신적이며 영혼적인 것이 정신세계에서 어떻게 펼쳐지는지에 대한 인식까지는 당연히 도달하지 못했습니다.[27]

---

27) 아르투르 쇼펜하우어Arthur Schopenhauer(1788-1860)는 실제 세계에 대한 인식이 이성에 따라, 즉 합리적으로 이루어질 수는 없다는 소위 비이성주의Irrationalismus를 바탕으로 칸트 관념론의 완성을 추구한 철학자이다. 주저 《의지와 표상으로서의 세계》를 중심으로 본질에 대한 감각적, 정서적 체험이나 지적 통찰이 "물 자체Ding an sich"의 인식 근거가 된다는 그의 직관주의적, 주관적 관념론 전반과 의지, 표상에 대한 서술은 루돌프 슈타이너의 직관주의적 세계관과 어법에 상당히 영향을 미친 것으로 보인다. 적어도 철학적으로는 칸트 철학의 비판적 계승자라고 할 수 있는 루돌프 슈타이너는 인식, 지식 등의 근간이 의지라는 자신의 논지를 쇼펜하우어적인 직관적 관념론의 맥락에서 다음과 같이 천명한다. "자기 안에 있는 의지를 발견하는 즉시, 인간은 개별자인 자신과 연관되어 있지 않은 세

7   이제 여러분은 특정한 방식으로 인간의 영혼을 상으로 이루어지는 사고와 맹아적인 의지라는 두 영역으로 구분했습니다. 그리고 상과 맹아 사이에는 경계가 있습니다. 이 경계는 신체를 가진 인간이 스스로 하는 모든 활동이며, 이 신체를 가진 인간은 이전의 삶에서 체험한 것들을 반사하여 사고의 그림들을 만들어 내고, 의지가 제멋대로 활동하는 것을 막아 그저 맹아로 계속 머물도록 합니다. 그렇다면 우리는 이런 과정이 도대체 어떤 힘들에 의해 일어나는지 묻지 않을 수 없습니다.

8   우리가 확실히 알아야 하는 것은, 인간 안에는 이전 삶에서 있었던 일을 반사하고 죽음 이후에 펼쳐질 일을 맹아로서 간직하도록

계가 있다는 것을 확신하게 된다. 의지는 개별자의 지식이 아니라 실제적인 존재의 한 형태이다." 피히테Fichte라면 그(쇼펜하우어)의 이런 세계관을 《지식과 의지로서의 세계》(Die Welt als Wissen und Wille)라고 표현했을 것이다. 그리고 셸링Schelling은 자신의 저술 《인간 자유의 본질 및 그것에 연관되어 있는 대상들》(Über das Wesen der menschlichen Freiheit und die damit zusammenhängenden Gegenstände)에서 이렇게 말한다. '최종적이며 최상의 단계는 의지Wollen말고는 다른 존재가 없다. 의지는 근원적 존재이며, 근원, 영원, 시간에 구애받지 않음, 자기 긍정 등 모든 술어가 의지에 들어맞는다. 모든 철학이 그런 최상의 표현을 찾아 내려 추구한다.' 의지가 근원적 존재라는 것은 쇼펜하우어의 견해이기도 하다. 지식이 소멸하고 나면, 의지만이 남아 있다. 의지가 지식에 선행하기 때문이다. 지식은 그 원천이 나의 두뇌에 있다고 쇼펜하우어는 말한다. 그런데 지식은 적극적이고 창조적인 힘을 통해 생성될 수밖에 없다. 인간의 그런 창조적인 힘은 자신의 의지 안에만 있다. 따라서 쇼펜하우어는 다른 사물들 안에서 작용하는 것도 의지라는 사실을 입증하려 한다. 그에 따르면, "물 자체"로서 의지는 인간 앞에 놓인 실제의 토대가 된다. 그리고 그런 "물 자체"에 대해 우리는 지식을 가질 수 있다. 그것은 칸트가 말하는 실제처럼 우리의 사고와 상관없이 존재하지 않으며, 우리는 그것의 작용을 우리 자신의 유기체 내부에서 체험한다."(《Die Rätsel der Philosophie》 - 철학의 수수께끼, GA 18의 "Reaktioinäre Weltanschauungen" - 반동적 세계관들)

하는 어떤 힘들이 있다는 사실입니다. 그리고 여기에서 우리는 여러분이 《신지학》[28]이라는 책을 통해 이미 알고 계시는* 반감과 호감의 반영이라는 가장 중요한 심리학 개념에 도달합니다. 첫 강의에서 언급된 것과 연결된 이야기입니다만, 더 이상 정신세계에 머물 수 없기에 우리는 물질세계로 옮겨집니다. 이 물질세계로 옮겨지면서 우리는 모든 정신적인 것에 대해 반감을 갖게 되고, 그리하여 우리는 반감을 의식하지 못하는 가운데 정신적인 이전 삶의 현실을 반사합니다. 우리 안에는 반감의 힘이 있으며, 이 반감의 힘을 통해 이전 삶의 요소를 단지 사고하는 상으로 변화시킵니다. 그리고 호감 안에서 우리는 죽음 이후에 의지의 현실로서 우리 현존을 향해 비춰지는 것과 우리 자신을 연결합니다. 호감과 반감이라는 것은 우리가 직접적으로 의식하지는 못 합니다. 하지만 이 둘이 우리가 의식하지 못하는 가운데 우리 안에 있는 호감과 반감의 상호 작용이라는 끊임없는 리듬으로 이루어지는 우리의 감정을 의미합니다.

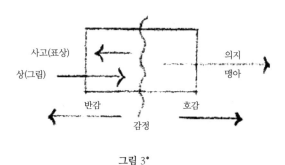

그림 3*

---

28) 《신지학》(Theosophie), 루돌프 슈타이너 GA 9, 한국인지학출판사 2023.

9   우리 안에서는 감정의 세계가 펼쳐지는데, 이는 심장의 수축과 이완처럼 호감과 반감의 지속적인 상호 작용입니다. 이 상호 작용은 우리 안에서 지속적으로 일어납니다. 한쪽에서 반감이 우리 영혼의 활동을 끊임없이 사고 활동으로 변화시킵니다. 다른 쪽에서 호감은 우리 영혼의 활동을 우리가 행위의 의지라고 알고 있는 것, 즉 죽음 이후에 올 정신적 현실을 맹아로 유지하려는 의지로 바꿉니다. 여기서 여러분은 정신과 영혼의 활동을 진정으로 이해하시게 됩니다. 즉, 우리가 영혼 활동의 맹아를 만들어 내는데, 그 맹아가 바로 호감과 반감의 리듬이라는 사실을 말입니다.

10   그렇다면 여러분이 반감을 가질 때 반영하는 것은 무엇입니까? 여러분은 여러분이 살면서 체험하는 모든 것, 출생 또는 잉태 이전에 여러분이 체험한 세계 전체를 반영합니다. 그것은 본질적으로 인식하는 특성이 있습니다. 다시 말해서, 여러분의 인식은 근본적으로 여러분의 출생 이전의 체험이 들어와 비치고 반사되는 덕분에 가능하다는 말입니다. 이미 많이 이루어졌던 이런 인식, 즉 출생 또는 잉태 이전에 이미 실재했던 인식은 반감에 의해 약화된 상태로 상이 됩니다. 따라서 우리는 이 인식이 반감을 만나서 그것에 의해 표상의 내용으로 약화된다고 말할 수 있습니다.

11   그런데 이 반감이 충분히 강해지면 아주 특별한 것이 등장합니다. 어떤 의미로 출생 이전에서 이어져 온 힘으로 사고하지 않는다면, 우리는 출생 이후의 일상적인 삶에서도 사고할 수 없을 것입니다.

여러분이 오늘 물질적 인간으로서 사고한다면, 여러분은 지금 여러분 안에 있는 힘이 아니라 출생 이전부터 있었고 지금도 여전히 여러분 안에서 작용하는 그 힘으로 사고하는 것입니다. 잉태되면서 그런 힘이 사라졌다고 주장하는 사람도 있겠지만, 그 힘은 지금도 여전히 작용하는 중이며, 우리는 우리 안으로 비쳐 드는 그 힘으로 표상합니다. 여러분 안에는 늘 이전 삶의 현실이 살아 있고, 여러분에게는 그것을 되비칠 힘이 있을 뿐입니다. 이 힘이 여러분의 반감과 만납니다.* 이제 여러분이 무엇인가를 사고하면 그 모든 사고는 반감과 만나게 되고, 그리고 반감이 충분히 강해지면 기억의 상Erinnerungsbild, 즉 기억 Gedächtnis이 만들어집니다. 따라서 기억이란 우리 안에서 작용하는 반감의 결과물에 지나지 않습니다.* 이때 불분명하게나마 반사되는 반감에 포함된 순수하게 감정적인 것과 분명한 반사, 즉 기억 안에서 아직 상으로 이루어지는 지각 행위의 반사 사이에는 연관성이 있습니다. 기억은 강화된 반감에 지나지 않습니다. 자신의 사고에 대해 큰 호감을 가져 그 사고를 "삼켜버린다면", 여러분은 아무것도 기억하지 못할 것입니다. 무엇을 기억한다는 것은 오로지 여러분이 사고에 대해 일종의 혐오를 느껴 그것을 반사함으로써 그 사고를 현존하는 것으로 만들기 때문에 가능해집니다. 이것이 기억을 둘러싼 실제 사실입니다.

12   여러분이 이 모든 과정을 거친 다음, 즉 상으로 떠올린 다음, 이를 기억 안에 반사하여 그 상을 포착한다면, 이제 개념이 생겨납니다.* 이런 방식으로 여러분은 영혼 활동의 한 측면인 동시에 우리의 이전 삶과 연결되어 있는 반감을 갖게 됩니다.

13   그럼 이제 다른 측면, 즉 우리 안에 있는 맹아적인 것, 죽음 이후의 것인 의지das Wollen[29]를 보도록 합시다. 의지는 우리 안에 살고 있습니다. 우리가 의지에 대해 호감을 가지기 때문에, 죽은 뒤에야 비로소 현실이 될 이 맹아에 대해 호감을 가지기 때문에, 의지가 우리 안에 있습니다. 사고가 반감에 기인하는 것처럼, 의지는 호감에 기인합니다. 사고가 반감을 통해 기억으로 변하는 것처럼,* 호감이 이제 충분히 강해지면, 호감에서 환상Phantasie[30]이 생깁니다. 반감을 바탕으로 기억이 만들어지는 것처럼, 호감을 바탕으로 환상이 생기는 것입니다. 그리고 일상에서는 의식하지 못하는 가운데 일어나는 일이지만 환상이 강해져서 다시 인간 전체[31]를 관통하여 감각에 이를 정도가 되

---

29) 보통 "의지"로 번역하는 "Wille"라는 명사가 아니라 "원하다, 바라다"라는 동사 "wollen"을 그대로 명사형화하여 사용하는 슈타이너의 의도에 관해서는 옮긴이의 말의 용어 설명 참조.

30) 슈타이너는 환상Phantasie, Fantasie이란 감각적인 경험이 정신에 의해 창조적으로 재구성된 것이며, 이것이 인간의 감각 경험과 사고를 자극하여 창의적인 예술 활동을 가능하게 한다고 설명한다(《루돌프 슈타이너 자서전. 내 인생의 발자취》, 한국인지학출판사, 2018, 15장 242쪽 참조). 다시 말하면, 환상은 정신의 통찰에 의해 생성되는 이미지적 상상Imagnation과 지성에 의해 해석된 감각적 지각인 상상/표상/사고Vorstellung의 중간에 있다. 즉, 환상은 인간의 표상 능력에 의해 만들어진 이미지적 상상이라고 할 수 있다.
창조적인 환상 능력은 에테르체가 주로 성장력으로 작용하는 이갈이 전에는 약하고, 그 후에야 본격적으로 성장력이 환상 능력으로 바뀐다. 에테르체의 이런 힘은 사춘기를 기점으로 지적 능력으로 발달한다. (《발도르프 교육예술》, 한국인지학출판사 2019, 제2강 37쪽 참조.)

31) 《일반 인간학》 제2강~제5강에 등장하는 이 표현은 슈타이너가 생각하는 인간 본질의 모든 요소를 가리키거나 그런 본질적 요소의 총체적 유기체인 인간을 일컬을 때 사용된다는 점에 유의할 필요가 있다. 이에 대한 우리말 역어로 "전인全人", "총체적 인간"도 가능할 것이다. 우리나라에서 "인간 전체"라는 말은 주로 근대 유럽의 교육 사상을 수용하는 과정에서 "전인"으로 번역되어, "지, 정, 의"를 고루 갖춘 사람, 몸과 마음과 지적 능력이 모두 바람직하게 발달한 사람을 가리키는 용어로 변형되었다. 고대 이래의 서양 신화, 사상, 신학, 문화인류학 등에 등장하는 "인간 전체"는 육신과 정신, 또는 육신, 영혼, 정신으

면, 여러분은 일상적인 이미지적 상상Imagination이 생겨 외적인 사물을 표상할 수 있게 됩니다. 기억으로부터 개념이 나오는 것처럼 환상에서 이미지적 상상이 나오고, 이 상상이 감각적 관찰sinnliche Anschauung을 제공합니다.* 이 감각적 관찰은 의지에 기인합니다.

14   사람들이 흔히 빠져드는 심각한 오류가 있습니다. 심리학이 늘 말하는, "우리는 사물을 관찰한 다음, 그것을 추상화하여 사고를 얻는다"는 것이 그것입니다. 하지만 이는 사실이 아닙니다. 예를 들어 우리가 분필을 보고 하얗다고 느끼는 것은 의지의 작용에 기인하는 것이며, 이때 의지는 호감과 환상을 거쳐 이미지적 상상이 됩니다.* 그런데 우리가 어떤 개념을 만들어 낼 때는 이 개념의 원천이 완전히 다른 것에 있습니다. 개념이란 기억을 바탕으로 하는 것이기 때문입니다.

15   이렇게 저는 여러분에게 영혼적인 것을 설명했습니다. 인간 안에 있는 호감적인 요소와 반감적인 요소의 차이를 파악하지 않으면 여러분은 결코 인간의 본질을 이해할 수 없습니다. 이미 설명한 것처럼, 이 호감적인 요소와 반감적인 요소는 죽음 이후의 영혼 세계에서 자신을 드러냅니다. 그곳에서 호감과 반감은 숨겨지지 않은 채로 주도적으로 활동합니다.

로 나뉜 존재에 대한 총체적 이해를 기초로 한다. 슈타이너는 그런 종래의 이분법, 삼분법에서 한 걸음 더 나아가, 그런 요소들의 단순한 "조직"이 아니라 "유기체적 합일"을 강조한다.

16   저는 여러분에게 영혼적인 인간을 설명했습니다.* 인간은 물질의 차원에서 신체와 결합되어 있습니다. 모든 영혼적인 것은 신체에서 그 모습을 드러내고, 따라서 반감, 기억, 개념 등으로 나타나는 모든 것이 신체에서 그 모습을 드러냅니다. 이는 신경이라는 신체 조직과 연결되어 있습니다. 몸 안에서 신경 조직이 만들어질 때, 출생 이전의 삶에서 체험한 모든 것이 인간의 신체에 작용합니다. 출생 이전 삶의 영혼적인 것은 반감과 기억과 개념을 통해서 인간의 몸 안으로 작용하여 신경을 만들어 냅니다. 이것이 신경에 대한 올바른 개념입니다. 제가 여러분에게 여러 번 설명한 것처럼, 감각신경과 운동신경이라는 구분과 관련된 모든 이야기는 무의미합니다.

17   그리고 마찬가지로 의지, 호감, 환상, 상상은 특정한 상황에서는 다시 인간으로부터 바깥쪽으로 작용합니다. 이는 맹아적인 것과 연결되어 있고 또 맹아로 머물러 있어야 합니다. 따라서 근본적으로는 결코 현실적인 결과에 이르지 말아야 하며, 현실이 되는 과정에서 다시 소멸해야 합니다. 그것은 맹아로 머물러 있어야 하며, 이 맹아는 너무 발달해서도 안 됩니다. 따라서 그것은 현실이 되는 과정에서 소멸해야 합니다. 여기서 우리는 인간 안에 있는 아주 중요한 무엇인가를 만납니다. 여러분은 인간 전체, 즉 인간을 정신적, 영혼적, 신체적으로 이해하는 법을 배워야 한다는 것입니다. 인간 안에서는 무엇인가가 끊임없이 만들어지는데, 이 무엇인가는 늘 정신적인 것이 되려는 경향이 있습니다. 하지만 인간은 사랑으로, 특히 이기적인 사랑으로 이 무엇인가를 신체 안에 붙잡아 두려 하고, 그래서 그것은 결코

정신적인 것이 되지 못한 채로 인간의 물질성 안에서 소실되고 맙니다. 우리 안에는 물질적인 무엇인가가 있는데, 이 물질적인 것은 끊임없이 자신의 물질적인 상태를 벗어나 정신적인 상태가 되려 합니다. 우리는 그것이 정신적인 것으로 되도록 내버려두지 않습니다. 그래서 그것이 정신적인 것으로 되기를 원하는 순간, 우리는 그것을 없애 버립니다. 그것이 바로 혈액으로, 신경과는 반대입니다.

18   혈액은 정말 "아주 특별한 체액"입니다.[32] 실제로는 가능하지 않은 일이지만 우리가 인간의 몸에서 혈액을 완전히 분리해 낸다면, 그것은 여전히 혈액인 상태를 유지하면서 다른 물리적 인자들에 의해서 파괴되지 않은 채 정신이 되어 날아오를 그런 체액이기 때문입니다

32) 괴테 《파우스트》 1부 1,740행의 인용. 계약의 증거를 요구하면서 메피스토펠레스는 파우스트에게 그저 한 방울 피로 서명만 해달라고 한다. 그러자 파우스트는 "그래야 네가 만족한다면 허튼 짓이지만 그렇게 하겠다"고 대답하고, 이에 메피스토펠레스는 "피는 아주 특이한 액체지요" 하고 말한다. 여러 언어권의 슈타이너 2차 문헌, 심지어 독한사전들까지 이를 영어와 독일어 속담("Blood is thicker than water." / "Blut ist dicker als Wasser." "피는 물보다 진하다")에 연결하거나 그렇게 번역하지만, 괴테 전문가인 슈타이너가 굳이 옛 서사에 등장하는 문구, 심지어 유래나 의미조차 다른 문구를 인용할 이유는 없었을 것이다. 고대 중근동 문헌들, 그리스도교 성서, 유럽의 여러 서사 등에서 피는 혈연, 속박, 의무, 구원, 맹약, 연대를 위한 불변의 증거를 상징한다.

다. 그렇게 정신이 되어 날아오르지 않고 이 지상에 사는 동안 죽을 때까지 우리 몸 안에 있으려면, 혈액은 파괴되어야 합니다. 이런 까닭에 우리 안에서는 숨을 들이쉬고 내쉬는 과정을 통해 혈액의 생성과 파괴가 끊임없이 진행됩니다.

19 우리 안에는 양극을 이루는 두 과정이 있습니다. 우리 안에는 혈액을 따라서, 즉 혈관을 따라서 이루어지는 과정이 있는데, 이 과정은 언제나 우리의 현존을 정신적인 것으로 만들려는 경향이 있습니다. 운동신경에 대해서 흔히들 하는 이야기는 터무니없습니다. 그런 식이면 운동신경이 실제로는 혈관이어야 하기 때문입니다. 혈액과는 정반대로 모든 신경은 끊임없이 소멸하려는 성향, 물질화하려는 성향이 있습니다. 신경섬유를 구성하고 있는 것은 분리된 물질입니다. 신경이란 본질적으로 물질이 분리된 것이라는 말입니다. 혈액은 점점 더 정신적인 것이 되려 하고, 신경은 점점 더 물질적인 것이 되려 합니다. 이것이 우리 안에서 양극을 이루어 대립하는 두 과정입니다.

20 앞으로 이어질 강의에서 우리는 오늘 제시된 이 근본 원리들을 계속 따라갈 것입니다. 그리고 어떻게 그런 근본 원리들이 영혼과 신체가 건강하게, 영혼과 정신이 타락하지 않게 할 건강한 수업 구성을 돕는지 볼 것입니다. 아이에게서 너무나 많은 것을 알아보지 못하기 때문에 너무나 잘못된 교육이 이루어집니다. 아무리 생리학이 감각신경과 운동신경에 대해서 무엇인가를 알고 있다고 믿고 설명한다 해도* 그것은 오로지 말장난에 지나지 않습니다. 어떤 신경, 예를 들

어 양쪽 다리로 가는 신경이 손상되면 걸을 수 없다는 사실을 근거로 운동신경에 대해 뭔가를 이야기합니다. 다리를 "움직이게 하는" 신경이 마비되었기 때문에 걸을 수 없다고 말입니다. 하지만 사실 이 경우 사람이 걸을 수 없는 이유는 자신의 다리를 지각하지 못하기 때문입니다. 우리가 사는 이 시대는 필연적으로 수많은 오류에 빠져 있을 수밖에 없지만, 바로 그 때문에 또 우리에게는 그런 수많은 오류에서 빠져나와 인간으로서 자립할 가능성도 있는 것입니다.

21   지금까지 제가 전개한 내용에서 여러분은 이제 인간의 본질이란 우주적인 것과의 관계 안에서만 파악할 수 있다는 사실을 알아차리셨을 것입니다. 왜냐하면, 우리가 표상할 때 우리 안에는 우주적인 것이 있기 때문입니다. 태어나기 전에 이미 우리는 우주적인 것 안에 있었으며, 그 안에서 우리가 체험한 것이 지금의 우리 안에 반사되고 있습니다. 그리고 죽음의 문을 지나면 우리는 다시 우주적인 것 안에 있게 되며, 미래의 우리 삶은 우리의 의지를 주재하는 것 안에서 맹아적으로 그 모습을 드러냅니다. 우리가 의식하지 못하는 가운데 우리를 주재하는 그것은 스스로 분명하게 의식하는 가운데 우주 안에서 한층 차원 높은 인식을 얻도록 작용합니다.

22   그런데 우리의 신체에서는 이 호감과 반감이 세 곳에서 드러납니다. 호감과 반감이 서로 섞이면서 움직이는 세 가지 중심이 우리 안에 있는 것처럼 말입니다.* 먼저 우리 머릿속에는 혈액과 신경이 함께 작용하면서 기억이 생기도록 하는 중심이 있습니다. 신경의 활동

이 끊어진 곳이면 어디든, 도약점이 있는 곳이면 어디든 호감과 반감이 서로 섞여 들어 움직이는 그런 중심이 있습니다. 또 다른 도약점은 척수 안에 있습니다. 예를 들어 한 신경이 척수 후각으로 들어가면* 다른 신경은 척수 전각에서 나갑니다. 교감신경 안에 자리 잡은 신경절에도 그런 도약점이 있습니다. 우리 인간은 겉으로 보이듯 그렇게 단순한 존재가 결코 아닙니다. 인간 유기체의 세 곳, 즉 머리, 가슴, 하반신에서 그 중심이 활동하며, 이 세 곳에 반감과 호감이 서로 만나는 경계선이 있습니다. 지각과 의지 활동에서는 감각신경에서 운동신경으로 우회하지 않고 한 신경에서 다른 신경으로 도약해서, 우리 안에서, 두뇌와 척수 안에서 영혼적인 것을 건드립니다. 신경이 끊어진 이 장소들에서 우리는 호감, 반감과 함께 신체적인 것 안으로 들어갑니다.* 그렇게 되면 우리는 다시 교감신경 체계 안에서 신경절들이 발달하는 곳과 연결됩니다.

23   우리는 우리가 체험한 것들로 인해 우주와 연결됩니다. 우리가 우주에서 이어가야 할 활동을 끊임없이 펼치는 것처럼, 우주도 우리와 함께 끊임없이 활동을 합니다. 우주가 끊임없이 반감과 호감에 의한 행위를 하기 때문입니다. 인간인 우리를 관찰해 보면, 우리 자신도 우주의 호감과 반감에 의한 결과물입니다. 우리 자신이 반감을 만들어 내면, 우주는 우리와 함께 반감을 만들어 냅니다. 우리가 호감을 만들어 내면, 우주는 우리와 함께 호감을 만들어 냅니다.

24   그런데 우리 인간은 머리 체계, 가슴 체계,[33] 그리고 사지라는

고유한 신체 체계로 뚜렷이 나뉜 모습을 하고 있습니다.* 그런데 이런

구분에 대해서는 쉽사리 이의가 제기될 수 있다는 사실을 고려하시기

바랍니다. 왜냐하면, 오늘날 사람들은 무엇인가를 체계 별로 나눌 때

각 부분을 모호한 점이 없도록 구분하려 하기 때문입니다. 그래서 인

간을 머리 체계, 가슴 체계, 사지를 포함한 하반신 체계로 구분한다고

말하는 사람들의 견해에 따르면, 각각의 체계 사이에는 엄격한 경계

가 있어야 합니다. 사람들은 무엇인가를 구분할 때 확실한 경계를 그

으려 들지만, 실제로는 그렇게 할 수가 없습니다. 우리의 머리 역할은

주로 머리 부분에서 하지만, 사실은 인간 전체가 머리입니다. 다른 부

분들은 머리 역할의 일부를 할 뿐입니다. 그 이유는 이렇습니다. 우리

의 감각을 담당하는 본래의 기관은 머리 안에 있지만, 촉감각과 온감

각[34]을 담당하는 감각기관은 우리 몸 전체에 분포되어 있습니다. 그래

서 온기를 감각할 때는 우리 전신이 머리가 됩니다. 주된 머리 역할은

머리 부분에서 하지만, 머리 이외의 부분들도 "곁가지로" 머리 역할

을 합니다. 결국 신체의 모든 부분은 서로 얽혀 들어 작동하는 것이고,

따라서 우리는 사람들의 편협한 생각처럼 각 부분을 그렇게 단순하게

구분하지 않습니다. 말하자면 머리는 모든 부분에 퍼져 있지만 다만

---

33) 신경 체계가 통상적인 용어인 것과는 달리, 머리 체계, 가슴 체계, 사지 체계처럼 "체계
System"를 붙이는 것은 루돌프 슈타이너의 용어로, 머리, 가슴, 사지 각각에 다양한 역할
을 하는 기관들이 포함되어 있기 때문이다.
34) 감각과 감각기관에 관해서는 이 책 제8강에서 12감각을 설명하는 부분을 참조할 것. "촉
각, 온각"이 아니라 "촉감각, 온감각"으로 옮긴 이유는 옮긴이의 말의 용어 설명 참조.

머리 부분에서 특히 더 발달되어 있을 뿐이라는 것입니다. 가슴도 마찬가지입니다. 가슴 부분이 본래의 가슴이지만, 그것은 주된 가슴 역할을 할 뿐입니다. 인간 전체가 마찬가지로 가슴이기 때문에 그렇습니다. 그러니 결국 머리 부분도 어느 정도는 가슴이며, 사지를 포함한 하반신도 마찬가지입니다. 몸을 구성하는 모든 부분이 서로 얽혀 들어 있다는 말입니다. 하반신도 마찬가지입니다. 머리 부분이 하반신의 역할을 한다는 사실을 알아차린 생리학자들도 있습니다. 머리의 신경 체계에서 아주 섬세한 부분은 우리가 자랑스러워하는 뇌, 즉 대뇌피질이 아니라 대뇌피질의 안쪽에 위치해 있습니다. 대뇌피질은 정교하지만, 그것은 이미 어떤 의미로는 퇴화하는 중입니다. 그 복잡한 구조가 이미 퇴화하기 시작한 것입니다. 대뇌피질에 있는 영양 공급 장치에 가깝습니다. 그러니 이런 식으로 비교해서 보면, 인간은 자기 뇌의 외피에 대해 그다지 자부심을 가질 것이 없습니다. 이 외피는 대단히 복잡한 뇌가 영양을 공급하는 뇌로 퇴화한 것이기 때문입니다. 우리 뇌의 외피는 인식 활동과 연관된 신경에 적절한 영양을 공급하는 기능을 합니다. 그리고 우리의 뇌가 동물의 뇌보다 훨씬 우월한 유일한 이유는 우리의 뇌가 뇌신경에 영양을 더 잘 공급하기 때문입니다. 뇌신경에 대한 영양 공급을 동물보다 더 잘한다는 것이 우리가 차원 높은 인식 활동을 하는 유일한 이유입니다. 하지만 뇌의 신경 체계는 인식 활동 자체와는 전혀 상관이 없고, 인식이 신체 유기조직에 드러나도록 하는 일에만 연관되어 있습니다.

25   그렇다면 이런 의문이 생깁니다. 일단 중간 체계[35]를 논외로 한다면, 왜 우리에게는 머리 체계, 그리고 이에 대해 양극적인 하반신을 포함한 사지 체계 사이의 대립이 있는 것일까요? 우리에게 그런 대립이 있는 이유는, 어느 특정한 시점에 우주가 머리 체계를 "숨을 내쉬듯이" 뱉어버리기 때문입니다. 인간의 머리는 우주의 반감에 의해 형성됩니다. 우주가 인간 안에 있는 어떤 것을 몹시 "혐오"하게 되면 그것을 내뱉고, 그 바람에 우주의 닮은꼴이 만들어집니다. 인간의 머리에는 정말로 우주를 닮은 형상이 있습니다.* 머리의 둥근 모양이 바로 그런 모상입니다. 반감으로 인해 우주는 자신의 모상을 자기 바깥에 창조합니다. 그리고 그것이 바로 우리의 머리입니다. 우리가 머리를 우리의 자유를 위한 기관으로 사용할 수 있는 것은, 우주가 먼저 스스로 머리를 내뱉었기 때문입니다. 머리를 생식 영역이 포함된 사지 체계처럼 분명하게 우주에 속한 것으로 생각한다면, 우리는 머리를 올바르게 관찰하지 못하는 것입니다. 우리의 사지 체계는 우주의 일부분이며, 우주는 머리에 대해 반감을 느끼는 것처럼 사지 체계를 끌어당기고 사지 체계에 호감을 느낍니다. 머리에서 우리의 반감은 우주의 반감과 만나 서로 충돌합니다. 우리의 반감들과 우주의 반감들이 충돌할 때 우리의 지각이 생성됩니다. 인간의 다른 측면에서 생성되는 모든 내적 활동은 우주가 애정 어린 호감으로 우리의 사지 체계를 감싸 안음으로써 이루어집니다.

---

35) 가슴-몸통 체계.

26   어떻게 인간의 영혼까지 우주로부터 형성되었는지, 그리고 다시 그 둘이 분리될 때 인간이 우주로부터 무엇을 수용하는지가 이렇게 인간의 신체적 형상에서 드러납니다. 따라서 이런 식으로 바라보면, 여러분은 의지의 형성과 사고의 형성 사이에 커다란 차이가 있음을 쉽게 통찰하게 될 것입니다. 여러분이 사고의 형성에 특별히 더 영향을 미치면, 일방적으로 사고의 형성에만 영향을 미치면, 여러분은 실상 아이의 인간 전체로 하여금 출생 이전의 체험에 얽매이도록 하게 될 것입니다. 그리고 아이를 이성에 따라서만 교육하면, 아이의 의지를 사실상 이미 끝낸 것에, 즉 출생 이전의 삶에 얽어 매어 아이에게 해를 입히게 됩니다. 교육을 할 때는 여러분이 아이에게 내놓는 것에 추상적인 개념을 너무 많이 포함시키지 말아야 합니다. 그보다 더 많은 상Bild을 섞어 넣어야 합니다. 왜 그럴까요? 지금까지 한 여러 이야기에서 여러분은 그 이유를 찾으실 수 있습니다. 상은 이미지적 상상Imagination의 결과물로, 환상Phantasie과 호감을 통해서 떠오릅니다. 개념, 즉 추상적인 개념은 추상화의 결과물로, 기억을 통해서, 그리고 반감을 통해서 나오고, 출생 이전의 삶에서 옵니다. 그러므로 아이를 상대로 추상적인 것을 너무 많이 사용하면, 여러분은 아이로 하여금 혈액 안에 이산화탄소로 바뀌는 과정, 즉 혈중 이산화탄소 형성이라는 신체적 경화, 사멸 과정에 지나치게 몰두하도록 조장하는 셈이 됩니다.* 아이에게 상상력 넘치는 것을 최대한 많이 가르치기 위해 많은 것을 상으로 말해 주는 방법으로 교육하면, 여러분은 지속적인 산소 보존의 맹아, 지속적인 성장의 맹아를 아이 안에 넣어 주게 됩니다. 그렇게 해야 여러분이 아이에게 미래를, 죽음 이후의 삶을 제시하게 되

기 때문입니다. 우리는 출생 이전에 우리 인간을 상대로 행해진 것들을 교육을 통해서 어느 정도 다시 수행하는 것입니다. 오늘 우리가 인정해야 할 것은, 사고한다는 것이 상을 만들어 내는 활동이며, 이것은 출생 또는 잉태 이전에 체험한 것에 기인한다는 사실입니다. 그 과정에서 정신적인 존재들이 우리 안에 그런 활동을 넣어 주었고, 그것이 우리가 태어난 뒤에도 계속 작용합니다. 아이들에게 상을 전해줌으로써 우리는 교육에서 이 우주적 행위를 다시금 이어가기 시작합니다. 우리가 아이에게 상을 넣어 주면, 그것은 아이의 신체 활동 안에 들어가므로 나중에 실현될 것들의 맹아가 될 수 있습니다. 따라서 상을 통해 작용하는 능력을 습득하는 가운데 우리 교육자들은 상을 통해서 작용해야 인간 전체에 작용할 수 있고 인간 전체에 공명이 일어난다는 사실을 언제나 느끼고 있어야 합니다.

27   교육이란 언제나 우리가 출생 이전에 이루어진 초감각적 활동을 이어가는 활동이라는 사실*을 느끼는 것이야말로 모든 교육 활동에 신성한 의미를 부여하며, 이런 신성한 의미 없이는 교육이란 애초에 불가능합니다.

28   이로써 우리는 두 가지 개념 체계를 배웠습니다. 즉, 인식, 반감, 기억, 개념이라는 체계, 그리고 의지, 호감, 환상, 이미지적 상상이라는 체계가 그것입니다. 교육을 할 때 우리가 실제로 수행해야 하는 모든 일에 실천적으로 적용해야 하는 것이 바로 이 두 체계입니다. 이에 관해서는 내일 다시 이야기를 이어가겠습니다.

제3강

1919년 8월 23일, 슈투트가르트

1 오늘날 교사는 학교에서 하는 모든 일의 배후에 있는 우주의 법칙들을 폭넓게 이해하고 있어야 한다고 생각합니다. 특히 학교의 저학년 수업에서는 교사의 영혼이 인류 최상의 관념들과 연결되어 있어야 한다는 것은 당연합니다. 종래의 학교 제도 안에는 뿌리 깊은 폐해가 있습니다. 저학년을 가르치는 교사에게는 독립성을 인정하지 않았다는 사실, 구체적으로 말하면, 그 교사들을 상급 학년 교사에 비해 존재 가치가 열등하게 여겨지게 되는 영역에 두었다는 사실이 그럴 것입니다. 이 자리에서 사회 유기체의 정신적 부분*에 관한 일반적인 문제를 논하는 것은 당연히 저의 의무가 아닙니다. 하지만 앞으로는 공공연한 자리에서도 교사진의 모든 구성원이 서로 동등하게 대해야 하며, 저학년 담당 교사도 정신적 능력이라는 면까지도 더 높은 학년을 맡은 교사들과 완전히 동등하다는 생각을 확실하게 가지고 있어야 합니다. 그러므로 오늘 우리가 하려는 이야기, 즉 아이들에게는 당연히 직접 적용할 수는 없지만 교사로서 반드시 알아야 하는 것이 저학년 수업을 포함해서 모든 수업 활동의 배경이 되어야 한다는 이야기에 놀라지는 않으실 것입니다. 그런 것을 배경에 두지 않으면 수업이 효과적으로 이루어지지 않을 것이기 때문입니다.

2   수업을 통해서 우리는 아이들에게 한편으로는 자연의 세계를, 다른 한편으로는 정신의 세계를 전달합니다. 인간으로서 우리는 한편으로는 자연의 세계와 같은 부류이며 다른 한편으로는 정신의 세계와 같은 부류임이 확실합니다. 우리가 이 지구라는 물질적 지평 위에서 인간으로 사는 한, 그리고 우리의 현존이 출생과 죽음 사이에서 이루어지는 것인 한에는 그렇다는 것입니다.

3   그런데 심리학의 인식은 우리 시대에 정말 유별나게 허술한 모습을 하고 있습니다. 구체적으로는 서기 869년[36)]에 확정되어 이전의 본능적인 인식에 기초한 통찰, 즉 인간이 신체와 영혼과 정신으로 구성되어 있다는 통찰을 가려버린 교회의 교의에 심리학의 인식이 여

---

36) 제4차 콘스탄티노플리스 공의회(가톨릭 측)의 주요 결론 중 하나인 콘스탄티노플리스 총대주교 포티오스(Photios 1세)의 "영혼 이원론"에 대한 단죄를 가리킨다. 공의회는 인간의 영혼이 "영혼"과 "정신영혼" 둘로 이루어져 있다는 포티오스의 신학적 견해를 이단으로 규정했다. 포티오스는 이 지상의 삶에서 인간의 모든 활동을 지배하다가 신체의 죽음과 함께 사멸하는 "영혼", 그리고 인간의 죽음에 휩쓸리지 않고 불멸하는 고차적 "정신Spiritus -영혼"이 합쳐진 것이 인간의 영혼이라고 주장했다. 공의회는 그의 "인간 삼원론"을 단죄하면서, 인간을 육체와 영혼으로 구성된 이원론적 존재라고 확인했다. 그 이래로 가톨릭 교리는 인간의 영혼을 "이성적이고 지적인 영혼"이면서 동시에 "정신의 속성"을 가진 것으로 보았다. 그리스도교의 삼위일체론에서 정신Spiritus 은 사멸하는 존재에 영원한 생명을 가져다주는 "성령"(Spiritus 또는 Spiritus Sanctus)과 동의어이다. 슈타이너의 "정신영혼Geistseele"이라는 개념은 포티오스의 영혼 이원론에 대한 옹호이면서 동시에 인간에게 불멸하는 부분이 있다고 인정하는 고대 동서양의 사상적 흐름에 대한 동참이기도 하다. 슈타이너의 인간 삼원론 원어를 "신체, 영혼, 정신"으로 옮기는 것이 우리의 보편적 언어 생활에 적합한 것도 이 때문이다. 《Bausteine zu einer Erkenntnis des Mysteriums von Golgatha》(골고타 신비 인식의 구성 요소들), GA 175, 《Erdenleben und Weltenleben. Anthroposophische Lebensgaben. Bewußtseins-Notwendigkeiten für Gegenwart und Zukunft》(지상의 삶과 우주의 삶. 인지학적 삶의 선물. 현재와 미래를 위해 반드시 필요한 의식들), GA 181 참조.

전히 영향을 받고 있다는 것입니다.* 사실 오늘날 심리학의 거의 모든 이야기가 인간이란 존재를 단순히 이분법으로 설명하는 것을 들으실 것입니다. 그런 이야기에 따르면, 어떤 단어를 동원하느냐에 따라 달라지기는 하지만, 인간은 신체와 영혼, 또는 육체와 정신이라는 양자로 되어 있다고 합니다. 결국 육체와 신체를 거의 같은 것으로, 또한 정신과 영혼을 거의 같은 것으로 본다는 것입니다. 대부분 심리학이 이렇게 인간 존재의 이분법이라는 오류를 바탕으로 구축되어 있습니다. 이런 이분법을 철저하게 유효한 것으로 받아들인다면 우리는 결코 인간의 본질을 통찰할 수 없게 됩니다. 그러므로 근본적으로는 오늘날 심리학이라는 이름으로 등장하는 거의 모든 것이 완전히 비전문적일 뿐 아니라 때로는 말장난에 불과합니다.

4   그런데 사실 일반적으로 보면 이런 일은 물리학 분야에서 이루어진 커다란 업적을 오해하는 바람에 생긴 어떤 오류가 19세기 후반 들어 심각해졌다는 것에 기인합니다. 아시다시피 하일브론Heilbronn이라는 도시의 점잖은 시민들은 자신들이 정신병원에 가뒀던 율리우스 로베르트 폰 마이어Julius Robert von Mayer[37]를 기리기 위해 그의 사후에 도시 한복판에 기념비를 세웠습니다.* 또한 여러분이 아시

---

37) 1814~1878. 독일의 물리학자이자 의학자. 에너지 보존 법칙이라고도 불리는 열역학 제1 법칙을 발견했다기보다는 법칙이 정립되는 과정에 기여한 것으로 보는 편이 옳을 것이다. 자연과학자로서 이 법칙을 잘 알고 있는 슈타이너는 《지구의 죽음과 우주의 삶》(GA 181), 《자연과학과 세계사》(GA 325) 등 여러 강좌에서 사람들이 이 법칙을 잘못 해석하는 것을 경계하는 취지를 밝힌다.

다시피, 오늘날 하일브론 사람들이 대단히 자랑스러워하는 이 인물은 에너지 보존 법칙 또는 힘의 보존 법칙을 발견한 사람입니다. 이 법칙에 따르면, 세상에 존재하는 에너지 또는 힘의 총합은 언제나 일정하여 그 형태만 달라질 뿐이어서, 예를 들어 힘은 어느 때는 열로, 그리고 또 어느 때는 기계적 힘으로 나타난다는 것입니다. 하지만 율리우스 로베르트 폰 마이어의 법칙을 이렇게 포장하는 것은 그의 의도에 대한 철저한 오해입니다! 왜냐하면, 그는 갖가지 힘의 변형을 밝힌 것일 뿐, 에너지가 보존된다는 대단히 추상적인 법칙을 제시하려는 것이 아니었기 때문입니다.

5   큰 맥락에서 문화사적으로 볼 때 이 에너지 또는 힘의 보존 법칙이란 무엇일까요? 그것은 인간 자체를 이해할 때 커다란 장애물입니다. 즉, 힘이란 것이 결코 새로 생기지 않는다는 견해를 갖는 한, 우리는 인간의 참된 본질을 인식할 수 없다는 말입니다. 왜냐하면, 인간의 이 참된 본질은 다름 아니라 인간에 의해 지속적으로 새로운 힘들이 만들어진다는 사실에 바탕을 두고 있기 때문입니다. 세상에 살고 있다는 맥락에서 인간은 자신 안에서 새로운 힘을, 그리고 나중에 다시 논의하게 될 새로운 물질까지도 만들어 내는 유일한 존재입니다. 하지만 오늘날의 세계관은 인간까지도 완전히 인식하도록 해 주는 기본 요소들을 받아들이려 하지 않으며, 그래서 힘의 보존 법칙을 주장합니다. 사실 어떤 의미로 그 법칙은 우리가 광물계, 식물계, 동물계 등 자연의 다른 영역들만 주목할 때는 딱히 문제가 없습니다. 하지만 우리가 인간 자체를 이해하기를 원할 때, 그 법칙은 즉시 진정한 인

식에 의해 완전히 해체되고 맙니다.

6   교사로서 여러분은 한편으로는 학생들에게 자연을 이해시키고, 다른 한편으로는 정신적인 삶에 관해 어느 정도 안내할 필요가 있을 것입니다. 적어도 일정한 정도로 자연을 알지 못하면, 그리고 정신적인 삶과 관계를 맺지 않으면, 오늘날 인간은 사회생활도 올바르게 할 수 없습니다. 그러니 이제 한번 외적 자연으로 눈길을 돌려 보아야 하겠습니다.

7   외적 자연[38]은 다음과 같은 방식으로 우리 앞에 있습니다. 한편으로는 여러분이 아시다시피 본질적으로 상으로 이루어지는 동시에 출생 이전의 삶이 반사된 것이라고 할 수 있는 우리의 표상 및 사고 활동이 자연에 맞서 있고, 다른 한편으로는 의지의 성격을 가지며 죽음 이후의 삶을 맹아의 형태로 보여 주는 모든 것이 외적 자연을 마주하고 있습니다. 우리는 늘 이런 방식으로 자연을 대합니다. 그런데 이렇게 보면 자연을 향한 인간의 지향이 자칫 두 부분으로 이루어지는 듯 여겨지는데, 여기서 나온 것이 바로 인간이 두 부분으로 이루어져 있다는 오류이기도 합니다. 이 주제는 나중에 다시 다루도록 하겠습니다.

---

38) 이 책에 자주 등장하는 "외적"이라는 표현은 우리 바깥에 있다는 뜻보다는 내적, 내면적, 영혼적, 정신적인 것과 대립하는 물질적인 대상이 되는 어떤 것을 가리키는 경우가 대부분이다.

8　　　이렇게 우리의 사고라는 측면을 자연으로 향하게 하여 자연을 마주하면, 우리는 자연에서 끊임없이 사멸하는 것만을 파악하게 됩니다. 이것은 아주 중요한 법칙입니다. 여러분이 지성의 도움으로, 그리고 표상하는 힘의 도움으로 알게 된 저 아름다운 자연 법칙을 직접 경험한다고 해도, 그 자연 법칙들이 늘 통하는 대상은 자연 안에서 사멸하는 것이라는 사실을 분명히 아시기 바랍니다.

9　　　맹아로 존재하는 생생한 의지가 자연 쪽을 향하면, 그 의지는 죽은 것에만 적용되는 자연 법칙들과는 완전히 다른 어떤 것을 체험합니다. 이 시대가 범한 오류, 이 시대의 학문이 범한 오류에서 유래하는 갖가지 사고로 가득한 여러분으로서는 이 점을 이해하시기가 상당히 어려울 것입니다. 먼저 감각, 즉 열두 가지 감각 전부를 통해 우리를 외부 세계와 연결하는 것은* 그 성격이 인식적인 것이 아니라 의지적인 것입니다. 현대인은 사실상 이 점에 대한 통찰을 완전히 잃어버렸습니다. 무엇을 본다는 것은 근본적으로 우리 눈에서 일종의 촉수가 뻗어 나와 사물에 닿아서 이루어진다는 플라톤의 주장이 우리에게 유치하게 느껴지는 것도 그 때문입니다.* 그런데 이 촉수에 해당하는 것은 감각적인 수단으로는 확인되지 않습니다. 하지만 플라톤이 이런 촉수의 존재를 의식하고 있었다는 사실은 그가 초감각적 세계를 잘 알고 있었음을 확실히 증명합니다. 사실 무엇인가를 본다는 것은 우리가 무엇인가를 손으로 잡을 때와 비슷한 과정이 좀 더 섬세한 형태로 이루어지는 것과 다르지 않습니다. 예를 들어 여러분이 분필을 쥘 때 일어나는 물리적인 과정은 어떤 대상을 시각적으로 포착하기 위해

여러분의 눈에서 에테르적인 힘을 내보낼 때의 정신적인 과정과 아주 비슷합니다. 인간이 오늘날 정말 제대로 관찰하는 능력이 있다면, 자연에 대한 관찰로부터 이런 사실을 추론할 수 있을 텐데 말입니다. 예를 들어 여러분이 각기 바깥 시야를 향하도록 자리 잡은 말의 두 눈을 관찰해 보면, 단지 그 눈의 위치만으로 말이라는 동물과 주변 환경의 관계가 인간의 그것과는 다르다는 느낌을 받을 것입니다. 무엇 때문에 그런지는 제가 제시하는 다음과 같은 가정에서 가장 분명하게 드러날 것입니다. 여러분의 두 팔이 앞쪽으로는 절대로 모을 수 없게 만들어져 서로 교차시킬 수 없다고 생각해 보십시오. 그런 경우 오이리트미[39]를 한다면 여러분은 언제나 "아"(A)에서 멈추어 있을 뿐, 결코 "오"(O)로 옮겨갈 수 없을 것입니다. 형태의 저항력이 여러분으로 하여금 팔을 앞으로 뻗지 못하게 할 것입니다. 마찬가지로 말도 눈에서 나오는 초감각적인 촉수와 관련해서 같은 처지에 있습니다. 즉, 말은 결코 왼쪽 눈의 촉수와 오른쪽 눈의 촉수를 서로 만나도록 할 수 없습니다. 그런데 인간은 두 눈의 위치로 인해 두 눈에서 나오는 초감각적인

---

39) "오이리트미Eurythmie"는 1912년부터 1924년에 걸쳐 루돌프 슈타이너가 창안하고 마리 슈타이너의 조력과 로리 마이어 스미츠Lory Maier-Smits(1893-1971)의 선구적인 실연으로 구체화된 동작 예술이다. 마리 슈타이너가 그리스어 "εὖ"(좋은, 아름다운), "ῥυθμός"(리듬, 조화로운 움직임)를 이어 그 명칭을 제안했다. 내면에서 언어와 음악 안에 사는 에테르체와 영혼의 움직임을 몸 동작으로 눈에 보이도록 만드는 예술을 가리킨다. 기본적으로 언어 오이리트미와 음악 오이리트미라는 두 가지 예술 오이리트미로 구분되며, 목적에 따라 교육 오이리트미와 치유 오이리트미로 나누기도 한다. 《Eurythmie. Die Offenbarung der sprechenden Seele》(오이리트미. 말하는 영혼의 현시), GA 277, 《Eurythmie als sichtbarer Sprache》(눈에 보이는 언어인 오이리트미), GA 279 등 루돌프 슈타이너 저작의 제목에서 이 동작 예술의 동기를 짐작할 수 있다. 발도르프 교육이 시작된 직후부터 오이리트미는 주요 교과목의 하나로 자리 잡았다.

촉수를 언제나 서로 만나도록 할 수 있습니다. 이를 바탕으로 자아에 대한 감각이라는 초자연적인 성격을 가진 감각이 가능해집니다. 왼쪽과 오른쪽의 촉수를 서로 만나게 하는 것이 절대로 불가능하다면, 또는 예를 들어 기도할 때와 같이 뭔가 정신적인 행동을 하기 위해* 앞발을 사용할 수 없는 동물처럼 오른쪽과 왼쪽의 교차가 별다른 의미가 없다면, 우리 또한 결코 우리 자신에 대한 정신적인 감각에 도달할 수 없을 것입니다.

10   눈과 귀를 통해 이루어지는 감각 지각을 위해 언제나 중요한 것은 수동적인 활동이 아니라 능동적인 활동, 즉 우리가 의지적으로 사물을 향해 다가가는 활동입니다. 근대 철학은 때로는 올바른 것을 알아차리는 경우가 있어서 이러저러한 언명을 꾸며 내기도 했습니다만, 그런 언명은 대체로 우리가 사실의 이해에서 얼마나 멀리 벗어나 있는지를 입증할 따름이었습니다. 로체Lotze의 철학에서 말하는 국지 표식Lokalzeichen 이론[40]에는 의지적 감각 활동의 능동성이라는 인식에 대한 견해가 들어 있습니다.* 그러나 촉감각, 미감각, 후감각에서 신진대사와 연결되어 있음을 보여 주는 우리의 감각 유기체*는 한층 차원 높은 감각들에서도 신진대사와 연결되어 있으며, 이런 감각 유기체는

<hr>

40) 루돌프 헤르만 로체Rudolf Hermann Lotze(1817~1881)는 독일의 의사이자 철학자로, 루돌프 슈타이너는 여러 저작에서 그를 당대의 가장 중요한 사상가에 속한다고 높이 평가한다. 도덕적 관념론을 바탕으로 한 자신의 철학을 생리학과 심리학을 비롯한 자연과학에 통합하기 위해 노력했다. "국지 표식"은 고전 심리학에서 촉각 및 안면 지각 등의 영역에서 감각이 일어나는 부위를 구별하도록 해 준다는 가설적인 감각 구조의 설명을 말한다.

의지적 성격을 지니고 있습니다.

11   따라서 여러분은 이렇게 말할 수 있습니다. 즉, 자연을 마주한 인간은 자신의 지적인 본성을 통해 자연을 향하며, 그런 이유로 인간은 자연 안에서 죽어 있는 모든 것을 파악하며, 이 죽어 있는 것에서 법칙들을 습득한다고 말입니다. 그런데 이 자연 안에서 죽은 것의 품을 벗어나 세계의 미래가 되려는 것, 그것을 인간은 자신에게 너무나 모호하게 보이면서 감각기관들 안으로 뻗어 들어가는 의지를 통해 파악합니다.

12   지금 말씀드린 것을 제대로 들여다본다면 여러분과 자연의 관계가 얼마나 생동적인 것이 될 것인지 생각해 보시기 바랍니다. 그러면 여러분은 이렇게 말할 것입니다. "내가 자연 속으로 나아가면, 빛과 색채가 내 앞에서 반짝인다. 빛과 그 색채를 받아들이는 가운데 나는 자연이 미래를 향해 보내는 것과 하나가 되고, 그런 다음 집으로 돌아와 자연을 숙고하여 자연의 법칙을 이끌어 내면서 나는 자연에서 지속적으로 죽어가는 것들에 몰두한다." 자연 안에서는 지속적인 죽음과 생성이 서로 연결되어 있습니다. 우리가 죽음을 파악하는 것은 출생 이전의 삶, 즉 지성의 세계, 사고의 세계가 우리 안에 있기 때문에 가능합니다. 이런 것들을 통해 우리는 자연의 바탕을 이루는 죽은 것을 주시할 수 있습니다. 그리고 우리가 미래에 자연이 변하게 될 모습을 주시할 수 있는 것은, 우리가 지성과 사고 활동을 자연에 맞세울 뿐 아니라, 우리 자신 안에 있는 의지적인 성격을 가진 것까지 자연 앞

에 세울 수 있기 때문입니다.

13   인간이 늘 자신에게 머물러 있는 어떤 것을 지상에서 사는 동안 탄생 이전의 자기 삶에서 구해 내지 못한다면, 탄생 이전의 삶을 사는 동안* 그저 사고 활동이 되어버린 것에서 무엇인가를 구해 내지 못한다면, 그는 결코 자유로워질 수 없습니다. 그런 경우 인간은 죽은 것들과 하나로 연결되어 있을 것이고, 따라서 자기 자신 안에 있는 죽은 자연과 유사한 것을 자유롭게 하려는 순간, 그것은 죽어가는 어떤 것을 자유롭게 하려는 행위가 될 것이기 때문입니다. 인간이 의지의 존재인 자신을 자연과 연결하는 무엇인가로 이용하려 한다면, 그는 마비되고 말 것입니다. 의지의 존재인 인간을 자연과 연결하는 어떤 것 안에는 모든 것이 아직 맹아인 상태이기 때문입니다. 그런 상태에서 인간은 자연의 존재일 뿐, 자유로운 존재는 아닐 것입니다.

14   지성을 통해 죽은 것을 파악하는 것, 그리고 의지를 통해 살아 있는 것, 즉 발달하는 것을 파악하는 것, 이 두 가지 요소를 넘어 인간 안에는 지상의 존재인 인간이 태어날 때부터 죽을 때까지 가지고 있는 무엇인가가 있습니다. 그것은 순수한 사고, 즉 외적 자연이 아니라 인간 자신 안에 있는 초감각적인 것만을 근거로 작용하는 사고이며, 인간을 자립적인 존재로, 죽은 것과 살아 있는 것 안에 있는 것조차 넘어서는 존재로 만들어 주는 사고입니다. 따라서 우리가 인간의 자유에 대해 이야기하려면 인간 안에 있는 이 자립적인 것, 감각에 얽매이지 않으면서 그 안에 의지가 함께하는 순수한 사고를 중요하게

여겨야 합니다.*

15　　　그런데 이런 관점에서 자연 자체를 관찰하면 여러분은 이렇게 말하게 될 것입니다. "자연을 보니, 죽음의 흐름이 내 안에, 새로운 생성의 흐름 역시 내 안에 있어 죽고 다시 태어나는 것이구나." 근대 과학은 이런 맥락에 대해서 거의 알지 못합니다. 근대 과학은 자연을 일종의 단일체로 여겨 죽어가는 것과 생성 중인 것을 언제나 마구 합쳐버리기 때문입니다. 이로 인해 죽어가는 것과 생성 중인 것이 지속적으로 뒤섞여, 오늘날 자연과 그 본질에 관한 모든 다양한 언명이 대단히 혼란스러워지고 말았습니다. 자연 안에 있는 이 두 흐름을 완전히 구분하려 한다면 우리는 "이 자연 안에 인간이 없다면, 자연은 어떤 상태일까?"라는 질문을 던져 보아야 합니다.

16　　　이 질문으로 인해 근대 자연철학은 근본적으로 몹시 난처한 상황에 빠져 있습니다. 이유는 이렇습니다. 여러분이 실제 자연과학자에게 이렇게 묻는다고 해 봅시다. "인간이 자연 안에 없었다면, 자연과 자연의 본질은 어떤 상태일까?" 그 과학자는 질문이 기묘하게 여겨져 일단 조금 충격을 받을 것입니다. 하지만 곧 이 질문에 대해 자신의 과학이 어떤 대답의 근거를 마련해 주고 있는지 곰곰이 생각해 보고는 대답할 것입니다. "만일 그렇다면 자연 안에는 광물, 식물, 동물이 있고 인간만 없을 것이다. 그리고 지구는 칸트·라플라스 성운 상태

[41]였던 초기부터 계속된 것과 같은 변화 과정을 거쳤을 것이다.* 그 과정에 인간만 빠진 상태로 말이다." 이와는 다른 대답이란 원천적으로 나오지 않을 것입니다. 대답 끝에 연구자가 이렇게 덧붙일 수는 있겠지요. "경작을 하는 인간은 주변의 땅을 갈아 지표의 모양을 바꿔 놓고, 아니면 기계를 만들어 여러 가지 변화를 일으킨다. 하지만 이는 자연 자체로 인해 일어나는 변화들에 비하면 미미한 것이다." 그러니까 자연 연구자는 언제나 "인간이 없어도 광물, 식물, 동물은 발달한다"고 말할 것입니다.

---

41) 《Menschenfragen und Weltenantworten》(인간의 질문과 우주의 대답)(GA 213), 《Natur-wissenschaftlicher Kurs - Das Verhältnis der verschiedenen naturwissen-schaftlichen Gebiete zur Astronomie》(자연과학 강좌 - 다양한 자연과학 분야와 천문학의 관계)(GA 323), 《Über Gesundheit und Krankheit. Grundlagen einer geisteswissen-schaftlichen Sinnenslehre》(건강과 질병에 관하여 - 정신과학적 감각론의 기초)(GA 348) 등 여러 강좌에서 슈타이너는 회전하는 물질에서 천체가 생성되는 현상이 우주의 정신성을 입증한다고 설명한다. 그리고 이런 회전 운동이 교육 활동에서 어떤 의미가 있는지도 강조한다. 슈타이너는 거시 우주와 미시 존재들을 관통하는 정신성이라는 원리의 과학적 해명으로 이 가설을 중요하게 여겼으며, 따라서 성운설은 슈타이너 우주관의 시원을 이해하는 데 상당한 의미를 지닌다. 스웨덴의 영성가 에마누엘 스베덴보리가 성운설을 언급한 뒤, 철학자 임마누엘 칸트는 자신의 학위 논문 《일반 자연사와 천체 이론》(《천계의 일반 자연사와 이론》이라는 항간의 서제는 일어판 제목의 오류를 답습한 것으로 보인다)에서 회전하는 원시 구름의 충돌 에너지에서 태양계와 은하의 행성과 항성이 만들어지는 과정을 설명했고, 프랑스 수학자 피에르 시몽 라플라스가 칸트 가설의 물리학적 맹점을 보완하여 이른바 칸트·라플라스 성운 가설이 완성되었다. 이 가설의 기본적인 틀은 현대의 태양계와 은하의 생성 이론에서도 받아들여지고 있다. 사실 칸트의 성운설이 슈타이너를 비롯한 유럽의 사상가들에게 준 충격은 엄청난 것이었다. 기원전 460년 그리스 철학자 데모크리토스가 역사상 처음으로 은하가 별로 가득 차 있다고 했고, 아리스토텔레스는 이 주장을 반박했다. 그 뒤 2000이 지나서야 갈릴레오가 은하를 별들의 군집으로 확인했고, 1755년 칸트는 은하의 생성을 설명하는 놀라운 철학적 통찰력을 발휘했다. 그는 심지어 은하가 원반 모습일 것이라고 추측했는데, 놀랍게도 그의 추측은 20세기 중반 전파망원경이 등장하면서 사실로 확인되었다.

17　　　　하지만 이는 잘못된 이야기입니다. 지구의 진화 과정에서 인간이 없었다면 동물계의 상당한 부분은 존재하지 않을 것입니다. 왜냐하면, 동물계의 상당한 부분, 즉 구체적으로는 고등동물이 지구의 진화 과정에 등장하게 된 것은, 여러분이 그림을 떠올리시도록 표현하겠습니다만, 인간이 팔꿈치를 휘두르며 다른 것들을 밀치고 나아갈 수밖에 없었기 때문입니다. 지구상에서 발달하던 중에 어느 특정한 단계에서 인간은 오늘날과는 달랐던 자신의 본질에서 고등동물을 분리해서 축출해야만 했으며, 이로써 발달을 계속할 수 있었습니다. 이 "축출"을 저는 이렇게 비유하고 싶습니다. 무엇인가가 녹아 있는 혼합물을 생각해 보십시오. 그리고 거기에 녹아 있는 물질이 분리되어 바닥에 침전한다고 생각해 보십시오. 그런 식으로 인간은 발달의 초기 상태에서는 동물계와 하나가 되어 있었는데,* 나중에 동물계가 침전물처럼 분리되었습니다. 인간이 오늘날과 같은 상태가 되지 않았다면 지구의 진화 과정에서 동물은 오늘날과 같은 동물이 되지 않았을 것입니다. 결국 지구의 발달 과정에서 인간이 없었다면 동물의 형태와 지구는 오늘날과는 완전히 다른 모습이 되었을 것입니다.

18　　　　그러면 이제 광물계, 식물계로 넘어가 봅시다. 여기서 우리는 지구상에 인간이 없었다면 하등 형태의 동물만이 아니라 식물계와 광물계도 이미 오래 전에 굳어져 더 이상 발달하지 않았을 것임을 분명히 알아야 합니다. 반면에 편파적인 자연관에 바탕을 둔 오늘날의 세계관에서는 분명 이렇게 말할 수밖에 없을 것입니다. "그래, 사람들이 죽으면 화장되거나 묻혀 지구에 전달되지. 하지만 그것은 지구의 발달

에 아무런 의미가 없어. 지구의 발달이 인간의 몸을 받아들이지 않았다 하더라도 그 발달은 인간의 몸을 받아들이는 오늘날과 똑같이 진행되었을 것이니까." 이는 결국 화장과 매장, 어떤 식으로든 인간의 시신이 계속해서 지구로 들어가는 것이 현실에서 일어나는 과정이며 또 계속 영향을 미치고 있음을* 전혀 의식하지 못한다는 것을 뜻합니다.

19   도시 여성들에 비해 농촌에 사는 여성들은 효모가 빵을 굽는데 분명 중요하지만 아주 적은 양만 넣는다는 것을 잘 알고 있습니다. 농촌 여성들은 밀가루 반죽에 효모를 더하지 않으면 빵이 부풀어오르지 않는다는 것을 알고 있습니다. 이와 마찬가지로, 죽어서 정신과 영혼에서 분리된 시신의 힘들이 지속적으로 공급되지 않았다면, 지구의 발달은 이미 오래 전에 종말 상태에 이르고 말았을 것입니다. 인간의 시신을 통해서 지속적으로 지구의 발달에 공급되는 이 힘들, 즉 시신에 들어 있는 힘들을 통해 지구의 진화가 유지됩니다. 이로 인해 광물은 자신을 결정화하는 힘을 오늘날까지도 유지하며, 시신의 힘들이 없었다면 광물의 그런 힘도 이미 오래 전에 그 작용을 멈췄을 것입니다. 그랬다면 광물은 이미 오래 전에 부스러지고 녹아버렸을 것입니다. 이미 오래 전에 사라졌을 식물도 그 힘들로 인해 오늘날에도 여전히 자라고 있습니다. 하등동물의 형태도 마찬가지입니다. 인간은 자신의 몸 안에 있는 효소를 효모처럼 지구에 제공하여 발달을 지속하게 하는 것입니다.

20   그러므로 인간이 지구상에 사느냐, 살지 않느냐 하는 것은 의

미 없는 문제가 아닙니다. 광물계, 식물계, 동물계로 이루어진 지구의 발달이 인간 없이도 계속될 수 있다는 것은 결코 사실이 아닙니다! 자연의 과정은 일원적이고 폐쇄적인 것으로, 인간도 이 과정에 포함되어 있습니다. 죽음을 통해 인간 자신도 이 우주적 과정에 참여하는 것으로 여겨야 인간을 제대로 사고하게 됩니다.

21   이런 사실을 고려하시면, 여러분은 제가 다음과 같은 이야기를 해도 그다지 놀라지 않으실 것입니다. 정신세계에서 물질세계로 내려옴으로써 인간은 자신의 물질체라는 외피를 얻습니다. 그런데 어릴 때 받은 물질체는 나이가 들어 죽을 때 벗게 되는 물질체와 같지 않습니다. 그 사이에 물질체에 무슨 일인가가 벌어지는 것입니다. 그 사이에 물질체에 어떤 일이 벌어지는 것은 인간의 정신적, 영혼적 힘들이 물질체를 관통하기 때문입니다. 사실 우리는 동물이 먹는 모든 것을 똑같이 먹습니다. 그것은 곧 우리가 동물과 같은 방식으로 외적인 물질을 변화시킨다는 이야기입니다. 다만 우리는 동물이 가지고 있지 않은 어떤 것이 함께 작동하는 가운데 이 외적인 물질을 변화시킵니다. 정신세계에서 내려와 인간의 물질체와 결합한 어떤 것과 공동 작업을 벌인다는 말입니다. 이를 통해 우리는 그 물질을 동물과 식물이 변화시키는 것과는 다른 무엇인가로 변화시킵니다. 그리고 인간의 시신에 들어 있는 채 지구로 전달되는 물질은 변화된 물질, 즉 인간이 태어나면서 받은 물질과는 다른 어떤 것들입니다. 따라서 우리는 이렇게 말할 수 있겠습니다. 인간이 받은 물질들, 그리고 인간이 가지고 태어난 힘들은 일생을 사는 동안 인간에 의해 새로워져 변화된 형

태로 지구의 과정에 제공된다고 말입니다. 인간이 죽음과 함께 지구 과정에 제공하는 것은 태어날 때 받은 것과 동일한 물질과 힘이 아닙니다. 죽음과 함께 인간은 끊임없이 초감각적 세계로부터 와서 자신을 통해 물질적이고 감각적인 지구 과정 안으로 흘러드는 어떤 것을 지구 과정에 제공합니다. 태어날 때 인간은 초감각적 세계로부터 무엇인가를 가지고 옵니다. 그런 다음 지상에 사는 동안 인간은 그것을 자신의 몸을 만드는 물질과 힘에 융합시키고, 그렇게 융합된 것은 인간의 죽음과 함께 지구에게 주어집니다. 이를 통해 인간은 초감각적인 것이 감각적인 것에, 그리고 물질적인 것에 조금씩 조금씩 스며들도록 끊임없이 매개합니다. 이것을 여러분은 초감각적인 것이 감각적인 것 안으로 비처럼 내리는 모습으로, 그런데 인간이 그 빗방울을 받아들여 지구로 연결해 주지 않으면 그 빗방울이 지구를 위해서는 아무것도 만들어 내지 못하는 모습으로 그려 볼 수 있습니다. 인간이 태어나면서 받아들였다가 죽으면서 되돌려주는 이 빗방울은 지속적으로 지구를 풍요롭게 하는 초감각적인 힘들이며, 지구를 풍요롭게 하는 이 초감각적인 힘들로 지구의 진화 과정이 유지됩니다. 따라서 인간의 시신이 없었다면 지구는 이미 오래 전에 죽은 상태가 되었을 것입니다.

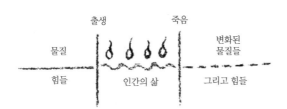

22   이렇게 이야기하고 나면 우리는 이런 질문이 생깁니다. "그렇다면 죽은 힘들은 인간의 본질에 어떤 영향을 미칠까?" 물론 우리 바깥의 자연을 지배하면서 죽음을 가져오는 그 힘들은 인간의 본질에 작용합니다. 인간이 외적인 자연에 지속적으로 소생의 힘을 제공하지 않는다면 자연은 사라지고 말 것이기 때문입니다. 그렇다면 죽음을 가져오는 그 힘들은 인간의 본질 안에서 어떻게 작용할까요? 그 힘들의 작용으로 인간은 골격과 신경 체계를 따라 위치한 모든 유기 조직을 만들어 냅니다. 뼈, 그리고 뼈와 유사한 모든 것을 구축하는 주체는 몸의 여타 유기 조직을 구축하는 주체와는 그 성질이 완전히 다릅니다. 그런데 죽음을 가져오는 힘들은 우리 안에서 또 다른 작용을 합니다. 즉, 우리는 그 힘들을 약화시키고, 이를 통해 우리가 신경인간 Nervenmensch이 되는 것입니다. 신경이란 무엇일까요?* 신경은 끊임없이 뼈가 되려는 성향을 가진 어떤 것인데, 다만 인간의 본질 가운데 뼈나 신경의 성질을 가지지 않은 요소들과 연관됨으로써 그런 성향이 억제됩니다. 인간 안에 있는 뼈가 상당한 정도로 이미 죽은 것인 것처럼, 신경은 끊임없이 뼈가 되려 하며, 끊임없이 사멸하려는 충동에 떠밀립니다. 동물 뼈의 경우에는 상황이 다릅니다. 동물의 뼈는 인간의 뼈보다 훨씬 생명이 넘칩니다. 결국 여러분은 "죽음을 가져오는 흐름이 뼈와 신경 체계 안에서 작용한다"는 말로 인간 본성의 일면을 표현할 수 있을 것입니다. 죽음을 가져오는 흐름, 이것이 인간 안에 있는 양극의 한쪽 극입니다.

23   끊임없이 생명을 부여하는 힘들이라는 또다른 흐름이 근육

및 혈액 체계와 이에 속하는 모든 것 안에 작용합니다. 신경이 결코 뼈가 되지 않는 것은, 그것이 혈액 및 근육 체계와 연관되어 있음으로 인해 자신 안에 있는 뼈가 되려는 충동이 혈액 및 근육 안에서 작용하는 힘들에 맞서고 있기 때문입니다. 혈액 및 근육 체계가 신경에 맞서는 가운데 뼈가 되려는 신경의 충동을 방해한다는 사실이 신경으로 하여금 뼈가 되지 않도록 하는 유일한 원인입니다. 성장기에 한편으로 뼈, 그리고 다른 편으로 혈액 및 근육, 이 둘 사이에* 잘못된 연결이 이루어지면 구루병이 생기는데. 이는 근육과 혈액의 성질로 인해 뼈의 적절한 사멸이 이루어지지 않는 상태입니다. 그러므로 인간 안에서 근육-혈액순환 체계와 뼈-신경 체계 사이에 올바른 상호 작용이 이루어지는 것이 대단히 중요합니다. 우리 안구 안에서 뼈-신경 체계가 조금 밀고 들어오고 안구 주변의 뼈 체계는 물러나면서 신경이라는 약화된 뼈 체계인 안구 안으로 들여 놓음으로 인해* 눈 안에서는 근육과 혈액 안에 있는 의지적 본질과 뼈-신경 체계 안에 들어 있는 표상 활동 사이의 연결이 가능해집니다.* 이 점에서 우리는 다시 한 번 과거의 과학에서는 중요한 역할을 하다가 현대 학문에서는 유치한 생각으로 조롱받는 내용을 만납니다. 하지만 현대의 과학은 형태는 다르지만 다시 그 내용으로 돌아올 것입니다.

24   고대인들은 자신의 지식을 바탕으로 언제나 신경 수질, 신경 조직과 골수 또는 골질 사이의 유사성을 느끼고 있었습니다. 그래서 그들은 사람이 신경 부분만이 아니라 뼈 부분으로도 똑같이 사고한다고 여겼습니다. 그것은 사실이기도 합니다. 우리가 추상적인 학문에

서 알고 있는 모든 것은 뼈 체계의 능력 덕분입니다. 예를 들어, 인간은 어떻게 기하학을 발달시킬 수 있었을까요? 고등동물은 기하학을 할 수 없습니다. 고등동물이 살아가는 방식을 봐도 이를 알 수 있습니다. "혹시 고등동물도 기하학을 할 수 있는데 우리가 그것을 알아차리지 못하는 건 아닐까?" 하고 말한다면, 그건 터무니없는 이야기입니다. 오로지 인간만이 기하학을 합니다. 그렇다면 인간은 무엇을 통해서 삼각형이라는 표상을 얻을까요? 인간이 삼각형이라는 표상을 얻는다는 사실을 숙고해 보면, 삼각형, 즉 현실적인 삶 어디에도 존재하지 않는 삼각형이라는 추상적인 도형을 오로지 인간 자신의 기하학적, 수학적 상상으로 이끌어 낸다는 것에 뭔가 놀라운 것이 들어 있음을 알아차릴 것입니다. 확실히 눈에 보이는 사건들의 바탕에는 알려지지 않은 많은 것이 숨어 있습니다. 예를 들어, 여러분이 이 강의실의 특정한 자리에 서 있다고 생각해 보십시오. 어느 순간 여러분이 초감각적인 인간이 되어 대략 다음과 같이 평소에는 하지 않는 이상한 행동을 하는 겁니다. 즉, 한쪽으로 얼마간 걸어갑니다. 그런 다음 방향을 바꾸어 얼마간 걷고, 다시 방향을 바꾸어 처음에 있던 장소로 돌아옵니다. 이렇게 할 때 여러분이 공간에 남긴 무의식적인 선은 사실 삼각형을 이루는 동작을 따라 그려집니다. 이렇게 실제로 삼각형을 이루는 동작이 이루어지지만, 여러분은 그것을 의식하지 못합니다.

그런데 척추를 수직으로 세우고 있으면 여러분은 삼각형이 그려지는 평면에서 벗어나지 않게 됩니다. 동물의 척추는 수직이 아닌 형태로 자리 잡고 있어서 평면 위에서 움직일 수 없고, 따라서 도형을 이루는

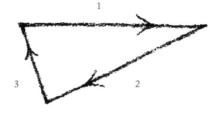

움직임을 할 수 없습니다. 인간은 척추가 수직으로 서 있어서 이렇게 평면 상에서 도형을 이루는 움직임을 할 수 있습니다. 그러나 "나는 지금 계속 삼각형을 그리며 춤추고 있다"고 말할 수 있을 정도로 의식하지는 못합니다. 삼각형을 그리고는, "이건 삼각형이야!" 하고 말할 뿐입니다. 사실 그것은 인간이 우주에서 의식하지 못한 채 실행하는 움직임입니다.

25   기하학 도형을 그릴 때 하게 되는 이런 움직임은 여러분이 지구와 함께 실행하는 움직임입니다. 지구는 코페르니쿠스적인 세계관에 따른 움직임만 하는 것이 아닙니다. 지구는 완전히 다른 예술적인 움직임들도 끊임없이 합니다. 그리고 훨씬 복잡한 움직임들도 하는데, 정육면체, 정팔면체, 정십이면체, 정이십면체 등 기하학적 입체도형의 선을 그리는 움직임이 그렇습니다. 이 입체도형들은 억지로 만든 것이 아니라 현실의 존재인데, 다만 무의식적으로 현실에서 존재하는 것입니다. 이것들을 포함하여 여러 입체도형들에는 인간이 의식하지 못하는 이런 지식의 기묘한 여운이 담겨 있습니다. 이렇게 인간이 의식하지 못하는 지식이 가능한 것은 우리의 뼈 체계가 본질적인 인식을 가지고 있기 때문입니다. 하지만 여러분의 의식은 뼈 체계까지 도

달하지 못합니다. 기하학적 도형에 대한 의식은 사멸하고, 인간이 그림으로 실행하는 기하학 형태에 그 의식이 투영될 뿐입니다. 인간은 대단히 본격적으로 우주와 연결되어 있습니다. 기하학을 하면서 인간은 자신이 우주 안에서 하는 행동을 모방합니다.

26   여기서 우리는 한편으로는 우리를 둘러싼 채 끊임없는 사멸의 과정에 있는 세계를 보게 됩니다. 그리고 다른 한편으로 그 모든 것에서 우리는 혈액순환과 근육 체계의 힘들 안으로 개입하는 것이 무엇인지 알게 되는데, 그것은 끊임없이 움직이고 요동치며, 끊임없이 성장하고 생성됩니다. 그것은 완전히 맹아로 존재하며, 죽은 것이라고는 아무것도 없습니다. 우리는 우리 안에서 죽음의 과정을 저지하며, 인간인 우리만이 그 죽음의 과정을 막고 죽어가는 것 안에 생성 과정을 들여놓을 수 있습니다. 이 지구상에 인간이 없었다면 분명히 오래 전에 죽음이 지구 과정을 뒤덮었을 것이며, 지구 전체가 하나의 거대한 결정화 과정으로 들어가고 말았을 것입니다. 그러면서도 개별적인 결정들은 보존되지 않았을 것입니다. 우리는 인간의 진화에 필요한 결정체들을 그 거대한 결정화 과정으로부터 분리시킵니다. 그렇게 되면 지구의 활동은 활발해집니다. 결국 지구의 활동에서 배제될 수 없는 우리 인간이 지구에 생명을 부여한다고 할 것입니다. 이렇게 보면, 염세주의를 극복하려 했던 에두아르트 폰 하르트만Eduard von Hartmann[42]이 언젠가 인류는 모두들 자살하게 될 정도로 성숙하리라고 한

---

42) 카를 로베르트 에두아르트 폰 하르트만(1842-1906). 그는 주저 《무의식의 철학》(Die

것은 현실적인 생각이었습니다.* 물론 편협한 자연과학적인 세계관으로 인해 하르트만이 의도했던 것까지 덧붙일 필요는 없습니다. 언젠가는 모든 인간이 자살하는 것으로는 충분하지 않으므로 거대한 규모의 작업을 통해 지구를 폭파하기를 원한다고 했으니 말입니다. 하르트만이 그렇게 할 필요도 없을 것입니다. 그가 그저 대규모 자살의 날을 정하기만 하면 지구 스스로 천천히 공중분해될 것이니 말입니다! 인간을 통해 지구 안으로 들어가는 것이 없으면 지구의 발달은 지속되지 않을 것이기 때문에 그렇습니다. 이런 인식을 바탕으로 우리는 다시 한 번 깊이 느껴 보아야 합니다. 오늘날 우리는 이런 사실들을 잘 이해하고 있어야 합니다.

27   여러분이 기억하시는지 모르겠습니다만, 저의 첫 저작들에는* 이런 인식을 오늘날과는 다른 것을 바탕으로 정립하려는 생각이 늘 등장합니다. 영미식의 사고에 기초한 통상적인 철학에서 인간은 세계의 구경꾼에 지나지 않습니다. 그런 인간은 근본적으로 내적 영혼 과정과 함께 그저 세계를 구경하는 존재일 따름입니다. 그런 견해에 따르면, 인간이 없다고 해도, 인간이 자기 바깥에 있는 세계에서 벌어지는 일을 영혼 안에서 다시 체험하지 않는다고 해도, 모든 것은 변함

Philosophie des Unbewußten)에서 쇼펜하우어적인 의지를 극복하여 헤겔적인 이성으로 나아가는 것으로 인류 문명이 파국을 극복하리라고 전망한다. 슈타이너는 《Die Philosophie der Freiheit》(자유의 철학), GA 4, 《Die Rätsel der Philosophie》(철학의 수수께끼), GA 18 등 여러 곳에서 하르트만의 염세주의적 지향점과 의지, 표상, 정신 개념을 언급하면서 그에 대한 비판적인 극복을 주장한다. 하지만 슈타이너 사상의 철학적 구상에 대한 하르트만의 영향은 어떤 의미로든 과소평가할 수 없다.

없이 그대로 진행됩니다. 이는 제가 이미 서술한 사실의 진행에 관한 자연과학에도 해당되며, 철학에도 해당됩니다. 오늘날의 철학은 세계를 구경꾼처럼 바라보는 것에, 즉 인식 행위에서 죽음을 불러오는 요소에 아주 만족합니다. 저는 인식이 죽음을 불러오는 요소에서 벗어나도록 하려 했습니다. 그래서 저는 되풀이해서 말했습니다. 인간은 단순히 세계의 구경꾼이 아니라 우주의 거대한 사건이 끊임없이 벌어지는 세계의 무대라고 말입니다. 이렇게 철학적이고 추상적으로 말할 수도 있겠습니다. 그리고 무엇보다도 여러분이 저의 저술 《진리와 학문》[43]의 자유를 다루는 마지막 장을 읽어 보시면,* 다음과 같은 사고를 예리하게 강조하고 있음을 알게 될 것입니다. "인간 안에서 일어나는 일은 바깥의 자연과 동일한 어떤 것이 아니라, 인간 바깥의 자연이 인간 안으로 밀고 들어온 것이다. 그리고 인간 안에서 일어나는 일은 동시에 우주에서 벌어지는 과정이기도 한 까닭에, 인간의 영혼은 단지 인간 과정만이 아니라 우주의 과정이 벌어지는 무대이다." 오늘날에도 이런 사실을 잘 이해하지 못하는 무리들이 있을 것입니다. 하지만 이런 통찰을 확실히 가지지 않고는 올바른 교육자가 될 수 없습니다.

28   그렇다면 인간을 구성하는 본질에는 실제로 어떤 일이 벌어질까요? 한편으로는 뼈와 신경의 본성, 그리고 다른 한편으로는 혈액과 근육의 본성이 있습니다. 그리고 이 둘의 상호 작용을 통해 물질과 힘이 계속 새로이 만들어집니다. 지구가 소멸하지 않는 것은 인간 자

---

43) 《Wahrheit und Wissenschaft》, GA 03.

체 안에서 물질과 힘이 끊임없이 새로이 만들어지는 덕분입니다. 이제 여러분은 "혈액이 신경과 접촉함으로써 물질과 힘의 새로운 창조를 가능하게 한다"는 저의 말, 그리고 제가 지난 강의에서 "혈액은 지속적으로 정신적인 존재가 되는 과정에 있다"고 한 말을 연결할 수 있을 것입니다. 우리는 이 두 강의에서 우리가 얻어 낸 이런 사고를 연결하고 확장할 것입니다. 그런데 이미 여러분은 사람들이 흔히 내세우는 힘과 물질의 보존이라는 사고가 얼마나 잘못된 것인지 알고 있습니다. 그런 사고는 인간이라는 존재의 내면에서 벌어지는 일로 논파되며, 인간의 본질을 올바르게 이해하는 것도 방해할 따름이니 말입니다. 실제로는 무에서 무엇인가가 나오는 것이 아니라 하나가 소멸하는 대신 다른 하나가 생성되는 식으로 변화하는 것일 따름이라고 종합적으로 사고할 때, 그리고 이런 사고로 힘과 물질의 보존이라는 사고를 대체할 때에만, 비로소 우리는 과학에 유익한 것을 얻게 됩니다.

29   우리의 사고 가운데 여러 가지가 이런 식으로 잘못되어 있습니다. 예를 들어, 우리는 무엇인가를 내세우면서 힘과 물질의 보존 법칙의 경우처럼 그것이 세계 법칙이라고 선언합니다. 이는 사고와 영혼 활동 전반의 어떤 경향, 즉 사고하는 가운데 만들어 낸 것에서는 단순히 명제를 세워야 함에도 불구하고 우리가 일방적으로 서술하려는 경향 때문입니다. 그래서 여러분은 예를 들어 물리학 책에서 물체의 불가침성을 하나의 공리로 제시하는 것을 보게 됩니다. 공간 안에 있는 어떤 물체의 자리에는 동시에 다른 물체가 있을 수 없다는 것을 물체의 보편적 성질로 제시하는 것입니다. 하지만 사실은 그저 "어느 물

체 또는 사물이 있는 장소에 같은 본성을 가진 다른 사물이 동시에 존재할 수 없다면 그 물체 또는 사물은 불가침적이다"라고 말해야 합니다. 개념이란 어느 영역을 다른 영역에서 구분하기 위해서만 사용해야 합니다. 그저 명제만 제시할 뿐, 보편성을 부여하는 정의定義를 제시해서는 안 되는 것입니다. 따라서 힘과 물질의 보존을 법칙으로 내세울 일이 아니라, 이 법칙이 통할 대상이 무엇인지 찾아보아야 합니다. 바로 19세기의 경향이 그랬습니다. 한 가지 법칙을 세우고는, "이것은 모든 것에 적용된다"고 말하는 식이었습니다. 사물에 가까이 다가가서 우리가 얻는 체험을 관찰하는 데 우리의 영혼 활동을 사용하지 않고서 말입니다.

제4강

1919년 8월 25일, 슈투트가르트

1   어제 있었던 반半 공개 강좌에서 제가 드린 말씀을 기억하신다면, 여러분은 미래의 교육, 그리고 미래의 수업에서는 어떤 관계로* 의지와 정서를 키우는 데 아주 특별한 가치를 두어야 하는지를 직시하실 수 있을 것입니다. 물론 수업과 교육의 체계를 개혁할 생각을 하지 않는 사람들도 교육에서 의지와 정서를 특별히 고려해야 한다고 강조합니다만, 그 좋은 의도에도 불구하고 그런 쪽에서는 의지와 정서의 교육이라 할 만한 것을 실제로 실천하지 않습니다. 의지의 진정한 본성에 관한 통찰이 없으니, 그런 교육은 날이 갈수록 점점 더 이른바 우연한 기회에 이루어지고 있습니다.

2   먼저 이것부터 말해 두고 싶습니다. 의지를 제대로 인식해야 적어도 정서적인 움직임의 다른 부분, 감정Gefühle의 한 부분을 인식할 수 있습니다. "감정이란 도대체 무엇일까?" 하는 물음이 생길 수도 있겠습니다. 감정은 의지와 아주 유사합니다. 의지는 실행된 감정일 따름이며, 감정은 유보된 의지라고 말하고 싶습니다. 아직 밖으로 드러나지 않고 영혼 안에 머물러 있는 의지가 바로 감정입니다. 약화된 의지가 감정입니다. 그러므로 의지의 본질을 파고 들어야 비로소 감정

의 본질을 이해할 수 있게 됩니다.

3　　　지금까지 제가 서술한 것을 토대로 이제 여러분은 의지 안에서 움직이는 모든 것이 출생에서 죽음 사이의 삶에서 완전히 발현되지는 않는다는 것을 아실 것입니다. 인간이 의지적으로 결정한 것을 실행할 때는 실행되지 않은 무엇인가가 남아 출생에서 죽음 사이의 삶 안에 있게 됩니다. 그렇게 남은 것은 인간 안에 계속 있으며, 모든 의지적 결정과 의지적 행동에서 실행되지 않은 그것은 죽음 이후에도 계속 남아 있습니다. 우리는 이렇게 남아서 이어져 온 것을 인간이 살아가는 동안 내내, 특히 어린 시절 동안 제대로 배려해야 합니다.

4　　　인간 전체를 관찰한다는 것은 곧 인간의 신체, 영혼, 정신을 관찰하는 일임을 우리는 알고 있습니다. 적어도 그 대략적인 구성 요소들을 기준으로 하면 신체가 가장 먼저 세상에 태어납니다.* 이에 관한 좀 더 자세한 이야기는 저의《신지학》[44])에서 읽을 수 있습니다.* 그러니까 신체는 유전의 흐름을 통해 갖가지 유전적 특징을 가지게 됩니다. 영혼적인 것das Seelische [45])은 본질적으로 출생 이전부터 있던 것으로, 신체적인 것das Leibliche [46])과 연결되어 신체적인 것 안으로 내려

---

44)《Theosophie》, GA 9
45) "영혼적인 것"이라고 말한 부분은 "영혼"의 여러 역할과 본성(사고, 감정, 의지)을 염두에 둔 것으로 볼 수도 있고, 영혼에 대한 일반적인 이해를 우회하기 위한 어법일 수도 있다. 역자는 후자로 보이는 경우 "영혼"으로 옮겼다.
46) 역주 47 참조.

온 것입니다. 그러나 정신적인 것das Geistige[47]은, 먼 미래의 인간에게 서는 달라지겠지만, 오늘날의 인간에게는 본질적으로 오로지 맹아인 상태로 있습니다. 그리고 바람직한 교육을 위한 토대를 마련하려는 우리는 오늘날의 발달기[48]에 인간 안에 오로지 맹아로 존재하는 정신 적인 것을 배려해야 합니다. 먼저 인류의 먼 미래를 위해 인간 안에 맹 아로 존재하는 것이 무엇인지 확실히 알아봅시다.

5   먼저 맹아인 상태이긴 하지만 우리가 자아정신Geistselbst이라 고 부르는 것이 우리 안에 있습니다. 오늘날의 인간을 두고 말한다면, 자아정신을 간단히 인간의 본질적인 구성 요소, 인간의 지체에 속한 다고 할 수 없습니다. 하지만 정신적인 것을 보는 능력이 있는 사람은 이 자아정신을 의식합니다. 아시다시피 동양의 의식, 그중에서도 잘 수양된 의식은 모두 이 자아정신을 "마나스Manas"[49]라고 부르며, 대체 로 동양의 정신 문화에서는 마나스가 인간 안에 살고 있다고 이야기

---

47) 역주 47 참조.
48) 포스트 아틀란티스 제5문화기.
49) "마나스"(산스크리트어 मनस्)는 "사람"을 어간으로, "생각하다"라는 단어에서 전이된 것으로 보통 뜻, 마음 등으로 옮겨진다. 이 단어의 파생과 관련된 의견은 매우 혼란스러우므로 주의할 필요가 있다. 원시 인도유럽어와 고대 그리스어 "메노스"는 마음에서 일어나는 거의 모든 작용을 가리키는 말이며, 그 후 라틴어에 이르러 현대인에게도 익숙한 "멘스"(마음, 정신, 생각, 의도, 의견, 결심)로 이어졌다. 고대 라틴어에서 "죽은 자들의 영혼"을 뜻하는 "마네스"가 "마나스"에서 파생되었을 것이라고 추측할 수도 있지만, "마네스"는 "마누스"("선하다")에서 파생되었을 가능성이 더 크다. 베다Veda가 전하는 고대 인도 사상에서는 인간의 네 가지 내적 기관(지력, 기억, 자아, 마음)의 하나이며, 신지학에서 이를 적극적으로 "고차적 자아", "마음의 실체이자 본질"로 받아들여 사용하면서 유럽에 널리 알려지게 되었다.

합니다. 하지만 서양에서도 학식이 너무 많지 않은 사람들은 이 자아 정신을 확실히 의식하고 있습니다. 제가 신중하게 생각하지 않고 하는 말이 아닙니다. 민중, 적어도 물질주의적인 생각에 완전히 사로잡히기 전의 민중은 죽은 뒤에 사람에게서 남아 있는 것을 "마넨Manen"이라고 불렀습니다. "마나스"는 "마넨"과 같습니다. 말씀드렸다시피, 민중은 이에 대한 분명한 의식이 있었습니다. 이 경우에 민중이 마나스의 복수형인 마넨이란 말을 사용했으니 말입니다. 과학적으로 자아 정신을 죽은 후의 인간이 아니라 살아 있는 인간에 연관시키는 우리는 자아정신이라는 단수형을 사용합니다. 한층 더 현실에 바탕을 두고 단순하게 인식하는 민중은 마넨이라고 복수를 사용합니다. 죽음의 문을 지나가는 순간 인간이 복수의 정신 존재에 의해 받아들여지기 때문입니다. 이 점을 저는 다른 맥락에서 암시한 적이 있습니다. 우리에게는 천사의 무리로부터 와서 개별적으로 우리를 이끄는 정신Geist이 있다고 말입니다. 그런데 우리에게는 그보다 더 높은 대천사 무리에서 온 정신 존재들Geister[50]이 있습니다. 이들은 인간이 죽음의 문을 통과하는 순간 즉시 개입하며, 이로 인해 인간의 현존은 그 특정한 관계로 인해 복수로 이루어집니다. 민중은 이를 아주 분명히 느낍니다. 인간은 이 지상에서 단수로 나타나는 자신의 현존과는 달리 죽음의 문을 통과한 다음에는 자신을 복수로 지각하기 때문입니다. 결국 마넨이란 이렇게 순박한 민중이 복수로 존재한다고 여기는 마나스를 가리킵니다.

---

50) 또는 "정신적 존재들".

6   다음으로 인간의 두 번째 고차적 구성 요소를 우리는 생명정신Lebensgeist[51]이라고 부릅니다. 오늘날의 인간 안에서는 이 생명정신이 거의 지각되지 않습니다. 이는 인간 안에 있는 대단히 정신적인 것으로, 먼 미래의 인간에게서나 발달할 것입니다. 그리고 인간 안에 있는 것으로는 가장 차원 높은 것이지만 현재는 아주 미미한 맹아로만 존재하는 것이 있는데, 그것은 바로 정신인간Geistmensch[52]입니다.

7   그런데 출생과 죽음 사이에 오늘날 이 지상에서 사는 인간 안에도 맹아인 상태이긴 해도 인간 본성의 이 고차적 부분들이 존재하기는 하지만, 그것들은 고차적인 정신적 존재들의 보호 아래 죽음과 새로운 출생 사이의 시기에 아주 의미심장하게 발달합니다. 그래서 인간이 죽은 다음 다시 정신세계 안으로 들어가 살게 되면, 이 세 부분은 미래 인류의 현존을 미리 보여 주면서 상당히 확실하게 발달합니다. 이는 결국 인간은 지상의 일생을 사는 동안 정신적, 영혼적으로 발달하는 것과 마찬가지로 죽은 뒤에도 분명한 발달을 이루어 가는데,* 다만 태아가 탯줄에 연결되어 있는 것처럼 고차적 위계에 연결되어 있게 됩니다.

8   이제 오늘날에는 거의 지각하지 못하는 인간 본질의 고차적

---

51) 에테르체의 변형생성으로 형성된다. 《Kosmogonie》(우주의 진화), GA 94 등에서 루돌프 슈타이너는 "생명을 주재하는 정신"으로도 새길 수 있는 이 생명정신을 인간에게 깨달음을 주는 바탕, 깨달음 자체, 깨달음을 통해 전해지는 생명의 말씀 등으로 표현한다.
52) 물질체(신체)에서 변형생성되는 정신적인 요소. "정신화한 물질체"라고 새기면 될 것이다.

지체들에 더하여 이미 오늘날 우리가 확실하게 지각하고 있는 어떤 것을 생각해 봅시다. 먼저 그것은 의식영혼Bewußtseinsseele, 지성영혼 Verstandesseele 또는 정서영혼Gemütsseele, 그리고 감정영혼Empfindungs-seele으로 나타납니다.[53] 이는 인간 영혼의 근본적인 부분들입니다. 오늘날 영혼이 인간 안에 어떻게 살고 있는지 말하려 하면, 우리는 방금 언급한 영혼의 세 구성 요소에 관한 이야기를 해야 합니다. 인간의 몸 Leib[54]에 대해 이야기하려면, 우리는 가장 섬세한 몸이며 또한 아스트 랄체라고도 불리는 감정체Empfindungsleib, 에테르체Ätherleib,[55] 그리고

---

53) 슈타이너는 인간의 내면을 영혼으로 일컬으면서, 감정, 충동, 표상, 열정 등이 뒤섞인 혼란스러운 어떤 것이 아니라, 가장 아래쪽에 있는 감정영혼, 중간의 지성/정서영혼, 가장 위에 있는 의식영혼으로 구조화된 실체라고 설명한다. 그리고 이 셋을 해체될 수 없도록 묶고 있는 것은 자기의식을 유지하는 주체인 자아라고 말한다《영혼 체험의 오솔길》(GA 58, 4장). 감정혼은 자아가 아스트랄체에 무의식적으로 작용함으로써 계속 형성되며, 아스트 랄체의 변이라고 할 수 있다. 지성/정서영혼은 자아가 에테르체에 무의식적으로 작용하여 계속 형성되며, 이 작용의 결과는 아스트랄체에 반사된다. 역시 아스트랄체의 변형인 의식영혼은 자아가 무의식적으로 물질체에 작용하여 물질체의 형성에 변화를 주면서 그 결과를 아스트랄체에 반사함으로써 계속 형성된다.

54) 인간의 "몸Leib"에 대한 슈타이너의 설명은 이미 《신지학》(GA 9), "인간의 본질" 편에서 구체적인 형태로 등장한다. "몸은 특징적인 형상과 형태를 부여하는 것을 가리키는 것으로, 감각적으로 드러나는 신체 형태와 혼동하지 말아야 한다. 이 책의 서술에 따른 의미에서 이 몸은 신체 형태만이 아니라 영혼적인, 그리고 정신적인 형태를 부여하는 것도 가리키는 것으로 사용될 것이다." 몸은 물질체, 물질체를 생명체로 유지하는 에테르체, 이 생명체를 움직이는 욕망과 감정의 그릇인 아스트랄체로 구성된다. 슈타이너는 인간에게 외부 세계에 대한 감각적인 지각을 가능하게 하는 이 세 가지 구성 요소를 인간의 "몸이라는 껍질Leibeshülle"이라고 표현한다.

55) 인간의 신체가 물질체, 그리고 물질체를 관통하고 있는 아스트랄체(감정체)와 에테르체로 이루어져 있다는 설명에 등장하는 이 용어들은 확실히 유럽 중세 이래의 신비주의 전통과 19세기 신지학을 주도한 헬레나 블라바츠키와 애니 베전트의 신지학에서 유래한 것이다. 인간의 감정을 주재하는 실체를 아스트랄체라고 한 신지학의 명명은 19세기 프랑스의 낭만주의 시인이자 신비주의 사상가 엘리파스 레비Éliphas Lévi(본명 알퐁스 루이 콩스탕

우리 눈으로 볼 수 있고 통상적인 과학이 분석적으로 다루는 물질체 physischer Leib 이야기를 해야 합니다. 그렇게 해야 우리는 인간 전체를 다루는 것이 됩니다.

9   그런데 사실 여러분이 아시는 것처럼, 우리가 지니고 다니는 물질체는 동물에게도 있습니다. 다만 이 인간 전체의 아홉 가지 구성 요소를 동물계와 비교하여 인간과 동물의 관계에 관하여 감각적으로도 유용하고 의지의 파악에도 도움이 되는 표상을 얻으려면, 우리는 인간이 영혼 안에서 물질체라는 외피를 입고 있는 것처럼 동물 또한 물질체를 입고 있지만 동물의 물질체는 여러 모로 인간의 물질체와는 달리 형성되어 있다는 사실을 알아야 합니다. 인간의 물질체는 사실 동물의 물질체보다 더 완전한 것은 아닙니다. 고등동물에 속하는 비버가 어떻게 집을 만드는지 생각해 보십시오. 인간이라면 그 일을 배우지 않고서는, 심지어 그런 일을 배우는 아주 복잡한 교육과정을 거치거나 건축학 같은 것을 배우지 않고서는 그런 집을 만들 수 없습니다. 비버는 몸의 구조가 이미 그런 것을 할 수 있게 되어 있습니다. 비버의 외적인 물질체 자체가 이미 그 안에 들어 있는 여러 형태를 집짓

Alphonse Louise Constant, 1810~1875)가 초월적 능력의 근원으로 우주에 퍼져 있는 에너지를 "아스트랄체corps astral"라고 부른 것에서 유래한다. 고대 그리스 사상가들은 물, 불, 흙, 공기라는 물질의 4원소에 더하여 대기 상층에 존재하는 천계의 구성 물질을 "아이테르 αἰθήρ"라고 불렀다. 이런 명명법은 중세 그리스도교로 이어졌고, 완전히 비어 있는 공간이란 있을 수 없다고 생각한 데카르트도 입자들 사이를 채우고 있는 극히 미세한 물질을 에테르라고 불렀다. 신지학과 결별하고 중세 신비주의 전통에 대해서 비판하는 입장에 있는 슈타이너도 인간과 우주에 대한 자신의 이해를 설명할 때 그리스도교 신비주의 전통만이 아니라 신지학의 어휘와 틀을 차용했음을 부정하지 않는다.

기에 사용할 수 있도록 되어 있는 것입니다. 이렇게 보면 비버의 물질체 자체가 자신을 가르치는 스승인 셈입니다. 말벌이나 꿀벌, 그리고 하등동물이라고 하는 것들을 관찰해 봐도, 그 물질체의 형태에는 그 크기나 능력 면에서 인간의 물질체에 없는 무엇인가가 내장되어 있음을 알 수 있습니다. 그 모든 것을 우리는 본능이라는 개념으로 포괄해서 일컫습니다. 따라서 본능을 연구하려면 물질체의 형태와 연관시켜서 관찰할 수밖에 없습니다. 바깥에 퍼져 있는 많은 동물을 연구해 보면, 우리는 그 물질체의 모든 형태 안에서 본능의 다양한 종류를 연구할 지침을 얻게 됩니다. 의지를 연구하려 할 때는 먼저 본능의 영역에서 의지를 탐색해야 하며, 다양한 동물의 물질체가 가진 형태에서 본능을 찾아내게 된다는 것을 의식해야 합니다. 각 동물의 주된 형태를 파악해서 기록한다면, 우리는 본능의 다양한 영역을 그려 낼 수 있게 될 것입니다. 의지로서의 본능은 형상적으로 물질체의 형태에서 드러납니다. 보시다시피 이런 관점을 바탕으로 할 수 있다면, 이 세계의 의미가 드러납니다. 우리는 동물의 물질체가 가진 다양한 형태를 개관하고, 그 안에 자연 자체가 갖가지 본능을 바탕으로 실현하려 하기 때문에 창조해 내는 것, 현존 안에서 작용하고 있는 것 등이 그려진 도안을 봅니다.

10   그런데 우리 인간의 물질체 안에는 물질체를 완전히 형성하고 물질체 안으로 완전히 침투하는 에테르체가 작용하고 있습니다. 에테르체는 외적인 감각에 포착되지 않고 보이지도 않습니다. 하지만 우리가 의지의 본성을 살펴보면, 에테르체는 물질체를 관통할 뿐 아

니라 물질체 안에서 본능이라는 모습으로 드러나는 것도 장악합니다. 그 경우 본능은 충동Trieb이 됩니다.* 물질체 안에서 의지는 본능입니다. 에테르체가 본능을 장악하면, 그 즉시 의지는 충동이 됩니다. 이때 외적인 형태에서 한층 구체적으로 파악되는 본능이 충동으로 바뀌는 모습을 추적해서 관찰해 보면, 흥미롭게도 그것은 점점 더 내면화될 뿐 아니라 한층 단일화되는 모습을 보입니다. 본능에 관해 이야기할 때 우리가 늘 하게 되는 말이 있습니다. 동물 안에, 그리고 약화된 상태로 인간 안에 들어 있는 본능은 외부로부터 동물과 인간의 본질 안으로 침투해 들어온 것이라고 말입니다. 충동의 경우에는 더욱 내면화된 형태로 나타나는 동시에 더욱 내면으로부터 오는 것이라고 생각해야 할 것입니다. 이는 초감각적인 에테르체가 본능을 장악함으로써 본능이 충동으로 바뀌기 때문입니다.*

11   그리고 인간에게는 감정체도 있습니다. 이 감정체는 더욱 내면적인 것입니다. 그런데 이 감정체가 다시 충동을 장악합니다. 그러면 충동의 내면화가 일어날 뿐 아니라 본능과 충동이 의식 안으로 들어오고, 그로부터 욕구Begierde가 일어납니다. 동물에게도 충동과 마찬가지로 욕구가 있는데, 이는 동물도 물질체, 에테르체, 감정체라는 세 가지 요소를 모두 가지고 있기 때문입니다. 그런데 욕구에 대해 이야기하려면 여러분은 본능적으로 그것을 대단히 내적인 어떤 것으로 여겨야 할 것입니다. 충동의 경우에 여러분은 그것이 태어날 때부터 상당히 나이 들 때까지 일관된 모습으로 드러난다고 말합니다. 욕구에 관해서는 그것이 영혼적인 것에 의해 작동되는 것, 지속적이 아니라

일회적으로 작동되는 쪽에 가깝다고 말합니다. 욕구는 특정한 성격으로 규정될 필요가 없고 영혼적인 것에 따르는 것도 아니며, 오로지 생기고 사라질 뿐입니다. 이로써 욕구가 단순한 충동보다는 한층 더 영혼적인 것으로 나타납니다.[56]

12   이제 우리 자신에게 이런 질문을 던져 봅시다. 인간이 자신의 몸 안에 본능, 충동, 욕구로 존재하는 것을 동물에게서는 더 이상 나타날 수 없는 것 안으로, 즉 자아의 감정영혼, 지성영혼 또는 정서영혼, 의식영혼 안으로 받아들이면, 그로부터 무엇이 만들어질까요? 여러분은 바로 오늘날의 인간의 영혼 안에 모든 것을 상당히 혼란스럽게 뒤섞어버렸고, 그래서 우리는 영혼적인 것이 무엇으로 이루어지는지에 대해서는 신체적인 것의 내면을 구분하는 만큼 엄격하게 구분하지는 않습니다. 이는 사실 오늘날 심리학의 고민이기도 합니다. 심리학자들이 영혼을 그 구성 요소에 따라 엄격하게 구분해야 할지, 아니면 서로 섞여 들어 하나가 된 것으로 두어야 할지 모르니 말입니다. 몇몇 심리학자는 옛날처럼 의지, 감정, 사고를 엄격하게 구분하기도 하지만, 헤

---

56) 《일반 인간학》의 이 세 단락은 루돌프 슈타이너가 본능, 충동, 욕구를 인간의 본질적인 구성 요소와 연결하여 조직적으로 설명한 유일한 기록일 것이다. 슈타이너의 맥락에서 이는 다음과 같이 요약할 수 있다. 본능은 물질체에 뿌리를 두어 물질체로 하여금 주변 세계의 법칙성에 합당한 형상을 갖추도록 하는 본성으로, 이 본능적인 행동에서 의지가 직접 물질체를 형성하는 힘으로 나타난다. 충동은 에테르체에 근거하는 것으로, 식물에서는 무의식적으로 작용하는 순수한 성장 충동, 인간과 동물에서 충동은 애호(쾌감, 관심)와 혐오(불쾌, 무관심)의 형태로 아스트랄체에 반사되어 쉽사리 욕구를 일으키는 원인이 된다(섭식 충동 ⇨ 식욕, 번식 충동 ⇨ 성욕). 욕구는 아스트랄체에서 생기는 것으로, 물질체 안에 있는 무의식적인 본능과 에테르체 안에 있는 충동을 의식 수준으로 끌어올린다.

르바르트Herbart[57]에 더 가까워진 심리학자들은* 사고라는 측면에 기울었고, 분트Wundt[58]주의자들은 의지라는 측면을 중시합니다.* 결국 영혼의 분류로 무엇을 해야 할지에 대해 제대로 된 관념이 없다는 것입니다. 이렇게 된 것은 실생활에서는 사실 자아가 모든 영혼 작용을 실현하기 때문이며, 또한 오늘날의 인간에게서는 영혼의 삼원성이라는 구분이 현실에서 그다지 확실하게 드러나지 않기 때문입니다. 영혼 안에서 의지적인 본성을 가진 것, 즉 자아가 주재하는 본능, 충동, 욕구 각각을 구분하는 어휘가 존재하지 않는 것도 그 때문입니다. 그러나 일반적으로 우리는 인간에게서 자아가 주재하는 본능, 충동, 욕구를 동기Motiv라고 표현하며,* 따라서 우리가 본래 영혼적인 것, 즉 "자아적인 것das Ichliche" 안에 있는 의지의 원동력에 관해 이야기할 때 그것은 곧 동기에 관한 이야기입니다. 이때 우리는 "동물은 욕구를 가질 수는 있지만 동기는 가질 수 없다"는 사실을 알고 있습니다. 동물과 달리 인간은 욕구를 영혼 세계 안으로 받아들이면서 욕구가 일어납니다. 그리고 이를 통해 내면에서 동기를 일으킬 강한 동력이 작동합니다. 인간에게서만 욕구가 의지의 실질적인 동기로 바뀝니다. 우리가 인간 안에는 동물계에 기인하는 본능, 충동, 욕구가 여전히 살아 있는데 인간이 이것들을 동기로 고양시킨다고 생각한다면, 우리는 의지

---

57) 역주 20 참조.

58) 빌헬름 막시밀리안 분트Wilhelm Maximilian Wundt(1832~1920)는 독일의 심리학자, 철학자로, 현대 실험심리학의 창시자로 꼽힌다. 인간을 육체와 정신으로 구분되는 존재로 보고, 정신의 내면에 대한 관찰로 의식을 분석하는 방법으로 의식의 요소들이 어떻게 구성되어 있는지를 확인하는 것을 심리학의 목표로 삼았다.

와 연관되어 현재 인간 안에 무엇이 있는지 알게 됩니다. 그것은 분명히 우리 안에 있습니다. 그리고 인간을 의지의 본성에 주목하여 관찰하는 사람이라면, "인간에게서 그 동기가 무엇인지를 알게 될 때, 나는 그 인간을 인식하는 것이다" 하고 말할 것입니다. 하지만 완전히 그렇지는 않습니다! 인간에게서 동기가 생겨나면, 그 저변에서 뭔가 나지막하게 울리는 것이 있으며, 이 나지막한 울림을 아주 깊이 고려해야 하기 때문입니다.

13   제가 의지적인 자극에 동반된다고 하는 이 울림, 그리고 그보다 표상에 가까운 것을 분명하게 구별해 주시기를 부탁드립니다. 제가 말하려는 것은 의지적인 자극 가운데 사고에 가까운 것이 아닙니다. 예를 들어 여러분이 "그때 내가 하려던 것, 또는 한 것은 좋았어"라는 생각, 또는 뭔가 다른 생각이 떠오를 수 있습니다. 제가 말하는 것은 그런 것이 아니라, 한층 나지막하게 울리는 의지적인 어떤 것입니다. 우리에게 동기가 생길 때에도 의지 안에 늘 작용하는 것이 있는데, 그것은 먼저 소망Wunsch입니다. 지금 저는 아주 뚜렷하게 나타나서 욕구를 일으키는 그런 소망이 아니라 우리의 모든 동기에 동반되는 소망의 나지막한 울림을 말하는 것입니다. 그런 소망은 언제나 우리 안에 있습니다. 우리가 이런 소망을 특히 강하게 지각하는 것은, 우리가 의지 안에 있는 동기로 인한 행동을 하고 나서 그 동기를 돌이켜 보면서 우리 자신에게 "너는 네가 한 것보다 훨씬 더 잘할 수 있었을 거야" 하고 말할 때입니다. 하지만 살아가면서 우리가 하는 행동을 두고 더 잘할 수 있었으리라는 생각이 들지 않는 경우가 과연 있습니

까? 우리가 한 일을 두고 완벽하게 만족한다면 오히려 슬플 것입니다. 우리가 더 잘할 수 없는 일이란 있을 수 없으니 말입니다. 그리고 소양의 수준이 높은 사람과 그보다 낮은 사람의 차이는 바로 후자가 언제나 스스로에게 만족한다는 사실에 있습니다. 이전보다 더 잘하고 싶은, 심지어 이전과는 달리 하고 싶은 조용한 소망이 언제나 동기가 되어 함께 울리기 때문에, 수준이 더 높은 인간은 자신이 하는 일에 완전히 만족할 수가 없습니다. 이 부분에서 사람들은 많은 잘못을 저지릅니다. 사람들은 자신이 한 행위를 후회하는 것에 뭔가 중요한 가치라도 있는 듯 여깁니다. 하지만 어떤 행위를 시작하는 데 그런 후회는 바람직하지 않습니다. 무슨 일을 더 잘하면 더 훌륭한 사람일 텐데, 하고 생각하는 철저한 이기심에서 나오는 것이 바로 후회이기 때문입니다. 우리의 행위가 이기적이지 않으려면, 이미 행한 것을 두고 더 잘했으면 하고 바랄 게 아니라 다음에 같은 일을 더 잘하는 것에 가치를 두어야 합니다. 후회가 아니라 다음에 더 잘하도록 노력하겠다는 의도 Vorsatz가 최선일 뿐입니다. 그리고 이 의도에도 소망이 스며들어 있으니, 우리는 "소망으로서 스며들어 있는 것은 무엇일까?" 하고 자문해도 좋을 것입니다. 영혼을 제대로 관찰할 수 있는 사람에게는 그것이 죽음 이후에 남아 있는 모든 것 가운데 첫 번째 요소입니다. 그것은 죽음 이후에 남는 것 가운데 우리가 "더 잘했어야 하며, 더 잘했으면 좋을 텐데" 하고 느끼는 그 무엇입니다.* 제가 여러분에게 서술한 그런 형태의 소망, 그것은 이미 자아정신에 속합니다.

14   그런데 이 소망은 더 구체적이고 더 분명한 모습으로 나타날

수 있습니다. 그렇게 되면 소망은 의도와 유사해집니다. 그러면 우리는 지난번과 같은 일을 다시 해야 할 때 어떻게 하면 더 잘할 것인지를 생각하게 됩니다. 하지만 제가 크게 가치를 부여하는 것은 그런 사고가 아니라, 다음에 비슷한 일을 할 때는 더 잘하고 싶다는 동기에 언제나 동반되는 감정적이며 의지적인 어떤 것, 그리고 동기입니다. 이때 우리에게는 이른바 인간의 무의식 안에 있는 것이 강한 영향력을 발휘합니다. 일상적인 의식 상태에서는 의지에 따라 어떤 행위를 할 때 어떻게 하면 다음번에는 비슷한 행위를 더 잘할 수 있을까 하는 생각을 떠올리지 않습니다. 하지만 여러분 안에 살고 있는 두 번째 인간은 다음번에는 같은 상황에서 동일한 행동을 어떻게 할지에 대해 사고적으로가 아니라 의지적으로 분명한 그림을 그립니다. 그러니 여러분은 그런 인식을 과소평가하지 마시기 바랍니다! 여러분 안에 살고 있는 그 두 번째 인간을 절대로 과소평가하지 마십시오.

15   그 두 번째 인간을 두고 오늘날 분석적인 심리학analytische Psychologie이라고 자칭하는 과학 분야, 즉 정신분석학Psychoanalyse[59]은 헛

---

59) 독일어를 이해하는 경우를 포함하여 독자들이 이 문장의 "분석적인 심리학anaytische Psychologie"과 같은 용어를 카를 융Karl Jung의 "분석심리학"을 혼동할 가능성이 있다. 《일반 인간학》 강좌가 이루어진 시기, 그리고 지그문트 프로이트Sigmund Freud의 정신분석학에 대해서는 《개별적 정신 존재, 그리고 그 존재가 인간의 영혼에 미치는 영향》(GA 178) 등에서 강하게 비판하지만, 1920년 전후에 이미 새로운 흐름으로 자리 잡은 카를 융Karl Jung의 분석심리학에 대해서는 견해를 밝힌 기록이 없다는 사실을 생각하면, 슈타이너는 분명 융의 "분석심리학"을 알고 있으면서도 여기서는 단지 지그문트 프로이트의 "정신분석학Psychoanalyse"이라는 고유명사를 설명하는 표현으로 "분석적인 심리학anaytische Psychologie"이라고 부연했음이 확실하다. 무의식의 다양한 양상을 다루는 분석심리학은 심

소리를 많이 늘어놓습니다.* 이 정신분석학이 무엇인지 기술할 때 전형적으로 내놓는 이야기가 있습니다.* 이 전형적인 이야기에 대해서는 이미 말한 적이 있습니다만, 다시 한 번 소개해 드리는 것도 좋을 것 같습니다. 이야기는 이렇습니다. 어느 날 저녁 어떤 남자가 사람들을 집으로 초대해서 사교 모임을 열었습니다. 그리고 그의 아내는 모임이 끝나는 대로 온천으로 떠날 예정이었습니다. 모임에는 다양한 사람들이 참석했는데, 그 가운데 한 부인이 있었습니다. 모임이 끝나고, 주최자의 아내는 온천행 기차를 타기 위해 집을 떠났습니다. 사람들은 흩어지고, 그 부인도 마찬가지로 집을 나섰습니다. 모임을 함께 했던 사람들과 부인이 네거리에 이르렀을 때, 갑자기 마차 하나가 모퉁이를 달려왔습니다. 사람들은 마차가 아주 가까워진 다음에야 마차를 보았습니다. 그들은 어떻게 행동했을까요? 당연히 모두들 마차를 피하기 위해 양쪽으로 비켜섰는데, 부인만 그러지 않았습니다. 부인은 달리는 마차 앞에서 말들이 달리는 방향으로 쫓기듯 달려갔습니다. 마부도 계속 마차를 몰았고, 그 모습에 사람들은 모두 사색이 되었습니다. 부인은 사람들이 쫓아가지 못할 정도로 빨리 달리다가 어느 다리에 이르렀습니다. 다리를 앞두고도 부인은 이제는 옆으로 피해야 한다고 생각하지 못하고는 그만 물속으로 뛰어들고 말았습니다. 부인은 구조되어 모임이 있던 집으로 옮겨졌습니다. 그리고 그곳에서 하룻밤 머물게 되었습니다. 이 이야기는 정신분석학의 여러 서술에 등

충적 자아의 성적 충동에 대한 해석을 중심으로 하는 프로이트의 정신분석학과는 그 출발점과 방법론이 상당히 다른 별개의 분야다.

장하는데, 그때마다 내용의 일부가 잘못 해석됩니다. 이 이야기를 듣는 사람들은 "이 전체 사건의 바탕에는 무엇이 있을까?"라는 의문이 생기기 때문에 그렇습니다. 이 사건의 바탕에 있는 것은 부인의 의지입니다. 그렇다면 부인이 원한 것은 무엇일까요? 부인은 사교 모임을 연 집주인에게 반했고, 그래서 그의 아내가 온천으로 떠난 뒤에 그 집으로 되돌아가기를 원했던 것입니다. 하지만 그것은 의식적인 의지가 아니라 완전히 잠재의식 안에 자리 잡고 있는 의지였습니다. 그리고 인간 안에 자리 잡고 있는 이 두 번째 인간의 잠재의식은 한 층 위에 있는 인간보다 훨씬 영리한 경우가 많습니다. 이 이야기에서 잠재의식은 모임이 열렸던 집으로 돌아가기 위해 물에 빠지는 순간까지 모든 과정을 꾸며낼 정도로 영리했습니다. 심지어 부인은 사람들이 자기를 구해 주리라는 것까지 예견했습니다. 정신분석학은 영혼의 이 숨겨진 힘들에 다가가려고 시도하면서도 이 두 번째 인간을 그저 개략적으로만 언급합니다. 하지만 우리가 아는 것처럼, 영혼의 잠재의식적인 힘들에 작용하는 동시에 일반적인 영혼보다 훨씬 영리하게 움직일 때가 많은 무엇인가가 모든 인간 안에 존재합니다.

16   모든 인간 안에는 아래쪽, 즉 지하에 해당하는 곳에 또 하나의 인간이 자리 잡고 있습니다. 이 또 하나의 인간 안에는 다시 더 나은 인간이 살고 있는데, 이 더 나은 인간은 이미 한 행동과 비슷한 것을 다시 하게 된다면 더 잘해야겠다고 마음먹습니다. 그래서 다음에 비슷한 일을 할 때는 더 잘하겠다는 의도가 무의식적으로, 잠재의식적으로 인간 안에서 나지막하게 울리게 되는 것입니다.

17   그리고 영혼이 신체에서 자유롭게 풀려나면, 비로소 이 의도는 결단이 됩니다. 의도는 영혼 안에서 완전히 맹아 상태로 있습니다. 그러다가 나중에야 결단이 따라옵니다. 결단 역시 정신인간 안에 자리 잡고 있는데, 이는 의도가 생명정신 안에, 그리고 순수한 소망이 자아정신 안에 자리 잡고 있는 것과 마찬가지입니다. 결국 인간을 의지적 존재wollendes Wesen로 파악하면, 여러분은 인간이 본능, 충동, 욕구, 동기라는 요소를 가지고 있음을 알게 됩니다. 이에 더하여 나지막한 울림으로 존재하는 것, 즉 자아정신, 생명정신, 정신인간 안에 있는 소망, 의도, 결단도 알게 됩니다.

18   이는 인간의 발달에 커다란 의미가 있습니다. 왜냐하면, 인간의 발달에서 죽음 이후의 시간을 위해 자신을 보존하며 인간 안에 조용히 살고 있는 것이 출생과 죽음 사이의 삶을 사는 인간에게서는 상으로 있기 때문입니다. 우리는 그것을 앞서 말한 단어로 표현합니다. 즉, 우리는 소망, 의도, 결단이라는 사고를 체험합니다. 그런데 이 소망, 의도, 결단이 올바르게 형성되었을 경우에만 우리는 그것들을 인간에게 적절한 방식으로 체험할 수 있습니다. 실제로 한층 깊은 인간 본성 안에 들어 있는 소망, 의도, 결단이 무엇인지는 출생에서 죽음에 이르기까지 일상적으로 살아가는 인간에게서는 드러나지 않습니다. 다만 사고에서 그것들의 상이 드러날 뿐입니다. 여러분에게서 일상적인 의식만이 발달한다면, 소망이 무엇인지 여러분은 전혀 알 수가 없고, 그저 소망이라는 사고만 가질 뿐입니다. 그래서 헤르바르트는 소망이라는 사고 안에 노력하는 주체ein Strebendes가 있다고 생각합니다.*

의도에서도 여러분은 늘 의도라는 사고만 가지게 됩니다. 깊은 영혼 안에서 실제로 일어나는 어떤 것을 행동으로 옮기고 싶은 마음이 들 때에도, 여러분은 그 원인이 무엇인지 모릅니다. 그리고 이제 결단이 란 것이 있습니다! 그게 무엇인지 아는 사람이 있을까요? 일반적인 심리학은 그저 일상적인 의지에 대해서만 이야기합니다. 그러나 교사와 교육자는 영혼의 이 세 가지 힘의 구조와 규칙을 알고 일해야 합니다. 교육하고 수업하는 일을 하려면, 인간 본성 깊은 곳에서 벌어지는 것을 대상으로 작업해야 하는 것입니다.

정신인간:	결단
생명정신:	의도
자아정신:	소망

의식영혼	
지성영혼	동기
감정영혼	

감정체:	욕구
에테르체:	충동
물질체:	본능

교육자와 교사가 다음과 같은 사실을 의식하는 것은 언제나 대단히 중요한 일입니다. 즉, 일상적인 상호 작용 방식에 따라 수업 내용을 구성해 내는 것으로는 충분치 않으며, 그보다 내적 인간에 대한 이해를 바탕으로 수업을 짜야 한다는 것입니다.

19   일상적인 상호 작용의 방식에 따라 수업을 구성하는 것은 항간의 사회주의가 범하는 오류입니다. 저속한 마르크스 사회주의자들이 미래의 학교를 설계한다고 생각해 보십시오. 그런 일은 이미 러시아에서 현실이 되었습니다. 그곳에서 루나차르스키[60]가 주도한 학교 개혁의 내용은 아주 끔찍합니다.* 그 개혁은 그야말로 모든 문화에 대한 학살입니다! 볼셰비키[61] 노선이 낳은 끔찍한 결과는 많지만, 그 가운데서도 볼셰비키식 수업 방식이 최악입니다! 그의 교육 개혁이 성공했다면, 오랜 세월 전래된 문화의 내용은 모조리 박멸되었을 것이니 말입니다. 개혁의 첫 세대에 바로 그렇게 되지는 않겠지만, 이어지는 세대에는 틀림없이 그런 일이 벌어질 것이고, 그러면 모든 문화가 지구상에서 사라지고 말 것입니다.* 다만 몇 명이라도 이런 사실을 꿰뚫어 보아야 합니다. 사실 오늘날 우리가 온건해진 사회주의의 아마추어 같은 요구에 휘둘리며 살고 있음을 생각해 보십시오. 그 요구 안에는 가장 왜곡된 방식으로 사회주의를 확대하려는 목소리가 울리고

60) 아나톨리 바실리예비치 루나차르스키Anatoly Vasilievich Lunacharsky(1875~1933)는 레닌이 주도한 10월 혁명(1917년) 이후 러시아 연방 교육인민위원회의 수장으로 교육과 문화 분야를 이끌었다. 현재의 우크라이나 태생으로, 스위스에서 공부하고 청년기를 보내면서 러시아 사민노동자당 당원으로 활동했다. 문화예술에 대한 유화적인 입장으로 인해 레닌과 갈등을 빚기도 했다. 교육인민위원이 된 뒤에는 러시아 연방의 사회주의 학교 개혁을 이끌었다. 1929년, 스탈린에 의해 교육인민위원 자리에서 축출당했다.

61) 블라디미르 레닌이 창당한 러시아 사회민주노동당은 제2차 당대회(1903년)에서 잡지 〈이스크라〉의 편집진 구성을 둘러싼 사소한 분열을 시작으로 당 규약 문제에서 급진적인 레닌파와 온건한 마르토프파로 나뉘었다. 이때 지지자가 조금 더 많은 레닌파는 "볼셰비키"(다수파), 마르토프파는 "멘셰비키"(소수파)로 불리웠다. 이후 1917년 10월 혁명으로 러시아 제정이 무너질 때까지 볼셰비키는 레닌 추종자, 볼셰비즘은 레닌의 무산계급 혁명 노선을 가리키는 말로 쓰이게 되었지만, 그 과정에서 실제로 오랜 기간 멘셰비키가 다수파인 상태였다.

있습니다. 그런 목소리에는 바람직한 것과 나쁜 것이 뒤섞여 있습니다. 이 공간에서 여러분도 들으신 것처럼 사람들은 볼셰비즘을 찬양합니다. 하지만 그들은 볼셰비즘으로 인해 악마적인 것 자체가 사회주의 안으로 들어온다는 것을 짐작조차 못하고 있습니다.

20   여기서 특별히 주의할 것이 있습니다. 사회적인 측면의 진보를 위해서는 교육 분야에서 그만큼 더 내면적인 인간 이해가 요구된다는 것을 아는 사람들이 반드시 있어야 합니다. 따라서 우리가 알아야 할 것은, 미래의 교육자와 교사야말로 인간의 가장 내면적인 본성을 다루고 그런 본성과 함께 살아가야 한다는 사실, 그리고 성인들 사이에서 일반적으로 통용되는 소통 방식을 수업에 끌어들여서는 안 된다는 사실입니다. 그렇다면 보통의 마르크스주의자들이 의도하는 바는 무엇일까요? 그들은 학교의 구조를 사회주의적으로 만들기를 원하고, 교장직을 없애고 아무런 대안을 마련하지 않은 채로 두어 아이들이 스스로를 교육하게 되기를 원합니다. 그렇게 된다면 끔찍한 일이 벌어질 것입니다!

21   언젠가 어느 전원기숙학교Landerziehungsheim [62]에 가서 그곳

---

62) 고유명사 "Landerziehungsheim"에 대한 우리말 역어는 확립되어 있지 않지만, "전원기숙학교"가 적절할 것이다. "도시라는 해로운 환경"을 떠나 전원에서 아이들의 본성을 깨우는 전인적 교육이 필요하다는 견해는 존 로크, 미셸 드 몽테뉴, 장 자크 루소 이래 유럽의 교육 개혁을 이끄는 철학이었다. 이런 개혁 교육의 철학을 구현하기 위해 헤르만 리츠Hermann Lietz가 19세기 말부터 독일 각지에 설립한 것이 "전원기숙학교"이고, 이 교육 운동은 오늘날까지도 이어지고 있다.

수업 가운데 마음을 고양시키는 시간, 즉 종교 수업을 참관했습니다.*
교실에 들어가자, 한 녀석이 창턱에 누워 다리를 창밖으로 내놓은 버
릇없는 모습이 보였습니다. 또 다른 아이는 마룻바닥에 쪼그리고 앉
아 있었고, 세 번째 아이는 저만치 배를 깔고 엎드린 채 머리를 위로
치켜들고 있었습니다. 학급의 모든 학생이 그런 식으로 교실 여기저
기 흩어져 있었습니다. 잠시 뒤에 종교 교사란 사람이 교실로 들어오
더니, 별다른 안내 없이 고트프리트 켈러Gottfried Keller [63]의 단편소설을
낭독했습니다. 교사가 소설을 낭독하는 동안에도 학생들은 갖가지 버
릇없는 행동을 이어갔습니다. 교사가 소설 낭독을 마치면서 종교 수
업은 끝났고, 아이들은 모두 바깥으로 나갔습니다. 이런 모습을 보는
동안 저는 그 전원기숙학교 곁에 커다란 숫양 우리가 있고, 거기서 몇
걸음 떨어지지 않은 곳에 학생들의 숙소가 있다는 사실이 생각났습니
다. 물론 그런 것들을 너무 탓하지는 말아야겠습니다. 그곳 교육의 바
탕에는 여러 가지 좋은 뜻이 있습니다. 하지만 그것은 미래의 문화를
위해 실천할 것이 무엇인지를 완전히 착각한 데에서 나온 결과물이었
습니다.

22   그러면 오늘날 사람들이 이른바 사회주의 프로그램을 바탕으
로 하려는 것은 무엇일까요? 아이들도 어른들이 하는 방식으로 상호
작용을 하게 하려는 것입니다. 하지만 그것은 교육에서 할 수 있는 일

---

63) 1819~1890. 스위스 취리히 출신의 시인, 소설가. 자전적 장편 《초록의 하인리히》가 우리
   말로 번역되어 있다.

중에서 가장 잘못된 것입니다. 교사가 의식하고 있어야 할 것은, 아이들이 영혼의 여러 힘과 갖가지 신체적인 힘에서 발달시켜야 하는 것은 성인들 사이의 상호 작용을 통해서 발달되어야 하는 것과는 완전히 다르다는 사실입니다. 영혼 깊숙이 자리 잡고 있는 것 안으로 교육과 수업이 들어가야 한다는 말입니다. 그렇지 않으면 이룰 수 있는 것이 없습니다. 따라서 교사는 자문해야 합니다. "수업과 교육에서 무엇이 인간의 본성인 의지에 작용하는가?" 하고 말입니다. 이 질문을 한 번 진지하게 다뤄 보아야 합니다.

23   어제 제가 말씀드린 것을 돌이켜 보면,* 지적인 것은 무엇이든 이미 노쇠한 의지, 노년의 의지라는 이야기를 기억하실 것입니다. 흔한 지성적인 가르침이나 훈계, 교육을 위해 개념으로 정리한 모든 것은 아이들을 포함해서 교육을 받을 연령대인 사람에게는 전혀 효과가 없습니다. 이 문제를 알기 쉽게 다시 한 번 정리해 봅시다. 우리는 감정이란 형성 중인 의지, 아직 완성되지 않은 의지임을 알게 됩니다. 하지만 의지 안에는 인간 전체가 살고 있으므로, 우리는 아이에게도 잠재의식적인 결단들이 있다고 생각해야 합니다. 우리가 잘 고안해 냈다고 생각하는 모든 것을 동원하면 아이의 의지에 영향을 줄 것이라고 믿지 않도록 조심해야 합니다. 그보다 "어떻게 하면 우리가 아이의 감정이라는 본성에 바람직한 영향을 줄 수 있을까?" 하고 자문해야 합니다. 그것은 오로지 반복적인 행위를 하도록 하는 것으로만 가능해집니다. 아이에게 무엇이 옳다고 한 번 말하는 것으로는 의지적 자극이 제대로 실현되지 못합니다. 오늘, 내일, 모레, 반복해서 아이에

게 무엇인가를 하도록 해야 그런 것이 가능해집니다. 아이에게 훈계하고 예의범절을 가르치려 드는 것은 전혀 바람직한 방법이 아닙니다. 그보다 올바른 것에 대한 아이의 감정을 깨울 것으로 여겨지는 어떤 것을 아이가 반복해서 실천하도록 이끌어야 합니다. 그런 행동을 습관의 차원으로 끌어올려야 합니다. 무의식적인 습관으로 하는 행동이 많을수록 감정은 더 잘 발달합니다. 할 의무가 있고 할 필요도 있기 때문에 그 행동을 몰두하여 반복해서 한다고 의식하면 할수록, 의지적 자극은 더욱 습관이 됩니다. 결국 무의식적인 반복이 감정을 함양합니다. 완전히 의식하는 상태에서 하는 반복적인 행동이 결단력을 강화하므로 의지적 자극 자체를 함양하는 것입니다. 그리고 여러분이 아이에게 의식적으로 반복 행동을 하도록 하면, 보통은 잠재의식 안에 머물러 있는 결단력이 자극됩니다. 그러니 우리는 지적인 활동에 특별히 중요한 것을 의지의 함양에 중요한 것으로 보아서는 안 됩니다. 지적인 활동에서 우리가 늘 기대하는 것이 있습니다. 아이에게 무엇인가를 가르치는 경우, 그 아이가 내용을 잘 이해한다면 그만큼 잘 가르친 것이라는 생각이 그것입니다. 사람들은 무엇인가를 일회성 교육에 치중합니다. 그러면 아이는 배운 내용을 그저 인지하고 기억합니다. 하지만 그렇게 일회적으로 가르쳐 아이에게 저장된 것은 감정과 의지에 작용하지 않습니다. 그보다 계속 반복해서 하는 행동, 그리고 그 상황에 적절한 것이었다고 여겨지는 행동이 감정과 의지에 작용합니다.

24   과거의 고지식한 가부장적 교육 형태들은 이를 고지식하게

가부장적으로 적용했습니다. 그것은 그야말로 생활 습관이었습니다. 그렇게 적용된 모든 것에도 분명 교육적으로 정말 좋은 내용이 들어 있습니다. "하늘에 계신Vaterunser"[64]으로 시작하는 기도문을 날마다 외우도록 한 것은 무엇 때문일까요? 요즘 사람들에게 날마다 같은 이야기를 읽도록 하면 너무나 지루하게 느껴져 절대로 읽지 않을 것입니다. 요즘 사람들은 일회적인 것에 길들여져 있습니다. 옛날 사람들은 모두 이 기도를 날마다 외웠을 뿐 아니라 자신이 가지고 있는 이야기책 한 권을 매주 적어도 한 번은 읽었습니다. 그렇게 함으로써 그들은 의지의 측면에서는 오늘날의 교육을 받은 이들보다 더 강했습니다. 왜냐하면, 의지의 함양에 기초가 되는 것은 반복하는 것, 의식적으로 반복하는 것이기 때문입니다. 이 점을 잘 고려해야 합니다. 그러므로 의지를 교육해야 한다고 추상적으로 말하는 것으로는 충분치 않습니다. 왜냐하면, 의지의 함양을 위한 좋은 아이디어를 만들어 내어 뭔가 영리한 방법으로 그것을 아이들에게 전달하면 의지의 발달에 기여하는 것이라고 믿게 되기 때문입니다. 하지만 이는 실제로는 전혀 도움이 되지 않습니다. 그런 것으로는 아이들을 그저 도덕적인 훈계가 필요한 나약하고 신경질적인 인간으로 만들 뿐입니다. 예를 들어 아이들에게 "넌 오늘 이걸 하고, 넌 오늘 저걸 해라. 그리고 너희 둘은 내일도, 모레도 같은 것을 할 거야" 하고 말하면, 그 아이들은 내적으로 강한 사람이 됩니다. 아이들은 권위를 인정해서 그 일을 실행합니다.

---

64) 그리스도교 성서에 예수가 직접 가르친 것으로 기록되어 있는 기도문으로, 많은 언어권에서 그 시작 부분을 기도문의 명칭으로 사용한다. 우리나라에서는 종파에 따라 주님의 기도(가톨릭), 주기도문(개신교), 주의 기도(성공회, 정교회) 등으로 부른다.

학교에서 누군가 한 사람은 명령해야 한다는 것을 이해하기 때문입니다. 아이에게 날마다 동일한 행동을 하도록 지시하고 경우에 따라서는 그것을 일년 내내 하도록 하는 것이 의지의 발달에 대단히 효과적입니다. 그렇게 하면 먼저 학생들 사이의 접촉이 이루어집니다. 그런 다음에는 가르치는 사람의 권위가 확고해지고, 의지에 강하게 작용하는 행동을 반복적으로 하게 만듭니다.

25 그렇다면 예술적인 요소가 의지 발달에 특히 강하게 작용하는 이유는 무엇일까요? 그것은 예술적인 연습이 우선 반복에 바탕을 두기 때문이며, 다음으로 예술을 통해 습득한 것에서 우리가 항상 기쁨을 얻기 때문입니다. 예술적인 것에서 우리는 처음 한 번에 그치지 않고 되풀이해서 즐거움을 얻습니다. 인간을 한 번만 자극하지 않고 되풀이해서 직접적으로 기쁘게 하는 것은 예술적인 것 자체의 성질입니다. 그러므로 수업에서 우리가 의도하는 것은 실제로 예술적인 것과의 연계를 통해 얻게 됩니다. 이에 관해서는 내일 좀 더 이야기하겠습니다.

26   오늘 저는 의지의 발달에 영향을 미치기 위해서는 지성을 함양하는 것과는 다른 방식이 적용되어야 한다는 것을 말씀드렸습니다.

제5강

1919년 8월 26일, 슈투트가르트

1   어제 우리는 인간 유기체 안에 들어 있는 의지의 본질에 대해 논의했습니다. 이제 우리가 앞에서 알아본 인간과 의지의 관계를 더 자세히 논의하여 인간의 다른 본질적인 요소를 살펴보려 합니다.

2   여러분이 이미 인지하신 것처럼, 인간의 본질에 관한 지금까지의 논의에서 저는 한편으로는 주로 지적인 것, 즉 인식 활동을, 그리고 다른 한편으로는 의지 활동을 중요하게 다루었습니다. 또한 저는 인식 활동이 인간의 신경 체계와 어떤 관계에 있는지, 의지의 강도가 혈액의 활동과 어떤 관계에 있는지도 말씀드렸습니다. 이런 것들을 숙고하신다면 여러분은 영혼의 세 번째 능력인 감정 활동과 인식 활동의 관계가 어떤지 자문하게 될 것입니다. 이에 대해서는 지금까지 별로 언급하지 않았습니다. 그런데 오늘 감정 활동을 더 자세히 다룸으로써 인간 본성의 다른 두 측면, 즉 인식하는 본성과 의지적인 본성에 대해서 한층 깊이 파고들게 될 것입니다.

3   다만 제가 이미 여러 맥락에서 언급한 한 가지 사실은 분명히 알고 있어야 할 것입니다. 즉, 우리는 사고, 감정, 의지라는 영혼의 세

가지 능력[65]을 고지식하게 구분해서 완전히 별개의 것으로 나열해서는 안 됩니다. 살아 있는 영혼 전체에서는 각각의 활동이 언제나 다른 활동으로 옮겨가기 때문입니다.

4 먼저 의지를 관찰해 보시기 바랍니다. 여러분이 사고를 통해서, 즉 인식하는 활동을 통해서 꿰뚫고 들어가지 않은 것은 원할 수가 없다는 사실을 의식하게 될 것입니다. 여러분이 어떤 행동을 하려 할 때, 피상적이라 하더라도 여러분 자신의 내면에서 어떤 일이 일어나는지 집중해 보십시오. 그러면 여러분은 모든 의지 행위에 어떤 식으로든 사고가 들어 있음을 알게 될 것입니다. 의지 행위에 어떻게든 사고 활동이 들어 있지 않다면 여러분은 인간일 수가 없습니다. 의지에서 솟아나오는 행위에 사고 활동을 철저히 개입시키지 않는다면, 여러분은 의지에서 흘러나오는 모든 것을 둔감하고 본능적으로 실행하게 될 것입니다.

5 그런데 모든 의지 활동에 사고가 들어 있는 것처럼, 모든 사고에는 의지가 들어 있습니다. 아주 피상적일지라도 여러분 자신을 관찰해 보면, 사고할 때는 자신의 의지가 사고의 형성 과정 안으로 계속 흘러들도록 한다는 사실을 깨닫게 됩니다. 여러분이 어떻게 스스로 사고를 형성하든, 어떤 사고를 다른 사고와 연결하든, 어떤 판단과

---

65) 인간 내면의 활동을 표현하기 위해 동사를 명사화해서 말하는 루돌프 슈타이너의 이 용어들의 의미와 역어 선택의 근거에 대해서는 옮긴이의 말 용어 설명 참조.

추론을 이끌어 내든, 그 모든 것 안에는 아주 섬세한 의지 활동이 속속들이 흐르고 있습니다.

6   따라서 우리는 이렇게 말할 수밖에 없습니다. 의지 활동은 그 주된 측면이 의지 활동이지만, 그 저변에는 동시에 사고 활동이 흐르고 있습니다. 사고 활동은 그 주된 측면이 사고 활동이지만, 그 저변에는 의지 활동이 흐르고 있습니다. 결국 영혼의 각 활동을 고지식하게 구분해서 나란히 두면 영혼 활동의 관찰이 불가능해집니다. 하나의 활동이 다른 활동 안으로 흘러들기 때문입니다.

7   영혼에서 여러분이 인식할 수 있는 것은 영혼의 각 활동이 서로 섞여 든다는 사실입니다. 이런 사실은 영혼 활동이 드러나는 신체에서도 잘 볼 수 있습니다. 예를 들어, 인간의 눈을 살펴보십시오. 눈의 전체적인 구조를 관찰해 보면, 신경은 눈 안으로 깊이 들어가 자리 잡고 있습니다. 그런데 혈관 역시 눈 속 깊이 자리 잡고 있습니다. 신경이 눈 안으로 이어져 있는 까닭에, 사고 활동, 즉 인식 활동이 눈 안으로 흘러듭니다. 혈관이 눈 안으로 이어져 있는 까닭에, 의지 활동이 눈 안으로 흘러듭니다. 이런 식으로 신체에서 감각 활동의 말단까지 의지적인 것과 사고적인 것 또는 인식적인 것이 서로 연결되어 있습니다. 이는 모든 감각기관에서 똑같으며, 의지를 실행하는 운동에 관련된 모든 지체도 마찬가지입니다. 신경섬유를 통해 인식적인 것이, 그리고 혈관을 통해 의지적인 것이 우리의 의지적 행동 안으로, 우리의 움직임 안으로 흘러듭니다.

8   그런데 여기서 우리는 특별한 종류의 인식 활동도 알아야 합니다. 그것에 대해서는 이미 언급한 적이 있습니다만, 인식적인 측면, 즉 사고적인 측면으로 기우는 경향이 있는 인간 활동의 복잡한 전체 구조 안에 어떤 것들이 들어 있는지 확실하게 의식해야 합니다. 이미 말했듯이, 인식 활동, 즉 사고 활동 안에는 사실 반감이 들어 있습니다. 무척 기이하게도, 사고하는 성향이 있는 모든 것에는 속속들이 반감이 들어 있습니다. 이에 대해 여러분은, "하지만 뭔가를 관찰할 때 나는 반감을 행사하지는 않아!" 하고 말할 것입니다. 천만에요, 여러분은 반감을 행사합니다. 대상을 관찰할 때 여러분은 반감을 행사합니다. 만일 눈 안에 신경 활동만 있다면, 눈에 보이는 모든 대상이 여러분에게 혐오스럽고 반감을 불러일으킬 것입니다. 호감을 바탕으로 하는 의지 활동이 눈의 활동 안으로 들어가고 혈액이 여러분의 눈 안까지 들어가며, 오로지 그렇기 때문에 감각기관으로 관찰할 때 느끼는 반감이 여러분의 의식으로 들어오지 못하고 소멸됩니다. 이렇게 호감과 반감의 균형 상태 덕분에 객관적이고 무관심한 시각 활동이 가능해집니다. 객관적이고 무관심한 시각 활동은 호감과 반감의 균형 상태로 인해 호감과 반감이 이렇게 서로 뒤섞여 우리에게 전혀 의식되지 않음으로써 가능해지는 것입니다.

9   같은 맥락에서 제가 이미 주의를 환기시켜 드린 적이 있는 괴테의 색채론,* 특히 그 가운데 생리학적, 교수법적인 부분*을 공부해 보면, 괴테는 시각 활동의 한층 깊은 차원으로 파고들었고, 그 결과, 색조들에서 호감적인 것과 반감적인 것이 드러난다는 것을 확인했음

을 알게 됩니다. 감각기관의 활동 안으로 조금만 깊이 들어가면 금세 여러분은 그 감각기관의 활동 안에 반감적인 것과 호감적인 것이 등장하는 것을 발견할 것입니다. 말하자면 감각 활동 안에서도 반감적인 것은 원래 인식에 해당하는 사고 부분, 즉 신경 부분에서 일어나고,* 호감적인 것은 원래 의지 부분인 혈액 부분으로부터 생겨납니다.

10 　제가 이미 인지학에 관한 전반적인 강연에서 자주 언급했습니다만, 눈의 구조에서 동물과 인간 사이에는 의미심장한 차이점이 있습니다. 매우 특이하게도 인간의 눈보다 동물의 눈에서 혈액 활동이 훨씬 활발하게 이루어집니다 어떤 동물들은 심지어 인간의 "검상 돌기"와 "방실"처럼 혈액 활동에 관여하는 기관이 있습니다. 이 점에서 여러분이 알아차릴 수 있는 것은, 동물의 눈 안에서는 인간보다 훨씬 많은 혈액 활동이 이루어지며, 다른 감각기관들도 마찬가지라는 사실입니다. 이 말은, 인간에 비해서 동물에게는 주변 세계에 대해 훨씬 더 강한 호감, 즉 본능적인 호감이 생긴다는 것입니다. 인간은 사실 주변 세계에 대해 동물보다 강한 반감을 가지지만, 일상생활에서는 그것을 의식하지 못할 뿐입니다. 주변 세계에 대한 관찰에서 얻는 인상이 혐오를 일으키는 수준이 될 경우에만 반감을 의식하게 됩니다. 그것은 모든 감각 지각의 증폭된 인상일 따름입니다. 그래서 여러분은 그런 외적 인상에 대한 반응으로 혐오감을 느낍니다. 여러분이 나쁜 냄새가 나는 장소에서 그런 나쁜 냄새가 나는 공간에 대해 혐오감을 느낄 때, 이 혐오감은 모든 감각 활동에서 일어나는 것이 증폭된 상태와 다르지 않습니다. 다만 혐오로 인해 일어나는 감정이 일상적인

감각 지각에서는 의식 수준으로 올라오지 못할 뿐입니다. 우리 인간들이 주변 세계에 대해 동물보다 강한 반감을 가지지 않았다면, 우리는 자신과 주변 세계를 지금처럼 확실하게 구분하지 않을 것입니다. 동물은 주변 세계에 대한 호감이 훨씬 강하고, 이로 인해 주변 세계와 하나가 되어 있습니다. 그로 인해 인간에 비해 동물은 기후와 계절적인 조건 등에 훨씬 의존적입니다. 주변 세계에 대한 반감이 훨씬 강하기 때문에 인간은 독립적인 존재[66]가 됩니다. 의식 수준으로 올라오지 못한 채 머무는 반감을 통해 우리가 우리 자신을 주변 세계와 구분한다는 이 조건이 우리로 하여금 자연과 떨어진 독립적인 존재라는 의식을 갖도록 합니다.

11   이로써 우리는 인간을 전체적으로 이해하는 데 크게 도움이 되는 사실을 언급했습니다. 우리는 신체적으로 신경 활동으로 나타나는 사고, 그리고 신체적으로 혈액 활동으로 나타나는 의지가 인식 활동, 즉 사고 활동 안에서 어떻게 하나로 섞여 드는지 보았습니다.

12   그런데 의지의 실행에는 사고하는 의지 활동과 원래의 의지 활동이 섞여 있습니다. 무엇인가 하기를 원할 때 언제나 우리는 원하

---

66) "독립적인 존재"의 원문은 "Persönlichkeit"이다. 루돌프 슈타이너가 사용하는 이 용어는 인격, 인격체, 인격적인 특성, 개성, 개인, 개별자Individuum 등으로 다양하게 새길 만하다. 여기서는 자연과 하나가 되어 생명을 유지하는 동물과 달리 독립적이고 개별적인 인격체로 존재하는 인간을 가리키므로 "독립적인 존재"로 옮겼다.

는 것das Gewollte에 대해 호감을 일으킵니다.[67] 하지만 우리가 의지에 대한 호감 안으로 개입시키는 반감을 통해서 행위, 즉 우리 자신이 원하는 것과 독립적 인격체인 우리 자신을 떼어 낼 수 없다면, 의지는 언제나 완전히 본능적인 의지 상태로 머물 것입니다. 다만 지금은 의지의 내용에 비해 호감이 확실히 우위에 있는데, 우리가 그 안으로 반감도 개입시켜야 호감과의 균형이 맞춰지게 됩니다. 그러나 그렇게 되면 호감 자체는 의식 안으로 들어오지 못하며, 이 호감의 일부만 원하는 것 안으로 뚫고 들어갑니다. 그저 이성을 바탕으로 하기보다는 진정으로 열정, 헌신, 애정에 이끌려 실행하는 많지 않은 행위들에서는* 의지 안에서 호감이 크게 우위를 점하면서 호감 또한 우리 의식 안으로 들어오게 되고, 우리의 의지는 호감으로 가득 찬 것처럼 보이게 됩니다. 그렇지 않은 경우 의지는 객관적인 어떤 것으로서 우리를 주변 세계와 연결하는 것처럼 보입니다. 늘 그런 것은 아니지만 예외적으로는 우리가 인식할 때 주변 세계에 대한 우리의 반감이 의식 안으로 들어올 수 있는 것과 마찬가지로, 우리 안에 늘 있는 주변 세계에 대한 호감도 열정이나 헌신적인 사랑처럼 예외적인 경우에만 의식 안으로 들어옵니다. 그렇지 않다면 우리는 모든 것을 본능에 따라 실행할 것입니다. 그러면 우리는 사회생활 등에서 세상이 객관적으로 우리에

---

67) 이 문장의 "원할 때", "원하는 내용"은 모두 "원하다"라는 동사 "wollen"의 번역어이다. 두 번째 "의지의 내용"은 "das Gewollte", 즉 "원해진 것"을 그 뜻을 살려 선택했다. "wollen"이라는 동사의 명사형 "der Wille"(의지)와 "das Wollen"(원함, 원하기, 의지)은 이 책에서 명사화해서 쓴 다른 용어들과 마찬가지로 많은 오해를 불러일으킨다. 옮긴이의 말의 용어 설명 참조.

게 요구하는 행동을 할 수 없을 것입니다. 우리가 의지에 사고를 스며 들게 해야 이 의지가 우리를 인간 전체 안에, 그리고 세계 과정[68] 자체 안에 포함시켜 줍니다.*

13   일상적인 삶에서 지금 말씀드린 모든 것이 우리에게 의식될 경우 인간의 영혼이 얼마나 황폐하게 될지를 생각하면, 여러분은 이 과정에서 무슨 일이 일어나는지 이해하실 것입니다. 일상적인 삶에서 행여 그 모든 것이 인간의 영혼 안에서 계속 의식된다면, 인간에게는 상당한 반감이 의식되고, 이 반감은 그가 하는 모든 행위에 동반될 것 입니다. 그건 끔찍한 일이겠지요! 그렇게 되면 인간은 세상 어디를 가 든 늘 반감의 분위기를 느낄 테니 말입니다. 우리가 어떤 행위를 하는 데는 이 반감이 일종의 힘으로서 반드시 필요하지만, 우리가 그것을 느끼지 못하도록 의식 아래에 머물러 있다는 사실은 이 세상에서 정 말 잘된 일입니다.

14   이제 인간 본성의 특이한 신비Mysterium [69]를 들여다보시기 바

---

68) "세계 과정"(Weltenprozeß)은 "세계 질서"의 정신적 힘들에 의해 이루어지는 세계(우주)의 변화와 발달을 가리킨다. "세계 질서"에 대해서는 역주 4 참조.

69) 일상적인 어휘로는 "사람의 지혜로는 알 수 없을 만큼 신기한 것"을 가리키는 말이지 만, 종교적, 비의적으로는 "깨달은 자에게만 드러나도록 숨겨진 진리, 세계의 변화와 발 달을 주재하는 비밀스러운 힘, 상식을 뛰어넘는 힘을 발휘하는 의식"을 일컫는다. 그리 스도교 전통에서는 "신적 계시, 이성으로는 알 수 없는 교의, 특별한 힘을 발휘하는 성 사"(sacramentoum)를 의미한다. 중세 이후 유럽 정신사의 한 부분을 차지한 그리스도교적 신비주의 운동, 심령주의, 인도 사상 등에 영향을 받은 비의적 신지학에서 "우주의 운행 과 인간에 대한 그 영향을 주재하는 정신적 신비" 등의 어법으로 폭넓게 쓰였다. 그리스

랍니다. 좀 생각 있는 사람이라면 사실 누구나 느낄 수 있으며 교육자와 교사라면 완전히 의식해야 할 그런 신비 말입니다. 먼저 우리가 아이가 되면 어느 정도는 완전히 호감을 바탕으로 행동할 수 있습니다. 매우 이상하게 들리겠지만, 아이가 움직이고 날뛰는 것은 모두 그런 움직임과 날뛰는 행동에 대한 호감에서 나옵니다. 호감이 생기면, 그것은 강렬한 사랑, 강렬한 의지입니다. 하지만 호감은 그런 상태로 머물러 있을 수 없습니다. 사고 활동이 호감 안으로 뚫고 들어오고, 사고 활동이 호감을 상당히 지속적으로 밝게 비춰야 합니다. 이런 일은 우리가 이상, 즉 도덕적 이상을 우리의 단순한 본능에 편입시키는 가운데 포괄적으로 일어납니다. 이제 여러분은 이 영역에서 반감이 실제로 무엇을 뜻하는지 더 잘 이해하게 될 것입니다. 아이들에게서 엿보이는 본능적인 자극*이 일생 동안 우리에게 머물러 있다면, 그런 본능의 영향으로 우리는 동물처럼 발달할 것입니다. 이 본능은 우리에게 반감을 불러일으켜야 하고, 우리는 본능 안으로 반감을 부어 넣어야 합니다. 그렇게 우리가 본능 안으로 반감을 부어 넣는 것은 우리가 가진 도덕적 이상들, 즉 본능에 대해 반감적이어서 출생과 죽음 사이의 우리 삶에서 본능에 대한 아이의 호감 안으로 반감을 넣어 주는 우리의 도덕

도교, 세계와 인간의 발달 등에 대한 루돌프 슈타이너의 인지학적 해석에서는 이런 정신사적 흐름의 동인과 힘을 "신비"라는 어휘로 대신하는 경우가 많다. 《Das Christentum als mystische Tatsache und die Mysterien des Altertums》(신비적 사실로서의 그리스도교, 그리고 고대의 신비들), GA 8(한국어판: 《신비적 사실로서의 그리스도교》, 한국인지학출판사 2023), 《Das Christliche Mysterium》(그리스도처럼 신비), GA 97에서 루돌프 슈타이너는 세계의 질서와 발달을 주재하는 "정신의 신비", "성자/성부의 신비"를 자세히 설명하는데, 이런 부분에서 비의적 신지학에서 벗어나 슈타이너 자신의 정신과학으로 넘어가는 모습을 확인할 수 있을 것이다.

적 이상들을 통해 이루어집니다. 따라서 도덕적인 발달은 언제나 금욕적인 것입니다. 다만 이 금욕적인 것을 올바른 의미로 이해해야 합니다. 그것은 언제나 동물적인 것을 극복하기 위한 훈련입니다.

15   이 모든 것에서 우리는 인간이 실제로 하는 행동에서 의지가 어느 정도로 의지인지, 그리고 그 의지에 사고 활동, 즉 인식 활동이 얼마나 개입해 있는지를 알아야 합니다.

16   그런데 인식, 즉 사고와 의지 사이에 인간의 감정 활동이 있습니다. 제가 지금 의지와 사고에 대해 설명한 것을 생각하면, 여러분은 어떤 중간적인 경계로부터 한편으로는 모든 호감적인 것, 즉 의지가 흘러나오고, 다른 한편으로 모든 반감적인 것, 즉 사고가 흘러나온다고 말할 수 있습니다. 그러나 의지의 호감은 거꾸로 사고 안으로도 작용하고, 사고의 반감은 의지 안으로도 작용합니다. 이렇게 인간은 한편에서 주로 생기는 것이 다른 편에도 작용하는 가운데 온전한 인간이 됩니다. 그 사이에, 즉 사고와 의지 사이에 감정이 있어서, 한쪽 방향으로는 사고와 닮았고, 다른 쪽 방향으로는 의지와 닮았습니다. 여러분이 인간의 영혼 전체 안에서 인식 행위, 즉 사고 행위와 의지에 의한 행위를 엄격하게 구분할 수 없듯이, 감정에서 사고의 요소와 의지의 요소를 구분해 내기는 대단히 어렵습니다. 감정 안에는 의지의 요소와 사고의 요소가 아주 강하게 섞여 있습니다.

17   여러분 자신을 피상적으로나마 관찰해 보기만 하면 여러분은

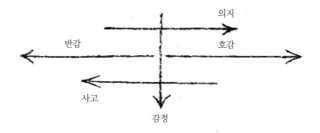

제가 언급한 것이 옳다는 사실을 다시 한 번 납득할 수 있을 것입니다. 지금까지 제가 서술한 것만으로도 여러분은 올바른 통찰이 가능합니다. 저는 "일상적인 삶에서 독립적으로 일어나는 의지가 열정과 사랑에 의해 강화되어 행위가 된다" 하고 말했으니까요. 이 점에서 여러분은 외적인 삶에서 보통은 필연적으로 일어나는 의지 안으로 감정이 흘러든다는 사실을 확실하게 통찰할 수 있습니다. 여러분이 열정적인 행위 또는 사랑이 넘치는 행위를 한다면, 이때 여러분은 의지에서 나오는 것 안으로 주관적인 감정이 흘러들도록 하는 가운데 그런 행위를 하는 것입니다. 그러나 괴테의 색채론을 읽거나 좀 더 정확하게 들여다보면 감각 활동에서도 어떻게 감정이 섞여 드는지 알 수 있습니다. 또한 감각 활동이 혐오를 일으키거나 기분 좋은 꽃 향기를 빨아들이는 상태가 될 때, 여러분의 감정 활동은 자연스럽게 감각 활동 안으로 흘러듭니다.

18   그런데 감정 활동은 사고 활동 안으로도 흘러듭니다. 세계관의 역사에서는 많은 논쟁이 있었습니다만, 그 수많은 철학 논쟁 가운데 아주 주목할 만한 논쟁이 있습니다. 독일 하이델베르크에서 심리

학자 프란츠 브렌타노*와 논리학자 지크바르트*가 철학 논쟁을 벌였습니다.[70] 두 학자는 인간의 판단 행위에 무엇이 들어 있는지를 두고 논쟁했습니다. 지크바르트는 우리가 예를 들어 "인간은 선해야 한다"는 판단을 내릴 때 그 판단 안에는 늘 감정이 함께 말하고 있다고 주장했습니다. 그런 결정을 내리는 것은 감정이라는 얘기입니다. 브렌타노의 견해는 달랐습니다. 판단 행위와 감정 행위는 모두 정서적 움직임 안에서 이루어지는 것이지만 그 둘은 서로 아주 달라서, 그 안에 감정이 개입한다고 믿는다면 판단을 하는 기능, 즉 판단 행위를 전혀 이해할 수 없게 된다고 주장했습니다. 그렇게 된다면 객관적이어야 할 우리의 판단에 주관적인 것이 들어올 것이라는 견해였습니다.

19   통찰력 있는 사람에게는 이 논쟁이 이들 심리학자와 논리학자 모두가 제대로 된 사실에는 도달하지 못했음을 보여 줄 뿐입니다. 여러 가지 영혼 활동이 서로 섞여 든다는 사실 말입니다. 여기서 정말 관찰해야 하는 것이 무엇일지 생각해 보십시오. 한편으로 우리에게는 아주 객관적인 것이 무엇일지 결정해 줄 판단 능력이 있습니다. 인간은 선해야 한다는 것은 우리의 주관적인 감정에 따라 결정될 일은 아닙니다. 결국 판단의 내용은 객관적이어야 합니다. 하지만 판단을 내릴 때 우리는 완전히 다른 것 또한 고려하게 됩니다. 그 바람에 객관적

---

70) 프란츠 브렌타노Franz Brentano(1838~1927)와 크리스토프 폰 지크바르트Christoph von Sig-wart(1830~1904)는 모두 독일 튀빙엔 출신의 철학자로, 브렌타노는 내적으로 지각된 것이 현상의 진실이라고 생각한 반면, 지크바르트는 논리적 객관주의의 입장에서 심리나 사고의 내용에 종속되지 않는 논리적 진실이 존재한다고 주장했다.

으로 옳은 것이라도 우리 영혼에 즉시 의식되지는 않습니다. 먼저 우리가 객관적으로 옳은 그것을 우리 영혼 안으로 받아들여야 합니다. 그리고 감정 활동이 함께하지 않으면, 우리가 의식적으로 판단을 영혼 안으로 받아들이는 일은 일어나지 않습니다. 그러므로 우리는 브렌타노와 지크바르트 양자가 자신들이 다음과 같이 이야기한 것이라고 합의했어야 할 일이라고 생각할 수밖에 없습니다. 즉, "판단의 객관적인 내용은 분명 감정 활동과는 상관없이 확고하게 있다. 하지만 주관적인 인간 영혼 안에 그 판단이 옳다는 확신이 서려면, 감정 활동이 일어나야 한다"라고 말입니다.[71]

20   이로부터 여러분은 오늘날 흔히 그렇듯 올바르지 않은 방식으로 이루어지는 철학적 관찰을 바탕으로 정확한 개념에 도달하기가 얼마나 어려운 일인지 아실 것입니다. 먼저 그런 정확한 개념에 도달할 만큼 수준이 높아져야 하지만, 오늘날 정신과학을 통한 교육 말고는 정확한 개념으로 이끄는 교육이란 없다는 말입니다. 통상적인 과학은 자신이 정확한 개념들을 가지고 있다고 주장하며, 인지학을 바탕으로 하는 정신과학이 제시하는 것에 대해 몹시 멸시하는 태도를

---

71) 이 부분에서 루돌프 슈타이너는 객관적인 진리 판단의 가능성에 대해 브렌타노와 지크바르트의 입장을 절충할 수 있다고 이야기하는 것이 아니다. 브렌타노가 말하는 내적 지각이라는 요소는 슈타이너의 "감정 활동"에 가깝다. 내적, 심리적 요소를 논리학에 결부시킨 브렌타노는 젊은 슈타이너에게 상당한 영향을 미친 것으로 보인다. 예를 들어 《영혼의 수수께끼에 관하여》(GA 21)의 제5장은 아예 1917년 4월에 세상을 떠난 브렌타노를 기리는 추도사라고 할 만하다. 이 책에서 슈타이너는 영혼과 직관적인 인식이야말로 인지학을 위한 완벽한 옹호론이라고 극찬한다.

취합니다. 오늘날 통상적인 개념들에 비해 인지학에서 제시하는 개념들이 말장난이 아니라 실제에서 가져온 것이어서 훨씬 정확하고 정밀하다는 사실을 전혀 모르기 때문에 그렇습니다.

21   이렇게 감정적인 요소를 한편으로는 인식하는 것, 사고하는 것에서 찾고, 다른 한편으로는 의지적인 것에서 찾다 보면, 여러분은 감정das Gefühl이란 인식과 의지 중간에 있는 영혼 활동으로, 자신의 본성을 양쪽 방향으로 발산한다고 말할 것입니다. 감정은 아직 완전히 형성되지 않은 인식인 동시에 아직 완전히 형성되지 않은 의지, 즉 억제된 인식이자 억제된 의지입니다. 따라서 감정은 호감과 반감으로 구성되며, 여러분이 보셨다시피 이 호감과 반감은 인식만이 아니라 의지 안에도 숨어 있습니다. 호감과 반감, 이 둘은 신경 활동과 혈액 활동이 신체적으로 함께 작용하는 가운데 인식과 의지 안에 숨어 있습니다. 감정 활동에서 호감과 반감은 바깥으로 드러납니다.

22   그렇다면 감정의 신체적인 발현은 어떤 모습일까요? 혈관과 신경줄기가 어떤 식으로든 접촉한다는 사실은 인간의 몸 곳곳에서 발견됩니다. 그리고 혈관이 신경줄기와 접촉하는 곳이면 어디서든 실제로 감정이 일어납니다. 다만 감각의 경우, 그 안에는 신경만이 아니라 혈액도 너무나 섬세하게 조직되어 있어서, 우리는 그 감정을 감지하지 못합니다. 우리의 모든 시각과 청각 경험 안에는 미세한 감정이 들어 있지만, 우리는 그것을 감지하지 못합니다. 감각기관이 몸의 다른 부분으로부터 확실한 경계를 통해서 차단되어 있으면, 그만큼 우리는

그것을 덜 감지합니다. 시각, 즉 눈의 활동에서 우리는 감정적인 호감 작용과 반감 작용을 거의 감지하지 못하는데, 이는 눈이 안와(눈구멍) 속에 자리 잡고 있어서 유기체의 다른 부분들과는 거의 완전하게 분리되어 있기 때문입니다. 그리고 안구 안으로 뻗은 신경과 혈관은 매우 섬세합니다. 이로 인해 감정적인 것은 눈 안에서 심하게 억제되어 있습니다. 이에 비해서 청각에서는 감정적인 것이 덜 억제됩니다. 청각 활동은 시각 활동에 비해 유기체의 전체 활동과 더 유기적으로 연결되어 있습니다. 눈에 속하는 기관들과는 종류가 완전히 다른 많은 기관이 귀 안에 들어 있어서, 귀는 여러 가지 면에서 인간 유기체 전체에서 벌어지는 일을 충실하게 모사하고 있습니다. 따라서 귀 안에서 일어나는 감각 활동에는 감정 활동이 강하게 동반됩니다. 이 때문에 자신이 듣는 것을 잘 이해할 능력이 있는 사람조차도 청취 내용, 특히 예술적인 청취 내용 가운데 어떤 것이 단순한 인식이고 어떤 것이 감정인지 구분하기가 어렵습니다. 직접적인 예술 작업에까지 영향을 미친 근대의 어느 흥미로운 현상도 이로 인한 것입니다.

23   여러분은 모두 리하르트 바그너*의 "뉘른베르크의 명가수"에 나오는 베크메서Beckmesser라는 인물을 아실 것입니다.[72] 베크메서라

---

[72] 루돌프 슈타이너는 리하르트 바그너Richard Wagner(1813-1883)의 음악이 정신세계에 대한 인지학적 통찰을 미리 보여 주었다고 말할 정도로 이 작곡가와 내적 정체성을 공유하고 있었다. 이를 잘 보여 주는 것이 슈타이너가 1905년 4월부터 1907년 12월까지 베를린, 쾰른, 뉘른베르크 등지에서 행한 이른바 "바그너 강연"(《고대 신화의 비의적 진실들》, GA 92에 수록됨)이다.

는 극중 인물은 과연 어떤 인간을 연기하는 것일까요? 그는 음악적으로 이해하면서도 인간 전체의 감정적 요소가 어떻게 청각 활동의 인식적인 요소 안으로 작용하는지 완전히 잊어버린 사람을 연기하도록 되어 있습니다. 자신의 해석을 극 중의 발터Walther로 하여금 표현하도록 하는 바그너는 음악 안에는 주로 감정적인 것이 생생히 살아 있어야 한다는 생각에 완전히 빠져 있었습니다. 이런 잘못된 이해, 그러니까 발터와 베크메서 양쪽의 잘못된 이해, 즉 음악을 들을 때는 감정적인 것과 인식적인 것이 함께 작용한다는 올바른 이해에 배치되는 그 둘의 이해는 바그너 예술이 등장하면서, 즉 그의 음악이 유명해지면서, 비엔나 출신의 에두아르트 한슬리크[73]라는 적대적인 사람의 등장으로 확인되었습니다.* 한슬리크는 바그너 예술에서 감정의 영역 안에 흐르고 있는 모든 것이 비음악적이라고 생각했습니다. 음악 분야에서는 한슬리크가 쓴 《음악적 아름다움에 대하여》처럼 심리학적으로 흥미로운 저술이 많지 않을 것입니다. 이 책에서 저자는 무엇보다 음악 안에 있는 모든 감정적인 것을 끌어 내려는 사람은 진정한 음악가가 아니며 진정한 음악적 감각을 지닌 사람이 아니라고 주장합니다. 음과 음의 객관적인 연결에서, 즉 감정적인 것을 배제하고 음과 음의 조합만으로 이루어지는 아라베스크 음악[74]에서 음악적인 것에 담긴 본래의 신경을 보는 사람만이 진정한 음악가라는 것입니다. 《음악

---

73) 에두아르트 한슬리크Eduard Hanslick(1825~1904)는 체코 프라하에서 태어나 오스트리아에서 음대 교수로 활동한 음악평론가, 미학자이다. 오페라라는 복합적인 장르의 음악적 가치를 평가절하한다는 원칙에 따라 바그너에 대해서는 비판적이면서 브람스를 지지했다.
74) 악상을 화려한 장식음으로 펼치는 음악.

적 아름다움에 대하여》에서 한슬리크는 최상의 음악은 음상 안에만, 음의 아라베스크적 배열 안에만 있을 수 있다는 주장을 놀라울 정도로 순수하게 내세웠습니다. 동시에 그는 바그너 음악 세계의 신경을 이루는 감정적 요소로 이루어진 음악 예술의 창조 행위에 대해 통렬한 비판을 퍼부었습니다. 한슬리크와 바그너 사이의 이런 논쟁이 음악의 영역에 등장할 수 있었다는 것 자체가 이미 심리적으로 보아 현대에는 영혼의 활동에 대한 관념이 전체적으로 알려진 것이 없음을 증명합니다. 그렇지 않았다면 한슬리크에게서 나타난 것과 같은 편파적인 경향이 전혀 일어나지 않았을 것입니다. 그런데 이 편파적인 경향을 통찰하는 가운데 한슬리크의 강렬한 철학적 주장을 잘 살펴보면, 우리는 그의 작은 저서 《음악적 아름다움에 대하여》에 정신적으로 매우 풍부한 내용이 담겨 있다고 말하게 될 것입니다.

24   여기에서 여러분이 알 수 있는 것은, 우선은 감정의 존재로 살아가는 인간 전체에서 인식이 감각에 따라 정도의 차이는 있지만 각 감각의 주변부로 뚫고 들어간다는 사실입니다.

25   이런 사실을 통해 여러분은 오늘날 과학적인 사고를 황폐하게 하는 것에 주목하게 되어 교육적인 통찰을 얻게 될 것이며, 또 그래야만 합니다. 무엇이 여러분을 개혁적인 활동으로 이끌어 가야 할 것인지에 대해 이 자리에서 논의하며 준비하지 않았다면, 여러분이 교육 활동에서 실천하려고 하는 것을 기존의 교육학, 심리학, 논리학에서, 현재 교육 현장의 관행에서 이끌어 내어 짜 맞추어야 할 것입니

다. 그렇게 되면 여러분은 저 바깥에서 일상적으로 실행되고 있는 것을 교육 활동 안으로 끌어들일 수밖에 없습니다. 그런데 오늘날 세간에 통용되는 것들은 애초부터 심리학과 관련된 거대한 폐단에 시달리고 있습니다. 어느 심리학에서든 여러분이 가장 먼저 접하는 것이 소위 감각론입니다. 사람들은 감각 활동의 바탕이 무엇인지 연구하여 눈의 감각 활동, 귀의 감각 활동, 코의 감각 활동 등이 어떻다는 식으로 확인합니다. 이 모든 것을 "감각 활동"이라고 추상화하는 것입니다. 이는 커다란 실수이며 심각한 오류입니다. 이유는 이렇습니다. 오늘날 생리학자들이나 심리학자들이 알고 있는 감각에서 우선 신체적인 감각만 해도 여러분은 눈의 감각이 원천적으로 귀의 감각과는 완전히 다르다는 사실을 관찰하게 될 것입니다. 눈과 귀는 본질적으로 완전히 다른 기관입니다. 다음으로 촉감각이 있는데, 이것도 아직 눈과 귀 정도밖에 연구되지 않았습니다! 일단 눈과 귀의 감각 활동 이야기를 이어가 보겠습니다. 이 둘은 완전히 다른 감각 활동이어서, 시각 활동과 청각 활동을 하나의 "일반적인 감각 활동"으로 뭉뚱그리는 것은 이도 저도 아닌 이론입니다. 제대로 연구하려면 구체적으로 통찰력을 발휘하여 먼저 눈의 작동, 귀의 작동, 후각기관의 작동 등에 대해서 언급해야 합니다. 그렇게 해서 그것들이 서로 아주 다르다는 것을 알게 될 것이고, 그러면 오늘날의 심리학이 다루는 일반적인 감각생리학을 내세우고 싶지 않게 될 것입니다.

26 우리가 인간의 영혼을 제대로 통찰하게 되려면《진리와 학문》뿐 아니라《자유의 철학》에서 제가 한계를 지으려고 시도했던 영

역 안에 머물러야 합니다.* 그러면 우리는 추상화하지 않고도 일원적인 영혼[75])에 대해서 이야기할 수 있습니다. 그 영역에서 우리가 확실한 바탕 위에 서게 되기 때문입니다. 그 영역에서 우리는 인간이 세계 안으로 완전히 들어오지만 세상의 모든 실재를 갖지는 않는다고 전제합니다. 여러분은 이런 내용을 《진리와 학문》, 《자유의 철학》에서 확인할 수 있습니다. 인간은 처음에는 실재 전체를 가지고 있지 않습니다. 인간은 시간이 지나면서 발달하게 되고, 이렇게 발달하면서 이전에는 실재가 아니었던 것이 사고와 직관이 융합하는 가운데 진정한 실재가 됩니다. 이제 비로소 인간은 실재를 정복합니다. 모든 분야에 파고 들어간 칸트주의는 이 부분에서 가장 심대한 파괴를 저질렀습니다.[76]) 그렇다면 칸트주의는 무슨 짓을 하고 있을까요? 칸트주의는 그

---

75) "일원적인 영혼"die einheitliche Seele의 "일원적"이란 사고, 감정, 의지 작용의 주체인 영혼을 가리킨다. "총체적인" 또는 "통합적인"으로 새겨도 좋을 것이다.

76) 임마누엘 칸트의 "실재론"에 대한 루돌프 슈타이너의 비판은 당시 유럽 정신사의 주류와 슈타이너의 인지학적 세계관이 인식론에서 어떻게 근본적으로 부딪히는지를 극명하게 보여 주므로 인지학의 인식론을 이해하는 데 대단히 중요하다. 칸트 이전의 유럽 철학에서는 사람들이 공통적으로 경험할 수 있다면 그렇게 현실에 존재하는 모든 대상, 즉 실재는 우리의 인식 여부와는 상관없이 존재한다고 생각하는 객체(객관, 대상) 중심의 경험론적, 유물론적 실재론이 주류였다. 결국 사물에서 경험하는 성질들을 종합적으로 판단하면 그 실재의 내용을 인식할 수 있다는 것이다. 그러나 칸트는 우리가 경험하는 대상은 "물 자체"(Ding an sich), 즉 사물 자체에 대해 우리 감각이 인식하는 왜곡된 현상에 불과하고, 실재란 경험에 앞선 지성의 판단에 의해 "있는 것으로 여겨지는 것"이라는 주체 중심의 합리주의적 실재론을 내세웠다. 슈타이너에게 실재란 사람들이 그 외적인 성질들-크기, 움직임, 물성 등-만 공통적으로 경험으로 확인한다고 완전히 정복되는 것도 아니고, 사람들이 지각하는 현상과는 별개인 물 자체로 존재하는 것도 아니다. 실재는 인간이라는 주체의 판단(인식)에 상관없이 존재하며, 동시에 인간에게는 그 존재를 직접 확인할 지적인 능력(직관)이 있다는 것이다. 그러니 슈타이너에게 우주, 자연, 인간은 그것들을 관통하는 초자연적인 요소를 포함해서 전체가 실재이며, 따라서 그런 실재를 통찰하는 것이 진정한 인식이라고 주장할 수 있게 된 것이다.

시작부터가 독단적이어서, 우리를 둘러싼 세계는 우리가 관찰할 대상이며, 이 세계는 우리 안에서 거울상으로만 존재한다고 주장합니다. 그로부터 칸트주의는 모든 것을 연역해 냅니다. 칸트는 인간이 지각한 주변 세계 안에 무엇이 있는지 분명히 알고 있지 않습니다.* 왜냐하면 실재란 우리 주변에 있지 않고, 현상 안에도 있지 않으며, 실재는 우리가 이 실재를 정복할 때 점차로 등장하는 것으로, 마지막에 우리에게 다가오는 것이 비로소 실재이기 때문입니다. 인간이 더 이상 입을 열 수 없게 되는 순간, 즉 죽음의 문턱을 넘어서는 순간에 비로소 간파하는 것이 근원적으로 보아 진정한 실재일 것입니다.

27   너무나 많은 오류가 근대의 정신 문화 안으로 흘러들었고, 이런 사실이 교육 분야에서 너무나도 통절하게 작용하고 있습니다. 따라서 우리는 잘못된 개념들을 올바른 것들로 대체하도록 노력해야 합니다. 그래야만 수업에서 해야 할 것을 올바른 방식으로 실행하게 됩니다.

제6강

19191년, 8월 27일, 슈투트가르트

1   지금까지 우리는 아이들을 교육하는 데 반드시 필요하다는 데 한정해서 영혼적인 관점에서 인간을 파악하려 해 보았습니다. 이제 우리는 세 가지 관점, 즉 정신적인 관점, 영혼적인 관점, 신체적인 관점을 각각 구분할 것이고, 완성된 인류학에 도달하기 위해 이 세 가지 관점에서 인간을 관찰할 것입니다. 먼저 영혼의 관점에서 관찰하는 것이 타당합니다. 일상적인 삶을 사는 인간에게는 영혼적인 것이 가장 가까이 있으니 말입니다. 그리고 우리가 인간을 파악할 때 반감과 호감을 주된 개념으로 사용함으로써 영혼적인 것을 파악의 목표로 두고 있었음을 느끼셨을 것입니다. 그런데 우리가 영혼적인 것에서 바로 신체적인 것으로 넘어간다면, 이는 적절하지 않은 사실로 드러날 것입니다. 정신과학적인 관찰로부터 우리가 알게 된 것은 신체적인 것이 정신의 발현, 그리고 영혼적인 것의 발현임을 이해해야 그 신체적인 것을 파악할 수 있다는 사실입니다. 따라서 우리는 전에 이미 개괄적으로 묘사한 바 있는 영혼 관찰에 이어 정신적인 관점에서의 인간에 대한 관찰을 추가하고, 그런 다음 오늘날의 소위 인류학에, 즉 외적 물질세계에 드러나는 인간 본질에 대한 관찰에 좀 더 다가가 볼 것입니다.

2   어느 한 관점에서 인간을 목적에 맞게 관찰하려면 여러분은 언제나 사고할 때 이루어지는 인식, 감정, 의지 등 세 가지로 구성되는 영혼 활동으로 되돌아가야 합니다. 지금까지 우리는 사고 또는 인식, 감정, 의지를 반감과 호감이라는 요소에 연관시켰습니다. 그러니 이제는 한번 정신의 관점에서 의지, 감정, 인식을 들여다보려 합니다.

3   정신적인 관점에서도 여러분은 의지, 감정, 사고하는 인식[77] 사이의 차이점을 발견할 것입니다. 다음과 같은 것을 생각해 보십시오. 무엇인가를 파악하는 데는 상을 동원하는 것이 개념을 얻기에 도움이 되니 우선 이렇게 표현해 보겠습니다만, 생각하면서 인식할 때 여러분은 거의 빛 안에 있다고 느낍니다. 여러분은 자아와 함께 그 인식하는 활동 안에 완전히 들어가 있음을 알고 느낍니다. 여러분이 인식이라고 부르는 이 활동의 거의 모든 부분, 거의 모든 구성 요소는 여러분의 자아가 행하는 모든 것 안에 들어 있습니다. 다시 말하면, 여러분의 자아가 하는 것은 인식하는 활동 안에 있습니다. 개념적으로 표현하면, 여러분은 완전히 빛 안에 있고, 완전히 의식하는 가운데 활동하고 있습니다. 인식할 때 여러분이 그 활동을 완전히 의식하고 있지 않다면, 그것은 심각한 상태일 것입니다. 여러분이 어떤 판단을 내리는 동안 잠재의식 안에서 여러분의 자아에 무엇인가가 일어나는 느낌이 들고, 그런 과정의 결과가 바로 여러분이 내린 판단이라고 느낄 수

---

77) 사고하는 인식denkendes Erkennen은 인식하는 활동이 사고를 통해 이루어진다는 의미로 쓰였다. "생각하는 인식"으로 옮길 수도 있다.

밖에 없다고 생각해 보십시오! 예를 들어 여러분이 "이 사람은 좋은 사람이다" 하고 말한다고, 즉 어떤 판단을 내린다고 생각해 보십시오. 이때 이런 판단을 내리는 데 필요한 것, 말하자면 "이 사람"이라는 주어, "좋은 사람이다"라는 술어가 여러분에게 확실한 구성 요소, 의식의 빛으로 완전히 밝힌 과정의 구성 요소임을 여러분이 완전히 의식하는 상태여야 합니다. 여러분이 판단을 내리는 동안 어떤 악마나 자연의 작동에 의해 "이 사람"과 "좋은 사람"이 뒤섞여버린다고 가정할 수밖에 없다면, 여러분은 완전히 의식하는 상태로 이 인식하는 사고 행위 안에 있지 않을 것이고, 결국 판단의 어떤 부분에서는 무의식 상태일 것입니다. 사고하는 인식에서는 여러분이 완전한 의식으로 그 인식 활동 전반에 들어가 있다는 것이 바로 사고하는 인식 활동의 본질입니다.

4   의지das Wollen[78]의 경우는 그렇지 않습니다. 잘 아시다시피, 가장 단순한 의지 행위인 걷기를 실행하려 할 때 여러분은 사실 이 걷기라는 표상만 완전히 의식하고 있을 따름입니다. 여러분이 한쪽 다리를 다른 쪽 다리 앞으로 내밀어 한 발짝을 옮길 때, 근육 내부에서

---

[78] "das Wollen"은 이 책의 여러 곳을 비롯해서 많은 슈타이너 번역에서 "의지"라고 옮겨지지만, 슈타이너는 동사 "wollen"(원한다)에서 파생된 "der Wille"(의지)가 아니라 동사 자체를 명사화한 "das Wollen"이라는 표현을 하면서 언제나 "무엇을 하기 원한다"라는 내적 활동(상태), 즉 "원하기"만이 아니라 그 내적 활동에 의해 이루어지는 "행위"가 완전히 하나로 합쳐진 것을 가리킨다. 그러니 본능이나 감각적인 자극을 바탕으로 이루어지는 행동과 구별되는 "의지에 의한 행위"라는 뜻으로 새기면 될 것이다. 이 종류의 개념 번역에 관해서는 옮긴이의 말의 용어 설명 참조.

무슨 일이 일어나는지, 그 순간 여러분 몸 기관과 유기조직 안에서 무슨 일이 일어나는지 여러분은 알지 못합니다. 걷기라는 의지 행위를 하는 데 필요한 모든 장치를 하나하나 완전히 의식하며 움직여야 한다면, 여러분이 세상에서 배워야 할 것이 얼마나 될지 한번 생각해 보십시오! 그런 경우 여러분은 발걸음을 한 번 떼려고 할 때마다 다리 근육을 비롯해서 신체의 여러 근육에 영양소를 보내기 위해서 얼마나 많은 활동을 해야 하는지를 정확하게 알아야 할 것입니다. 여러분에게 공급되는 영양소에서 얼마만큼을 사용해야 할지를 여러분이 정확하게 가늠해 본 적이 없습니다. 여러분은 신체 안의 이 모든 것이 절대로 의식하지 못하는 상태에서 일어난다는 사실을 아주 잘 알고 있습니다. 우리가 무엇인가를 원할 때는 지극히 무의식적인 것이 지속적으로 우리 행위 안으로 개입합니다. 이런 일은 우리가 우리 자신의 유기체에서 의지의 본질을 관찰할 때만 일어나는 것이 아닙니다. 우리의 의지를 외적 세계로 이끌어 내려 할 때 우리가 실행하는 것도 결코 우리 의식의 빛 안으로 완벽하게 들어오지 않습니다.

5   말뚝 두 개가 기둥처럼 세워져 있다고 가정해 봅시다. 여러분은 그 위에 세 번째 말뚝을 들보처럼 얹을 생각입니다. 이제 여러분은 그 모든 행동에서 완전히 의식적이면서 인식적인 행위로 이루어진 것, 그리고 "이 사람은 좋은 사람이다" 하고 판단할 때 여러분이 완전히 의식하는 가운데 한 행위 안에 있는 것을 구분해 보시기 바랍니다. 그 안에 인식하는 행위로 들어 있는 것, 그리고 이 두 기둥이 어떤 힘을 통해 그 위에 놓은 들보를 떠받치고 있는지 모르면서도 여러분 자

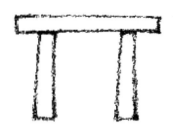

신의 완전한 의지로 해야만 했던 것을 구분해 보시기 바랍니다. 이 두 기둥이 특정한 힘을 통해 그 위에 놓인 들보를 떠받치고 있는 이유는 무엇일까요? 이에 관해서 물리학은 지금까지 오로지 여러 가설만 내놓고 있습니다. 그리고 사람들이 두 기둥이 그 위의 들보를 떠받치고 있는 이유를 안다고 생각한다면, 그들은 그렇게 공상하고 있을 따름입니다. 사람들이 말하는 응집력, 마찰력, 인력, 척력 등의 개념은 근본적으로는 외적인 지식을 위한 가설에 지나지 않습니다. 무엇을 실행할 때 우리는 이런 외적인 가설들을 바탕으로 합니다. 들보를 떠받쳐야 하는 두 말뚝이 무너지지 않으려면 특정한 두께를 가지고 있어야 한다는 식으로 말입니다. 하지만 우리가 걸음을 뗄 때 다리의 움직임을 완전히 들여다보지 못하는 것처럼, 여기서도 우리는 관련된 과정 전체를 완전히 들여다보지 못합니다. 여기서도 이렇게 우리 의식 안까지 도달하지 못하는 요소가 우리의 의지 안으로 섞여 듭니다. 의지 안에는 무의식적인 것이 가장 폭넓게 들어 있다고 할 것입니다.

6   그리고 감정das Fühlen[79]은 의지와 생각하는 인식의 한가운데

---

79) 역주 80과 마찬가지로 동사를 그대로 명사화하여 쓰는 슈타이너의 어법을 이해하는 것

에 위치합니다. 감정에도 부분적으로는 의식이, 또 부분적으로는 무의식이 개입합니다. 이로 인해 감정은 인식적 사고의 특성이 일부분 있으며, 다른 한편으로 느낀 또는 느껴진 의지라는 특성도 일부분 있습니다. 그렇다면 정신적인 관점에서 볼 때 여기에 실제로 어떤 것이 들어 있을까요?

7   앞에서 그 특성을 확인한 사실들을 정신의 관점에서 다음의 방식으로 파악해야 합니다. 일상에서 우리는 깨어 있음, 즉 깨어 있는 의식 상태라는 말을 합니다. 하지만 이 깨어 있는 의식 상태는 인식적 사고를 할 때만 있습니다. 따라서 여러분이 인간이 어느 정도로 깨어 있는지 정확하게 이야기하기를 원한다면, "무엇인가에 대해 사고하여 인식하는 동안에만, 그리고 그렇게 인식하는 한, 인간은 진정으로 깨어 있다" 하고 말해야 합니다.

8   그렇다면 의지는 어떤 상태입니까? 여러분은 모두 수면 중의 의식 상태 — 무의식 상태라고 해도 좋습니다만 — 가 어떤지 알고 계십니다. 아시다시피 잠자는 동안, 즉 잠이 든 뒤 깨어날 때까지 우리

은 그의 의도를 이해하는 데 중요하다. 우리가 단순히 내면적인 상태라고 생각하는 것들이 사실은 복잡한 유기적 과정을 통해 이루어지는 내면의, 영혼의 활동이라는 것이 그의 생각이기 때문이다. 독일어 "das Fühlen"이 "감각하다, 느끼다"라는 동사 "fühlen"을 명사화한 것임은 "의지"의 경우와 같지만, 의지처럼 특정한 외적 행동과 동일시할 수 있는 것은 아니므로 "느끼는 활동" 정도로 이해하는 것이 원래의 뜻에 가깝다. 여기서 파생된 또 하나의 명사 감정das Gefühl은 감각한 내용의 집합, 그로 인해 생긴 내적 상태를 가리키는 말인데, "감정, 감각, 정서, 감성" 등으로 무난히 옮길 수 있을 것이다.

가 체험하는 것은 우리 의식 안에 있지 않습니다. 우리의 의식 행위에 개입하는 무의식적인 모든 것도 마찬가지입니다. 의지적인 존재인 한 우리는 깨어 있는 동안에도 잠을 잡니다. 우리 안에는 언제나 잠자는 인간, 즉 의지적인 인간이 들어 있고, 이를 동반하는 깨어 있는 인간, 즉 사고를 통해 인식하는 인간이 들어 있습니다. 의지적 인간인 한 우리는 깨어나서 잠들 때까지 잠자는 상태입니다. 우리 안에서는 언제나 무엇인가가 잠자고 있는데, 그것은 바로 의지의 내적 본성입니다. 이 본성에 대한 우리의 의식 수준은 수면 중에 우리 안에서 일어나는 과정을 의식하는 정도에 지나지 않습니다. 의지적 존재인 인간에게서는 잠자는 상태가 깨어 있는 상태 안으로 들어와 관여한다는 사실을 모른다면, 우리는 인간을 완전히 인식하지 못합니다.

9   감정은 그 중간에 위치하고 있고, 그래서 이제 우리는 감정에서 의식이 어떤 상태인지 묻게 됩니다. 감정은 깨어 있는 상태와 잠자는 상태 사이에 있습니다. 여러분이 자신의 영혼 안에 있는 감정을 아는 것은 꿈을 아는 것과 같은데, 다만 꿈은 기억하고 감정은 직접 체험할 따름입니다. 그런데 자신의 감정을 알 때 여러분 영혼의 내적인 상태와 분위기는 여러분이 꿈에 대해 알 때의 내적인 상태나 분위기와 다르지 않습니다. 깨어 있는 상태에서 여러분은 사고를 통해 인식함으로써 깨어 있는 인간일 뿐 아니라 의지 행위를 함으로써 잠자는 인간이며, 느끼는 동안 여러분은 꿈꾸는 인간입니다. 결국 깨어 있을 때 우리에게는 세 가지 의식 상태가 우리 안으로 쏟아져 들어옵니다. 즉, 사고를 통해 인식할 때의 근본적인 의미의 깨어 있기, 감정 활동을 할

때의 꿈꾸기, 의지 활동을 할 때의 잠자기가 그것입니다. 정신적인 관점에서 보면, 일상적으로 경험하는 꿈 없는 수면은 낮 동안의 일상생활에서 의지 행위와 함께 몰입하는 대상에 대해 인간이 영혼의 모든 본질을 동원하여 몰입하는 것과 다르지 않습니다.* 잠을 잘 때는 우리 영혼의 전체 본질과 함께 잠자고, 깨어 있을 때는 우리의 의지 행위와 함께 잠잔다는 차이가 있을 따름입니다. 일상적으로 꿈이라고 일컫는 것은 우리의 인간 전체가 영혼의 상태에 몰입하는 것이며, 깨어 있는 상태에서 우리는 다만 느끼는 인간으로서 이 꿈꾸는 영혼 상태에 몰입합니다.

10   교육적으로 볼 때 이제 여러분은 의식이 깨어 있는 상태라는 면에서 아이들마다 서로 다르다는 사실을 알게 되어도 놀라지 않으실 것입니다. 왜냐하면, 성향상 감정 활동이 우세한 아이들은 몽상적이고, 그래서 어린 시절에 사고가 완전히 깨어나지 않은 아이들은 몽상적인 것에 쉽게 몰입한다는 것을 알게 되기 때문입니다. 이를 바탕으로 여러분은 그런 아이에게는 강한 감정을 통해서 영향을 미치려 할 것입니다. 그러면서 강한 감정이 그런 아이에게서 밝은 인식도 깨울 것이라고 기대할 것입니다. 생활 리듬에 따라 모든 잠은 얼마간 시간이 지나면 깨어나는 경향이 있기 때문입니다. 그래서 우리가 몽상적으로 감정 활동을 내면에 품고 있는 아이에게 강한 감정으로 접근하면, 아이에게 주어지는 이 강한 감정은 얼마 후에 그 자체가 사고가 되어 깨어납니다.

11   감정 활동을 더 심하게 내면에 가두고 있어서 감정 활동에 대해 둔감하기까지 한 아이들은 특히 의지에 강하게 경도된 성향을 가진 것처럼 보일 것입니다. 이 점을 고려하면 여러분은 아이들의 삶에서 많은 수수께끼를 알아차릴 수 있습니다. 여러분은 정말 둔감한 모습을 보이는 아이를 학교에 받아들이는 경우도 있을 것입니다. 이때 여러분이 "이 아이는 생각이 모자라고 둔감하군" 하고 바로 판단해 버리고는 실험심리학적 방법으로 아이를 조사하고 알량한 기억력 검사를 하는 등, 오늘날 이미 심리학적 교육학을 다루는 연구실에서 하는 갖가지 검사를 한 뒤, 이 아이는 정신적인 발달이 더디므로 정신지체아 학교나 요즘 사람들이 선호하는 지진아 학교에 가야 할 것이라고 말한다면, 여러분의 그런 판단으로는 그 아이의 본질에 다가갈 수 없을 것입니다. 그 아이는 의지가 강한 성향일 수도 있고, 나이가 들어서는 자신의 담즙질적인 기질을 바탕으로 적극적으로 일을 실행해 내는 사람이 될 수도 있습니다. 그런데 우선은 의지가 잠자고 있는 것입니다. 그리고 이런 아이에게서 사고하는 인식이 나중에야 등장할 것이라고 판단했다면, 훗날 적극적인 활동가의 성향이 발현하도록 적절한 방식으로 아이를 대해야 할 것입니다. 처음에는 정말 둔감한 아이로 보이는 아이일지라도, 사실은 전혀 그렇지 않을 수 있습니다. 그러니 우리는 그런 아이들에게서 의지를 깨우는 안목을 가져야 합니다. 다시 말하면, 어떤 잠이라도 깨어나려는 경향이 있으므로 그 아이의 깨어 있는 수면 상태 안에 영향을 미쳐서 아이의 의지가 점점 깨어나도록 해야 하고, 아마도 매우 강할 테지만 지금은 잠들어 있는 탓에 잠자는 본성에 묻혀 있는 의지로서의 잠이 훗날 나이가 더 들었을 때 깨

어나도록 해야 합니다. 이런 아이를 다룰 때는 아이의 인식 능력과 이해력 수준을 바탕으로 그것들을 키우려는 노력은 최소화하고, 그 대신 아이로 하여금 말을 하는 동시에 걷도록 하는 등, 그 아이의 의지에 매우 강하게 작용하는 몇 가지 활동을 두드려 넣듯 가르쳐야 합니다. 여러분의 학급에 많지는 않을 그런 아이들은 따로 분리해서 문장을 말하게 하면서 각 단어에 동작을 병행하도록 시킵니다. 이렇게 하면 다른 아이들에게는 자극이 되고, 당사자에게는 능력을 키우는 효과가 있습니다. "그(한 걸음) - 사람은(한 걸음) - 착하다!(한 걸음)"라는 식으로 하는 것입니다. 이렇게 하면, 여러분은 의지라는 요소 안에 있는 인간 전체를 인식 행위 안에 있는 오로지 지적인 것과 연결하여 점차로 아이에게서 의지가 사고로 깨어나도록 돕게 됩니다. 깨어 있는 인간의 여러 의식 상태, 즉 깨어 있고, 꿈꾸고, 잠자는 의식 상태를 대상으로 할 일이 있다는 통찰이 있어야, 비로소 우리는 성장하는 인간에 대한 우리의 과제를 제대로 인식하게 됩니다.

12   그런데 여기서 이런 질문을 할 수 있겠습니다. 이런 여러 상태에 대해서 인간의 근본적인 중심인 자아das Ich는 어떤 관계에 있을까, 하는 질문 말입니다. 우선 우리가 세계라고, 우주라고 부르는 것은 활동의 총합이라는 부정할 수 없는 사실을 전제한다면, 여러분은 이 문제에 가장 손쉽게 답할 수 있습니다. 우리에게 이 활동은 기초적인 삶의 다양한 영역에서 나타납니다. 기초적인 삶을 지배하는 힘들이 있다는 것을 우리는 압니다. 예를 들어, 우리를 둘러싼 생명력이 있습니다. 그리고 갖가지 기초적인 힘과 생명력 사이에는 온기나 불 등을

일으키는 모든 것이 촘촘히 조직되어 있습니다. 우리가 불로 인해 수많은 일이 일어나는 환경에 살고 있다는 것만 생각해 봐도 그렇지 않습니까.

13 이 지구의 어떤 지역, 예를 들어 남부 이탈리아 같은 곳에서는 종이 뭉치에 불을 붙이기만 해도 즉시 땅에서 많은 연기가 올라옵니다.* 어째서 그럴까요? 그것은 여러분이 종이 뭉치에 불을 붙이는 바람에 생기는 열이 바로 그 자리의 공기를 희박하게 하고, 그 때문에 보통 때는 지면 아래에서 작용하던 힘이 상승하는 연기를 타고 위로 올라옵니다. 그래서 종이 뭉치에 불을 붙여 땅에 던지자마자 여러분은 연기에 휩싸이게 됩니다. 나폴리 지역을 여행하는 사람이라면 누구나 같은 실험을 해 볼 수 있습니다. 제가 이런 예를 든 것은, 세계를 피상적으로 관찰하지 않는다면 우리는 "인간은 힘들로 가득 찬 환경에서 살고 있다" 하고 말하게 된다는 것을 보여 주기 위해서입니다.

14 그런데 열보다 상위에 있는 힘들도 있습니다. 그것들은 우리 주변에도 있습니다. 물질로 된 인간으로 세상을 다닐 때 우리는 언제나 그 힘들 속을 지나갑니다. 물론 일상적으로는 인식하지 못하지만, 사실 우리의 물질체는 우리가 그 힘들을 견디도록 만들어져 있습니다. 그래서 우리는 물질체를 가지고 이 세상 속을 다닐 수 있습니다.

15 우리 인간의 진화에서 가장 나중에 형성된 자아가 그 힘들 안으로 직접 들어가야 한다면, 우리는 그런 자아와 함께 세계의 힘들 속

을 걸을 수 없을 것입니다. 이 자아는 자기 주변에 있는 동시에 자신이 들어 있는 것 안으로는 들어갈 수 없을 것입니다. 이제 이 자아가 세계의 힘들 안으로 빠져들어가지 않도록 지켜야 합니다. 언젠가는 자아가 더욱 발달하여 세계의 힘 안으로 들어갈 것입니다. 하지만 아직은 때가 되지 않았습니다. 그러므로 완전히 깨어 있는 자아를 위해 우리는 우리 주변의 현실 세계가 아니라 세계의 상 안으로 옮겨져야 합니다. 따라서 사고하는 인식에서 우리는 영혼의 관점에서 이미 언급한 것처럼 세계의 상들만 얻습니다.

16   이제 이를 정신의 관점에서도 관찰해 봅시다. 사고하면서 인식할 때 우리는 상들 안에서 움직입니다. 또한 현재의 발달 단계에서 출생과 죽음 사이를 사는 우리 인간은 완전히 깨어 있는 자아와 함께 오로지 우주의 상들 안에서 살 수 있을 뿐, 아직 진정한 우주 안에서 살지 못합니다. 따라서 우리가 깨어나면, 우리 몸은 먼저 우주의 상들을 우리에게 내보여야 합니다. 그런 다음에야 우리의 자아가 이 우주의 상들 안에서 살게 됩니다.

17   심리학자들은 신체와 영혼의 관계를 알아내기 위해 엄청난 노력을 기울였습니다. 그들은 신체와 영혼의 상호 작용을 이야기하고, 심신병행론을 비롯해서 여러 가지를 이야기합니다. 이 모든 것은 근본적으로 보면 유치한 개념에 불과합니다. 신체와 영혼 사이에서는 다음과 같은 과정이 일어나기 때문입니다. 자아가 아침에 깨어 있는 상태로 옮겨가면, 이 자아는 신체 안으로 파고듭니다. 하지만 이때 신

체의 물질적 과정 안으로 들어가는 것이 아니라, 물질적 과정이 자신의 가장 깊은 내면에까지 만들어 내는 상의 세계 안으로 들어갑니다. 이를 통해 사고를 통한 인식이 자아에게 전달됩니다.

18   감정은 이와 다릅니다. 여기서는 자아가 상 안으로 들어가는 것이 아니라 실제의 신체 안으로 들어갑니다. 그런데 이렇게 신체 안으로 들어가는 것을 완전히 의식한다면, 저의 표현을 영혼적으로 새기시기 바랍니다만, 자아는 그야말로 영혼적으로 불타버리고 말 것입니다. 사고에서 여러분에게 일어나는 일이 감정에서도 똑같이 일어난다면, 즉 여러분이 신체가 만들어 주는 상들 안으로 자아와 함께 들어가는 사고에서 일어나는 일이 감정에서도 일어난다면, 여러분은 영혼적으로 불타버리고 말 것입니다. 그런 상태를 여러분은 견뎌낼 수 없을 것입니다. 감정을 의미하는 이런 뚫고 들어감을 여러분은 오로지 꿈꾸는 상태, 즉 약화된 의식 상태에서만 체험할 수 있습니다. 여러분은 감정이 이루어지는 과정에서 신체 안에서 일어나는 것을 오로지 꿈 속에서만 견딜 수 있습니다.

19   그리고 의지에서 일어나는 것은 여러분이 잠잘 때에만 체험할 수 있습니다. 의지와 함께 일어나는 모든 것을 일상적인 삶에서 체험해야 한다면, 그건 정말 끔찍한 일일 것입니다. 제가 이미 암시한 것처럼, 예를 들어 여러분이 걸을 때 음식물을 통해 유기체 안으로 들어간 힘들이 어떻게 그 걷는 행동에 사용되는지를 생생하게 체험한다면, 여러분은 엄청나게 큰 고통을 겪을 것입니다. 여러분이 그런 것을

체험하지 못하거나 잠자는 상태에서만 체험하는 것은 여러분에게 다행한 일입니다. 깨어 있는 상태에서 그것을 체험한다는 것은 상상할 수 없이 큰 고통, 끔찍한 고통일 것이기 때문입니다.* 심지어 이렇게 말할 수도 있겠습니다. 깨어 있는 상태에서 의지 행위에 도달할 수 있다면, 우리는 의지에서 수면 상태에 의해 마비되어 잠복해 있는 고통을 직접 의식하게 될 것이라고 말입니다.

20   그러니 이제 여러분은 일상적으로는 완전히 깨어 있음, 꿈꾸듯 깨어 있음, 잠을 자듯 깨어 있음 등을 포괄하여 깨어 있는 상태라고 부르는 자아의 활동에 대한 저의 설명, 즉 일상적인 깨어 있는 상태에서 신체 안에 있는 자아가 현실에서 경험하는 것에 대한 설명을 이해하실 것입니다. 이 자아는 신체 안으로 깨어나면서 생각하는 인식 안에서 활동합니다. 이때 자아는 완전히 깨어 있는 상태입니다. 하지만 신체 안에서 자아는 오로지 상 안에서만 살고 있어서, 제가 《어떻게 고차적 세계를 인식할 것인가?》*에서 언급한 것과 같은 수련을 하지 않는다면 인간은 출생에서 죽음에 이르는 평생 동안 계속 생각하는 인식으로 얻어지는 상 안에서만 살게 될 것입니다.

21   또한 자아는 깨어나면서 감정을 일으키는 과정 안으로 잠겨 들어갑니다. 감정 활동에서 우리는 완전히 깨어 있는 것이 아니라 꿈꾸면서 깨어 있을 따름입니다. 그렇다면 우리는 꿈꾸면서 깨어 있는 상태로 느끼는 것을 실제로 어떻게 체험할까요? 우리는 사람들이 보통 말하는 영감, 우리에게 불어넣어진 표상, 의식하지 못하는 상태에

서 불어넣어진 표상에서 그것을 실제로 체험합니다. 그것이 예술가에게서 감정으로부터 깨어 있는 의식 안으로 올라오는 모든 것의 발생지입니다. 감정에서 의식 안으로 올라오는 모든 것은 먼저 거기에서 만들어집니다. 깨어 있는 인간에게서 종종 깨어 있는 의식 안으로 올라와 상으로 변하는 모든 것도 거기에서 체험됩니다.

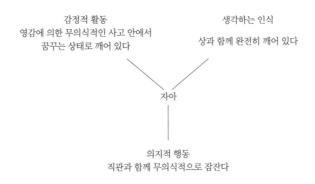

제가 《어떻게 고차적 세계를 인식할 것인가?》에서 영감이라고 부르는 것은 다름 아니라 모든 인간의 드러나지 않는 감정 활동의 저변에서, 영감으로 들어 있어 의식되지 않는 것에 대한 체험이 완전한 의식 안으로 명료하게 떠오른 것입니다. 그래서 특별히 소질이 있는 사람들이 자신의 영감에 대해 말할 때, 그들은 세계가 그들의 감정 활동 안에 넣어 주어 소질로 인해 완전히 의식하게 된 것을 이야기하는 것입니다. 사고의 내용이 세계의 내용인 것과 마찬가지로, 그것도[80] 세계의 내용입니다. 그러나 출생에서 죽음 사이의 삶에서는 이 무의식적인

---

80) 같은 문장의 "소질로 인해 완전히 의식하게 된 것도".

161

영감이 우리가 꿈꾸는 상태에서만 체험할 수 있는 세계 과정을 되비쳐 줍니다. 그렇지 않으면 우리의 자아는 그 과정 중에 불타버리거나 글자 그대로 질식하고 말 것입니다. 비정상적 상태인 사람에게서는 종종 그런 질식이 일어납니다. 여러분이 가위눌리는 경우를 생각해 보십시오. 여러분과 외부 공기 사이에는 어떤 상태가 이루어져 있는데, 그 둘 사이의 상호 작용에서 올바르지 못한 요소가 있으면 그 둘 사이의 상태는 비정상적인 방식으로 뭔가 다른 상태로 변하려 합니다. 그 상태가 여러분의 자기의식[81]으로 변하려 할 때 그것은 여러분에게 정상적인 표상이 아니라 여러분을 괴롭히는 표상으로 의식될 것입니다. 그것이 가위눌림입니다. 그리고 가위눌릴 때 호흡이 몹시 고통스러운 것처럼, 인간이 호흡이라는 것을 완전히 의식하는 가운데 체험한다면 호흡하는 내내 숨쉬기가 너무나도 고통스러울 것입니다. 모든 것을 의식한다면 호흡도 느끼면서 체험하겠지만, 인간에게는 몹시도 고통스러울 것입니다. 그런 이유로 호흡에 대한 의식은 억제되어, 하나의 물리적 과정이 아니라 꿈꾸는 상태의 감정 안에서만 됩니다.

22   마찬가지로 의지에서 일어나는 과정도 우리가 의식하면서 한다면 앞에서 언급했듯이 엄청나게 고통스러울 것입니다! 따라서 이제 세 번째 이야기, 즉 의지에 의한 행동을 할 때 자아는 잠자고 있다는

---

81) 이 자기의식Ich-Bewußtsein은 우리나라, 일본 등에서 "자아의식"으로 번역하는 경우가 있지만, 이 둘을 구별하지 않으면 슈타이너가 명료하게 구분해서 사용하는 본질적 "자아"(das Ich)와 심리적이며 일상적인 "자기의식"을 혼동하게 된다. 자기의식은 일상적인 의식으로 체험하는 현상적 자기에 대한 지각Selbstbewußtsein을 가리킨다.

이야기를 할 수 있겠습니다. 의지에 의한 행동을 할 때는 무의식적인 직관 안에서 강하게 억제된 의식 또는 잠자는 의식 상태로 체험된 것을 체험합니다. 인간은 무의식적인 직관을 지속적으로 얻지만, 그 직관은 자신의 의지 안에 머물러 있습니다. 자신의 의지 행위 안에 잠자고 있는 것입니다. 그런 이유로 의지 행위는 일상적인 삶에서는 직관을 불러오지 못합니다. 직관을 얻는 것은 우연히 일어나는 일입니다. 그렇게 직관이 올라오면, 인간은 아주 흐릿하게나마 정신적인 세계를 체험합니다.

23   그런데 인간의 일상적인 삶에는 뭔가 독특한 것이 있습니다. 사고를 통한 인식에서 온전히 깨어 있을 때의 완전한 의식을 우리는 알고 있습니다. 그럴 때 우리는 소위 명료한 의식 상태이며, 그것이 무엇인지 잘 압니다. 그런 상태에서 사람들은 세계에 대해 숙고하면서 종종 "우리에게 직관이 생겼다" 하고 말합니다. 그러면서 확실치 않게 느껴진 어떤 것을 그 직관에서 끌어냅니다. 이때 그들이 말하는 것은 매우 혼란스러운 것일 수도 있지만 무의식적으로 잘 정리된 것일 수도 있습니다. 특히 시인이 자신의 직관을 표현한다면, 그것은 시인 자신에게 가장 가까이 있는 근원, 즉 감정 활동으로 얻은 표상에서 끌어낸 어떤 것이 아니라 잠자는 의지의 영역에서 끌어낸 완전히 무의식적인 직관임이 분명합니다.

24   이런 사실들을 통찰하는 사람은 우연한 것으로 보이는 일상에서도 심오한 법칙성을 간파합니다. 예를 들어 괴테의 《파우스트》2

부를 읽으면 이 기묘한 문장들이 어떻게 그런 구조로 표현되었는지 제대로 알고 싶어집니다. 《파우스트》 2부를 쓸 때, 적어도 그 가운데 상당 부분을 쓸 때, 괴테는 이미 나이가 많았습니다. 그래서 괴테는 자신이 구술하는 것을 조수 욘John[82]이 책상에서 받아쓰게 했습니다. 만일 괴테가 직접 써야 했다면, 분명 《파우스트》 2부의 글귀들을 그렇게 기묘한 느낌이 나도록 쓰지는 않았을 것입니다. 조수에게 쓸 것을 불러 주는 동안, 괴테는 바이마르의 서재 안을 오락가락 걸었습니다. 그리고 이렇게 걷는 것이 《파우스트》 2부의 구상에 포함되어 있습니다. 이렇게 발걸음을 옮기는 의지 행위를 하는 동안 그의 직관으로부터 무엇인가가 떠올랐고, 그의 그런 외적인 움직임에서 다른 이에게 구술하는 내용이 나온 것입니다.

25   여러분이 신체 안에 있는 자아의 상태를 표로 정리하려 한다면 다음과 같을 것입니다.

I.   깨어 있음   —   상으로 하는 인식
II.   꿈꾸고 있음   —   영감에 의한 감정
III.   잠자고 있음   —   직관하는, 직관에 의한 의지

이렇게 하면 여러분은 사람들이 본능적으로 말하는 것처럼, 일상의

---

[82] 요한 페터 에커만Johann Peter Eckermann(1792-1854)은 화가와 시인을 거쳐 시문학 저술가로 활동하면서 자신의 문학적 영웅인 괴테를 만났다. 괴테의 저술 작업을 도우면서 친구이자 동료가 되었다. 괴테 사후에는 괴테의 유작을 관리하는 일을 맡았다. 《시론 - 괴테를 중심으로》와 오늘날까지 널리 읽히는 《괴테와의 대화》를 저술했다.

직관적인 것das Intuitive이 더 가까이 있는 영감에 의한 감정보다 한층 쉽게 불러 올릴 수 있는 까닭이 무엇인지 제대로 파악할 수 없게 됩니다. 표를 저렇게 잘못 정리하지 말고 제대로 된 도식을 그리면, 그러니까 올바른 방식으로 그리면, 여러분은 이 사안을 더 쉽게 이해하게 되어 다음과 같이 설명할 것입니다. 상으로 하는 인식은 화살표 1의 방향으로 영감으로 내려갔다가, 직관으로 나와 다시 올라갑니다(화살표 2). 그런데 화살표 1이 의미하는 이 인식은 신체 안으로 내려가는 것입니다. 이제 한번 관찰해 보시기 바랍니다. 먼저 여러분은 아주 편안하게 앉거나 서 있는 상태에서 오로지 생각하는 인식에, 외부 세계의 관찰에 몰입합니다. 이때 여러분은 상 안에서 있습니다. 그 외에 이 과정에서 자아가 체험하는 것은 신체로 내려가는데, 먼저 감정 안으로, 그런 다음 의지 안으로 들어갑니다.

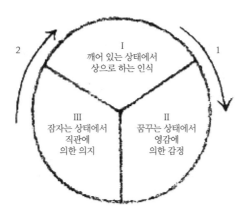

여러분은 감정 안에 무엇이 있는지 유념하지 못하며, 의지 안에 무엇이 있는지도 우선은 유념하지 못합니다. 발걸음을 떼어야, 행동하기

시작해야, 비로소 여러분은 외적으로는 일단 감정이 아니라 의지를 유념하게 됩니다. 그리고 신체로 내려가기와 화살표 2가 보여 주듯 다시 올라가기에서 꿈꾸는 상태에서 들어온 영감보다 상의 의식에 더 가까이 갑니다. 이로부터 여러분은 "뭔가 불분명한 영감이 떠올랐다"는 사람들의 말을 종종 듣는 것입니다. 그런 경우에는《어떻게 고차적 세계를 인식할 것인가?》에서 직관이라고 부르는 것을 일상적인 의식에서 이루어지는 피상적인 직관으로 착각하게 됩니다.

26   이제 여러분은 인간 신체의 형상에 대해 조금 이해하시게 됩니다. 걸음을 옮기면서, 그리고 동시에 세계를 관찰하면서 한번 생각해 보십시오. 여러분의 하체가 다리로 움직이는 것이 아니라, 여러분의 머리에 바로 다리가 달려 있어서 걷는다고 생각해 봅시다. 그러면 여러분의 세계 관찰과 여러분의 의지 행위가 서로 섞여 하나가 되며, 결과적으로 여러분은 오로지 잠자는 상태로 걸을 수밖에 없게 됩니다. 여러분의 머리는 어깨 위에 얹혀 있을 뿐 아니라 신체의 다른 모든 부분 위에 얹혀 있어서 신체의 다른 모든 부분 위에서 가만히 쉬고 있습니다. 머리는 가만히 쉬고 있고, 여러분이 몸의 다른 모든 부분을 움직이면서 그 머리를 운반하고 있습니다. 하지만 머리는 신체 위에 가만히 쉬고 있어야 합니다. 그렇지 않으면 머리는 사고를 통해 인식하는 신체기관일 수가 없을 것입니다. 머리는 잠자는 의지에서 분리되어야 하는데, 여러분이 머리를 행동에 끌어들이는 순간, 다시 말해서 여러분이 어느 정도 조용히 있는 머리를 스스로 행동하도록 하는 순간, 그 머리가 잠들 것이기 때문입니다. 머리는 의지 자체로 하여금 신

체를 움직이게 하며, 마차에 탄 것처럼 신체 안에 자리 잡고는 자신을 계속 태우고 가도록 합니다. 머리가 신체라는 마차에 계속 실려 가도록 하고 가만히 쉬면서 실려 가는 동안 행동하기 때문에, 인간은 깨어 있는 상태로 행동하게 됩니다. 여러 사실을 이렇게 종합적으로 보아야 여러분이 인간 신체의 참된 형상을 이해하실 수 있습니다.

제7강

1919년 8월 28일, 슈투트가르트

1   여러분에게 중요한 것은 인간 본질이 근본적으로 무엇인지 통찰하는 일입니다. 지금까지 우리는 일반적인 교육학을 통해서 먼저 영혼적인 관점에서, 그 다음에는 정신적인 관점에서 이 인간 본질을 파악하고자 했습니다. 오늘은 정신적인 관점에서 보는 인간 본질에 관한 이야기를 조금 더 이어가겠습니다. 우리는 당연히 교육학뿐 아니라 영혼과 심리학에 관한 통상적인 개념들을 계속 끌어올 것입니다. 강의가 진행되는 동안 시간적인 여유가 있다면 여러분도 교육학과 심리학의 문헌을 공부하게 될 것이기 때문입니다.

2   영혼적인 관점에서 인간을 관찰할 때 우리는 세계의 법칙성에 포함되어 있는 다양한 반감과 호감에 중점을 둡니다. 그런데 정신적인 관점에서 인간을 관찰할 때 우리는 의식의 여러 가지 상태를 찾아내는 데 중점을 둡니다. 그리고 우리는 어제 인간 내면에서 작용하는 세 가지 의식 상태, 즉 완전히 깨어 있는 상태, 꿈꾸는 상태, 잠자는 상태를 다루면서, 어떻게 해서 사고를 통해 인식할 때만 의식은 완전히 깨어 있는 상태이며, 감각 활동에서는 꿈꾸는 상태이고, 의지 행위에서는 잠자는 상태인지 설명했습니다.

3   무엇을 파악한다는 것은 언제나 그것을 다른 것에 연관시키는 일입니다. 어떤 것을 다른 것에 연관시키지 않고는 우리가 이 세상에서 무엇을 파악할 방법이란 없습니다. 이런 방법론적인 사실을 먼저 말씀드려 두겠습니다. 인식을 통해 세계와 연결되기 위해서 우리는 먼저 관찰합니다. 이때 우리는 일상에서 하듯 우리의 감각을 통해서 관찰하고, 그렇지 않으면 우리 자신을 조금 더 발달시켜서 이미지로 상상하기,[83] 영감, 직관을 통해서 영혼과 정신으로 관찰합니다. 정신적인 관찰 또한 일종의 관찰이며, 우리가 파악하는 모든 관찰을 보완하는 관찰입니다. 그러나 우리가 무엇을 파악하는 것은 그것을 세상에 있는, 우리 주변에 있는 다른 어떤 것에 연관시켜야만 가능해집니다. 여러분이 신체, 영혼, 정신에 대해 올바른 개념을 얻으려면 인간의 전체 삶의 경로에 주목해야 합니다.* 다만 여러분이 고려하실 것은, 그런 연관에 관해 제가 약술하는 것에서 여러분은 언제나 대상을 파악하기 위한 가장 기본적인 근거만 얻는다는 사실입니다. 그런 다음에는 여러분이 이런 방식으로 얻은 개념들을 계속 완성해 나가야 합니다.

4   예를 들어 여러분이 막 세상에 태어난 아기를 관찰한다면, 그 아기의 형상, 움직임, 아기가 내는 생명의 표현들, 울음소리, 옹알이 등을 눈여겨보고는 인간의 신체에 대한 상을 하나 더 얻게 될 것입니다. 그런데 여러분이 신체에 대한 완전한 상을 얻으려면 태어난 아이

---

83) 이 "이미지로 상상하기"는 원문 "Imaginieren"을 옮긴 것이다. 역주 30 참조.

에게서 얻은 상을 중년과 노년에 이른 인간에게서 얻는 상과 연관시켜야 합니다. 중년의 인간은 영혼적인 요소가 더 강하고, 노년의 인간은 거의 정신적인 요소로 채워집니다. 노년의 인간에 대한 이런 이야기를 반박하기란 어렵지 않을 것입니다. 당연히 많은 이가 말할 것입니다. "노인이 되면 정신적으로 아주 약해지는 사람이 많은 게 사실 아닙니까!" 하고 말이지요. 사람이 나이가 들면 다시 정신적으로 약해진다는 것은 무엇보다 영혼과 정신의 능력에 대한 유물론자들의 반박으로, 그들은 칸트처럼 위대한 정신적 존재조차 노년에는 우둔해졌을 것이라고 정말 고집스럽게 설교합니다. 유물론자들의 이런 반박과 그 내용은 맞는 말입니다. 다만 그들은 자신들이 증명하고 싶은 것을 증명하지 못할 뿐입니다. 죽음을 앞둔 칸트도 어린 시절의 자신보다 더 지혜로웠으니 말입니다.* 다만 어린 시절 칸트의 몸은 지혜에서 나오는 모든 것을 받아들일 능력이 있었고, 그로 인해 그는 물질적으로 자신의 몸을 의식할 수 있었을 따름입니다. 이와는 달리 노년기에 이른 칸트의 몸은 정신이 그에게 제공하는 것도 받아들일 수 없게 되었습니다. 그의 몸은 더 이상 정신의 올바른 도구가 아니었습니다. 그래서 물질적인 영역에서 칸트는 자신의 정신 안에 살고 있는 것을 의식할 수 없게 되었습니다. 앞서 제가 언급한 유물론자들의 반박이 겉으로는 유효한 것으로 보일 수도 있지만, 우리는 나이가 들면서 지혜롭고 정신으로 충만하게 된다는 것, 정신적 존재들을 향해 다가가게 된다는 것은 분명히 알아야 합니다. 그러므로 고령에 이르도록 유연하고 생명력 넘치는 정신을 유지하는 노인들에게서 우리는 정신적인 본질의 초기 단계가 무엇인지 알아차려야 하며, 또 그럴 수 있을 것입니다.

170

5   베를린에 두 교수가 있었습니다. 그중 미슐레Michelet[84]란 사람은 헤겔 철학 전문가로, 아흔이 넘은 나이였습니다.* 총명한 사람이었던 그는 객원교수로 머물렀지만 그토록 많은 나이에도 강의를 이어 갔습니다. 다른 한 사람, 첼러Zeller[85]라는 교수는 그리스 철학사를 썼습니다.* 그의 나이는 일흔으로, 미슐레 교수에 비하면 청년이나 마찬가지였습니다. 그런데 이 사람은 자신이 나이가 들어서 힘들다, 더 이상 강의를 하는 것은 무리다, 적어도 강의 횟수는 줄이고 싶다는 등의 말을 하고 다녔습니다. 이런 이야기를 듣고 미슐레 교수가 한 마디 했습니다. "난 당최 첼러 교수를 이해할 수가 없소. 이 나이에도 나는 온종일이라도 강의할 수 있는데, 첼러처럼 젊은 사람이 강의가 힘들다는 말을 입에 달고 있다니요!"

6   이렇게 몇 가지 사례만으로도 여러분은 이 노년의 정신에 관한 이야기의 근거가 신체에 관해서도 옳다는 것을 알 수 있습니다. 사실이 그렇습니다.

7   이와는 달리 중년의 인간이 살아가는 모습을 관찰해 보면, 우리는 영혼적인 것을 관찰하는 출발점을 알게 됩니다. 그래서 중년의

---

84) 카를 루트비히 미슐레Karl Ludwig(Charles-Louis) Michelet(1801~1893)는 프랑스에서 독일로 이주한 집안의 후손으로 베를린 태생이다. 헤겔에게 배웠으며, 김나지움 교사로 재직하면서 베를린 대학 객원교수로 철학을 가르쳤다.
85) 에두아르트 첼러Eduard Zeller(1814~1908)는 독일 튀빙엔 출신의 철학자, 개신교 신학자. 헤겔과 칸트의 철학을 주로 연구했다. 하이델베르크와 베를린에서 가르쳤으며, 철학 분야의 성과보다는 그리스 철학과 그리스도교의 역사를 정리한 저서로 알려졌다.

인간도 영혼적인 것을 거부하는 쪽에 가깝다고 할 수 있습니다. 그 나이에는 아주 무덤덤한 것처럼 보이거나, 아니면 대단히 활기찬 듯 보입니다. 영혼적인 것은 자유 안에, 그리고 교육 안에 있기 때문입니다. 그러니 많은 중년이 아주 무덤덤한 태도를 보인다는 사실이 영혼적 시기인 중년의 특성을 부정하는 증거는 사실 아닙니다. 사지를 버둥거리며 무의식적으로 움직이는 아이의 신체적인 본성과 관조적이며 평온한 노인의 신체적 본성을 비교해 보면, 아이에서는 특히 자신을 역력히 드러내는 신체를, 그리고 노인에서는 자신을 부정하는 듯 물러나는 모습을 보게 됩니다.

8   이런 관찰을 영혼적인 것에 좀 더 적용해 보면, 인간 안에는 사고하는 인식, 감정, 의지가 있다고 말하게 됩니다. 아이를 살펴보면, 우리는 아이가 영혼적으로 우리에게 보여 주는 상에서 의지와 감정이 연결되어 있음을 알게 됩니다. 의지와 감정이 하나로 합쳐져 있다고 하겠습니다. 사지를 버둥거리고 내뻗을 때 아이는 순간순간 자신이 느끼는 대로 움직입니다. 아이는 감정과 움직임을 구별할 수 없으니 말입니다.

9   노인은 이와 다릅니다. 노인에게서는 그것이 정반대로 나타납니다. 즉, 사고하는 인식과 감정이 하나로 합쳐져 있고, 의지는 어느 정도 독립적인 방식으로 움직입니다. 인간이 살아가는 동안 감정은 처음에는 의지에 묶여 있다가 시간이 흐르면서 점차 의지에서 풀려납니다. 그리고 우리가 교육에서 해야 할 여러 가지 일이 바로 이렇

게 감정이 의지에서 풀려나는 것에 연관되어 있습니다. 그래야 의지에서 풀려난 감정이 생각하는 인식과 연결됩니다. 이는 훗날의 삶에도 영향을 미칩니다. 장래를 위해 아이를 올바르게 준비시키려면, 아이가 감정을 의지에서 잘 분리할 수 있도록 아이의 내면에 영향을 미쳐야 합니다. 그래야 성인 남성 또는 여성이 되었을 때 풀려난 감정과 생각하는 인식을 연결하여 삶을 잘 이끌어 갈 수 있게 됩니다. 우리는 왜 삶의 경험을 이야기하는 노인에게 귀를 기울일까요? 노인은 살아오면서 자신이 개인적으로 느낀 것을 자신의 개념과 관념에 결합시켰기 때문입니다. 노인은 우리에게 이론을 늘어놓지 않고, 개인적인 감정을 관념과 개념에 결합시켜 우리에게 이야기합니다. 감정을 생각하는 인식과 제대로 결합시키는 노인의 경우에는 바로 그런 까닭에 말하는 개념과 관념이 따뜻하고 사실적이며 구체적이고 개성적으로 들립니다. 반면에 노인이 되기 전의 남성, 여성이 말하는 개념과 관념은 이론적이고 추상적이며 학술적으로 들립니다. 인간 영혼의 능력이 어릴 때 감정이 의지와 하나인 상태에서 노인이 되어 감정이 사고와 하나인 상태로 발달하는 일련의 과정을 거친다는 사실은 인간의 삶에 속합니다. 그런 과정을 거치는 것이 바로 인간의 삶이며, 이 사실을 심리학적으로 바로 볼 안목이 있어야 이런 인간의 삶을 위한 교육을 제대로 실천할 수 있습니다.

10   여기서 우리는 세계에 대한 모든 관찰에서 가장 먼저 등장하는 것, 모든 심리학에서도 세계에 대한 관찰에서 가장 먼저 등장한다

고 설명하는 것에 주목해야 하는데, 그것은 바로 감각Empfindung[86]입니다. 우리의 감관 가운데 어느 하나가 주변 세계를 만나면 우리에게서 감각이 일어납니다.* 우리는 색채, 소리, 온기, 냉기를 감각합니다. 이렇게 주변 세계와 교류하는 가운데 감각이 생깁니다.

11   여러분은 항간의 갖가지 심리학에서 감각에 대해 일상적으로 설명하는 것으로는 감각이 실제로 무엇인지를 올바르게 사고하지 못합니다. 감각에 대해 심리학은 빛 에테르의 진동이나 공기의 진동 같은 물리적 과정이 외부에서 일어나 우리에게 흘러와서 감각기관을 자극하는 것이라고 설명합니다. 그런 식으로 자극에 대해서 이야기하면서 특별한 표현을 만들어 내기도 하지만, 막상 그것을 이해할 수 있는 수준으로 내놓으려 하지 않습니다. 사실 자극은 감각기관을 경유해서 우리 영혼 안에 감각을 일으키는데, 이 감각은 공기의 진동으로 소리를 듣는 것처럼 물리적 과정에서 발생하는 완전히 질적인 감각입니다. 그런 감각이 어떻게 생기는가에 대해서 심리학과 오늘날의 과학은 아직 아무런 정보도 주지 못합니다. 모든 종류의 심리학에서 그렇게 말하고 있습니다.

12   그런 심리학의 관찰에서 얻는 것보다 이 문제의 이해에 더 가

---

86) 《일반 인간학》에 등장하는 감각 행위das Fühlen, 감각 지각Sinnesempfindung, 감각 Empfindung, 지각Wahrnehmung 등은 전통 철학만이 아니라 당대의 심리학과 생리학에서 사용된 용어와 유사한 듯 보이면서도 본질적으로 다른 의미를 지니고 있어 이 책의 전체적인 맥락에 유념하여 다룰 필요가 있다.

까이 다가가려면, 여러분은 감각의 본질을 통찰하면서, "영혼의 힘들 가운데 감각과 가장 유사한 것은 무엇일까?" 하고 자문하여 답을 얻어야 합니다. 심리학자들은 이 문제를 아주 단순하게 설명합니다. 그들은 감각을 간단히 인식이라고 간주하면서, "우리는 먼저 감각하고, 그 다음에 지각하며, 그러면 우리에게 표상이 생겨 개념을 만들게 된다"는 식으로 말합니다. 감각의 과정은 일견 그렇게 보이기도 합니다. 다만 그렇게 되면 감각이 본질적으로 무엇인지 생각해 보지 않게 됩니다.

13   우리 자신을 충분히 관찰하는 가운데 감각을 제대로 통찰해 보면, 감각이 본질적으로 의지적인 것이면서 동시에 얼마간 감정적인 성질이 포함되어 있음을 인식하게 됩니다. 감각은 일단 생각하는 인식과 유사하지 않으며, 오히려 감정적 의지나 의지적 감정과 닮았습니다. 오늘날 존재하는 수없이 많은 종류의 심리학을 모두 알 수가 없으니, 저는 감각이 의지적 감정이나 감정적 의지와 유사하다는 사실을 이해하는 심리학이 얼마나 되는지도 모릅니다. 감각이 의지와 유사하다고 한다면, 그건 정확한 이야기가 아닙니다. 감각은 의지적 감정, 그리고 감정적 의지와 유사하니까요. 감각이 감정과 유사하다고 말한 심리학자가 한 사람 있기는 합니다. 그는 제대로 관찰하는 데 뛰어났던 비엔나의 모리츠 베네딕트Moriz Benedikt[87]로, 그는 자신의 심리

---

87) 1835~1920. 헝가리-오스트리아 제국 아이젠슈타트Eisenstadt 출신으로, 신경병리학과 전기치료법을 연구했다. 범죄 성향과 뇌의 특정 부분에 생긴 문제 사이의 연관성을 주장하면서, 전기 충격, 뇌절제술 등을 시행했다. 두개골 측정을 통한 범죄자들의 유형 분류 등

학에서 이를 올바르게 알아보았습니다.*

14   그러나 그의 심리학을 참고하는 심리학자는 많지 않았습니다. 그의 심리학이 좀 독특하기는 합니다. 우선 모리츠 베네딕트는 범죄인류학을 전문으로 한, 그런 그가 심리학 책을 썼습니다. 그리고 자연과학자인 그는 시문학이 교육에 중요하다고 주장하고, 시문학을 교육에 적용하는 법을 보여 주겠다며 시문학 작품들을 분석하기까지 했습니다. 좀 흠칫할 일이긴 하지요. 과학자라고 하면서 심리학자들도 시인에게서 배울 게 있다고 생각했으니 말입니다! 그뿐 아닙니다. 유대계 자연과학자인 그가 자신의 심리학 저술을 하필이면 당시 빈 대학 가톨릭 신학부의 철학 교수 라우렌츠 뮐너Laurenz Müllner에게 헌정했습니다.* 이 세 가지 끔찍한 일로 인해 심리학 전문가들은 그의 주장을 진지하게 받아들일 수 없었습니다. 하지만 여러분이 그의 심리학 저술을 통독한다면 곳곳에서 꼭 들어맞는 통찰을 발견하시게 될 것이고, 모리츠 베네딕트가 빠져 있는 유물론적 사고방식을 거부할 수밖에 없는 것과는 별개로 그 안에서 많은 것을 얻으실 것입니다. 그의 책 전체에서는 얻을 것이 없지만, 그 안에 실린 개별적인 관찰들은 매우 유익합니다. 결국 세상에서 최상의 것을 얻으려면 그것이 있는 곳을 뒤져야 하는 것입니다. 모리츠 베네딕트의 경우처럼 개별적인 것들에서 훌륭한 관찰을 했다면, 전체적인 성향이 혐오감을 일으킨다

을 중심으로하는 그의 범죄인류학은 많은 논란을 불러 일으켰다. 막대기와 진자 등으로 하는 에너지 감지(수맥 감지)에도 관심이 많아서 관련 저서를 남기기도 했다.

고 해서 그 개별적인 훌륭한 관찰을 거부할 필요는 없습니다.

15   결국 인간 안에 등장하는 감각이란 의지적 감정 또는 감정적 의지입니다. 따라서 다음과 같이 말할 수 있겠습니다. 외적으로 인간의 감각적 지각 영역Sinnessphäre이 펼쳐져 있는 곳에, 좀 거칠게 표현하자면 우리 신체의 표면에 있는 감관에 의지적 감정 또는 감정적 의지가 특정한 방식으로 존재합니다. 인간을 도식적으로 적당히 그리면 다음과 같은 모습일 것입니다. 모두 도식적인 표현임을 감안하시기 바랍니다만, 인간의 표면에 감각적 지각 영역이 있고, 여기에 의지적 감정 또는 감정적 의지가 자리 잡고 있습니다(181쪽 그림 참조). 신체의 표면이 감각적 지각 영역이라면, 의지적 감정 또는 감정적 의지가 있는 이 신체의 표면에서 우리는 무엇을 하고 있는 것일까요? 우리는 반은 잠자고 반은 꿈꾸는 상태인 활동을 합니다. 이를 꿈꾸는 잠, 잠자는 꿈이라고 부를 수도 있겠습니다. 우리는 밤에만 자는 것이 아니라 우리 신체의 주변부, 즉 외부 표면에서 지속적으로 잠들어 있으며, 감각 지각이 존재하는 이 영역에서 잠자면서 꿈꾸고 꿈꾸면서 잠잘 따름이므로 인간으로서 우리는 감각 전체를 파악하지 못합니다. 아침에 잠자리에서 일어날 때 지난밤에 꾼 꿈을 선명하게 의식하지 못하는 것, 그리고 감각 전체를 파악하지 못하는 것은 모두 같은 이유 때문인데, 심리학자들은 이를 짐작조차 못합니다. 여러분이 보시다시피 잠과 꿈에 대한 개념은 일상생활에서 우리가 아는 것과는 그 의미가 완전히 다릅니다. 일상생활에서 우리가 잠에 대해 아는 것은 밤이 되면 잠자리에 들어 잔다는 정도에 지나지 않습니다. 그 잠이 우리 몸의 표면

에서도 지속적으로 이루어지는 훨씬 광범위한 활동임을 우리는 전혀 모릅니다. 단지 우리 몸의 표면에서 그런 잠 속으로 꿈들이 지속적으로 섞여 들 뿐입니다. 이 "꿈들"이 바로 아직 이해와 생각하는 인식에 포착되지 않은 감각 지각[88]입니다.

16   아이의 경우에도 의지 영역과 감정 영역을 아이의 감각에서 찾아야 합니다. 그 때문에 아이에게 지적인 교육을 할 때도 아이의 의지에 지속적으로 영향을 미치도록 해야 한다고 우리가 그토록 강조하는 것입니다. 아이가 살펴보고 지각해야 하는 모든 것을 통해서 의지와 감정을 키워 주어야 합니다. 그렇게 하지 않으면 우리의 교육이 아이의 감각 활동에 맞지 않는 것이 될 테니 말입니다. 우리는 노인, 즉 인생의 황혼을 맞은 사람에게서 비로소 감각이 변형되어 있음을 간파할 수 있으며, 이를 바탕으로 노인에게 말을 건넬 수 있습니다. 노인의 경우에는 감각이 이미 감정적 의지에서 감정적 사고나 사고적 감정으로 변형되어 있습니다. 감각이 뭔가 다른 것이 되어 있는 것입니다. 이 경우 감각은 사고의 성격이 강한 데다 안절부절못하는 의지의 성질이 없어서 이전보다 훨씬 평온한 상태입니다. 노인에게서 비로소 감각이 개념에, 관념적 성격에 가까워져 있다고 할 수 있습니다.

17   심리학자들은 감각을 이렇게 세밀히 구분하지 않는 것이 보통입니다. 그들에게 감각은 그저 감각일 따름이어서, 노인의 감각과

---

88) 여기서는 "감각적으로 지각한 내용"을 가리킨다.

아이의 감각을 같은 것으로 여깁니다. 이는 면도칼을 앞에 두고, "면도칼도 칼이니까 이걸로 고기를 자르자" 하고 말하는 것과 크게 다르지 않은 논리입니다. 이것은 단어의 정의에서 개념을 얻는 것인데, 그렇게 해서는 절대 안 됩니다. 개념은 사실에서 이끌어 내야 합니다. 감각에서 우리는 이 감각도 살아 있고, 살아가면서 발달하며, 아이의 경우 의지적인 성격이 강한 반면, 노인에게서는 지적인 면에서 이지적 성격이 강하다는 것을 알게 됩니다. 인간은 무엇이든 단어에서 개념을 끄집어내는 것이 당연히 쉽습니다. 그래서 세상에는 단어를 해석하는 사람이 그토록 많고, 또 이런 것이 우리에게 끔찍한 영향을 미치는 경우도 드물지 않습니다.

18　　언젠가 저는 서로 조금 논쟁을 벌였던 동창생을 만나 그의 말을 듣게 되었습니다.* 그와 함께 초등학교를 졸업한 뒤, 저는 실업학교로, 친구는 사범학교, 그것도 헝가리의 사범학교로 진학했는데, 70년대(1870년대)에는 대단한 일이었습니다. 그로부터 몇 해가 지난 뒤 다시 만났을 때 우리는 빛에 대해 이야기를 나누었습니다. 그때 저는 정통 물리학에서 가르치듯 빛이란 에테르에서 일어나는 진동과 관계가 있다는 등의 내용을 이미 알고 있었습니다. 사람들은 적어도 그것이 빛의 원인이라고 판단할 수는 있었습니다. 저의 이야기에 동창 친구는 "빛이 뭐라는 건 우리도 배웠어. 빛은 시각의 원인이야!" 하고 말했습니다. 그건 논쟁을 위한 말장난일 뿐입니다. 이런 식으로 개념이 단순한 단어 해석이 되는 것입니다. 이 친구가 나중에 교사가 되어 수많은 학생을 가르치고 은퇴했으니, 학생들이 무엇을 배웠을지 짐작

이 갑니다. 우리는 단어에서 벗어나 사물의 정신에 도달해야 합니다. 무엇인가를 파악하려 할 때 우리는 당장 그것을 표현하는 단어를 생각할 것이 아니라 실제적인 관계들을 찾아내야 합니다. "정신Geist"이라는 단어의 경우, 프리츠 마우트너Fritz Mauthner*가 쓴 언어사 책에서 그 어원을 찾아 이 단어가 최초에 어떤 형태로 등장했는지 보면, 우리는 정신이라는 단어가 "물보라Gischt", "가스Gas"와 연관되어 있음을 알게 됩니다. 이들은 분명 동류의 단어입니다. 하지만 그 연관성에만 기대어 뭔가를 이끌어 내려고 한다면, 딱히 나오는 것이 없습니다. 유감스럽게도 사람들은 그런 방법을 은밀히 성서 연구에 써먹고 있습니다. 그러니 성서야말로 대부분의 사람들, 특히 오늘날의 신학자들이 가장 엉터리로 이해하는 책입니다.

19   여기서 중요한 것은, 우리가 사실을 근거로 모든 사안에 접근한다는 것, 다시 말해서 단어의 역사를 근거로 하기보다는 아이들의 신체적 삶을 노인의 신체적 삶과 비교함으로써 정신에 대한 개념을 얻으려 노력한다는 점입니다. 이렇게 사실들을 서로 연관시켜야 실제적인 개념을 얻습니다.

20   그래서 아이에게서는 인간으로서 더 발달한 신체 내부와는 달리 신체 주변부가 잠자면서 꿈꾸기 때문에 감각이 의지적 감정 또는 감정적 의지로서 아직은 신체 주변부에서 만들어진다는 사실을 알아야 감각에 대한 사실적인 개념도 얻을 수 있습니다. 말하자면 여러분은 생각하는 인식에서 완전히 깨어 있을 뿐 아니라 신체 내부에서

만 그야말로 완전히 깨어 있습니다. 신체 주변부, 즉 신체의 표면에서 여러분은 계속 잠을 잡니다. 그뿐 아닙니다. 신체의 주변, 정확히 말하면 신체의 표면에서 일어나는 일은 머릿속에서도 비슷한 방식으로 일어나며, 인간의 내부로 깊이 들어갈수록, 즉 근육이나 혈액 같은 것 안으로 들어갈수록 더 강하게 일어납니다. 인간은 신체의 내부에서도 마찬가지로 잠을 자면서 꿈을 꿉니다. 신체의 표면에서 인간은 잠을 자고 꿈을 꾸며, 내부로 더 들어가도 역시 잠을 자면서 꿈을 꿉니다.

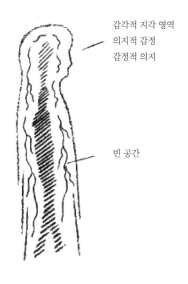

감각적 지각 영역
의지적 감정
감정적 의지

빈 공간

그에 따라 우리 내부에는 영혼적-의지적 감정, 감정적 의지가 더 많고, 우리의 소망 등도 마찬가지로 꿈을 꾸는 잠 속에 머물러 있습니다. 그럼 우리는 도대체 어디에서 완전히 깨어 있을까요? 우리가 완전히 깨어 있다면, 그것은 중간 영역에서 그렇습니다.

21 　　보시다시피 이제 우리는 깨어 있거나 잠을 자는 사실을 공간적으로 인간에게 적용하고 그 결과를 인간의 형상에 연관시키는 정신적인 관점에서 이렇게 말할 수 있게 됩니다. 즉, 정신적인 관점에서 보면 인간은 그 표면에서, 그리고 그 내부의 신체기관에서 잠자고 있으며, 출생과 죽음 사이의 삶을 사는 동안 중간 영역에서만 완전히 깨어 있을 수 있다고 말입니다. 그렇다면 이 중간 영역에서 가장 발달한 기관은 무엇일까요? 그것은 무엇보다 머릿속에 있는 기관으로, 우리가 신경이라고 부르는 신경 기관입니다. 이 신경 기관은 신체의 표면과 내부로 속속들이 분지分枝되어 있습니다. 신경은 신체의 표면과 내부에 뻗어 있고, 중간에는 뇌, 척수라고 불리는 것, 그리고 복수腹髓[89)가 있습니다. 이 영역에서 우리는 완전히 깨어 있는 상태가 될 기회를 얻습니다. 신경이 가장 발달한 곳, 바로 그곳에서 우리는 깨어 있습니다. 그런데 신경계는 정신과 아주 특이한 관계에 있습니다. 신경계는 신체 기능을 통해 지속적으로 사멸하여 무기질이 되려는 성향이 있는 기관입니다. 살아 있는 사람의 신경계를 분비선, 근육, 혈액, 뼈 등에서 분리시킬 수 있다면, 물론 뼈는 신경계에 붙어 있도록 둘 수도 있습니다만, 그런 신경계는 이미 살아 있는 사람 안에 있는 죽은 몸, 언제나 죽어 있는 몸일 것입니다. 신경계 안에서는 지속적으로 인간의 죽음이 일어납니다. 신경계는 정신적인 것, 영혼적인 것과 직접 연관되지 않는 유일한 기관입니다. 혈액, 근육 등은 언제나 정신적인 것, 영혼적인 것과 연관되어 있지만, 신경계는 그런 것들과 전혀 관계가 없습니다. 그것은

---

89) 하등동물의 사다리신경계 등에 있으며 척수에 해당하는 신경.

오로지 지속적으로 인간의 유기조직에서 빠져나감으로써, 지속적으로 사멸하여 유기조직 안에 존재하지 않음으로써 정신적인 것, 영혼적인 것과 연관됩니다. 인간의 다른 지체들은 살아 있고, 그래서 정신적인 것, 영혼적인 것과 직접적인 관계를 형성합니다. 신경계는 지속적으로 사멸하면서 끊임없이 인간에게 말합니다. "인간인 당신의 발달은 신경인 내가 나 자신을 전혀 살아 있지 않도록 해서 당신에게 방해가 되지 않기 때문이오!" 신경이 특이한 이유가 이것입니다. 심리학과 생리학에서는 감각, 사고, 정신적이며 영혼적인 것을 서로 연결하는 것이 유일하게 신경이라고 설명합니다. 그런데 신경은 어떻게 해서 이런 매개하는 기관이 될까요? 신경은 스스로 생명에서 빠져나와 사고하고 감각하는 데 아무런 장애가 되지 않고 사고 및 감각과는 조금도 연관되려 하지 않음으로써, 그리고 신경이 있는 곳에서 정신적이며 영혼적인 것이 빠져나간 인간이 있도록 함으로써 그것들을 매개하는 기관이 됩니다. 신경이 있는 곳이면 어디든 정신적이며 영혼적인 것을 위한 빈 자리가 있습니다 그래서 정신적이며 영혼적인 것이 빈 공간이 있는 그곳으로 들어갈 수 있습니다. 신경계가 정신적이며 영혼적인 것에 전혀 개의치 않는다는 것, 그리고 생리학자와 심리학자들이 신경이 하는 일이라고 여기는 그 어떤 작용도 하지 않는다는 사실을 우리는 고마워해야 합니다. 만일 신경이 그런 작용을 한다면, 생리학자와 심리학자들이 말하는 신경의 작용이 단 오 분만이라도 진행된다면, 그 오 분 동안 우리는 이 세계와 우리 자신에 대해 아무것도 모르게 될 것입니다. 그저 잠든 상태일 테니 말입니다. 그런 상태에서 신경은 잠을 가져다주고 감정적 의지, 의지적 감정을 가져다주는 그런 기관처럼 움직일 것이기 때문입니다.

22   생리학과 심리학에서 진실이라고 여기는 것을 생각하면, 요즘 사람들이 곤경을 겪고 있는 것은 사실입니다. 사람들은 저에게 늘 말합니다. "당신은 세상을 뒤죽박죽으로 만들고 있어요." 하지만 사실 뒤죽박죽인 것은 그들 자신이며, 그들이야말로 정신과학을 통해서 바로 서야 합니다. 생리학자들은 신경, 특히 뇌가 사고하는 기관이라고 말합니다. 하지만 진실은 다릅니다. 뇌와 신경계가 생각하는 인식에 관여하는 것이 가능해지는 것은 오로지 자신을 끊임없이 인간의 유기 조직에서 빠져나가게 하여 생각하는 인식이라는 활동이 이루어질 수 있도록 하기 때문입니다.

23   이제 아주 정확하게 관찰하면서 지적인 능력을 집중하시기 바랍니다. 인간을 둘러싸고 있는 감각적 지각 영역에서는 실제적인 과정이 일어나 끊임없이 세계 과정에 개입합니다. 빛이 눈을 경유해서 인간에게 작용한다고 가정해 봅시다. 눈이라는 감각적 지각 영역[90]에서는 실제적인 과정이 일어납니다. 일종의 물리화학적인 과정이 일어나는 것입니다. 이 과정은 인간의 신체 안으로 이어지고(181쪽 사선 부분), 그러면 그곳에서 다시 물리화학적 반응이 일어납니다. 이제 여러분이 밝게 빛이 비치는 면을 마주하고 서 있고, 그 밝은 면에서 나온 광선이 여러분의 눈 안으로 들어온다고 생각해 보십시오. 여러분

---

90) "감각적 지각 영역"은 곧 "감각기관".

의 눈 안에서는 다시 물리화학적 과정이 일어나 인간 내부의 근육과 혈액 구조 안으로 이어집니다. 그 중간에는 빈 공간이 있습니다. 신경이라는 기관에 의해 만들어진 이 빈 공간에서는 눈이나 인간의 내부에서 일어나는 독립적인 과정이 일어나지 않고, 그 대신 빛의 본질, 색채의 본질 자체 등이 그 안으로 들어옵니다. 눈, 귀, 온기 등을 수용하는 기관에서 일어나는 실제적인 과정이 이렇게 감각기관이 있는 신체 표면에서 일어납니다. 인간의 내부에서도 이와 유사한 과정들이 이루어집니다. 그러나 신경이 분포하는 그 중간 영역에서는 그렇지 않습니다. 신경은 빈 공간을 만들어 주고, 그 공간에서 우리는 외부에 있는 것과 함께 있을 수 있습니다. 빛과 색채는 여러분의 눈 안에서 변화합니다. 그러나 신경이 있는 곳, 즉 생명이 존재하지 않는 곳에서 빛과 색채는 변화하지 않으며, 그곳에서 여러분은 빛과 색채와 함께 살아갑니다. 여러분은 감각 영역에서만 외부 세계와 분리되어 있을 뿐, 내부에서는 그릇 안에 있는 것처럼 외부에서 일어나는 과정을 그대로 체험합니다. 내부에서는 여러분 스스로 빛이 되고, 그곳에서는 여러분 스스로 소리가 되며, 그곳에서는 혈액이나 근육과 달리 신경이 전혀 방해하지 않기 때문에 외부의 과정이 그대로 펼쳐집니다.

24   이제 우리는 지금까지 이야기한 것이 무슨 뜻인지 느낄 수 있을 것입니다. 생명과 연관되어 우리 안에 있는 빈 공간에서 우리가 깨어 있는 상태인 반면, 몸의 표면과 내부에서는 잠자면서 꿈꾸고, 꿈꾸면서 잠자는 상태라는 사실 말입니다. 외부와 내부 사이의 영역에서만 우리는 온전히 깨어 있습니다. 공간적으로 그렇다는 이야기입니다.

25   그런데 인간을 정신적인 관점에서 관찰하려면, 시간적으로도 인간을 깨어 있고 잠자고 꿈꾸는 상태에 연관시켜 보아야 합니다.

26   무엇인가를 배울 때 여러분은 완전히 깨어 있는 상태에서 들어오는 것을 받아들입니다. 그렇게 배우는 데 몰두하는 동안 여러분 자신이 배우고 있다는 사실에 대해 생각한다면, 여러분의 활동은 완전히 깨어 있는 상태에서 이루어지고 있습니다. 그러다가 여러분은 다른 활동을 하게 됩니다. 다른 무엇인가가 여러분의 흥미를 자극하고 관심을 끕니다. 그러면 그전에 배운 것, 그전에 하던 활동은 이제 어떻게 될까요? 그런 것들은 잠이 들었다가, 여러분이 그것들을 기억해 내면 다시 잠에서 깨어납니다. 이 모든 것을 제대로 이해하려면, 여러분은 기억과 망각에 관한 심리학의 모든 말장난을 실제적인 개념으로 대체해야 합니다. 기억한다는 것은 무엇일까요? 그것은 어떤 복합적인 사고가 다시 깨어난다는 것을 가리킵니다. 그렇다면 망각한다는 것은 뭘까요? 복합적인 사고가 잠드는 것입니다. 이렇게 단순한 단어 해석을 버리고 실제적인 것과 실제로 체험한 것을 서로 비교해 보아야 합니다. 깨어 있는 상태와 잠자는 상태를 언제나 주목하고, 스스로 잠드는 것을 체험하거나 다른 사람이 잠드는 것을 지켜본다면 여러분은 기억과 망각의 실제적인 과정을 알게 될 것입니다. 기억하고 망각한다는 이 영혼의 내적 활동을 다른 어떤 단어가 아니라 실제적인 과정에 연관시키는 가운데 서로 비교하면, 망각은 단지 다른 어떤 영역에서 잠드는 것이고 기억 또한 단지 다른 어떤 영역에서 깨어나는 것임을 알게 됩니다.

27   실제적인 것을 실제적인 것과 비교해야만 여러분이 정신적인 세계 이해에 도달할 수 있습니다. 신체와 정신의 실제적인 관계에서 적어도 기본적인 내용이라도 알려면 아동기와 노년기를 비교해야 하는 것처럼, 잠드는 것과 깨어나는 것이라는 실제 현상을 비교해야 기억과 망각을 비교할 수 있습니다.*

28   인류의 미래를 위해 말할 수 없이 중요한 것은 인간이 저항하지 않고 실제적인 것 안으로, 사실 안으로 들어가는 일입니다. 오늘날 사람들은 오로지 단어로만 사고할 뿐, 사실을 바탕으로 생각하지 않습니다. 기억과 망각에 대해 이야기할 때 우리가 생각하는 사실을 오늘날의 사람들은 어디서 알게 될까요? 그들은 기억과 망각을 정의하는 갖가지 말을 주위에서 듣겠지만, 실제를 바탕으로, 사실로부터 그것을 알아볼 생각은 하지 않을 것입니다.

29   그러므로 추상적인 개념이 아니라 온전히 사실에서 이끌어 낸 인간의 삼원성 같은 것을* 사람들에게 전하려 해도, 무엇인가를 사실에서 이끌어 내는 데 전혀 익숙하지 않은 사람들이 일단 그것을 이해하지 못하는 게 여러분에게는 당연하게 여겨질 것입니다. 사람들은 어떤 개념도 사실에서 이끌어 내려 하지 않습니다. 사실에서 개념을 이끌어 내는 데 가장 빈약한 사례로는 사회주의 지도자들의 이론을 들 수 있습니다. 그들은 단어 해석에서 최악의 타락을 보여 줍니다. 스스로 사실에 대해 가장 잘 이해하는 사람이라고 믿는 사람들이지만, 그들이 말을 하기 시작하면 공허하기 짝이 없는 말의 껍질만 쏟아져

나옵니다.

30   방금 한 이야기는 오늘날의 시대적 흐름에 들어 있는 본질에 관한 여담이었습니다. 어쨌든 교육자는 자신이 사는 시대 또한 잘 파악하고 있어야 합니다. 아이들은 자신이 사는 이 시대로부터 교육자에게 맡겨졌기 때문입니다.

제8강

1919년 8월 29일, 슈투트가르트

1   어제 우리는 기억, 기억력 같은 것을 잠자는 상태와 깨어 있는 상태에 연관시켜 그 과정을 실제적으로 한층 투명하게 관찰해야만 그것들을 이해할 수 있다는 사실을 확인했습니다. 그로부터 여러분은 정신적인 관념들을 얻는 문제에서도 알지 못하는 것을 이미 알고 있는 것에 더욱 접근시키는 것이 교육에서 추구해야 할 일임을 깨닫게 됩니다.

2   여러분은 이렇게 이야기하실 수 있을 것입니다. "잠자는 것과 깨어 있는 것은 사실 기억과 망각보다 더 불확실한 상태이며, 따라서 기억과 망각을 논할 때 잠자는 것과 깨어 있는 것을 동원해서는 얻을 수 있는 것이 그다지 많지 않을 것이다." 하고 말입니다. 그럼에도 불구하고, 인간이 잠을 제대로 자지 못할 때 무엇을 잃어버리게 되는지 주의 깊게 관찰해 보면, 망각을 기억과 제대로 연관시키지 않을 때 인간의 영혼 활동 전체가 얼마나 교란될 것인지 확실히 알게 될 것입니다. 외적 활동에서 우리가 깨닫는 것은, 자기의식이 점점 더 약해지지 않으려면, 그리고 제대로 잠을 자지 못해서 자기의식이 외부로부터 들어오는 인상들, 즉 외부에서 자아에게 다가오는 모든 가능한 것

989

에 너무 몰두한다고 표현할 그런 상태가 되지 않으려면, 충분히 긴 수면 시간이 필수적이라는 사실입니다. 비교적 가벼운 수면 장애가 있는 경우, 정확히 말하자면 불면 상태인 경우 바로 그런 문제가 생기는 것입니다. 어느 날 밤에 여러분이 잠을 제대로 자지 못했다고 생각해 보십시오. 물론 열심히 일하느라 밤 늦도록 잠자리에 들지 못한 경우가 아니라는 것을 전제로 합니다. 그랬다면 상황이 다를 테니 말입니다. 몸 상태나 모기 때문에, 즉 수면 중에 좀 더 외적인 원인으로 여러분의 영혼이 방해를 받았다고 가정해 봅시다. 그 다음날 여러분은 자신에게 인상을 남기는 것들이 평소와는 달리 불쾌하게 느껴집니다. 수면 중에 있었던 일 때문에 여러분의 자아가 상당히 예민해진 것입니다.

3 　　　마찬가지로 인간의 영혼 활동에 대해 기억과 망각을 올바르지 않은 방식으로 개입시킬 때도 그런 일이 일어납니다. 그러면 언제 그런 일이 일어날까요? 그것은 우리가 기억과 망각을 자신의 뜻대로 조절할 수 없을 때입니다. 많은 사람이 갈피를 잡지 못하고 평생을 지냅니다. 그리고 그런 성향은 이미 유아기부터 나타나기도 합니다. 그런 사람들은 외부에서 들어오는 인상을 받아들인 다음, 그것을 제대로 추적하지 않고 그저 지나가도록 내버려둡니다. 자아를 통해서 자신을 그 인상들과 제대로 연결하지 못하는 것입니다. 그렇게 현실의 삶에 몰두하지 못하면 두서없이 올라오는 사고 안에서 갈피를 잡지 못하고 살게 됩니다. 그들은 어떤 계기가 있을 때 이런저런 것들을 제대로 이해하는 데 필요한 소중한 사고를 자의로 끌어올리려 하지 않

고, 내면에서 올라오려는 사고가 그대로 올라도록 둡니다. 그래서 이런 사고를 했다가 금세 또 다른 사고를 하게 됩니다. 그런 상태에서 자의가 별다른 영향을 미치지 못합니다. 이것이 바로 여러 면에서 많은 사람의 영혼 상태이며, 특히 아동기에는 그 영혼이 그런 식으로 나타난다고 말할 수 있습니다.

4   기억과 망각에서 잠자는 상태와 깨어 있는 상태는 깨어 있는 삶 안으로도 작용한다는 사실을 안다면 기억과 망각을 한층 더 자의의 영역에도 적용해서 도움을 줄 수 있게 됩니다. 그렇게 되면 기억이란 어디서 오는 것인지 묻게 될 것이니 말입니다. 기억은 잠을 자는 동안 우리의 의지가 무의식 깊은 곳에 있는 사고를 포착하여 의식 안으로 끌어올림으로써 가능해집니다. 인간의 자아와 아스트랄체가 잠들었다가 깰 때까지 물질체와 에테르체를 벗어나 정신세계에 있는 동안 물질체와 에테르체를 다시 생기 있게 할 힘을 모으는 것과 마찬가지로, 기억 과정의 결과물은 잠들어 있는 의지의 힘에서 나옵니다. 그런데 의지가 잠들어 있는 상태에서는 여러분은 아이에게 자신의 의지를 사용하는 법을 배우도록 직접적인 영향을 미칠 수가 없습니다. 여러분이 아이에게 의지를 사용하도록 영향을 미치려 하면, 그것은 마치 여러분이 아이에게, "밤에 얌전히 잠을 자야 그런 얌전한 태도를 가지고 깨어나 종일 그렇게 지낼 수 있어" 하고 훈계하는 것과 같습니다. 행동을 할 때마다 아이가 집중해서 의지 안에서 잠들어 있는 그 부분이 기억해 내는 활동을 주도하게 되기를 기대할 수 없다는 것이 당연합니다. 우리는 다만 개별적인 행동에서 아이가 의지를 동원할 수 있

는 방향으로 아이의 신체, 영혼, 정신에 관련된 생활 습관이 발달하도록 아이의 인간 전체를 교육할 수 있을 뿐입니다.

5   우리가 특별한 방법을 동원해서 아이에게 동물 세계에 대한 적극적인 흥미를 일깨운다고 가정해 봅시다. 동물 세계에 대한 흥미가 단시일에 생기도록 할 수는 없습니다. 동물 세계에 대한 흥미가 점차로 깨어나도록 수업 전체를 구성해야 합니다. 어느 아이가 그렇게 구성된 수업을 받았을 때, 그 수업을 통해서 깨어난 흥미가 생생한 것일수록 그 흥미는 아이의 의지에 작용합니다. 그러면 이 의지는 일상에서 기억을 위해 동물의 표상이 필요할 때 그것을 무의식에서, 즉 망각에서 끌어올리는 속성을 갖게 됩니다. 사람이 늘 하는 것, 즉 습관적인 것에 영향을 미치는 방법을 통해서만 여러분은 그의 의지가, 그리고 그와 함께 기억력이 제대로 작동하도록 할 수 있습니다. 달리 말하면, 아이에게 강한 흥미를 일깨우는 것이면 무엇이나 아이의 기억력을 실제로 강하게 하는 이유를 이런 방식으로 통찰해야 한다는 이야기입니다. 기억력은 단순히 지적인 기억 훈련 같은 것이 아니라 감정과 의지에서 끌어올려야 하는 것입니다.

6   제가 설명한 것에서 여러분은 세상에서, 특히 인간 세상에서 모든 것이 어떤 의미로는 분리되어 있으면서도 또 함께 상호 작용하고 있는 모습을 아시게 되었습니다. 영혼적인 것을 사고 또는 생각하는 인식, 감정, 의지로 나누어 정리하지 않으면, 우리는 인간의 영혼적인 것을 이해할 수 없습니다. 그러나 생각하는 인식, 감정, 의지는 어

디에도 제각기 따로 존재하지 않으며, 이 셋은 언제나 합일체로 서로에게 작용하고 서로 섞여 듭니다. 인간의 본질은 신체적인 것에 이르기까지 모두 이렇게 되어 있습니다.

7 제가 언급한 것처럼, 인간은 머리 부분이 주된 머리이지만, 사실은 인간 전체가 머리입니다. 인간은 가슴 부분이 주된 가슴이지만, 사실은 인간 전체가 가슴입니다. 머리도 일부분 가슴의 본성을 가지고 있으며, 인간의 사지도 마찬가지입니다. 또한 인간의 사지 부분이 주된 사지이지만, 인간 전체가 사실 사지이며, 사지 또한 일부분 머리와 가슴의 본성을 가지고 있습니다. 사지가 피부 호흡에 한몫을 한다는 등이 그 예입니다.

8 이렇게 말할 수 있겠습니다. 즉, 우리가 진실에, 그 중에서도 인간 본성의 진실에 다가가려 한다면, 그 통합체를 이루고 있는 모든 부분을 살펴보아야 한다는 사실을 확실히 알고 있어야 합니다. 추상적인 통합체만 파악하려 하면 아무것도 알 수 없게 됩니다. 구성 요소를 나누어 보지 않으면 어둠 속에서 모든 고양이가 회색으로 보이듯 세계는 언제나 불분명한 것으로 남아 있게 됩니다. 그러니 모든 것을 개념적인 통합체로 파악하려는 사람들의 눈에는 세계 전체가 회색으로 보입니다. 그리고 모든 구성 요소를 분류해서 떼어 놓는다면 결코 진정한 인식을 얻을 수 없을 것입니다. 그런 경우에는 서로 다른 것들을 파악할 뿐, 인식에 도달하지는 못할 것이기 때문입니다.

9   인간 안에 있는 모든 것은 이렇게 인식의 본성, 감정의 본성, 의지의 본성을 부분적으로 가지고 있습니다. 그리고 인식은 대부분 인식적인 것으로 이루어져 있지만, 그 안에는 감정적인 것과 의지적인 것이 들어 있습니다. 감정은 대부분 감정적인 것으로 이루어져 있지만, 그 안에는 인식적인 것과 의지적인 것이 들어 있습니다. 의지도 마찬가지입니다. 우리는 이를 어제 감각 영역이라고 언급한 것에 적용할 수 있습니다. 오늘 저의 강의 내용을 그야말로 제대로 이해하려 하신다면, 사소한 것에 매달리는 태도를 완전히 버려야 합니다. 그렇지 않으면 여러분은 오늘 강의가 어제의 것과 극단적으로 모순된다고 여기시게 될 것입니다. 물론 실재란 모순되는 것들로 이루어져 있습니다. 세계 안에 있는 모순을 간파하지 못하면 실재를 파악하지 못합니다.

10   인간에게는 모두 열두 가지의 감각이 있습니다.* 통상적인 과학에서 다섯, 여섯 또는 일곱 가지 감각을 구분해서 말하는 이유는, 그 감각들이 유난히 두드러지는 반면에 열두 가지 감각을 이루는 다른 감각들은 그보다 덜 두드러지기 때문입니다. 제가 여러 차례에 걸쳐 인간의 이 열두 가지 감각을 언급하기는 했지만, 오늘 다시 한 번 함께 논의해 보려 합니다. 사람들은 청감각, 온감각, 시감각, 미감각, 후감각, 촉감각 등을 거론합니다. 그 가운데 온감각과 촉감각을 하나로 합치는 경우도 있는데, 이건 마치 겉보기에 "연기"와 "먼지"가 같다고 그 둘을 동일한 것으로 치부하는 것이나 다름없습니다. 온감각과 촉감각이 인간이 세계와 연결되는 두 가지 완전히 다른 양상이라는 사

실은 달리 말할 여지가 없습니다. 오늘날 심리학자들은 감각을 이 정도로 구분하며, 기껏해야 그 중 몇몇이 균형감각을 추가할 뿐입니다. 또 한 가지를 더하는 사람들도 있지만,* 그렇다고 완전한 감각생리학이나 감각심리학에 도달하지는 못합니다. 인간이 다른 인간의 자아를 지각하려면, 시각을 통해 색채를 지각할 때 인간이 주변 세계와 갖게 되는 것과 유사한 관계를 가져야 한다는 사실을 전혀 유념하지 않기 때문입니다.

11   사람들은 오늘날 모든 것을 마구 뒤섞어버리는 경향이 있습니다. 자아가 무엇인지를 생각할 때 사람들은 먼저 자신의 영혼적인 본질을 떠올리고는 그것으로 만족하는 것이 보통입니다. 심리학자들도 거의 그렇게 합니다. 내가 나 자신에게서 체험하는 것을 추후에 모두 합쳐 그것을 "자아"라고 표현하는 것, 그리고 어느 사람을 만나 맺는 관계의 양식을 통해 그를 또 하나의 "자아"라고 표현하는 것, 이 둘이 완전히 다른 것임을 그들은 전혀 유념하지 않습니다. 그 둘은 서로 완전히 다른 정신적이고 영혼적인 활동입니다. 한편으로 내 존재의 활동을 포괄적 종합체인 "자아"로 요약한다면, 그것은 순수하게 내면적인 것입니다. 다른 한편으로 내가 다른 사람을 만나서 그와의 관계를 통해 그 역시 나의 자아와 같은 존재임을 표현한다면, 그것은 나와 그 사람 사이의 상호 작용에서 뒤섞이는 활동이 내 앞에서 뒤섞이는 것입니다. 따라서 나의 내면에서 나 자신의 자아를 지각하는 것은 다른 사람을 또 하나의 자아로 인식하는 것과는 다른 일이라고 말할 수밖에 없습니다. 다른 사람의 자아에 대한 지각은 자아감각에 기인

하는데, 이는 색채의 지각이 시감각에, 음향의 지각이 청감각에 기인하는 것과 같습니다. 그런데 사람에게서는 "자아 지각하기das Ichen" [91]를 위한 감각기관이 시각을 위한 기관처럼 분명히 드러나 있지 않게 되어 있습니다. 하지만 색채를 지각하는 것을 "본다"라고 표현하는 것처럼 다른 사람의 자아를 지각하는 것을 "자아를 지각한다"라는 단어로 표현해도 될 것입니다. 색채 지각을 위한 기관은 인간의 외부에 접해 있습니다. 그런데 타인의 자아를 지각하는 기관은 전신에 퍼져 있으며, 그 실체가 극히 미세하게 만들어져 있어서 "자아지각기관"이라고 말하지 않습니다. 이 자아지각기관은 내가 나 자신의 자아를 체험하도록 하는 것과는 다른 어떤 것입니다. 나 자신의 자아를 체험하는 것과 다른 사람의 자아를 체험하는 것 사이에는 사실 엄청난 차이가 있습니다. 다른 사람의 자아를 체험하는 것은 본질적으로 일종의 인식 과정이거나 적어도 인식과 유사한 과정이며, 반면에 자신의 자아에 대한 체험은 의지 과정이기 때문입니다.

12   그렇다면 사소한 것에 매달리는 사람은 신이 나서 이렇게 말할지도 모르겠습니다. "지난 번 강의에서 선생님은 모든 지각 활동이 주로 의지 활동이라고 하셨는데요, 지금은 자아감각이란 것을 만들고는 그것이 주로 인식 감각이라고 하시는군요" 하고 말입니다. 그러나 여러분이 제가 《자유의 철학》 개정판*에서 시도한 것처럼 자아감각

---

91) "나"를 뜻하는 대명사 "Ich"를 동사로 만든 다음, 그것을 다시 명사화한 "das Ichen"은 아마도 독일어의 역사에서 전무후무한 조어일 것이다.

의 성격을 규명해 보시면, 이 자아감각이란 것이 실제로 정말 복잡하게 작동하는 것임을 아시게 될 것입니다. 다른 사람의 자아에 대한 지각은 실제로 무엇에 기인할까요? 이에 대해 추상적인 것에 매달리는 사람들은 아주 기이한 이야기를 합니다. "우리는 다른 사람에게서 그 형상을 보고 그가 내는 소리를 듣고는 우리 자신이 그와 같은 인간임을 확인함으로써 그의 내면에 사고하고 느끼고 원하는 존재가 있다는 것을, 즉 그가 영혼적, 정신적으로 한 인간임을 알게 된다" 하고 말입니다. 그런 식으로 나에게서 다른 사람을 유추해 냅니다. 이런 유추에 대해서는 어리석다고 밖에 달리 할 말이 없습니다. 한 인간과 다른 인간 사이의 상호 관계의 내용은 그와는 완전히 다른 것입니다. 여러분이 어느 사람을 만나면, 다음과 같은 일이 일어납니다. 먼저 그 사람을 잠깐 지각합니다. 이때 그로부터 어떤 인상을 받습니다. 이 인상이 여러분의 내면을 방해합니다. 사실 여러분과 같은 존재인 그 사람이 여러분에게 공격하는 듯한 인상을 남깁니다. 그 결과로 여러분은 내면적으로 방어적이 되어 그 공격에 맞서 그 사람에 대해 내적으로 공격적인 태도를 취합니다. 여러분의 공격적인 태도가 누그러지면 공격성은 사라집니다. 그러면 그 사람은 다시 여러분에게 인상을 남길 수 있게 됩니다. 이 과정에서 여러분은 다시 공격할 힘을 높여 공격을 실행합니다. 그런 뒤에 여러분의 공격성이 다시 누그러지면, 그 사람은 또한 번 여러분에게 인상을 남깁니다. 이렇게 계속 이어집니다. 이것이 바로 어떤 사람이 타인을 만나 그의 자아를 지각할 때 이루어지는 관계로, 타인에 대한 몰입 — 내면적인 방어, 그런 다음에 호감 — 반감이 반복되는 것입니다. 제가 지금 말하는 것은 감정의 변화가 아니라 상대방을 지각할 때 일어나는 일에 관한 것입니다. 그렇게 상대방을 지각할 때 영혼이 진동을 일으킵니다. 즉, 호감 - 반감, 호감 - 반감, 호감 - 반감이 되풀이되는 것입니다. 이에 관한 설명은 《자유의 철학》 개정판에서 읽으실 수 있습니다.

13   그러나 여기에 또 다른 경우가 있습니다. 여러분은 호감이 생기는 동안 타인 안으로 잠들고, 반감이 생기는 동안에는 깨어나는 등의 일이 그렇습니다. 다른 사람을 만날 때 깨어 있는 상태와 잠자는 상태가 진동하듯 아주 빨리 교차되는 것입니다. 이런 과정은 우리의 자아감각으로 인해 가능합니다. 자아감각기관은 의지가 깨어 있지 않고 잠자는 상태에서 타인의 자아를 탐색합니다. 그리고 잠자는 동안 얻은 탐색의 결과를 순식간에 인식 안으로, 즉 신경체계 안으로 전달합니다. 이를 제대로 관찰하면, 타인을 지각하는 주체는 의지이지만, 그 의지는 깨어 있지 않고 잠들어 있습니다. 이는 우리가 타인을 지각하는 행위에서 잠자는 순간들을 집어넣기 때문입니다. 그리고 그 순간들 사이에 있는 것이 인식인데, 이 인식은 순식간에 신경체계의 영역으로 보내집니다. 그래서 제가 타인을 인식하는 것을 실제로 인식 과정이라고 말하지만, 동시에 그 인식 과정은 잠자는 의지 과정이 변형된 것임을 알아야 합니다. 이렇게 이 감각 과정 또한 의지 과정인데, 다만 우리가 그것이 의지 과정임을 알아차리지 못할 뿐입니다. 우리는 잠자는 동안 체험하는 인식을 모두 의식하지는 못합니다.

14   다음 감각은 자아감각을 비롯해서 다른 모든 감각과 구분해

서 유념해야 하는 것으로, 저는 그것을 사고감각이라고 일컫습니다. 사고감각은 자신의 사고가 아니라 타인의 사고를 지각하는 감각입니다. 이에 대해서도 심리학자들은 다시 한 번 기괴한 견해를 내놓습니다. 그들은 무엇보다 언어와 사고가 하나가 되어 움직인다는 생각에 깊이 영향을 받아서, 우리가 언제나 언어로 사고를 받아들인다고 믿습니다. 그건 터무니없는 생각입니다. 음성어를 통해서만이 아니라 공간에서 이루어지는 몸짓에서도 사고감각을 통해서 사고를 지각할 수 있기 때문입니다. 음성어는 사고를 전달할 뿐입니다. 여러분은 자신의 감각으로 그 사고를 스스로 지각해야 합니다. 언젠가 모든 소리에 대해 오이리트미 동작이 완성되면, 사람들이 하려는 말을 오이리트미 동작으로 표현하기만 하면 여러분이 귀로 들을 때처럼 그 오이리트미 동작에서* 사고를 읽어 낼 수 있을 것입니다. 간단히 말하면, 사고감각이란 소리를 지각할 때, 즉 음성어를 들을 때 작용하는 것과는 좀 다른 감각입니다. 그 다음으로 우리에게는 본래의 언어감각이 있습니다.

15   이어서 청감각, 온감각, 시감각, 미감각, 후감각이 있습니다. 그리고 균형감각이 있습니다. 균형을 잡고 있을 때 우리는 감각의 형태로 이를 의식합니다.* 우리에게는 그런 형태의 감각도 있습니다. 어떤 내적이고 감각적인 지각을 통해서 우리는 오른쪽과 왼쪽으로, 앞쪽과 뒤쪽으로 어떤 상태에 있어야 넘어지지 않는지 압니다. 균형감각이 손상되면 넘어집니다. 눈이 손상되면 색채와 올바른 관계에 있지 못하는 것처럼, 균형감각이 손상되면 몸의 균형을 유지할 수 없습니다. 이렇게 균형을 유지하기 위한 감각이 있는 것과 마찬가지로 우

리에게는 자신의 움직임을 지각하는 감각도 있습니다. 이 감각을 통해 우리는 자신이 가만히 있는지 아니면 움직이고 있는지, 근육이 굽혀진 상태인지 아닌지 파악합니다. 우리는 균형감각 말고도 이렇게 움직임감각도 가지고 있습니다. 이에 더하여 우리 몸이 포괄적으로 조화로운 상태인지를 지각하는 생명감각도 있습니다. 많은 사람이 이 생명감각에 많이 좌우됩니다. 그들은 음식을 너무 많이 먹거나 너무 적게 먹었는지 지각하고는 기분이 나빠지거나 좋아집니다. 또는 피곤한지 아닌지 지각하고는 기분이 좋아지거나 나빠집니다. 간단히 말하면, 자기 몸의 갖가지 상태를 지각한 것이 생명감각에 반영됩니다. 이렇게 열두 가지 감각이 채워졌습니다. 인간에게는 실제로 이런 열두 가지 감각이 있습니다.

16　　우리는 여러 감각에 연관되어 있는 인식적인 것이 비밀스러운 방식으로 의지에 기인하고 있다는 사실을 알게 되었고, 그래서 이렇게 감각에 개입해 있는 인식적인 것에 대해 융통성 없는 이의를 제기할 여지를 없앴습니다. 따라서 이제 우리는 이 감각들을 또 한 가지 방법으로 분류할 수 있겠습니다. 먼저 촉감각, 생명감각, 움직임감각, 균형감각 등의 네 감각이 있습니다. 이 감각들에는 무엇보다 의지 행위가 가득 스며들어 있습니다. 의지는 이 감각들의 지각 활동에 작용합니다. 몸을 움직일 때, 심지어 가만히 선 채 몸을 움직일 때조차 여러분의 지각 활동 안으로 의지가 어떻게 영향을 미치는지 느껴 보십시오! 잠잠한 의지가 여러분의 균형감각에까지 영향을 미칩니다. 생명감각에도 의지가 작용하고 촉감각에도 의지가 영향을 미칩니다. 여

러분이 무엇인가를 만지는 행위는 근본적으로 보아 여러분의 의지와 주변 세계가 부딪히는 일이기 때문입니다. 간단히 말하면, 균형감각, 움직임감각, 생명감각, 촉감각은 좁은 의미의 의지 감각입니다. 촉감각의 경우, 인간은 어떤 것을 만질 때 그 손의 움직임을 눈으로 봅니다. 따라서 그는 촉감각이 있다는 것을 분명히 압니다. 그러나 그 감각들은 특별한 의미로 의지 감각이므로 그런 감각에서 의지는 잠든 상태입니다. 의지에서 인간은 잠들어 있으니까요. 거의 모든 종류의 심리학에서 여러분은 이런 감각들에 관한 언급을 찾아볼 수 없습니다. 많은 사안에서 과학은 눈에 보이는 인간이 잠을 자면 편안하게 함께 잠자기 때문입니다.

17   다음으로 후감각, 미감각, 시감각, 온감각의 주된 본질은 감정 감각입니다. 단순한 의식에서는 특히 냄새 맡고 맛을 볼 때 감정과 유사한 것을 느낍니다. 그런데 시각과 온감각에서 그렇지 않은 데는 나름의 이유가 있습니다. 온감각에서 우리는 그것이 감정과 매우 유사하다는 사실에 유념하지 않은 채 촉감각과 같은 것으로 여깁니다. 그 둘을 제대로 혼합하지도, 제대로 구분하지도 못하는 것입니다. 온감각이 오로지 감정적인 것과는 달리, 촉감각은 실제로 대단히 의지적입니다. 사람들이 시감각이 감정 감각임을 알아차리지 못하는 것은 괴테의 《색채론》에 나오는 방식으로 관찰하지 않기 때문입니다. 그 책에서 여러분은 색채와 감정의 모든 유사성, 그리고 그것들이 의지의 자극으로도 이어진다는 사실에 대한 명확한 언급을 만나게 됩니다. 그런데도 사람들이 시감각의 주된 본질이 감정이란 사실을 거의 인지

하지 못하는 이유는 무엇일까요?

18   우리가 사물을 볼 때, 원칙적으로 사물은 우리로 하여금 색채를 구별할 수 있게 하는 동시에 선과 형태 등 색채들 사이의 경계선도 보여 줍니다. 그런데 우리가 색채와 형태를 동시에 볼 때는 그것을 어떻게 지각할지 유념하지 않습니다. 채색된 원을 보면서 우리는 "나는 색을 본다. 그리고 원을 이루는 곡선, 즉 원형을 본다" 하는 식으로 적당히 말합니다. 그러면서 우리는 서로 완전히 다른 두 가지를 뒤섞어 버립니다. 눈의 고유한 활동, 눈만이 하는 특수한 활동으로 여러분은 먼저 색채만을 보게 됩니다. 원형을 보는 것은 여러분이 무의식적으로 움직임감각을 사용하는 가운데 에테르체와 아스트랄체 안에서 무의식적으로 원을 이루는 곡선을 그린 다음에 그것을 인식 안으로 끌어올림으로써 가능해집니다. 그런 다음 여러분이 움직임감각으로 받아들인 그 원형이 인식 안으로 들어오면, 그렇게 인식된 원형이 비로소 이전에 지각된 색채와 합쳐집니다. 결국 여러분은 신체 모든 곳에 분포되어 있는 움직임감각을 동원해서 몸 전체로부터 그 형태를 끌어내는 것입니다. 그리고 여러분은 이것을 제가 이 문제를 설명하면서 한 말,* 즉 "인간은 사실 우주에서 기하 도형들을 그린 다음에 인식으로 끌어 올린다"라고 표현합니다.

19   오늘날 공인된 과학은 색채를 보는 것과 움직임감각의 도움으로 형태를 지각하는 것 사이의 차이를 밝힐 정도로 정교한 관찰 방식까지는 전혀 도달하지 못한 채, 모든 것을 마구 뒤섞어 하나로 여깁

니다. 미래의 교육은 그렇게 혼란스럽게 뒤섞는 상태에서는 불가능할 것입니다. 무엇을 볼 때 인간 전체가 움직임감각이라는 우회로를 통해 자신의 본질 전부를 투입한다는 사실을 모른다면, 보는 행위에 관해서 어떻게 가르칠 수 있을까요? 그런데 이제 조금 다른 것이 등장합니다. 여러분은 채색된 형태를 지각하는 가운데 보는 행위를 관찰합니다. 채색된 형태를 지각하는 이 보는 행위는 복잡하게 이루어집니다. 하지만 여러분은 통합적인 인간이고, 따라서 눈과 움직임감각이라는 두 우회적인 경로로 지각하는 것을 여러분 안에서 다시 하나로 합칠 수 있습니다. 빨간 원형을 두고 여러분이 한 가지 경로로 빨강을, 그와는 완전히 다른 경로로 둥근 형태를 지각하지 않는다면, 여러분은 그 빨간색 원형을 그저 막연히 바라보기만 할 것입니다. 여러분이 두 가지 측면에서, 즉 눈으로 색채를, 그리고 움직임감각의 도움으로 형태를 지각하고, 그런 활동에서 언제나 그 둘을 연결하도록 내적으로 요구받기 때문에, 여러분은 그 대상을 막연하게 바라보지 않습니다. 그렇게 보면서 여러분은 판단합니다. 그리고 그 판단 행위가 자신의 신체 안에서 일어나는 역동적인 과정임을 알게 되는데, 그 과정은 감각들이 세계를 분석하여 그 각각을 여러분에게 보내줌으로써 일어납니다. 세계가 여러분이 체험하는 것을 열두 가지 부분으로 여러분에게 전달하면, 여러분은 판단을 통해 그것들을 조합합니다. 전달된 개별적인 것들이 개별적인 것으로 있으려 하지 않기 때문입니다. 일단 원형은 움직임감각에 도달한 그대로의 원형으로 남아 있지 않습니다. 색채 또한 눈에 지각된 그런 색채로 남아 있지 않습니다. 이런 두 가지가 여러분에게 그것들을 하나로 연결하라고 내적으로 강요합니다. 그러면 여러분은 그 둘을 연결하겠다고 내적으로 결심합니다. 이 때 판단 기능이 여러분의 인간 전체를 드러냅니다.

20 　　여러분은 이제 세계에 대한 우리의 관계에 숨은 깊은 의미를 들여다보게 됩니다. 열두 가지 감각이 없다면, 우리는 아무런 생각이 없는 사람처럼 주위로 눈길만 준 채, 내면에서 이루어지는 판단 행위 라는 것을 할 수 없을 것입니다. 우리에게는 열두 가지 감각이 있고, 그 덕분에 우리에게는 분리된 것들을 연결할 여러 가능성이 주어집니 다. 우리는 자아감각이 체험하는 것을 다른 열한 가지 감각으로 연결 할 수 있으며, 이는 다른 모든 감각의 경우에도 마찬가지입니다. 이를 통해 우리는 감각들의 연관성이라는 점에서 대단히 많은 조합을 얻습 니다. 그뿐 아니라, 예를 들어 자아감각을 사고감각 및 언어감각과 연 결하는 등으로도 우리에게는 다시 엄청난 수의 조합 가능한 연관성이 생깁니다. 여기서 우리는 인간이 얼마나 비밀스러운 방식으로 세계와 연결되어 있는지 알 수 있습니다. 열두 가지 감각을 통해 사물은 각각 의 구성 요소들로 분리되는데, 인간은 그 구성 요소들을 하나로 조합 할 수 있습니다. 그렇게 함으로써 인간은 그 사물의 내적 활동에 끼어 듭니다. 이렇게 보면 여러분은 하나의 감각이 다른 감각과 똑같이 발 달하도록 인간을 교육하는 것이 얼마나 중요한 일인지 이해하실 것입 니다. 그래야 각기 다른 감각 사이의 관계, 각기 다른 지각 사이의 관 계를 의식적이고도 체계적으로 가려낼 수 있기 때문입니다.

21 　　한 가지 덧붙일 이야기가 있습니다. 자아감각, 사고감각, 청감

각, 언어감각에서 의지는 잠자는 의지, 실제로는 잠들어 있지만 겉으로 드러날 때는 인식 활동과 함께 진동하는 의지이며, 따라서 그 네 가지 감각은 인식 감각에 가깝다는 것입니다.* 그런 식으로 인간의 자아 영역에는 의지, 감정, 인식이 있으며, 이들은 깨어 있는 상태와 잠자는 상태의 도움을 받아 활동합니다.

22   그러니 여러분이 인간을 인식하기 위해서는 언제나 세 가지 관점에서 인간의 정신을 관찰해야 한다는 사실을 명심하시기 바랍니다. 그렇다고 해서 정신! 정신! 정신! 하고 말하는 것으로는 충분치 않습니다. 대부분의 사람들이 정신에 대해 말하지만, 막상 정신으로부터 주어지는 것은 제대로 다루지 못합니다. 의식 상태를 근간으로 해야 정신을 제대로 다루게 됩니다. 깨어 있는 상태, 잠자는 상태, 꿈꾸는 상태와 같은 의식 상태를 통해서만 정신을 제대로 파악할 수 있습니다. 영혼적인 것은 호감과 반감이라는 상태를 통해 파악됩니다. 영혼은 심지어 무의식적으로도 호감과 반감을 지닙니다. 우리의 영혼은 본래 아스트랄체 안에 있고 생명은 에테르체 안에 있으며, 그 둘 사이의 내면에서 끊임없이 교류가 일어남으로써 영혼적인 것이 저절로 에테르체의 생명 상태로 나타납니다. 그리고 신체는 형태적인 상태를 통해 지각됩니다. 어제 저는 머리를 공 모양, 몸통을 달 모양, 사지를 선 모양이라고 말했지만,* 인간 신체의 진정한 형태론에 대해서는 더 논의하게 될 것입니다. 그러나 정신이 각각의 의식 상태에서 어떻게 나타나는지 설명하지 않는다면 정신에 대해 제대로 이야기하지 못합니다. 영혼이 호감과 반감 사이에서 어떻게 나타나는지 설명하지 않

는다면 영혼을 제대로 제시하지 못하는 것입니다. 마찬가지로 신체를 그 진정한 형태를 통해 파악하지 않는다면 신체에 대해 제대로 설명하는 것이 아닙니다. 이에 대해서는 내일 계속하겠습니다.

제9강

1919년 8월 30일, 슈투트가르트

1   성장하고 있는 인간의 본질에 관해 여러분 자신이 의지와 정서가 두루 스며 있고 잘 발달한 지식을 가지고 있다면, 여러분은 올바른 수업을 하고 좋은 교육을 할 것입니다. 그럴 때 여러분은 성장하는 아이에 대한 의지적인 지식에서 나오는 것을 여러분 안에서 깨어나는 교육적인 본능을 통해 각 영역에 적용하게 될 것입니다. 그러나 그 지식도 마찬가지로 완전히 실제적인 것이어야 합니다. 다시 말해서, 그 지식은 현실세계에 대한 진정한 인식에 근거한 것이어야 합니다.

2   인간에 관한 진정한 지식에 이르기 위해 우리는 그 인간을 우선 영혼적인 관점에서, 그런 다음 정신적인 관점에서 숙고해 보았습니다. 인간을 정신적으로 이해하기 위해서는 우리가 반드시 다양한 의식 상태를 성찰해 보아야 한다는 것을 알고 있어야 하며, 적어도 우리의 삶이 깨어 있는 상태, 꿈꾸는 상태, 잠자는 상태에서 진행된다는 것, 그리고 삶의 개별적인 내용을 완전히 깨어 있거나 꿈꾸고 있거나 잠자고 있는 상태로 구별하여 볼 수 있게 되는 것이 중요하다는 사실을 알고 있어야 합니다. 그러면 이번에는 정신에서 시작하여 영혼을 거쳐 신체로 점점 깊이 내려가도록 시도하여 인간 전체의 면모를 확

인함으로써 이런 관찰이 성장하는 아이의 확실한 건강까지 도달할 수 있도록 해 보겠습니다.

3   수업과 교육에서 그 전체를 고려해야 하는 시기가 삶의 첫 20년임을 여러분은 알고 계십니다. 또한 이 첫 20년이라는 인간의 삶은 다시 세 부분으로 나뉜다는 것도 우리는 알고 있습니다. 이갈이를 시작할 때까지 아이는 아주 분명한 특성을 지니고 있는데, 그 특성은 아이가 모방하는 존재이기를 원한다는 사실로 드러납니다. 아이는 자신이 주변에서 보는 모든 것을 모방하려 합니다. 만 7세에서 성적인 성숙이 시작될 때까지 우리가 만나는 아이는 자신이 알고 느끼고 원하는 것을 권위를 근거로 받아들이려 합니다. 그리고 사춘기가 되면 비로소 자신의 판단을 바탕으로 주변 세계와 관계 맺으려는 인간의 갈망이 시작됩니다. 따라서 우리가 지속적으로 고려해야 할 점은, 폴크스슐레[92] 연령의 아이들을 맡았을 때 우리는 그 본성의 가장 내적인 본질에 의해 권위를 지향하는 "그런" 인간을 교육해야 한다는 사실입니다. 바로 그 연령대의 아이들에게서 권위를 유지할 능력이 없다면, 우리는 올바른 교육을 할 수 없습니다.

4   그런데 이제 우리가 인간 삶의 모든 활동에 대해서도 그 특징을 확인하면서 개관할 수 있어야 한다는 것이 중요합니다. 앞에서 우

---

92) "폴크스슐레Volksschule". 1763년 프로이센 왕국의 일반기초학교조례 이래 독일에서 8년간의 의무교육이 이루어지는 학교를 이렇게 불렀다. 따라서 오늘날 우리가 말하는 초등학교와 중학교 과정을 합친 기간과는 일치하지 않는다. 역주 1 참조.

리가 아주 다양한 관점에서 그 특징을 확인한 것처럼, 인간 삶의 이 모든 행위는 한편으로는 인식적 사고를, 그리고 다른 한편으로는 의지를 포괄합니다. 그리고 그 둘 사이에는 감정이 있습니다. 그리고 태어나서 죽을 때까지 이 지상의 인간으로서는 인식적 사고로 나타나는 것 안으로 논리가, 즉 논리적으로 사고할 능력을 부여하는 모든 것이 점차 스며들게 하도록 해야 합니다. 다만 여러분은 교사, 교육자로서 알아야 할 논리를 늘 배후에 두어야 할 것입니다. 논리는 이의의 여지 없이 분명하게 과학적인 것이지만, 논리 자체는 우선 전반적인 태도를 통해서만 아이에게 전달해야 하기 때문입니다. 물론 교사는 그 논리의 요지를 확실히 알고 있어야 합니다.

5   논리적으로 행위할 때, 즉 사고하고 인식하면서 행위할 때, 우리의 행위는 늘 세 부분으로 구성됩니다.* 먼저 우리의 생각하는 인식 안에는 우리가 추론이라고 부르는 것이 늘 들어 있습니다. 일상생활에서 하는 생각은 언어로 나타납니다. 여러분이 언어의 구조를 들여다보면, 말을 하면서 여러분이 끊임없이 추론을 내리고 있다는 사실을 알게 됩니다. 이렇게 추론을 내리는 것은 인간이 하는 행위 가운데 가장 의식적인 행위입니다. 끊임없이 추론을 내리지 않는다면 우리는 언어로 자신을 표현하지 못할 것입니다. 끊임없이 추론을 자신의 내면으로 받아들이지 않는다면, 우리는 다른 사람이 하는 말을 이해하지 못할 것입니다. 통상적인 논리학에서는 추론을 해체합니다.* 일상생활에서 등장하는 결론의 경우라면, 결론을 해체하는 통상적인 논리학의 방법 자체가 추론을 날조하는 것입니다. 통상적인 논리학에

서는 우리가 어느 사물을 보든 추론을 내린다는 사실을 유념하지 않습니다. 동물원에 가서 사자를 본다고 생각해 보십시오. 그 사자를 지각할 때 여러분은 무엇을 가장 먼저 할까요? 가장 먼저 여러분은 사자에서 눈에 보이는 것을 의식합니다. 그리고 오로지 이 의식하기를 통해서만 여러분은 사자를 제대로 지각하게 됩니다. 동물원에 가기 전에 이미 여러분은 지금 눈앞에 있는 사자처럼 생긴 것이 "동물"임을 배웠습니다. 여러분은 살아오면서 이미 배운 것을 가지고 동물원에 가는 것입니다. 그러고는 사자를 보면서 그 사자가 정말 동물에 대해 알고 있던 것과 같다는 사실을 발견합니다. 이것을 여러분은 살면서 얻은 인식과 연결한 다음, "사자는 동물이다"라는 판단을 내립니다. 이런 판단을 내린 다음에야 여러분은 "사자"라는 개별 개념을 이해하게 됩니다. 여러분이 첫 번째로 실행하는 것은 추론이며, 두 번째는 판단, 그리고 삶에서 마지막으로 얻는 것은 개념입니다. 물론 여러분은 자신이 이런 행위를 끊임없이 하고 있다는 사실을 알지 못합니다. 그러나 이런 행위를 하지 않는다면 의식하는 가운데 살지 못할 것이고, 그러면 언어를 통해 다른 사람들과 소통하는 것도 불가능할 것입니다. 일반적으로 우리는 맨 먼저 개념을 얻는다고 생각합니다. 그러나 그것은 사실이 아닙니다. 무엇을 할 때 가장 먼저 이루어지는 것은 추론입니다. 다음과 같이 말할 수 있겠습니다. 동물원에서 사자에 대해 지각한 것을 그때까지 살면서 경험한 모든 것에서 분리시키지 않고 그 경험에 포함시킨다면, 우리가 동물원에서 하는 첫 번째 행위는 추론을 이끌어내는 일입니다. 우리가 동물원에 가서 사자를 보는 것은 개별적인 행위인 동시에 전체 삶의 일부분이라는 사실을 확실히 전제해야 하겠습니다. 우리의 삶이 시작된 것은 동물원에 들어가서 사자를 본 순간이 아닙니다. 그 순간은 이전의 삶에 더해진 것이며, 이전의 삶은 그 순간 안으로 작용합니다. 그러면 우리는 동물원에서 얻은 것을 가지고 또다시 나머지 삶으로 들어갑니다. 그러나 여기서 이 전체 과정을 들여다볼 때, 사자는 가장 먼저 무엇인가요? 사자는 가장 먼저 하나의 추론입니다. 우리는 확실히 "사자는 하나의 추론이다"라고 말할 수 있습니다. 그런 다음 잠시 후에 사자는 하나의 판단입니다. 그리고 또 잠시 뒤에 사자는 개념입니다.

6   여러 논리학, 특히 케케묵은 논리학을 찾아보면, 그런 데서는 추론들 가운데서 "모든 인간은 죽는다.* 카유스는 인간이다. 따라서 카유스는 죽는다"처럼 유명한 추론을 언급하는 것을 볼 수 있습니다. 카유스는 논리학에서 그야말로 가장 유명한 인물입니다. 이렇게 "모든 인간은 죽는다" "카유스는 인간이다" "따라서 카유스는 죽는다"처럼 세 가지 판단을 분리하는 것은 사실 논리학 수업에서만 하는 작업입니다. 삶에서는 이 세 가지 판단이 서로 섞여 들어 하나가 됩니다. 삶은 끊임없이 사고하고 인식하는 가운데 이어지는 것이니 그렇습니다. "카유스"라는 한 인간 앞에 서면 여러분은 언제나 이 세 가지 판단을 동시에 내립니다. 그 인물에 대한 여러분의 사고 안에는 이미 이 세 가지 판단이 들어 있습니다. 즉, 가장 먼저 추론이 있습니다. 그 다음에야 여러분은 "따라서 카유스는 죽는다" 하고 판단하는데, 이는 추론의 결론에 해당합니다. 그리고 가장 나중에 여러분은 "죽을 운명인 카유스"라는 개인화된 개념을 얻습니다.

7   그런데 추론, 판단, 개념*이라는 이 세 가지는 인식 행위 안에, 즉 인간의 살아 있는 정신 안에 현존합니다. 이 셋은 인간의 살아 있는 정신 안에서 어떻게 움직일까요?

8   추론은 오로지 인간의 생생한 정신 안에서만 살아 있을 수 있고, 그 안에서만 건강하게 살아 있습니다. 말하자면 추론은 완전히 깨어 있는 상태에서 이루어질 때만 완전히 건강하다는 것입니다. 다시 들여다보겠지만, 이 점은 아주 중요합니다.

9   따라서 이미 만들어진 추론이 아이의 기억 안에 자리 잡도록 하는 교육은 아이의 영혼을 망치는 일입니다. 제가 지금 수업에 관해 이야기하는 것, 그리고 앞으로 상세하게 다루게 될 것은 대단히 중요합니다. 발도르프 학교에서 여러분은 이전 수업의 결과를 품고 있는 다양한 연령의 아이들을 맡게 됩니다. 아이들은 이미 교육의 결과를 지니고 있으며, 여러분은 그 결과를 추론, 판단, 개념에서도 발견할 것입니다. 아이 하나하나를 대상으로 처음부터 시작할 수는 없는 일이니, 여러분은 아이들에게서 새로이 지식을 끌어올려야 할 것입니다. 우리는 이 학교를 저학년부터 만들어 나가지 못하고 여덟 개 학년을 동시에 시작해야 한다는 특별한 상황에 놓여 있습니다. 결국 여러분은 아이들의 박제된 영혼을 만나게 될 것이며, 따라서 방법론적으로 초기에는 이미 기억하고 있는* 완성된 추론들을 최소화해야 한다는 사실을 고려하셔야 할 것입니다. 그렇게 완성된 추론이 아이들의 영혼 안에 너무나도 강하게 자리 잡고 있다면, 그 추론들을 그냥 기억

안에 머물도록 둔 채로 현재 아이의 삶이 추론하는 활동 안에서 이어지도록 해야 할 것입니다.

10   당연한 말이지만, 판단도 완전히 깨어 있는 삶 안에서 발달합니다. 그런데 판단은 인간 영혼의 깊은 곳, 영혼이 꿈꾸는 상태인 그곳으로 내려갈 수 있습니다. 결론은 단 한 번이라도 꿈꾸는 상태의 영혼 안으로 내려가서는 안 되며, 판단만이 꿈꾸는 상태의 영혼 안으로 내려갈 수 있습니다. 결국 우리가 세계에 대해 내리는 판단의 모든 내용은 어느 것이나 꿈꾸는 상태의 영혼 안으로 내려간다는 말입니다.

11   그럼 이 꿈꾸는 상태의 영혼이란 도대체 무엇일까요? 이미 들으신 것처럼 그것은 감정적인 것에 가깝습니다. 그러니까 우리가 살면서 판단을 내린 다음에 그런 판단 행위에서 벗어나 삶을 이어가면, 우리는 우리가 내린 판단을 지니고 세상을 살아갑니다. 이때 우리는 그 판단들을 우리의 감정 안에 지니고 세상을 살게 됩니다. 그뿐 아니라 우리의 판단 행위가 우리 내면에서 일종의 습관이 된다는 이야기입니다. 여러분이 아이들에게 판단하는 법을 가르치는 방식은 아이들의 영혼 습관을 형성합니다. 이 점을 여러분은 철저히 의식하고 있어야 합니다. 판단은 구체적인 삶에서 명제로 표현되고, 아이에게 명제를 말하면서 여러분은 아이의 영혼 습관을 구성하는 원자 하나를 더해 줍니다. 따라서 권위의 주체인 교사는 자신이 하는 말이 아이의 영혼 습관에 달라붙는다는 사실을 언제나 의식하고 있어야 합니다.

12 　　　판단에서 개념에 도달하면, 우리는 우리가 만든 개념이 인간 본질의 가장 깊은 곳까지, 정신적으로 보면 잠자는 상태의 영혼 안으로 내려간다는 사실을 인정할 수밖에 없습니다. 개념은 잠자는 상태의 영혼 안으로 내려가는데, 이 잠자는 상태의 영혼이 바로 끊임없이 신체를 대상으로 작업하는 영혼입니다. 깨어 있는 상태의 영혼은 신체를 대상으로 아주 조금밖에 작업하지 않습니다. 꿈꾸는 상태의 영혼은 신체의 형상을 만드는 데까지 깊이 작용합니다. 여러분이 개념을 만들 때, 다시 말해서 여러분이 인간에게서 판단의 결과를 확인할 때, 여러분은 잠자는 상태의 영혼까지, 달리 말하면 인간의 신체에 이르도록 작용합니다. 신체라는 측면에서 인간은 태어났을 때 이미 상당한 정도로 형성되어 있으며, 그 영혼은 유전의 흐름을 통해 인간에게 주어진 것을 더 섬세하게 형성할 가능성만 지니고 있습니다. 실제로 영혼은 신체를 한층 섬세하게 형성합니다. 우리는 세상을 다니면서 사람들을 관찰하는데, 우리가 만나는 이 사람들은 아주 특정한 인상을 지니고 있습니다. 이 인상에 담긴 것은 무엇이겠습니까? 그 안에 담긴 여러 가지 가운데는 어린 시절에 교사와 교육자들이 그에게 집어넣은 모든 개념의 결과도 있습니다. 성인이 된 사람의 얼굴에서는 아이의 영혼 안으로 주입된 개념들이 다시 겉으로 비쳐 나옵니다. 잠자는 상태의 영혼이 확고하게 자리 잡은 개념 등을 기초로 인간의 인상을 만들었기 때문입니다. 여기에서 우리는 교육과 수업이 인간에게 작용하는 힘을 보게 됩니다. 인간은 개념 형성을 통해서 교육과 수업의 인상을 신체에까지 받습니다.

13   오늘날 이 세상에서 가장 눈에 띄는 현상은 인상이 그다지 뚜렷하지 않은 사람들이 보인다는 것입니다. 언젠가 헤르만 바르Her-mann Bahr *는 베를린에서 한 어느 강좌에서 자기 인생의 경험담을 아주 재치 있게 이야기했습니다. 지난 세기의 90년대(1890년대)에 라인 강변이나 에센Essen지역에서 길을 걷다가 공장에서 나오는 사람들을 만나면 누가 누군지 구분할 수가 없었다면서, 그들은 단 한 사람을 복사장치로 복사한 듯한 느낌이었다고 한 것입니다. 실제로 그런 사람들을 구분하기란 불가능합니다. 이 얼마나 의미심장한 관찰입니까! 바르는 또 한 가지 중요한 관찰도 이야기했습니다. 90년대에 베를린에서 만찬에 초대받았을 때 그의 좌우 옆자리에 두 여성이 앉았는데, 그두 사람이 누가 누군지 전혀 다른 점이 없었다는 것입니다. 그 둘 사이의 차이라고는 한 여성은 오른쪽에, 다른 여성은 왼쪽에 앉았다는 것뿐이었습니다. 다음에 다른 곳에 초대받더라도 그곳의 어느 여성이 어제 만난 사람인지, 아니면 그저께 만난 사람인지 구분하지 못하는 일이 벌어질 수 있다는 이야기도 덧붙였습니다.

14   한 마디로, 인류에게는 어떤 획일성이 스며들어 있습니다. 이는 지난 시대에 교육을 통해서 인간 안에서 키워진 것이 아무것도 없었다는 증거입니다. 이런 것으로부터 우리는 교육 제도에서 무엇이 반드시 달라져야 할지 알아내야 합니다. 따라서 우리는 이렇게 말할 수 있겠습니다. 살아가는 동안 인간은 오로지 한 가지 개별적인 사실만 만나게 되는 것은 아니니, 인간이 지닌 개념은 무의식 속에 살고 있다고 말입니다.

15   개념은 무의식 속에서 살 수 있다는 이야기입니다. 판단은 반쯤 무의식적인 상태, 즉 꿈꾸는 상태에서 판단 습관으로서만 살 수 있습니다. 그리고 결론은 근본적으로 완전히 의식적인, 깨어 있는 상태에서만 힘을 발휘해야 합니다. 결국 우리는 결론에 연관된 모든 것을 아이들과 논의하는 것에, 아이들로 하여금 완성된 결론이 아니라 개념으로 발달할 것을 품고 있도록 하는 것에 대단히 유념해야 한다는 것입니다. 그렇다면 이를 위해서는 무엇이 필요할까요?

16   여러분 갖가지 개념을 만드는데, 이 개념들이 죽은 것이라고 생각해 보십시오. 그 경우 여러분은 인간에게 개념의 사체를 심어 주는 셈입니다. 인간에게 죽은 개념을 심어 준다면, 여러분은 인간의 몸 안으로 개념의 사체를 심어 주는 것입니다. 우리가 인간에게 가르치는 개념은 어떤 것이어야 할까요? 인간이 개념과 함께 살 수 있으려면, 그 개념은 살아 있는 것이어야 합니다. 인간은 살아 있고, 따라서 개념도 인간과 함께 살 수 있어야 합니다. 여러분이 아홉 살, 열 살 된 아이에게 서른 살, 마흔 살 먹은 성인이 가지고 있는 것과 같은 개념을 넣어 준다면, 그것은 아이에게 개념의 사체를 심어 주는 것입니다. 그렇게 되면 개념은 인간이 발달할 때 인간과 함께 살지 못합니다. 여러분은 아이의 성장과 더불어 그 자신이 변화될 수 있는 그런 개념들을 아이에게 가르쳐야 합니다. 교육자는 시간이 지나면 이전에 배운 것으로 남아 있지 않고 스스로 달라지는 그런 개념을 아이에게 전달하도록 유념해야 합니다. 그렇게 한다면 여러분은 아이에게 살아 있는 개념을 심어 주게 됩니다. 그러면 언제 여러분이 죽은 개념을 아이에

게 심어 줄까요? "사자는 이러저러한 것이다" 하는 식으로 끊임없이 갖가지 정의定義를 제시하면서 암기하도록 요구할 때, 여러분은 아이에게 죽은 개념들을 심어 주게 됩니다. 그렇게 되면 아이가 서른 살이 되어도 그런 개념들을 완전히 그대로 가지고 있을 것이라고 예상할 수 있습니다. 결국 정의를 많이 내리는 것은 살아 있는 수업을 죽이는 일입니다. 그렇다면 우리는 어떻게 해야 할까요? 수업을 할 때는 사물에 대해 정의를 내리지 말고 그 특성을 확인하도록 힘써야 합니다. 최대한 다양한 관점에서 관찰하면 사물의 특성을 확인하게 됩니다. 예를 들어 자연학 수업에서 요즘의 자연사에서 말하는 동물에 대한 내용을 그대로 가르친다면, 우리는 아이들에게 동물의 정의를 전달하는 것밖에 되지 않습니다. 수업의 모든 부분에서 우리는 인간이 어떻게 그 동물을 점차 알게 되고 일을 시키게 되었는지 등 다양한 측면에서 동물의 특성을 확인하도록 애써야 합니다. 여러분이 수업 단계에서 예정된 순서대로 오징어를 설명한 다음에 쥐, 그 다음 인간 등으로 단순히 자연사적으로 서술하지 않고, 오징어, 쥐, 인간 등을 나란히 놓아두고* 서로 연관시키는 합리적 구조로 수업을 한다면 그 자체가 사물의 특성을 확인하는 작업이 됩니다. 그렇게 해서 드러나는 사물들 사이의 연관관계는 대단히 다양해서, 정의가 도출되는 것이 아니라 특성이 확인됩니다. 따라서 올바른 수업은 애초부터 정의가 아니라 특성 확인을 지향합니다.

17   성장하고 있는 인간 안에 있는 그 어떤 것도 죽지 않고 그가 메마르거나 굳어지지 않고 생기 있게 머물 수 있도록 하는 교육과

수업은 대단히 중요한 일입니다. 그러므로 여러분은 아이에게 가르치는 유연한 개념*과 실제로 변화할 필요가 전혀 없는 그런 개념*을 —그런 개념도 있습니다만— 세심하게 구별해야 할 것입니다. 변화할 필요가 없는 개념은 아이의 영혼에 일종의 골격을 만들어 줄 수 있습니다. 물론 여러분이 무엇인가 아이에게 평생 머물러 있을 것을 주어야 한다는 사실도 염두에 두어야 합니다. 여러분은 삶의 개별적인 것들에 관해서 내내 남아 있어서는 안 될 죽은 개념을 아이에게 주지 말아야 합니다. 아이에게는 삶과 세계의 개별적인 것들에 관한 살아 있는 개념, 아이와 더불어 스스로 유기적으로 발달하는 그런 개념을 주어야 합니다. 그러나 여러분은 그 모든 것을 인간과 연관시켜야 합니다. 결국에는 아이가 이해하는 모든 것이 인간에 대한 관념 안에서 합쳐져야 합니다. 인간에 대한 이런 관념은 아이에게 남아 있어도 좋습니다. 여러분이 아이에게 우화를 들려주면서 그것을 인간에 적용하거나* 자연학 시간에 오징어와 쥐를 인간에 연관시키고 모스 전신의 신기한 작동을 체험하게 하는 등으로 아이에게 전달하는 모든 것은 세계의 모든 개별적인 것들을 인간과 연결하는 것입니다. 그런 것이 바로 아이 안에 머물러 있어도 좋은 것들입니다. 하지만 인간에 관한 개념은 천천히 만들어지도록 해야 합니다. 아이에게 완성된 개념을 가르칠 수는 없습니다. 그러나 개념을 이미 만들어 주었다면, 그런 개념은 아이 안에 머물러 있어도 괜찮습니다. 학교를 다니는 아이에게 인간에 관해 아주 다양하고 내용이 풍부한 관념을 주어 성장한 후에도 가지고 있도록 한다면, 그것은 가장 아름다운 일이겠습니다.

18   인간 안에 살고 있는 것은 삶에서 현실이 되어 살아 움직이도록 변하려는 경향이 있습니다. 여러분이 아이에게 경외와 경건이라는 개념, 이를 뭉뚱그려 기도하는 정서라고 부를 만한 모든 것에 대한 개념을 가르친다면, 기도하는 정서로 물든 아이의 사고는 생동적으로 되어 고령에 이르도록 사라지지 않은 채 기도하는 정서의 결과물을 다른 이들에게 나누어 줄 수 있도록 변화하는 복을 얻게 됩니다. 이를 두고 저는 언젠가 말했습니다. 어릴 때 제대로 기도하지 않은 사람은 노인이 되어서 결코 올바르게 사람들을 축복할 수 없다고 말입니다. 어릴 때 제대로 기도한 사람은 노인이 되면 제대로, 다시 말해서 아주 강력한 힘으로 축복할 수 있습니다.

19   그러니 인간에게서 가장 내밀한 것과 연관된 개념을 가르친다는 것은 인간에게 살아 있는 개념을 마련해 준다는 것을 뜻합니다. 그리고 살아 있는 것은 변형생성하고 변화합니다. 인간의 삶과 더불어 스스로 변화합니다.

20   청소년기의 이 삼원성을 조금 다른 관점에서 관찰해 봅시다. 이갈이가 시작될 때까지 인간은 모방하고, 사춘기 전까지는 권위를 따르려 합니다. 그런 다음에는 자신이 내리는 판단을 세계에 적용하기를 원합니다.

21   이를 달리 표현할 수도 있겠습니다. 정신적이고 영혼적인 세계에서 나와서 다시 신체라는 껍질을 입었을 때 인간이 근본적으로

원하는 것은 무엇일까요? 그는 정신적인 것 안에서 체험한 과거의 것을 물질세계 안에서 실현하기를 원합니다. 이갈이 전까지 인간은 아직 과거지향적입니다. 인간은 여전히 정신세계에 있을 때 몰두했던 것으로 가득합니다. 따라서 인간은 사람들을 모방하면서 주변 환경에 몰두합니다. 그렇다면 이갈이 전까지 아이의 무의식적인 기본 정서, 기본적인 자극은 무엇일까요? 이 기본 정서는 잘 가꿔 주어야 할 아주 아름다운 것입니다. 그것은 "세상은 도덕적이다"라는 가정, 무의식적인 가정에서 나옵니다. 오늘날 모든 영혼이 그런 것은 아니지만, 물질 존재로 세상에 태어나는 인간은 "세상이 도덕적이다"라는 무의식적인 가정을 전제하려는 본성이 있습니다. 그래서 이갈이 전만이 아니라 그 후로도 "세상은 도덕적이다"라는 무의식적인 가정을 어느 정도 고려하는 것이 교육을 위해 이롭습니다. 여러분에게 두 가지 읽을거리를 제시할 때도 저는 그 점을 고려했습니다.* 그 읽을거리들을 준비하는 내용도 말씀드렸는데요, 이는 인간이 세상을 도덕적이라고 가정한다는 것을 철저히 전제하고 있습니다. 양치기 개, 정육점 개, 애완용 개가 등장하는 그 읽을거리에서 저는 인간의 도덕이 동물 세계에 어떻게 반영되어 있는지 밝히려 했습니다. 저는 또한 제비꽃을 소재로한 호프만 폰 팔러스레벤[93]의 시에서 일곱 살이 지난 아이에게도 고

---

93) 아우구스트 하인리히 호프만 폰 팔러스레벤August Heinrich Hoffmann von Fallersleben(1798-1874)은 19세기 독일의 시인으로, 독일어와 독일 문학에 대한 일관된 연구로 독문학의 체계화에 기여했다. 시와 동요를 많이 남겼다. 그의 시 "독일인의 노래"의 3연은 독일 국가의 가사로 쓰인다. 이곳에 언급된 제비꽃 소재의 시는 "맨 처음 핀 제비꽃"이라는 제목의 작품이다.

루하지 않게 도덕을 가르쳐 세상이 도덕적이라는 가정을 받아들이도록 하려 했습니다. 아이들은 세상을 도덕적이라고 믿고, 그렇기 때문에 세상을 모방해도 좋다고 믿는 인간이며, 그런 아이들을 보며 우리가 고귀함과 위대함을 느끼는 것도 그 때문입니다. 아이는 이렇게 과거 속에 살고 있으며, 물질적인 과거가 아니라 정신적이고 영혼적인 출생 이전의 과거를 드러내는 사람입니다.

22   이같이 시기부터 사춘기가 시작될 때까지 아동기를 지내는 인간은 실제로 계속 현재 안에서 살면서 현재의 것들에 관심을 가집니다. 따라서 학생들이 늘 현재 안에서 살기를 원한다는 것을 유념하여 교육과 수업을 진행해야 합니다. 현재 안에 사는 사람은 어떻게 사는 것일까요? 자신을 둘러싼 세계를 동물적이 아니라 인간적인 방식으로 즐기는 사람이 현재 안에 사는 것입니다. 그러니 우리는 동물적이 아니라 고차적이고 인간적인 의미에서 수업이 진정으로 아이들에게 일종의 즐기는 일이 되도록 해야 하며, 반감과 혐오감을 불러일으키지 않도록 해야 합니다. 이 영역에서 교육학은 온갖 바람직하게 여겨지는 일을 시도했습니다. 그러나 그것은 이 영역에서는 위험합니다. 수업을 기쁨과 즐거움의 원천으로 만든다는 원칙으로 인해 자칫 수업이 무미건조해질 위험이 있습니다. 그런 일이 벌어져서는 안 됩니다. 그런 일을 막으려면 수업을 하는 교사 자신이 무미건조하고 옹졸하고 편협한 태도에서 벗어나려고 해야 합니다. 그러려면 교사는 예술에 대한 자신의 관계를 정말 생생하게 유지하기를 소홀히 하지 말아야 합니다. 동물적이 아니라 인간적으로 세상을 즐기기를 원한다면

특정한 전제조건, 즉 "세상은 아름답다"는 전제조건이 바탕이 되어야 하기 때문입니다. 그리고 이갈이 시기부터 사춘기에 이르는 시기까지 사실 아이는 "세상이 아름답다"고 여겨도 된다는 무의식적인 전제조건을 바탕으로 삼습니다. 우리가 실물 수업[94]을 위해 진부해지기 쉽고 오로지 실용의 관점에서 마련된 규칙들을 관찰한다면, 아이의 이 무의식적인 가정, 즉 세상은 아름답고, 따라서 수업도 아름다울 수밖에 없다는 가정에는 결코 부합할 수 없습니다. 아이의 그런 가정에 부합하려면, 우리 스스로 예술적인 것 안으로 잠겨 들어감으로써 이 시기의 수업을 예술적으로 만들어야 합니다. 오늘날의 여러 교수방법론을 읽다 보면, 교사와 학생들 사이의 논의가 전혀 아름답지 않아 무미건조한 인상을 남기는 바람에 수업을 기쁨의 원천으로 만들겠다는 좋은 의도가 올바르게 실현되지 않는 모습에 심히 유감을 느끼게 됩니다. 오늘날 실물 수업을 하면서 소크라테스의 문답법을 적용하는 것이 유행입니다.* 그런데 그런 실물 수업에서 아이들에게 던지는 질문에는 아름다움이라는 특성은 없고 피상적인 실용성만 담겨 있습니다. 그런 수업에서는 아무리 본보기를 제시해도 아무런 효과가 없습니다. 실물 수업을 위한 본보기 선택에서 반드시 이러저러한 방식을 따라야 한다고 교사에게 요구하는 것보다는, 교사 자신이 삶을 예술적으로 이끌어 감으로써 아이들과의 논의가 품위 있도록 하는 것이 중요합니다.

23   이갈이를 시작할 때까지 아이 인생의 첫 번째 시기는 "세상은

---

94) 오늘날의 시청각 수업에 해당하는 것으로, 직역하면 "사물 관찰 수업".

도덕적이다"라는 무의식적인 가정과 함께 흐릅니다. 이갈이를 할 때부터 사춘기 시작까지의 두 번째 시기는 "세상은 아름답다"라는 무의식적인 전제조건과 함께 흐릅니다. 그리고 사춘기가 시작되면서 비로소 이 세계 안에서 "세상는 진실되다"라는 것을 찾아내는 소질이 발휘되기 시작합니다. 그러니 이 시기가 되어야 "과학적인 특성"을 가진 수업을 시작할 수 있습니다. 사춘기가 시작될 때까지는 수업에 체계화하는 특성이나 과학적인 특성만 부여하는 것은 좋지 않습니다. 인간이 진실에 대한 올바르고 내적인 개념을 얻는 것은 사춘기가 되어야 비로소 가능해지기 때문입니다.

24　　　이런 식으로 여러분이 통찰하게 되는 것은, 성장하는 아이와 함께 과거가 고차적인 세계에서 물질세계로 내려와 살고 있다는 사실, 그리고 이갈이를 마친 다음 학생이 된 아이 안에 현재가 살고 있으며, 그 다음에 인간이 영혼 안에 미래를 위한 자극이 자리 잡는 시기에 접어든다는 사실입니다. 과거와 현재와 미래, 그리고 그 안에서 이루어지는 삶. 이 모든 것이 성장하는 아이 안에 들어 있습니다.

25　　　이것으로 오늘 강의를 마치고, 모레에는 오늘의 관찰을 이어가면서 더욱 실제 수업 안으로 들어가 보겠습니다.

제10강

1919년 9월 1일, 슈투트가르트

1 　우리는 인간의 본질을 영혼적이고 정신적인 관점에서 논의했습니다. 영혼적인 관점, 정신적인 관점에서 인간을 관찰해야 한다는 것을 개략적으로 훑어보았습니다. 이렇게 두 관점에서 관찰한 것을 보완하기 위해 먼저 정신적, 영혼적, 신체적 관점을 서로 연결하고 나면 우리는 인간을 완전히 개관할 수 있게 되고, 그런 다음에야 외적인 신체의 본질을 파악하고 이해하는 것으로 넘어갈 수 있을 것입니다.

2 　먼저 다양한 측면에서 두드러지게 나타나는 사실, 즉 인간을 구성하는 세 가지 본질이 각기 다른 형태를 지닌다는 사실을 다시 한 번 기억에 떠올려 봅시다.* 머리의 형태는 대체로 둥글며, 머리의 형태에 인간 머리의 진정한 신체적 본질이 담겨 있다는 사실을 우리는 알게 되었습니다.* 이어서 인간의 가슴은 구형의 한 조각입니다. 그래서 인간을 도식화한다면 머리는 구형으로, 가슴은 달의 형태로 그리되, 그 달의 형태가 구형의 한 조각 모양이 된다는 것을 알고 있습니다. 따라서 우리가 인간의 가슴 부분을 이루는 달의 모양을 완전한 달의 모양으로 채울 수 있다고 해야 할 것입니다. 또한 여러분이 인간 존재의 이 중간 지체, 인간의 가슴 형태를 시각적으로 올바르게 파악하

려면, 그것을 하나의 구로 보되, 그것이 달처럼 구의 일부분만 보이고 나머지는 보이지 않는 것으로 관찰해야 합니다. (226쪽 그림 I) 아마도 이를 통해서 여러분이 알 수 있는 것은, 사람들이 그런 형태를 간파하는 능력이 훨씬 뛰어났던 옛날에는 머리가 태양 모양이고 가슴이 달 모양이라고 해도 틀린 말이 아니었다는 사실입니다. 그런데 달이 차지 않으면 오로지 달의 구형에서 한 조각만 보는 것처럼, 오늘날 사람들은 인간의 중간 부분인 가슴의 형태에서 그 한 조각만 봅니다. 이로부터 여러분은 이 물질세계에서 인간의 머리 형태가 상대적으로 완성된 것임을 간파할 수 있습니다. 머리 형태는 물질적으로 어느 정도 완성된 모습입니다. 머리는 어느 정도는 보이는 모습 그대로입니다. 그 안에 감춰진 것은 거의 없습니다.

3   인간의 가슴 부분은 많이 감춰져 있어서 그 본질이 일부는 눈에 보이지 않습니다. 가슴의 상당한 부분이 눈에 보이지 않는다는 사실을 간파하는 것은 인간의 본질을 인식하는 데 아주 중요합니다. 말하자면 가슴 부분은 한 쪽에서, 즉 뒤쪽에서 자신이 신체임을 우리에게 보여 주며, 앞쪽으로 가면 영혼적인 것으로 바뀝니다. 머리는 전체가 몸입니다. 인간의 가슴 부분은 뒤쪽으로는 몸, 앞쪽으로는 영혼입니다. 결국 우리에게서 온전히 신체로만 된 것은 우리 어깨 위에 가만히 얹혀 있는 머리뿐인 셈입니다. 가슴 부분 전체에서 신체인 것을 구분해서, 영혼적인 것이 신체인 부분에 깊이 작용하여 그것을 완성하도록 한다는 의미에서 우리에게는 신체와 영혼이 있습니다.

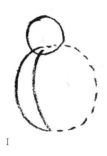

I II

4   이제 인간의 이 두 지체에 끼워지는 것이 있는데, 우선 외적인 관찰을 위해 가슴 부분에 사지를 붙였습니다. 사지가 세 번째 지체인 것입니다. 어떻게 하면 우리가 이 사지인간을 실제로 이해하게 될까요? 가슴 부분에서 그랬던 것처럼 둥근 형태에서 다른 조각들이 남겨져 있다는 것을 간파해야 본래의 사지인간을 이해할 수 있습니다. 가슴 부분에서는 구 주변부의 한 조각이 남아 있습니다. 사지에서는 그 내면, 즉 구의 내부에서 더 많은 부분이 남아 있어서, 구의 내면을 이루는 부분들이 사지로 붙어 있습니다.

5   여러분에게 여러 번 말씀드렸습니다만, 도식적으로 어떤 것이 다른 것에 연결되어 있다고 여겨서는 제대로 올바른 결과를 얻을 수 없습니다. 언제나 어떤 것을 다른 것과 함께 짜 넣어야 살아 있는 것이 그 안에 있게 되니 말입니다. 우리는 사지인간이 있다고 하면서, 이 사지인간이 팔다리로 이루어져 있다고 말합니다. 하지만 여러분이 보시는 것처럼, 머리에도 사지가 있습니다. 두개골을 제대로 들여다보면, 그 두개골에 예를 들어 위턱뼈와 아래턱뼈가 붙어 있다는 것을 발

견합니다.* (226쪽 그림 Ⅱ) 인간의 다른 부분에서는 제대로 크게 형성되어 있는 사지가 두개골에서는 위축되어 골격으로만 남아 있을 따름입니다. 또 한 가지 차이점이 있습니다. 두개골의 사지, 즉 위턱뼈와 아래턱뼈를 관찰해 보면 우리는 그 뼈가 자신의 역할을 수행한다는 것이 근본적으로 중요하다는 사실을 간파하게 됩니다. 우리 몸 전체에 붙어 있는 사지들, 즉 본래의 사지인간을 보면 우리는 근육과 혈관으로 감싸여 보이지 않는 사지에서 그 본질적인 것을 찾아내야 합니다. 사실 뼈는 우리의 팔과 다리를 위한 근육과 혈액 체계에 삽입되어 있는 상태입니다. 그리고 머리의 사지인 위턱뼈와 아래턱뼈에는 근육과 혈관이 상당히 위축되어 있습니다. 이것은 뭘 뜻할까요? 말씀드린 것처럼 혈액과 근육에는 의지라는 유기적 조직이 들어 있습니다. 따라서 팔과 다리, 손과 발은 주로 의지를 위해 만들어진 것입니다. 주로 의지를 위해 일하는 것, 즉 혈액과 근육은 머리에 있는 사지 부분에서 어느 정도 제거되어 있는데, 머리에는 지성, 즉 사고적인 인식에 가까운 것이 형성되어야 하기 때문입니다. 따라서 우주의 의지가 어떻게 신체의 외형에 발현하는지를 탐구하려면 팔과 다리, 손과 발을 살펴보시기 바랍니다. 우주의 지성이 어떻게 발현되는지를 탐구하려면 머리의 두개골과 그 뼈대 구조를, 그리고 위턱뼈와 아래턱뼈를 비롯해서 사지와 비슷해 보이는 것이 머리에 통합되어 있는 모습을 살펴보십시오. 결국 여러분은 외적인 형태를 내면의 발현으로 볼 수 있다는 말입니다. 여러분이 외적인 형태를 내면의 발현으로 보아야 그 외적인 형태를 이해할 수 있습니다.

227

6 　그런데 저는 대부분의 사람들이 팔과 다리의 관상골들 사이의 관계와 머리의 여러 피갑골 사이의 관계를 제대로 이해하지 못하는 모습을 늘 보았습니다. 그러니 이 문제에 관해 일상생활과는 동떨어진 어떤 개념을 얻는 것이 교사에게 유익할 것입니다. 바로 이 지점에서 우리는 이 교육학 강좌에서 뛰어넘어야 할 가장 어려운 장, 아마도 가장 사고하기 어려운 내용을 만납니다.

7 　아시다시피 괴테가 처음에 관심을 기울인 것은 이른바 두개골의 척추골 기원론이었습니다.* 그의 의도는 무엇이었을까요? 그것은 변형생성이라는 사고를 인간과 인간의 형상에 적용하려는 것이었습니다 인간의 척추를 살펴보면 추골들이 아래위로 겹쳐 있습니다. 그래서 돌기가 있고 한가운데는 척수가 들어 있는 추골 하나하나를 분리해 낼 수 있습니다. (칠판 그림)

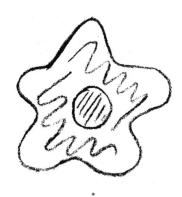

그런데 괴테는 이전에 베네치아에서 관찰한 양의 두개골에서* 모든 부분이 척추골이 변형된 것임을 본 적이 있었습니다. 말하자면 우리

가 어느 기관은 발달한 반면 다른 기관들이 위축되었다고 생각하면, 이 척추의 형태에서 둥근 그릇 모양의 두개골 모양을 보게 된다는 것입니다. 그 모습은 괴테에게 강렬한 인상을 남겼고, 그래서 그는 두개골이란 척추가 진화해서 변형된 것이라는, 괴테 자신에게 의미심장한 결론을 이끌어 냈습니다.

8   이제 우리는 두개골이 변형, 즉 척추골의 변형에 의해 생겼다는 사실을 쉽게 이해할 수 있습니다. 그런데 외적으로나마 괴테도 시도했던 것처럼 머리의 사지인 위아래 턱뼈까지 척추골의 변형으로 이해하기는 어려울 것입니다. 그 이유는 무엇일까요? 그것은 여러분의 몸에 있는 관상골은 어느 것이나 두개골이 아주 특이한 방식으로 변형되어 생긴 것이기 때입니다. 어느 부분을 확대하고 다른 부분을 축소하는 식으로 생각하면 척추가 변형되어 두개골이 된 것으로 생각하기는 비교적 쉽습니다. 하지만 팔과 다리의 관상골에서 두개골을, 둥근 그릇처럼 생긴 두개골을 추론해 내기란 그렇게 쉽지는 않습니다. 그렇게 추론하려면 여러분은 먼저 어떤 절차를 거쳐야 합니다. 팔과 다리의 관상골을 생각할 때 거쳐야 하는 절차는 여러분이 안팎이 뒤집혀 있는 양말이나 장갑을 신거나 끼기 위해 거치는 절차와 같을 것입니다. 안팎이 뒤집힌 장갑이나 양말의 모양이 어떤지를 떠올리기는 그다지 어렵지 않습니다. 하지만 관상골은 모양이 일정하지 않습니다. 그것은 안과 밖이 똑같게 형성될 정도로 가늘지 않습니다. 양말은 안팎이 각기 다르게 만들어져 있습니다. 만일 양말의 바깥쪽에 인위적으로 갖가지 돌기와 함몰 형태를 넣어 만든 뒤 그것을 뒤집는다면, 그

렇게 뒤집은 다음에 보이는 양말의 외형은 내면과 같지 않을 것입니다. 관상골도 이와 같습니다. 안을 바깥으로, 그리고 바깥을 안으로 바꾸면 두개골의 형태가 나오는데, 결국 인간의 사지는 두개골이 변형된 것일 뿐 아니라 두개골의 안팎을 뒤집은 것이기도 합니다. 이는 어디에 기인한 것일까요? 그것은 머리의 중심점이 그 내부 어딘가에 있다는 사실에 기인합니다. 머리와 동심同心을 이루는 곳에 그 중심이 있다는 것입니다. 가슴의 중심점은 가슴을 이루는 구의 중심에 있지 않습니다. 가슴의 중심점은 구의 중심점에서 아주 멀리 떨어진 곳에 있습니다. 여기 이 그림에서는 중심점이 부분적으로만 표시되어 있습니다만, 전체를 그리면 너무 커질 것입니다. 가슴의 중심점은 멀리 떨어져 있습니다.

9   그러면 사지의 중심점은 어디에 있을까요? 여기서 우리는 두 번째 어려움에 부딪힙니다. 사지의 중심점은 구의 원주 어느 곳에 있습니다. 사지 체계의 중심점은 바로 구 자체, 즉 점과는 정반대로 구의 표면입니다. 사실 중심점이 구 표면의 모든 곳입니다. 그래서 여러분은 모든 방향으로 돌 수 있으며, 모든 방향에서 여러분을 향해 반지름이 뻗어 들어올 수 있습니다. 이렇게 여러분은 여러분 자신과 합쳐집니다.

10   머리 안에 있는 것은 머리에서 바깥으로 나갑니다. 사지를 통해서 나가는 것은 여러분 안에서 하나로 합쳐집니다. 그런 이유로 제가 다른 여러 강의에서* 사지를 여러분의 몸에 끼워 넣어진 것으로 생

각해야 한다고 말했습니다. 우리는 실제로 우주 전체이며, 바깥에서 우리 안으로 들어오려는 것이 그 말단부에서 압축되어 눈에 보이게 될 따름입니다.

우리를 이루고 있는 것 가운데 지극히 작은 부분만이 사지로 보입니다. 따라서 사지는 신체적인 것이기는 하지만 본질적으로 인간의 사지 체계 안에 있는 것, 즉 정신의 아주 작은 원자 하나에 지나지 않습니다. 신체, 영혼, 정신이 인간의 사지 체계 안에 있습니다. 신체는 사지를 통해 자신을 드러내고 있을 따름입니다. 그리고 사지 안에는 영혼이 들어 있으며, 실제로 우주 전체를 포괄하는 정신적인 것도 그 안에 있습니다.

11   그러면 인간에 대한 도식을 다음과 같이 달리 그려 볼 수도 있겠습니다. 우선 인간을 우주 전체를 포괄하는 아주 큰 구, 그 다음에 그보다 작은 구, 그리고 가장 작은 구로 그립니다. 가장 작은 구는 유일하게 그 전체가 눈에 보입니다. 두 번째로 큰 구는 부분적으로만 눈

에 보입니다. 가장 큰 구는 신체를 향해 뻗어 들어오는 선에서 여기 이 끝 부분만 눈에 보일 뿐, 다른 부분은 보이지 않습니다. 이처럼 인간의 형태는 우주를 토대로 만들어져 있습니다.

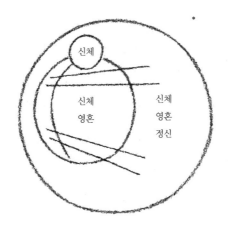

12 그리고 그 중간 체계, 즉 가슴 체계 안에는 머리 체계와 사지 체계가 합쳐져 있습니다. 여러분이 척추와 거기에서 갈비뼈가 시작되는 부분을 관찰해 보면, 늑골이 앞쪽을 감싸 닫으려고 시도했음을 알 수 있습니다. 뒤쪽은 완전히 닫혀 있으며, 앞쪽으로는 그저 닫으려는 시도만 했을 뿐, 완성하지는 못했습니다. 머리에 가까워질수록 갈비뼈는 앞쪽을 감싸 닫는 데 성공적입니다. 그리고 아래쪽으로 내려갈수록 그렇지 못합니다. 그러다 가장 끝에 있는 갈비뼈는 바깥에서 사지 안으로 들어오는 힘에 막혀 서로 연결되지 못합니다.

13 인간과 대우주 전체의 이런 연관성에 대해서 고대 그리스 인

들은 아직 강하게 의식하고 있었습니다. 그리고 고대 이집트 인들도 약간 추상적이긴 하지만 이를 잘 알고 있었습니다. 고대 이집트를 비롯해서 고대에 만들어진 조형물들을 관찰해 보면, 우주에 대한 이런 사고를 표현하고 있다는 것을 알게 됩니다. 머리는 작은 구, 작은 천체이고 사지는 커다란 천체의 한 조각이며 천체가 모든 방향에서 인간의 형상이라는 중심을 향해 들어오는 장소라는 믿음에 따라 만든 것이 고대인들의 조형물이라는 사실을 알지 못하면 여러분은 그들이 만든 것을 이해할 수 없습니다. 고대 그리스 인들은 전체 우주와 인간의 연관성에 대해 아름답고 조화롭게 형성된 사고를 가지고 있었고, 그래서 그들은 훌륭한 조각가일 수 있었습니다. 마찬가지로 오늘날에도 우주와 인간의 이런 연관성을 의식하지 않고는 그 누구도 인체 조형 예술의 진정한 경지에 도달할 수 없습니다. 그런 의식 없이는 자연에 존재하는 형태의 겉모습만 서투르게 모방하는 데 그치게 됩니다.

14   친애하는 여러분, 저의 설명을 들으신 여러분은 이제 사지는 좀 더 우주를 지향하고 머리는 좀 더 각각의 인간을 지향하고 있다는 것을 이해하실 것입니다. 그렇다면 사지는 특히 무엇을 지향할까요? 사지는 인간이 움직이고 끊임없이 위치를 바꾸는 장소인 세계를 지향하게 됩니다. 사지는 우주의 움직임과 연결됩니다. 여러분은 사지가 우주의 움직임과 연결되어 있다는 사실을 잘 파악하시기 바랍니다.

15   세상을 이리저리 다니고 세상에서 행동하는 가운데 모습을 드러내기에 우리는 사지인간입니다. 그렇다면 우리의 머리가 세계의

움직임을 위해 해야 할 과제는 무엇일까요? 이미 다른 관점에서 이야기한 것처럼, 머리는 어깨에 잠잠히 얹혀 있습니다. 머리의 과제는 자기 안에서 일어나는 세계의 움직임을 끊임없이 진정시키는 것이기도 합니다. 여러분이 정신적으로 머리의 입장이 되어 생각한다면 달리는 기차 안에 편안히 앉아 있는 여러분 자신의 모습을 잠시 떠올려 볼 수 있을 것입니다. 이와 마찬가지로 여러분의 영혼은 사지에 실려 움직이는 머리 안에 편안히 자리 잡은 채로 내면에서 움직임을 진정시킵니다. 기차 안에서 좌석을 잡고 앉으면 여러분은 심지어 몸을 눕혀 편안히 쉴 수 있습니다만, 그런 평정 상태는 사실은 거짓입니다. 기차 안에, 아마도 침대칸에 있는 채로 여러분이 세상을 질주하고 있기 때문입니다. 그럼에도 불구하고 여러분은 평정하다고 느끼며, 그래서 세계 안에서 사지가 일으키는 움직임을 여러분 안에서 머리가 진정시키는 것입니다. 그리고 가슴 부분은 그 중간에 있습니다. 가슴 부분은 외부 세계의 움직임을 머리에 전달하고, 머리가 그 움직임을 진정시킵니다.

16   이제 사지로 우주의 움직임을 모방하고 받아들이는 것이 바로 우리의 의도라고 생각해 보십시오. 그럴 때 우리가 하고 있는 것은 무엇일까요? 춤을 춥니다. 여러분은 실제로 춤을 춥니다. 흔히들 하는 춤은 그저 단편적인 춤에 지나지 않습니다. 모든 춤은 행성을 비롯한 천체들과 지구 자신이 하는 움직임을 인간이 사지의 움직임으로 모방하는 것에서 유래합니다.

17   그런데 우리가 우주의 움직임을 모방해서 춤을 출 때 머리와

가슴은 과연 무엇을 할까요? 머리와 가슴 안에서는 우리가 세계 안에서 하는 움직임이 정체되는 듯한 일이 벌어집니다. 어깨 위에서 가만히 있는 머리가 그 움직임이 영혼 안으로 들어가는 것을 막고 있어서 그 움직임은 가슴을 지나 머리 안으로 나아가지 못합니다. 머리가 어깨 위에서 가만히 있기 때문에 영혼은 평정한 상태에서 그 움직임에 참여해야 합니다. 그래서 영혼이 하는 것은 무엇일까요? 영혼은 사지가 춤이라는 움직임을 스스로 성찰하기 시작합니다. 사지가 불규칙하게 움직이면 영혼은 거칠게 투덜거리기 시작합니다. 사지가 규칙적으로 움직이면 영혼은 조용히 속삭이기 시작합니다. 그리고 사지가 조화롭고 우주적인 천지만물의 움직임을 행하면 영혼은 심지어 노래를 부르기 시작합니다. 이렇게 춤이라는 외부를 향한 움직임이 내면을 향한 노래로, 음악으로 바뀝니다.*

18   인간이 우주적 존재라는 사실을 인정하지 않으면 감각생리학은 결코 감각을 이해하는 데까지 가지 못할 것입니다. 그래서 외부에 있는 공기의 움직임을 인간이 내면에서 소리로 인식한다는 식으로만 말합니다. 여러 생리학과 심리학 이론들은 공기의 움직임이 소리와 어떤 관계인지는 알 수 없는 일이라고 말합니다만, 어떤 이론에서는 말미에, 또 어떤 이론에서는 초입에 그런 주장을 한다는 것 말고는 다들 같습니다.

19   무엇 때문에 이렇게 되는 것일까요? 인간의 외적인 움직임 안에 있는 것이 영혼 안에서 평정한 상태가 됨으로써 소리로 바뀐다

는 사실을 생리학자와 심리학자들이 모르기 때문에 그렇습니다. 다른 모든 감각적인 지각도 마찬가지입니다. 인간의 머리를 구성하는 기관들이 외부에서 일어나는 움직임에 참여하는 대신 그 움직임을 가슴 안으로 되돌려 보내어 소리를 비롯한 다른 감각 지각으로 만들기 때문입니다. 이것이 감각의 원천입니다. 또한 여러 예술 분야 사이의 연관성도 여기에 기인합니다.* 음악과 관련된 여러 예술은 조각 예술과 건축 예술을 바탕으로 만들어집니다. 조각 예술과 건축 예술에서 외부를 향하는 것이 음악 예술에서는 내면을 향하는 것으로 바뀝니다. 내면의 세계를 외부로 드러내는 것, 그것이 바로 음악 예술입니다. 이때 인간은 우주 안에 들어 있게 됩니다. 어느 한 가지 색채를 정지 상태인 움직임으로 느껴 보십시오. 여러분이 기차 안에 누워 있을 때는 자신이 전혀 움직이지 않는다고 착각하는 것처럼, 색채에서도 외적으로는 아무런 움직임을 지각하지 못합니다. 여러분을 움직이는 것은 여러분의 바깥에 있는 기차입니다. 같은 방식으로 여러분은 여러분의 신체로 하여금 여러분이 지각하지 못하는 사지의 미세한 움직임을 통해 외부 세계에 참여하게 하고, 여러분 자신은 내부에서 갖가지 색채와 소리를 지각합니다. 이는 여러분이 사지로 하여금 머리의 형태를 평정 상태에서 운반하도록 한다는 정황 덕분입니다.

20   이미 말씀드린 것처럼, 제가 여러분에게 전해 드리는 사실은 이해하기 어렵습니다. 우리 시대가 그런 사실들을 파악하기 위해 아무런 노력도 기울이지 않았기 때문에 더욱 어렵습니다. 오늘날 우리가 시대적 교육으로 배우는 모든 것이 사람들로 하여금 오늘 제가 여

러분에게 한 이 강의의 내용을 이해하지 못하도록 만들었습니다. 오늘날 우리의 교육에서는 도대체 어떤 일이 벌어지고 있는 것일까요? 양말과 장갑을 뒤집어 본 적도 없다면 우리는 정말 그것들을 완전히 알지 못합니다. 그렇게 뒤집어 보지 않으면 바깥쪽으로 보이는 것만 알 뿐, 우리 피부에 무엇이 닿는지 모르기 때문입니다. 오늘날의 교육을 통해서 우리가 알게 되는 것은 바깥쪽을 향하고 있는 것뿐입니다. 그렇게 우리는 인간의 반쪽에 대한 개념들만 얻습니다. 그래서 사지조차도 파악하지 못합니다. 정신이 사지의 안팎을 뒤집어 놓았기 때문입니다.

21   오늘 제시한 것들을 다음과 같이 표현할 수도 있겠습니다. 세계 안에서 우리 앞에 있는 인간 전체를 두고 먼저 사지인간으로서 인간을 관찰해 보면, 사지인간은 그 자체가 정신, 영혼, 신체를 가진 것으로 나타납니다. 인간을 가슴인간으로서 관찰하면, 가슴인간은 영혼과 신체로 나타납니다. 가장 큰 구(232쪽 그림)는 정신, 영혼, 신체이며, 중간 구는 신체와 영혼이고, 작은 구는 신체뿐입니다. 서기 869년 공의회*에서 가톨릭교회의 주교들은 이 커다란 구에 대해 뭔가 아는 것을 금지했습니다. 당시 그들은 중간 구와 작은 구만이 존재한다는 것, 즉 인간은 오로지 신체와 영혼만으로 구성되어 있으며 영혼은 정신을 하나의 특성으로 포함하고 있어서 어느 면에서 영혼은 정신적이라는 것이 가톨릭교회의 교의教義라고 선언했습니다. 서기 869년 이래로는 가톨릭교회를 근간으로 하는 서양 문화에서 정신은 더 이상 존재하지 않습니다. 그뿐 아니라 정신에 대한 인간의 관계가 폐기되면

서 세계에 대한 인간의 관계도 함께 폐기되었습니다. 인간은 점점 더 자기중심적[95]으로 되도록 강요되었습니다. 이와 함께 종교 자체도 점점 더 이기적으로 변해 갔고, 그 결과로 오늘날 우리는 정신적인 관찰을 통해 다시 인간과 정신의 관계를 알아내야 하는 시대에 살고 있습니다.

22   그렇다면 자연과학적 물질주의가 등장한 것에 대한 책임은 누구에게 있을까요? 자연과학적 물질주의의 등장에 대한 가장 큰 책임은 가톨릭교회에 있습니다. 가톨릭교회는 서기 869년에 열린 콘스탄티노플 공의회에서 정신을 폐기했습니다. 그 당시 무슨 일이 벌어진 것일까요? 인간의 머리를 관찰해 보시기 바랍니다. 머리는 우주의 변화 과정 가운데 실제 세계 안에서 인간의 가장 오래된 지체로 형성되었습니다. 머리는 무엇보다 고등 동물에서, 그리고 더 거슬러 올라가면 하등 동물에서 생겼습니다.* 머리로 보면 우리는 동물계에서 유래했습니다. 이 점에 대해서는 말을 보탤 것도 없습니다. 머리는 그저 잘 발달한 동물일 따름이니 말입니다. 우리가 가진 머리의 조상을 찾으려면 하등 동물계로 거슬러 올라가야 합니다. 우리 가슴은 나중에야 머리에 붙여졌습니다. 그러니 머리만큼 동물적이지는 않습니다. 우리에게 가슴이 생긴 것은 후대의 일입니다. 그리고 사지는 우리 인간

---

95) 원문의 "Egoität"는 중세 이래의 신학과 철학에서 "인간 또는 자기 자신에만 관심을 가지는 상태"를 가리키는 말로 쓰였다. 여기서는 오늘날 흔히 말하는 이기주의(Egoismus), 즉 "이기적인 사고"와는 뉘앙스를 달리하여 "자기중심적인 태도, 자기지향적인 사고"를 가리키는 말로 쓰였다.

에게 가장 나중에 생겼습니다. 사지는 가장 인간적인 기관입니다. 동물의 기관이 변형되어 생긴 것이 아니라 나중에 붙었으니 그렇습니다. 동물의 기관은 그 자체가 우주로부터 동물로 형성되었고, 인간의 기관은 나중에 자체적으로 가슴에서 형성되었습니다. 그러나 가톨릭교회가 우주와의 관계에 대한 인간의 의식, 즉 인간 사지의 진정한 본성에 대한 의식을 숨기도록 하면서, 가슴, 그리고 주로 머리와 두개골의 본성은 아주 작은 부분만 후대로 전해지게 되었습니다. 그리고 물질주의자들이 두개골이 동물에서 유래했다는 것을 생각해 냈습니다. 가슴 기관과 사지 기관이 나중에야 생겼음에도 불구하고 자연과학적 물질주의는 지금 인간 전체가 동물에서 유래한 것이라고 이야기합니다. 무엇보다 가톨릭교회가 인간 사지의 본성, 그리고 사지와 우주의 관계를 사람들에게서 숨긴 것으로 인해, 훗날 물질주의의 시대가 머리에만 의미가 있을 사고에 빠져들어 그것을 인간 전체에 적용하게 되었습니다. 가톨릭교회는 정말로 진화론 분야에서 물질주의를 탄생시킨 주역입니다. 그 누구보다도 오늘날 청소년들을 가르치는 교사는 이 사실을 당연히 알아야 합니다. 교사는 세상에서 일어나는 일에 관심을 가져야 하고, 그 근본부터 잘 알아야 합니다.

23   오늘 우리는 이 시대가 어떻게 물질주의로 빠지게 되었는지 확실히 이해하려 시도하면서, 구와 조각달 형태, 사지의 방사형 등 완전히 다른 내용으로 시작했습니다. 다시 말해서 겉보기에 완전히 상반된 것으로 시작해서 거대하고 엄청난 문화사적 사실들을 밝히려 한 것입니다. 이런 문화사적 사실들을 그 근본부터 잘 아는 것이 교사에

게 반드시 필요한 이유는, 그렇지 않으면 성장하는 아이들을 위해서 아무것도 할 수 없기 때문입니다. 그런 것들을 잘 알아야 교사 자신의 내면을 바탕으로 아이들과의 무의식적이거나 잠재의식적인 관계를 통해서 올바르게 교육하려 할 때 반드시 필요한 것을 자기 내면으로 받아들일 수 있습니다. 그렇게 되어야 인간의 형상을 제대로 중요하게 여기게 되고, 인간의 모든 형상이 거대한 우주와 연관되어 있음을 알게 됩니다. 이런 인간에게서 잘 발달한 작은 동물, 잘 발달한 동물만을 보는 것과는 달리 인간의 형상을 보게 됩니다. 상급 학년을 가르치는 교사들이 흔히 착각하듯이, 근본적으로 오늘날의 교사는 성장하는 인간을 작은 동물로 여기고 이 작은 동물을 자연이 이미 발달시킨 상태보다 조금 더 발달시키는 것이 자신의 임무라는 분명한 의식을 가지고 사람을 대합니다. 그런데 그런 교사가 "어느 한 사람이 있으면, 그 사람에게서 세계 전체와의 관계가 나온다. 그러니 내가 자라나는 각각의 아이의 그 무엇인가에 작업을 하면 그것은 세계 전체에 의미가 있는 작업인 것이다." 하고 말한다면, 그 교사는 앞서 말한 의식과는 달리 느끼게 될 것입니다. 우리가 교실에 있다면, 그곳의 아이들 각각은 세계의 중심, 대우주의 중심을 지니고 있습니다. 그 교실이 대우주에게는 중심점, 아니, 중심점들인 것입니다. 이 말이 무엇을 뜻하는지 생생하게 느끼면서 생각해 보십시오! 그 교실에서 세계에 대한, 그리고 세계와 인간의 연관성에 대한 관념이 어떻게 모든 수업을 신성하게 만드는 느낌으로 바뀌는지도 생각해 보시기 바랍니다. 인간과 세계에 대해 그런 느낌을 갖지 않고는 진지하고 올바른 수업을 할 수 없습니다. 우리가 그런 느낌을 얻는 순간, 그 느낌은 어떤 비밀스러운 통로로 아이들에게 전해집니다. 이전에 다른 맥락에서 말씀드린 적이 있습니다만,* 땅속에 묻은 동판에 전선을 연결해 두면 전선 없이도 땅속에서 전기가 계속 전달되는 신기한 일이 벌어집니다. 오로지 자기중심적인 감정만 지닌 채로 학교에 간다면 여러분은 온갖 전선, 즉 말을 동원해야 아이들을 이해시킬 수 있을 것입니다. 앞에서 펼쳐 본 착상처럼 커다란 우주적 감정을 가지고 있다면 그 감정은 전기가 땅속으로 전달되는 것처럼 아이들에게 전해질 것입니다. 그러면 여러분은 아이들과 하나가 됩니다. 여기에 여러분과 모든 학생 사이의 비밀스러운 관계가 있습니다. 우리가 교육학이라고 부르는 것도 그런 감정을 바탕으로 세워져야 합니다. 교육학이 학문이 되어서는 안되며, 그것은 예술이어야 합니다. 우리가 끊임없이 감정 속에 살지 않고 배울 수 있는 예술이 어디에 있겠습니까? 교육학이라는 위대한 삶의 예술을 실행하려 할 때 우리가 지녀야 할 감정, 교육학을 지향해서 지녀야 할 그 감정은 거대한 우주, 그리고 우주와 인간의 연관성을 관찰할 때 불타오르게 됩니다.

제11강

1919년 9월 2일, 슈투트가르트

1 　　지난 번 강의에서 주장한 관점들로부터 여러분이 먼저 정신과 영혼을 바탕으로 인간 신체의 본질을 개관할 수 있다면, 여러분이 필요로 하는 모든 것을 인간 신체의 이런 본질의 구조와 발달에 즉시 통합시킬 수 있을 것입니다. 그러므로 나머지 강의에서 인간의 신체에 관한 서술로 넘어가기에 앞서 정신과 영혼의 관점에서 신체를 살펴보려 합니다.

2 　　어제 여러분은 인간이 머리인간, 몸통인간, 사지인간이라는 세 부분으로 구성되어 있음을 알게 되었습니다. 또한 이 세 지체가 정신과 영혼의 세계에 대해 각기 다른 관계를 지니고 있다는 것도 확인하셨습니다.

3 　　먼저 인간의 머리가 어떻게 형성되어 있는지 살펴봅시다. 이점에 관해서 어제 머리는 전체적으로 신체라고 말했습니다. 가슴인간은 "신체적"이고 영혼적인 것으로 보아야 했습니다. 그리고 사지인간은 "신체적"이고 영혼적이며 정신적인 것으로 보아야 한다고 했습니다. 그런데 머리가 전체적으로 신체라고 말한다고 해서 머리의 본질

이 완전히 드러나는 것은 아닙니다. 이 세상의 사물들은 실제로는 서로 확실하게 분리되어 있지 않으며, 따라서 우리는 머리가 가슴과 사지와는 다른 방식으로 정신적이며 영혼적이라고 말해도 좋을 것입니다. 사람이 세상에 날 때부터 이미 머리는 전체적으로 신체입니다. 다시 말해서 일단 머리를 구성하고 있는 것이 머리의 신체적인 형태에서 어느 정도 드러나 있습니다. 그래서 태아가 발달할 때 가장 먼저 형성되는 머리에서 보편적인 인간의 정신과 영혼이 가장 먼저 나타나는 것으로 보입니다. 머리라는 신체는 영혼적인 것, 정신적인 것과 어떤 관계가 있을까요? 머리는 이미 가능한 모든 것을 갖추어 완전히 형성된 신체이며, 이전의 발달 단계에서 그런 형성에 필요한 모든 것을 동물적인 것에서 시작하여 인간에 이르기까지 이미 모두 거쳤습니다. 이런 연유로 머리는 신체적인 면에서 가장 완벽하게 형성된 것입니다. 영혼적인 것이 머리와 연결되어 있기 때문에 아이는 태어날 때부터 삶의 첫 시기를 보내면서 발달하는 동안에 모든 영혼적인 것을 머리에서 꿈꾸는 상태로 체험합니다. 그리고 정신은 머리에서 잠을 잡니다.

4   이제 머리에서 드러나는 신체와 영혼과 정신이라는 이 기이한 조합이 우리 앞에 있습니다. 우리의 머리는 대단히 발달한 신체입니다. 머리에는 꿈꾸는 영혼, 분명하게 꿈꾸는 영혼과 아직은 잠자고 있는 정신이 들어 있습니다. 그렇다면 인간의 발달 전체와 앞에서 설명한 사실들이 어떻게 조화를 이루는지 확인하는 것이 중요합니다. 이 발달 과정에서 인간은 이갈이를 시작할 때까지 주로 모방하는 존

재입니다. 이 시기에 아이는 주변에서 눈에 띄는 모든 것을 따라 합니다. 아이가 그렇게 할 수 있는 것은 머리정신이 잠든 상태인 덕분입니다. 그 덕분에 아이는 이 머리정신과 함께 머리라는 신체 바깥에 머물러 있게 됩니다. 자기 주변에서 머무를 수 있는 것입니다. 잠을 자는 동안 인간은 정신적인 것, 영혼적인 것과 함께 신체 바깥에 있게 되기 때문에 그렇습니다. 아이는 자기 주변에 있는 것들과 함께 있고, 그것들과 함께 살아갑니다. 아이가 모방하는 존재인 이유가 그것입니다. 그래서 꿈꾸는 영혼으로부터 주변에 대한 사랑이, 무엇보다 부모에 대한 사랑이 움틉니다. 그런데 이갈이를 통해 아이에게 영구치가 생기면, 이는 근본적으로 보아 머리의 발달이 마무리되었음을 뜻합니다. 머리는 태어날 때 이미 완전히 형성된 신체이지만, 그 최종적인 발달은 첫 번째 7년 주기에 비로소 이루어집니다. 그 기간에 이루어지는 머리의 발달은 이갈이와 함께 어느 정도 종결되는 것입니다.

5   그렇다면 이때 실제로 종결되는 것은 무엇일까요? 보시다시피 형태가 만들어지는 과정이 종결되었습니다. 이 시기에 인간은 자신을 단단한 물질로 만드는 어떤 것, 무엇보다 형태를 만들어 주는 어떤 것을 자기 안으로 부어 넣습니다. 아이에게 영구치가 나오는 것을 보면, 우리는 "세계와 첫 번째 대결이 완결되었구나" 하고 말할 수 있습니다. 이때 인간은 자신에게 형태를 부여하는 일, 즉 형상화에 속하는 일을 한 것입니다. 이 시기에 인간이 머리에서 시작하여 자신의 형상을 만드는 동안 가슴인간에게도 어떤 일이 일어납니다.

6   가슴에는 머리와는 근본적으로 다른 것이 들어 있습니다. 가슴은 인간이 태어나면서부터 신체적이며 영혼적인 유기체입니다. 가슴은 머리처럼 신체적이기만 한 것이 아니라 신체적이며 영혼적인데, 다만 가슴의 정신은 아직 가슴 바깥에서 꿈을 꾸고 있습니다. 그러니 우리가 삶의 첫 시기를 보내는 아이를 관찰할 때 머리 부분에 비해서 가슴 부분이 더 깨어 있고 생동적이라는 사실을 저절로 알게 됩니다. 우리가 인간을 그저 이것저것이 무질서하게 뒤섞인 존재로 여긴다면 이는 완전히 잘못 아는 것입니다.

7   사지는 또 다른 사실을 보여 줍니다. 사지는 삶의 첫 순간부터 정신, 영혼, 신체와 밀접하게 연결되어 서로 섞여 든 상태입니다. 가장 어린 시기에도 사지는 완전히 깨어 있습니다. 버둥거리는 갓난아이를 양육하는 사람은 이런 사실을 알아챕니다. 사지의 모든 것은 깨어 있고, 다만 완전히 형성되지는 않았습니다. 아이가 태어나면 머리정신이 이미 대단히 완성된 상태이면서 동시에 잠을 자는 상태라는 사실은 확실히 인간의 비밀스러운 부분입니다. 아이의 머리영혼은 태어날 때 역시 완성되어 있지만 단지 꿈만 꿉니다. 사지인간으로서 인간은 완전히 깨어 있는 상태로 태어나지만 아직 완전히 형성되거나 발달하지 못한 상태입니다.

8   우리가 실제로 해야 할 일은 사지인간과 일부 가슴인간을 키워 내는 것입니다. 사지인간과 가슴인간이 머리인간을 깨우는 과제를 맡고 있으며, 여러분은 이 사실에서 비로소 교육과 수업의 진정한

성격을 알게 됩니다. 여러분은 사지인간과 일부 가슴인간을 발달시키는 동시에 사지인간과 일부 가슴인간으로 하여금 머리인간을 깨우도록 해야 합니다. 이 과정에서 여러분은 아이가 벌써 뭔가 대단한 것을 여러분에게 가져온다는 것을 알게 됩니다. 태어나면서 아이는 완전한 정신과 상대적으로 덜 완전한 영혼 안에 지니고 있는 것을 가져옵니다. 그러면 여러분은 아이가 여러분에게 가져오는 정신의 불완전한 부분과 영혼의 더 불완전한 부분을 양성해야 합니다.

9   그렇지 않다면 진정한 교육, 진정한 수업이란 전혀 가능하지 않을 것입니다. 생각해 보십시오. 인간이 가지고 태어나는 정신 전체를 교육과 수업으로 키워 내야 한다면 교육자인 우리는 늘 한 인간의 가능성만큼 완벽해야 할 것입니다. 그러면 여러분은 오로지 여러분과 같은 수준으로 영리하고 탁월한 인간 밖에는 키워 낼 수가 없을 것이고, 그래서 금세 교육을 포기할지도 모릅니다. 당연히 여러분은 어느 분야에서든 여러분 자신보다 훨씬 영리하고 탁월한 인간을 키워 낼 능력이 있습니다. 그렇게 할 수 있는 유일한 까닭은 교육에서 우리가 그저 인간의 일부만을 대상으로 일해야 하기 때문입니다. 아이가 가지고 있는 영리함, 천재성, 선함이라는 재능만큼 우리 자신이 영리하거나 천재적이거나 심지어 그만큼 선하지는 않아도, 우리는 그런 아이를 키워 낼 수 있습니다. 우리가 교육으로 영향을 미칠 수 있는 최상의 것은 의지 교육, 부분적인 정서 교육입니다. 우리가 의지를 통해서, 즉 사지를 통해서 키워 내는 부분, 그리고 정서를 통해서, 즉 가슴인간의 한 부분을 통해서 키워 내는 부분을 우리 자신의 수준까지는 완성

시킬 수 있기 때문입니다. 우리가 하인 뿐 아니라 자명종 시계도 그보다 훨씬 영리한 인간을 깨우도록 조치할 수 있는 것과 마찬가지로, 훨씬 덜 천재적이고 덜 선한 인간이라 하더라도 자신보다 우월한 소질을 지닌 인간을 교육할 수 있으니 말입니다. 물론 모든 지적인 것에서 우리가 발달하는 인간과 완전히 같은 수준일 필요는 없지만, 여기서 중요한 것은 의지의 발달이므로, 그런 관점에서도 알 수 있는 것처럼 선함에 있어서도 우리는 할 수 있는 최대의 노력을 기울여야 한다는 사실을 분명히 알고 있어야 합니다. 아이는 우리 자신보다 나은 인간이 될 수 있지만, 우주나 타인이 아이에게 주는 것이 우리의 교육에 더 해지지 않는다면 대부분 그렇게 되지 않을 것입니다.

10   지금까지 이 연속 강의에서 여러 번 말씀드린 것처럼 언어 안에는 특별한 정신적 존재[96]가 있습니다. 말씀드렸다시피 언어정신은 천재적이고 우리보다 더 영리합니다. 우리는 언어가 연결된 방식, 언어가 자신의 정신을 품고 있는 방식에서 많은 것을 배울 수 있습니다.

11   하지만 정신존재는 언어 말고도 우리 주변의 많은 것 안에 들어 있습니다. 방금 우리가 알게 된 것, 즉 인간이 잠자는 정신, 꿈꾸는

---

96) 원문의 "Genius"(게니우스)는 인간 안에 맹아로 존재하는 특정 위계의 고차적 정신을 가리킨다. 이하 "게니우스"를 "정신존재"로, 개별 인간의 언어 구사에 영향을 미치는 정신존재("Sprachgenius")를 "언어정신"으로, 자연의 정신존재("Genis der Natur")를 "자연정신"으로 옮긴 것은 그 때문이다. 《Bausteine zu einer Erkenntnis des Mysteriums von Golgatha》(골고타 신비 인식의 구성 요소들), GA 175, 《Eurythmie - Die Offenbarung der sprechenden Seele》(오이리트미 - 말하는 영혼의 현시), GA 277 등 참조.

영혼을 지닌 머리를 가지고 이 세상으로 나온다는 점, 그래서 의지를 통하지 않으면 영향을 미칠 수 없고 잠자는 상태인 머리정신에 전혀 다가갈 수 없으므로 실제로 아주 어릴 때부터, 태어날 때부터 의지를 통해서 교육해야 한다는 점을 숙고해 보시기 바랍니다. 어떻게 해서든 인간의 머리정신에 다가가지 못하면 우리는 인간의 발달에 커다란 공백을 만들게 될 것입니다. 머리정신이 잠자는 상태로 인간이 태어나는 것이니, 다리를 버둥거리는 아기에게는 아직 체조나 오이리트미를 시킬 수 없습니다. 불가능한 일이지요. 겨우 다리를 버둥거리거나 기껏해야 소리를 질러대는 아기는 아직 음악적인 방식으로 교육할 상태도 아닙니다. 아직은 예술로도 다가갈 수 없습니다. 아직 아이의 의지에서 잠자는 정신으로 가는 확실한 다리는 보이지 않습니다. 나중에 우리가 어떤 방식으로든 아이의 의지에 다가가면, 그래서 아이에게 첫 단어를 말해 줄 수 있으면, 그것이 의지를 향한 적극적인 공세가 되어 잠자는 정신에 영향을 미칠 수 있게 됩니다. 그러면 우리가 첫 단어를 통해서 아이의 발성기관들 안에 넣어 준 것이 의지 행위가 되어 머리의 잠자는 정신까지 도달해서 그것을 깨우기 시작합니다. 그러나 아주 이른 시기에는 아직 제대로 된 다리가 없습니다. 의지가 깨어 있고 정신이 깨어 있는 사지에서 시작하여 머리의 잠자는 정신으로 넘어가는 흐름은 없습니다. 이를 위해서는 아직 또 하나의 매개자가 있어야 합니다. 태어나서 첫 시기를 보내는 인간을 위한 교육자로서 우리가 만들어 낼 수 있는 도구는 많지 않습니다.

12   여기에 무엇인가가, 정신존재이기도 하고 우리 바깥에 있는

정신이기도 한 무엇인가가 등장합니다. 언어에는 정신존재가 들어 있지만, 아이가 발달하는 아주 이른 시기에는 우리가 언어정신에 호소할 수 없습니다. 그런데 자연 자체에도 정신존재, 정신이 들어 있습니다. 자연 안에 정신존재가 없다면 우리 인간은 가장 어린 시기의 교육 때문에 생긴 공백으로 인해 발육 부전을 겪을 것입니다. 여기서 자연정신은 그 공백을 메꿔 줄 무엇인가를 만들어 냅니다. 자연의 정신은 사지의 발달에서, 사지인간에서 어떤 물질이 만들어지도록 합니다. 이것은 사지인간과 연결되어 있어서 사지인간의 무엇인가를 자기 안에 지니고 있습니다. 그 물질이 바로 모유입니다. 모유는 여성의 사지 윗부분인 팔에서 만들어집니다. 모유를 만들어 내는 기관들은 이를테면 사지에서 내부로 이어지는 부분입니다. 모유는 동물계와 인간계에서 유일하게 사지의 본질과 내적으로 동일한 물질입니다. 그러니 모유는 사지의 본질에서 생기는 것이고, 따라서 여전히 사지의 본질이 가진 힘을 포함하고 있습니다. 우리가 아기에게 모유를 줄 때, 모유는 적어도 그 본질로 보아 잠자는 정신을 깨우는 유일한 물질로 작용합니다. 친애하는 여러분, 그것이 모든 물질 안에 존재하는 정신, 자신을 드러내야 하는 곳에서 그 모습을 드러내는 정신입니다. 모유에는 모유 자신의 정신이 들어 있고, 이 정신의 과제는 아이의 잠자는 정신을 깨우는 것입니다. 자연의 신비하고 깊은 곳에서 모유라는 물질을 나오게 하는 자연의 정신존재가 아이의 잠자는 정신을 깨우는 자명종이 된다는 것은 상징적인 이야기가 아니라 근거가 확실한 자연과학적 사실입니다. 우리는 우주 존재 안에 있는 이 대단히 신비로운 연관관계를 통찰해야 합니다. 그래야 비로소 우리가 이 삼라만상에 담긴 법칙들이 얼마나 신비로운지 알게 됩니다. 그러면 물질에 대한 이론을 세운다면서 원자와 분자로 만들어진 그 물질이 아무런 연관성 없이 그저 커진 것이라고 여기다가는 우리 자신이 끔찍하게도 무지해지고 만다는 사실을 점차로 깨닫게 됩니다. 아니지요. 그런 것은 물질이 아닙니다. 모유의 어떤 성분은 만들어질 때부터 인간의 잠자는 정신을 깨우겠다는 지극히 내밀한 욕구를 가지고 있는데, 물질이란 그런 것입니다. 우리는 인간과 동물에게 있는 욕구, 즉 의지의 바탕이 되는 힘에 대해 이야기할 수 있는 것처럼 물질에 있어서도 일반적으로 "욕구"에 대해 이야기할 수 있습니다. 그러니 모유를 포괄적으로 살펴보려면 먼저 "모유는 만들어질 때부터 아이의 정신을 깨우는 자명종이 되겠다는 열망을 지니고 있다." 하고 말해야 합니다. 우리가 제대로 살펴보기만 하면 우리 주변에 있는 모든 것이 생기를 얻습니다. 이렇게 우리는 인간이 외부 세계에 있는 것과 맺고 있는 관계에서 결코 벗어날 수 없습니다.

13   이로부터 여러분은 인간 발달의 첫 시기를 돌보는 것이 자연의 정신존재임을 알 수 있습니다. 그리고 아이를 발달시키고 교육함으로써 우리는 자연정신이 하는 일을 특정한 방식으로 넘겨받습니다. 우리는 아이가 우리의 언어와 행동을 따라하게 함으로써 아이의 의지를 통해 아이에게 영향을 미치며, 이로써 인간을 오로지 영양을 공급하는 수단으로 사용하여 모유로 아이를 먹여 키운 그 정신존재의 활동을 이어갑니다. 이로써 여러분은 자연이 자연의 방식으로 아이를 교육한다는 사실도 알게 됩니다. 모유를 통한 영양 공급이 첫 번째 교

육 수단이니 말입니다. 자연은 자연의 방식으로 교육합니다. 우리 인간들은 말과 행동을 통해서 아이에게 교육적인 효과를 미치기 시작하고, 영혼적으로 교육하기 시작합니다. 그러므로 교사인 우리가 머리로 시작할 수 있는 일이란 그다지 많지 않다는 사실을 의식하는 것이 대단히 중요합니다. 머리는 이 세상에 태어날 때부터 이미 자신이 이 세상에서 이루어야 할 것을 지닌 채 우리에게 옵니다. 우리는 그런 머리 안에 있는 것을 깨울 수 있을 뿐, 결코 그것을 머리 안으로 넣어 줄 수는 없습니다.

14   여기서 물론 분명히 알아야 것이 있습니다. 태어날 때는 아주 특정한 어떤 것만이 이 물질적인 지상의 존재에 주어진다는 사실입니다. 오로지 문화가 발달하는 과정에서 외적인 관습에 의해 생겨난 것에 대해서는 정신세계가 전혀 관여하지 않습니다. 달리 말하면, 다른 관점에서 이미 말씀드린 것처럼* 아이는 우리가 읽기를 위해 동원하는 관습적인 수단, 쓰기를 위해 동원하는 관습적인 수단을 가지고 태어나지 않습니다. 정신적 존재들은 읽지도, 쓰지도 않습니다. 책을 펼쳐 읽지 않고, 펜을 들어 쓰지도 않습니다. 정신적 존재들이 인간의 말을 하고 심지어 인간의 글을 쓴다고 하는 것은 심령론자들이 지어낸 이야기일 뿐입니다. 말과 쓰기에 들어 있는 것은 문화적 관습입니다. 문화적 관습은 이 지상에 있습니다. 우리가 이 말하기와 쓰기라는 문화적 관습을 머리만으로 아이에게 가르치지 않고 가슴과 사지를 통해서도 가르칠 때, 아이에게 제대로 된 것을 전하게 됩니다.

15   아이가 7세가 되면 당연히 초등학교에 갑니다. 우리가 아이를 내내 요람에 뉘여 둔 것은 아니고, 아이도 어른들을 모방하여 배우면서 자신의 머리정신이 어떤 점에서는 깨어나도록 했으니 말입니다. 그러면 이제 우리가 아이 자신이 머리정신 안에서 깨워 낸 것을 이용해서 읽기와 쓰기를 관습적인 방식으로 가르칠 수 있습니다. 그런데 이때 우리가 행사하는 영향력이 이 머리정신을 손상시키기 시작합니다. 그래서 제가 여러분에게 말씀드렸습니다. 올바르게 가르치려면 읽기와 쓰기 수업을 예술을 바탕으로 하는 방법 밖에 없다고 말입니다. 그림 그리기와 색칠하기의 기초 작업, 음악의 기초 작업이 먼저 이루어져야 합니다. 이런 것들이 사지인간과 가슴인간에 작용하며 머리인간에도 간접적으로나마 작용하기 때문입니다. 그런 다음에 그것들은 머리인간 안에 들어 있는 것을 깨웁니다. 이미 관습이 되어버린 방법으로 지적으로만 읽기와 쓰기를 가르쳐 아이의 머리인간을 학대하지는 말아야 합니다. 먼저 아이에게 선으로 그리게 하고, 그런 다음 아이가 그린 것을 글자 모양으로 바뀌어 나가도록 하면, 사지인간을 거쳐 머리인간으로 가는 교육을 할 수 있습니다. 우리가 먼저 "F"라고 써서 보여 주면서 그 발음을 들려줍니다. 이때 아이가 "F"를 살펴보고 따라 쓰도록 하면 아이가 철자를 살펴보는 것으로 이미 우리가 아이의 지력에 작용한 것이 되고, 그러면 아이의 지력이 의지를 길들이게 됩니다. 이는 완전히 앞뒤가 뒤집힌 방법입니다. 제대로 된 방법은 최대한 의지를 통해서 지력을 깨우는 것입니다. 그러려면 예술적인 것에서 시작해서 지적 능력의 양성으로 넘어가야 합니다. 그래서 우리가 아이를 받아 수업을 시작할 때부터 예술을 동원하는 방법으로 쓰기와

읽기를 가르쳐야 합니다.

16   여러분이 가르치고 교육하는 동안 아이는 교사와 함께 하는 일 말고도 달리 할 것이 있다는 사실을 유념해야 합니다. 아이는 어떻게 보면 간접적으로만 여러분의 소관 사항인 많은 것을 해야 합니다. 아이는 성장해야 합니다. 아이는 성장해야 하며, 여러분은 수업과 교육을 하는 동안에도 아이가 제대로 성장해야 한다는 것을 명심하셔야 합니다. 이 말이 무엇을 뜻할까요? 여러분이 하는 수업과 교육이 아이의 성장을 방해해서는 안 된다는 이야기입니다. 여러분의 개입이 성장을 방해하지는 말아야 합니다. 여러분이 하는 수업과 교육은 아이에게 필요한 성장과 나란히 가야 합니다. 지금 제가 말씀드리는 것은 초·중학교 시기에 특히 중요합니다. 이갈이를 하기까지가 머리를 시작으로 하는 형태 형성의 시기라면, 초등학교는 생명 발달의 시기이기 때문입니다. 달리 말하면 성장, 그리고 성적 성숙을 포함해서 성장과 연관된 것이 이루어지는 것이 바로 초등학교 시기라는 것입니다. 사춘기와 함께 가슴인간을 중심으로 이루어지는 생명 발달이 종료됩니다. 따라서 여러분은 초·중학교 시기의 발달 과정에서 특히 가슴인간에 관련되어 해야 할 일이 있습니다. 여러분이 수업하고 교육하는 동안에 아이가 가슴 유기체를 통해 성장하고 발달한다는 사실을 알아야 일을 잘 해낼 수 있습니다. 여러분은 말하자면 자연의 동료가 되어야 합니다. 자연이 가슴 유기체, 호흡, 영양 공급, 움직임 등으로 아이를 발달시키는 것이니 말입니다. 그런데 여러분이 자연에 의한 발달을 전혀 모르고도 어떻게 자연에 의한 발달의 동료가 되겠습니까? 예

를 들어 여러분이 수업이나 교육에서 영혼적으로 성장을 억제하거나 촉진하게 되는 원인이 무엇인지 모른다면 무슨 수로 올바르게 교육하고 수업할 수 있겠습니까? 여러분은 자라는 아이가 지니고 있는 성장의 힘을 방해하는 내적인 힘도 어느 정도 가지고 있습니다.* 그러면 여러분이 아이의 키만 삐죽 커지도록 해서 경우에 따라서는 아이에게 해로운 결과가 생길 수도 있습니다. 또 어느 정도까지이긴 하지만 건강에 해로운 방법으로 아이의 성장을 억제해서 아이가 작고 뚱뚱하게 되도록 하는 힘도 여러분에게 있습니다. 결국 여러분이 인간의 성장 상태를 통찰할 수 있어야 한다는 이야기입니다. 여러분은 영혼적인 것, 그리고 신체적인 것에 대해 이렇게 통찰할 수 있어야 합니다.

17   그렇다면 어떻게 영혼적인 것을 바탕으로 성장 상태를 확인할 수 있을까요? 여기서 우리는 통상적인 심리학보다 더 나은 심리학으로 눈을 돌려야 합니다. 더 나은 심리학은 말합니다. 인간의 성장력을 촉진하는 모든 것, 인간의 성장력을 움직여 인간을 키 큰 말라깽이로 자라게 하는 모든 것이 어떤 면으로는 기억력을 형성하는 무엇인가와 연관되어 있다고 말입니다. 그래서 우리가 너무 많은 것을 기억하도록 요구하면 인간이 일정한 한계까지 마르고 커집니다. 또한 너무 많은 것을 상상하도록 요구하면 인간의 성장을 막습니다. 이렇게 기억과 환상에는 생명 발달의 힘과 신비로운 연관성이 있습니다. 그러므로 우리는 이런 연관성에 주의를 기울이는 안목을 길러야 합니다.

18   교사는 예를 들어 이런 것들을 할 수 있어야 합니다. 학년 초

에, 말씀드린 것처럼 특히 9세에서 12세에 이르는 시기가 시작될 때,[*] 전체 학생을 종합적으로 들여다보아야 합니다. 이때 교사는 아이들의 신체 발달 상황을 점검하고, 아이들이 어떤 모습을 하고 있는지 확인해야 합니다. 그런 다음 학년말 또는 어느 시점에 다시 아이들의 상태를 점검해서 그 사이에 어떤 변화가 나타났는지 살펴보아야 합니다. 그리고 이 두 번의 점검으로 교사는 이 시기에 어느 아이가 자라야 할 만큼 자라지 못하고 또 어느 아이가 훌쩍 커버렸는지 알게 됩니다. 이를 바탕으로 교사는 다음 학년이나 다음 학기에 비정상적인 성장을 바로잡기 위해 환상과 기억의 균형을 어떻게 조율해야 할지 고민해야 합니다.

19   이 때문에 교사가 같은 학생들을 전 학년에 걸쳐 담당하는 것이 대단히 중요하며, 이 때문에 학생들이 해마다 다른 교사에게 맡겨지는 것이 정신 나간 제도라는 말입니다. 그런데 현실은 꼭 그렇지만은 않습니다. 교사는 학년 초기와 발달기(7, 9, 12세)의 초엽에 자신이 맡은 학생들을 차츰차츰 알아 갑니다. 교사는 어느 학생이 모든 것을 바꾸어 떠올리는 환상형인지 알게 됩니다. 그리고 누가 모든 것을 잘 인지하는 기억형인지도 알게 됩니다. 이런 것도 교사는 잘 알고 있어야 합니다. 앞서 언급한 두 번의 점검으로 이런 사실들을 확인해야 합니다. 그러나 이렇게 확인한 사실들에서 더 나아가, 외형적인 신체의 성장뿐 아니라 환상과 기억 능력을 기준으로 아이가 기억력만 좋아서 키가 너무 빨리 자랄 위험은 없는지, 아니면 너무 많은 상상으로 인해 키가 작아지지는 않을지도 판단해야 합니다. 교사는 온갖 미사여구와

상투적인 말로 신체와 영혼의 연관성을 인정하는 데 그치지 말고 성장하는 인간 안에서 신체와 영혼과 정신의 협력을 관찰할 수 있어야 합니다. 환상 능력이 풍부한 아이들은 기억에 소질이 있는 아이들과는 달리 성장합니다.

20   오늘날 심리학자들이 보기에는 모든 것이 완성된 상태입니다. 기억이라는 것이 있으면, 심리학은 그것이 있다고 서술합니다. 환상이란 것이 있으면, 심리학은 그것이 있다고 서술합니다. 그러나 현실 세계에서는 모든 것이 상관 관계에 있습니다. 그래서 우리가 이 상관 관계를 알려면 우리의 이해력으로 이런 상관 관계들에 적응해야 합니다. 달리 말하면, 우리가 모든 것을 정확하게 정의하려는 데 사용하지 말고 우리의 이해력 자체를 유연하게 만들어 인식한 것을 변화시킬 수 있도록, 내적으로나 개념적으로 변화시킬 수 있도록 해야 합니다.

21   여러분이 아시다시피 정신적이고 영혼적인 것은 그 자체로 신체적인 것과 통해 있습니다. 심지어 신체의 작용, 즉 모유를 통해서 자연정신이 가장 어린 시기의 아이를 교육한다고 말할 수 있을 정도로 정신적이고 영혼적인 것은 신체적인 것과 통해 있습니다. 그래서 우리는 이갈이 이후의 아이들에게 학년에 맞는 방식으로 예술을 방울방울 떨어뜨려 줌으로써 교육하게 됩니다. 폴크스슐레의 마지막 시기에는 교육 방법이 다시 조금 달라집니다. 이 시기에는 미래에 확립될 자주적 판단력, 독립적 존재로서의 자각, 자주적 의지 충동이 점차로 비

쳐 들기 시작합니다. 우리는 이런 정황을 고려하여 그렇게 아이 안으로 들어와야 할 것을 실제로 이용할 수 있는 교육 과정을 계획하게 됩니다.

제12강

1919년 9월 3일, 슈투트가르트

1   인간의 신체를 관찰할 때 우리는 그것을 우리의 물질적이고 감각적인 주변 세계와 연관시키는데, 이는 인간의 신체가 물질적이고 감각적인 주변 세계와 지속적인 상호 관계를 가지며 주변 세계를 통해서 자신을 유지하기 때문입니다. 물질적이고 감각적인 주변 세계에 눈길을 주면, 우리는 이 물질적이고 감각적인 주변 세계에 광물적인 존재, 식물적인 존재, 동물적인 존재들이 있음을 알게 됩니다. 광물적인 존재, 식물적인 존재, 동물적인 존재들과 우리의 물질적인 신체는 서로 닮았습니다. 하지만 이 특별한 종류의 유사성은 겉으로만 보아서는 드러나지 않는 것이고, 따라서 인간과 물질적이고 감각적인 주변 세계의 상호 관계를 알려 한다면 자연계의 본질 안으로 제대로 깊이 파고 들어가야 합니다.

2   인간이 물질적이고 감각적인 존재인 한, 우리는 그런 인간에게서 우선 딱딱한 골격과 근육을 감지합니다. 그런 다음 인간 안으로 더 들어가면 순환하는 혈액과 이를 담당하는 기관들을 만납니다. 그리고 호흡을 감지합니다. 영양을 섭취하는 과정을 알게 됩니다. 기관들이 자연학에서 말하는 아주 다양한 맥관의 형태로 발달해 있다는

것도 알게 됩니다. 감각기관인 뇌와 신경을 감지하면, 우리에게는 인간의 기관들과 이들을 매개하는 과정들을 외부 세계에 맞추어 넣는 과제를 얻게 됩니다.

3   이제 인간에게서 가장 완전한 것으로 드러나는 것 — 그것이 실제로 어떤 모습인지는 이미 보았습니다만 —, 즉 감각기관에 속하는 뇌신경 체계에서 시작해 보겠습니다. 뇌신경 체계는 인간의 유기체 가운데 가장 오래 전부터 발달했고, 그래서 동물의 세계에서 발달한 형태를 이미 벗어나 있습니다. 말하자면 머리 체계에서 인간은 동물의 세계에서 이루어지는 발달을 모두 거친 결과로 동물 체계를 넘어서서 실제로 인간 체계에 이르게 되었고, 그래서 인간 체계가 머리의 구성에서 가장 분명하게 인간 체계의 모습이 드러나 되었습니다.

4   어제 우리는 우리의 머리 구성이 어느 정도까지 개별적인 인간 발달에 참여하는지, 인간 신체의 형성이 어느 정도까지 머리 안에 잠재되어 있는 힘들에 바탕을 두고 있는지 논의했습니다. 또한 머리의 작용이 7세 무렵의 이갈이와 함께 거의 종료된다는 사실도 알게 되었습니다. 우리는 인간의 머리가 가슴 기관들, 사지 기관들과 상호 작용을 하면서 어떤 일이 일어나는지 분명히 알아야 합니다. 그렇다면 가슴-몸통 체계, 사지 체계와 연관되어 자신의 일을 하는 머리가 실제로 어떤 작업을 하는지에 대해서도 대답해야 할 것입니다. 머리는 끊임없이 형태를 부여하고 형성합니다. 첫 번째 7년 주기에 머리에서 유래하는 강력한 형성 작업이 신체 형태까지 결정하고, 그런 다음에도

계속되는 머리의 조력으로 형상이 유지되고 그 형상 안으로 속속들이 영혼을 통하게 하고 정신이 스며들게 되는 것, 그것이 사실 우리 생명의 본질입니다.

5   머리는 인간의 모습이 만들어지는 것과 연관되어 있습니다. 하지만 머리가 우리 인간의 근본적인 형태를 만들어 내는 것일까요? 사실 머리가 그렇게 하는 것은 아닙니다. 여러분은 머리가 끊임없이 비밀스럽게 현재의 여러분을 달리 만들려 한다는 식의 사고에 적응하셔야 합니다. 머리가 여러분을 늑대같은 모습으로 만들려는 순간들이 있습니다. 머리가 여러분을 어린 양 같은 모습으로 만들고 싶어하다가 또 벌레 같은 모습으로 만들려는 순간들도 있습니다. 벌레나 용의 모습으로도 만들고 싶어합니다. 여러분의 머리가 여러분에게서 만드는 이 모든 형상들은 저 바깥 자연에 동물의 형상으로 널리 존재합니다. 동물의 세계를 보고 여러분은 "저건 바로 나야. 다만 나의 가슴 체계와 사지 체계는 머리에서 시작하여 늑대 형상을 인간 형상으로 변화시키는 호의를 베푼다" 하고 말할 수 있습니다. 여러분은 자신 안에서 끊임없이 동물적인 것을 극복합니다. 여러분은 이 동물적인 것을 장악하여 그것이 여러분 안에서 완전한 존재가 되지 않고 변형생성되도록, 모양을 바꾸도록 합니다. 결국 인간은 자신의 머리 체계를 통해서 주변 세계와 연결되는데, 이때 인간은 자신의 신체를 만드는 과정에서 주변의 동물 세계에서 빠져나갑니다. 그렇게 되면 여러분 안에는 도대체 무엇이 남아 있을까요? 인간을 보시면 됩니다. 인간을 떠올려 보십시오. 그러면 여러분은 흥미롭게 관찰한 다음 이렇게 이야기

하실 것입니다. "여기 한 인간이 있다. 위쪽에 머리가 있다. 거기에는 사실 늑대가 움직이고 있지만 진짜 늑대가 되지는 않는다. 늑대는 곧 가슴과 사지에 의해서 해체될 것이다. 사실 어린 양이 있지만 몸통과 사지에 의해 해체될 것이다" 하고 말입니다.

6   인간 안에는 동물적인 형태들이 끊임없이 초감각적으로 움직이고 해체됩니다. 만일 초감각적인 사진가가 있어서 이 모든 과정을 잡는다면, 이 모든 과정을 계속 바뀌는 사진판에 담을 수 있다면 어떻게 될까요? 그러면 우리는 인간의 사고를 눈으로 볼 수 있을 것입니다. 그 사고는 말하자면 감각적으로는 드러나지 않는 것에 대한 초감각적인 표현입니다. 머리로부터 하부로 진행되는 동물적인 것의 이런 지속적인 변형생성은 감각적으로는 드러나지 않지만, 초감각적으로 인간 안에서 사고 과정으로 작용합니다. 초감각적으로 사실적이라고 할 수 있는 과정으로서는 이 변형생성이 언제나 존재합니다. 여러분의 머리는 어깨 위에서 게으름을 피우며 가만히 있지만은 않고 여러분을 되도록 동물적인 것으로 머물도록 하려 합니다. 머리는 동물의 세계에 존재하는 모든 형태를 여러분에게 주며 동물계가 끊임없이 생성되기를 원합니다. 그러나 가슴과 사지를 통해서 여러분은 살아가는 동안 여러분에게서 동물계 전체가 생겨나는 것을 막으면서 그 동물의 세계를 다른 것으로 변형시킵니다. 이런 것이 우리와 동물의 세계의 관계입니다. 우리는 초감각적으로 우리 안에서 이 동물의 세계가 생기도록 한 다음, 그것이 감각적인 실재가 되는 것을 막아 초감각적인 존재로 머물도록 잡아 둡니다. 가슴과 사지는 생성되는 이 동물

들이 자신들의 영역으로 들어오지 못하도록 합니다. 머리가 동물적인 뭔가를 만들려는 경향이 지나치게 강하면 다른 유기체가 그것을 받아들이지 않으려 저항하고, 그러면 머리는 그것을 말살하기 위해 두통 또는 머릿속에서 일어나는 유사한 것들을 동원합니다.*

7   몸통 체계도 주변 세계와 관계가 있습니다. 그러나 그것은 주변 세계의 동물 체계와 관계가 있는 것이 아니라 전체 식물의 세계와 관계가 있습니다.* 인간의 몸통 체계, 즉 가슴 체계와 식물의 세계는 서로 아주 비밀스러운 관계를 맺고 있습니다. 몸통 체계, 가슴 체계, 즉 가슴-몸통 체계 안에서는 혈액순환, 호흡, 영양 공급의 가장 중요한 부분이 이루어집니다. 이 모든 과정은 외부의 물리적이고 감각적인 자연, 식물의 세계에서 일어나는 일과 상호 작용을 하는데, 이 상호 작용은 대단히 특이한 관계 안에서 이루어집니다.

8   우선 호흡을 살펴보겠습니다. 인간이 호흡을 할 때는 무슨 일이 일어날까요? 아시다시피 산소를 받아들여 자신의 생명 과정을 통해서 그것을 탄소와 결합시켜 이산화탄소로 변화시킵니다. 탄소는 유기체 안에서 음식물이 변하면서 생깁니다. 이 탄소가 산소를 받아들입니다. 산소가 탄소와 결합하면서 이산화탄소가 생깁니다. 그런데 인간이 이 이산화탄소를 자기 안에 두려 한다면, 그러니까 밖으로 내보내지 않고 몸 안에 잡아 두려 한다면 인간 안에서는 대단한 일이 벌어질 것입니다. 그런 상태에서 인간이 산소에서 탄소를 분리시킬 수 있다면 무슨 일이 일어날까요? 생명 과정을 통해서 산소를 들이마시고

그것을 몸 안에서 탄소와 결합시켜 이산화탄소가 생기도록 한 다음, 이번에는 다시 인간이 산소는 내보내고 탄소를 내부에서 소화한다면, 인간 안에는 어떤 일이 벌어질까요? 식물계가 생깁니다. 인간 안에 갑자기 식물의 모든 종이 자랄 것입니다. 식물이 자랄 수도 있습니다. 이유는 이렇습니다. 여러분이 식물을 관찰해 보면, 식물은 어떤 활동을 합니까? 식물은 인간처럼 산소를 규칙적으로 흡입하지 않고, 그 대신 이산화탄소로 동화 작용을 합니다. 식물은 낮에 탄소를 빨아들이고 산소를 배출합니다. 식물이 그런 활동을 하지 않는다면 인간과 동물이 산소를 얻지 못하는 곤란한 일이 벌어질 것입니다. 그런데 식물은 탄소를 잡아 둡니다. 그러고는 탄소로 전분, 당분을 비롯해서 식물 안에 있는 모든 것을 만들어 냅니다. 탄소로 자신의 유기체 전체를 만드는 것입니다. 식물의 세계가 생성되는 것은 식물이 동화 작용을 통해서 이산화탄소에서 분리해 낸 탄소로 자신을 형성함으로써 가능해집니다. 식물의 세계를 잘 들여다보면 그것은 변형된 탄소이며, 탄소는 인간의 호흡 과정에 해당하는 동화 작용을 통해 이산화탄소에서 분리된 것입니다. 식물도 조금은 호흡을 하지만, 그것은 인간의 호흡과는 다릅니다. 피상적으로 관찰하면 식물도 호흡한다고 말할 것입니다. 식물도 조금, 그것도 밤에 호흡을 합니다. 하지만 그것은 면도칼이 있으니 그것으로 고기를 자르겠다고 하는 것이나 다름없습니다. 식물의 호흡 과정은 인간이나 동물과는 다릅니다. 면도칼과 식탁용 칼이 다른 것처럼 식물의 호흡 과정은 인간이나 동물이 하는 호흡과는 다릅니다. 인간의 호흡 과정은 식물에서는 거꾸로 이루어지며, 그것이 동화 작용입니다.

9 　　이를 통해 여러분이 파악하게 된 사실이 있습니다. 여러분이 이산화탄소가 만들어진 과정을 자신 안에서 계속 이어간다면, 다시 말해서 외부 자연에서 일어나는 일처럼 산소를 배출하고 이산화탄소를 탄소로 바꾼다면, 물론 여러분 안에 이런 작업을 하는 데 필요한 물질이 있다고 가정하면 말입니다, 그러면 여러분은 몸 안에서 모든 식물이 자라도록 할 수 있을 것입니다. 갑자기 여러분이 식물계가 될 것입니다. 여러분이 사라진 자리에 식물계가 등장할 것입니다. 실제로 인간에게는 내부에 지속적으로 식물계를 만들어 낼 능력이 있지만, 그렇게 되도록 두지 않을 뿐입니다. 인간의 가슴 체계는 지속적으로 식물계를 만들려는 강한 경향이 있습니다. 하지만 머리와 사지가 그렇게 되도록 내버려두지 않고 저항합니다. 그래서 인간은 이산화탄소를 내보내어 자기 안에 식물계가 생기지 않도록 합니다. 그리고 자신의 외부에서 이산화탄소로 식물계가 만들어지도록 합니다.

10 　　가슴-몸통 체계와 감각적이고 물질적인 주변 세계 사이에는 다음과 같이 기묘한 상호 관계가 있습니다. 저 외부에는 식물들의 영역이 있고, 인간은 식물이 되지 않기 위해 식물의 생장 과정이 자신 안에서 일어나지 않도록 해야만 하며, 혹시 그런 과정이 일어나는 경우에는 즉시 바깥으로 내보내야 한다는 것입니다. 그러니 가슴-몸통 체계에서 인간은 식물과 대립되는 영역을 만들어 내는 능력이 있다고 할 것입니다. 여러분이 식물계를 사진이라고 생각해 보십시오. 그러면 인간은 식물계라는 사진의 음화陰畵를 만들어 냅니다. 다시 말해서 인간은 거꾸로 된 식물계를 만들어 내는 것입니다.

11   그렇다면 인간 안에서 식물계가 바람직하지 못하게 작용하기 시작하는데 머리와 사지는 막 생겨나는 식물계의 숨통을 막거나 바깥으로 내보낼 힘이 없다면 어떻게 될까요? 그러면 인간은 병이 납니다! 근본적으로 보면 가슴-몸통 체계에 기인하는 신체 내부의 질병들은 인간이 너무 약해서 자기 안에서 만들어지는 식물적인 것을 즉시 막아내지 못하기 때문에 생깁니다. 아주 조금이라도 우리 안에서 식물계가 생기려는 순간에 그렇게 생기려는 식물계를 내보내어 외부에 있는 본래의 영역으로 가도록 조치하지 못하면 우리는 그 순간 병들게 됩니다. 그러니 인간이 병드는 과정의 본질은 인간 안에서 식물이 자라는지 여부에서 찾아야 합니다. 무엇보다 인간의 내부라는 것은 백합이 자라기에 알맞은 환경은 아니기 때문에 여러분이 식물이 되는 일은 당연히 없을 것입니다. 하지만 인간의 다른 체계들이 허약하면 식물계가 생겨나는 경향이 나타나고, 그러면 인간은 병들게 됩니다. 따라서 우리가 인간 주변에 있는 식물 세계 전체를 살펴보면, 어떤 의미로는 인간의 모든 질병의 양상이 우리 주변의 식물 환경에 들어 있다고 말할 수밖에 없을 것입니다. 자연 환경과 인간 사이의 연관성에는 주목할 만한 비밀이 있습니다. 이전의 다른 기회에서 설명한 것처럼,* 인간은 식물에서 인간이 성적 성숙기까지 이루는 발달의 양상을 볼 뿐 아니라, 식물이 자기 안에 열매가 될 맹아를 지니고 있는 점에서 인간은 외부의 식물에서 인간의 질병이 진행되는 양상도 볼 수 있습니다. 이런 사실은 인간에게는 결코 듣기 좋은 이야기는 아닐 것입니다. 식물계의 아름다움을 사랑하는 인간으로서는 식물계가 외부에서 자신의 본질을 펼쳐 내고 있을 때는 식물계에 대한 자신의 미적 애호

가 정당화되지만, 이 식물계가 인간 안에서 자신의 본질을 펼치려 하면, 즉 인간 안에서 식물계가 생겨나려는 순간, 바깥에서는 아름다운 색채의 식물계가 인간 안에서 질병의 원인으로 작용하기 때문입니다. 어느 질병이든 식물계의 어떤 형태와 일대일로 대응시킬 수 있어야* 의학이 진정한 과학이 될 것입니다. 인간이 이산화탄소를 내쉬는 것은 근본적으로 보아 자신의 생존을 위해 지속적으로 식물계 전체를 배출하는 것으로 보아야 합니다. 그러니 식물이 자신의 일반적인 속성과는 달리 자기 안에서 독을 만들기 시작할 때 이 독이 인간의 건강 또는 질병 과정과도 연관된다는 사실은 놀라운 일이 아닙니다. 그뿐 아니라 그것은 보통의 영양 섭취 과정과도 연결되어 있습니다.

12   사랑하는 여러분, 적어도 그 출발점에서는 호흡 과정과 마찬가지로 가슴-몸통 체계에서 이루어지는 영양 섭취 과정은 호흡과 아주 유사한 방식으로 관찰해야 합니다.* 영양 섭취 과정에서도 인간은 주변 세계의 여러 물질을 취하지만, 그것을 원래의 상태로 두지 않고 변화시킵니다. 인간이 영양 섭취 과정에서 호흡으로 받아들인 물질을 변화시키고 나면, 이 변화된 물질은 산소와 결합합니다. 이 과정은 마치 물질의 연소 과정처럼 보입니다. 즉, 인간이 자신의 내부에서 지속적으로 무엇인가를 태우는 것처럼 보이는 것입니다. 그래서 자연과학에서도 인간 안에서 일종의 연소 과정이 작동하고 있다고들 이야기하는 것입니다. 하지만 이는 사실이 아닙니다. 인간 안에서 벌어지는 그 과정은 실제의 연소 과정이 아닙니다. 여러분은 그것이 시작과 끝 부분이 빠진 연소 과정이라는 사실에 유념하셔야 합니다. 그것은 연소

과정의 중간 단계일 뿐으로, 시작 부분과 끝 부분이 빠져 있습니다. 인간의 신체 안에서 연소 과정의 시작과 끝 부분이 일어나는 일은 절대로 없어야 하며, 오로지 연소 과정의 중간 부분만 진행되어야 합니다. 열매가 생길 때와 유사한 연소의 가장 초기 단계가 인간 유기체 안에서 일어난다면, 그것은 예를 들어 인간이 아주 설익은 과일을 먹을 때처럼 파괴적인 결과를 초래합니다. 연소에서 일어나는 이 초기 단계는 인간이 겪을 수 없는 일입니다. 그것은 인간 안에서 일어나지 않으며, 일어난다면 인간을 병들게 합니다. 건장한 농촌 사람들처럼 설익은 과일을 많이 먹을 수 있는 사람이 있다면, 그는 이미 주변의 자연과 아주 닮아 있어서 햇볕에 잘 읽은 과일처럼 설익은 사과나 배도 잘 소화할 수 있는 사람일 것입니다. 결국 인간은 연소 과정의 중간 과정만 함께할 수 있다는 말입니다. 연소의 모든 과정 가운데 인간은 오로지 그 중간 부분만 함께할 수 있습니다. 그 과정이 마지막 단계까지 이루어지면 그것은 잘 익은 과일이 바깥에서 썩는 것과 같은 상태에 도달하게 되므로 인간은 그 과정도 함께해서는 안 됩니다. 인간은 그 전에 영양 물질을 배출해야 합니다. 실제로 인간은 주변에서 일어나는 것과 같은 자연 과정을 종말까지 실행하지 않고 그 중간 단계만 실행합니다. 시작과 끝이 자기 안에서 진행되도록 할 수 없기 때문입니다.

13   이제 우리는 가장 주목할 만한 것을 보게 됩니다. 호흡을 관찰해 봅시다. 호흡은 바깥의 식물계에서 일어나는 것과 모든 점에서 반대로 진행됩니다. 호흡은 일종의 반反식물 과정이며, 내적으로는 바깥에서 일어나는 영양 공급 과정의 중간 부분에 해당하는 과정과 연

결됩니다. 아시다시피 우리 신체의 가슴-몸통 체계 안에서는 두 가지 과정이 진행되는데, 호흡을 통해 일어나는 이 반식물 과정은 언제나 외부 자연 과정에서 일반적으로 이루어지는 중간 부분과 함께 진행됩니다. 둘이 서로 뒤섞여 작용하는 것입니다. 보십시오. 이렇게 영혼과 신체는 연관되어 있습니다. 여기에 영혼과 신체의 비밀스러운 연관성이 있습니다. 호흡 과정에서 일어나는 것은 자연 과정 가운데 일반적으로 중간 부분에서만 일어나는 것과 연관되고, 그래서 반식물 과정인 영혼적인 것이 자연 과정의 중간 부분으로 머무는 인간의 신체와 연관됩니다. 영혼적이 된 호흡과 자연 과정에서 신체적이 된 중간 부분 사이의 비밀스러운 관계에서 신체와 영혼의 상호 관계를 찾지 않는다면, 그런 과학은 신체와 영혼 사이의 상호 관계가 어떤 것인지 아무리 오래 생각해도 답을 얻기 힘들 것입니다. 이 자연 과정은 인간 안에서 발생하지 않고 인간 안에서 소멸하지도 않습니다. 인간은 그 과정이 인간 외부에서 발생하도록 돕니다. 그리고 그 과정의 소멸은 인간에게서 배출된 뒤에야 일어납니다. 인간은 신체적으로는 오로지 자연의 중간 부분에만 연관되며, 호흡 과정에서 이 자연 과정에 속속들이 영혼이 스며들도록 합니다.

14   바로 이 점에서 미래의 의학, 미래의 위생학이 그 정교한 구조를 특별히 연구해야 할 과정이 생겨납니다. 미래의 위생학은 외부 세계에서 다양한 등급의 열이 서로 어떻게 작용하는지를 자문해 보아야 할 것입니다. 열이 낮은 곳에서 높은 곳으로 이동할 때는, 또 그 반대로 이동할 때는 어떤 작용을 합니까? 그리고 인간이 외부의 열 과정

안에 놓일 때 그 열 과정은 인간 유기체에 어떻게 작용할까요? 공기와 물의 상호 작용은 외부의 식물 과정에서 볼 수 있습니다. 그러니 인간이 식물 과정 안에 놓이는 등의 경우에 그 상호 작용이 인간에게 어떤 영향을 미칠지 연구해야 합니다.

15   이런 사실들에 관해서 오늘날의 의학은 이제 조금이나마 관심을 가지기 시작했거나 시작했다고 하기도 어려운 상태입니다. 질병의 형상이 나타나면, 오늘날의 의학은 세균이나 박테리아의 형태로 된 원인을 찾아내는 것에 무엇보다 큰 가치를 둡니다.* 그렇게 질병의 원인을 찾아내면 그것으로 만족합니다. 하지만 그보다 훨씬 중요한 것은, 어떻게 해서 삶의 한 순간에 인간 안에서 미미하게라도 식물 과정이 발생하고 그 때문에 세균이 그 안에 적합한 서식처를 찾아내는지를 알아내는 일입니다. 그리고 모든 식물적인 것들을 위한 서식처가 없도록 우리의 신체 상태를 유지하는 것이 중요합니다. 그렇게 하면 그런 것들은 우리를 심하게 유린할 수 없을 것입니다.

16   이제 한 가지 질문이 남아 있습니다. 인간의 신체와 외부 세계의 관계를 관찰할 때 골격과 근육은 인간의 생명 과정 전체와 실제로 어떤 관계가 있습니까?

17   여기서 여러분은 이 시대의 과학이 거의 주목하지 못하는 것을 이해하려 할 때 반드시 파악해야 하는 것을 만납니다. 여러분이 팔을 굽힐 때 어떤 일이 일어나는지 유념해 보십시오. 그럴 때 여러분은

근육을 수축히켜 아래팔을 구부러지도록 한다는 아주 기계적인 과정을 일으킵니다. 그 과정은 여러분이 먼저 이런 자세를 취해서 일어난 것이라고 가정해 봅시다. (첫 번째 그림)

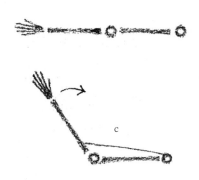

18   이제 줄 (c) 정상을 팽팽하게 묶어 감아 올립니다. 그러면 이 뼈대가 이렇게 움직이게 됩니다. (두 번째 그림) 이것은 완전히 기계적인 움직임입니다. 걸으면서 무릎을 굽힐 때에도 여러분은 그런 기계적인 움직임을 실행합니다. 걸을 때는 신체의 모든 기계 장치가 계속 기계적으로 움직이고 힘들이 계속 작용하기 때문에 그렇습니다. 이때 작용하는 것은 주로 지레 작용을 하는 힘이지만, 어쨌든 힘이 작용하는 것입니다. 여러분이 복잡한 사진 기술을 사용해서 걸어가는 인간에게서 그 걷는 모습이 아니라 걸을 때 동원하는 갖가지 힘을 촬영한다고 상상해 봅시다. 한쪽 다리를 들었다가 내리고 이어서 같은 방식으로 다른 쪽 다리를 옮기기 위해 사용하는 모든 힘을 촬영한다고 말입니다. 사람은 전혀 찍지 않고 오로지 여러 가지 힘만 찍는 것입니다. 그 힘들을 찍은 사진이 현상되는 것을 여러분이 본다면, 거기

에는 먼저 그림자가, 그리고 걸을 때는 연속되는 일련의 그림자가 보일 것입니다. 여러분이 자신의 자아와 함께 근육과 살 속에 살고 있다고 믿는다면 크게 잘못 생각하시는 것입니다. 깨어 있을 때도 여러분과 여러분의 자아는 근육과 살 속에서 사는 것이 아니라 여러분이 촬영한 그 그림자들 안에, 여러분의 신체가 움직임을 일으키는 데 사용한 힘들 안에서 살고 있습니다. 무척 기괴한 이야기로 들리겠습니다만, 앉아 있을 때 여러분은 등을 의자 등받이에 기대면서 의자 등받이를 누를 때 생기는 힘 안에서 여러분의 자아와 함께 살고 있습니다. 그리고 서 있을 때 여러분은 두 발이 바닥을 누르는 힘 안에서 살고 있습니다. 여러분은 끊임없이 갖가지 힘 안에서 살고 있습니다. 우리가 눈에 보이는 육체 속에서 우리의 자아와 함께 살고 있다는 것은 전혀 사실이 아닙니다. 우리는 자아와 함께 갖가지 힘 안에서 살고 있습니다. 눈에 보이는 육체는 우리가 지니고 다니는 것에 지나지 않습니다. 죽을 때까지 물리적으로 이 지상에 사는 동안은 내내 그 육체를 그저 끌고 다니는 것입니다. 깨어 있는 상태에서도 우리는 여전히 힘이라는 실체 안에 살고 있습니다. 그렇다면 이 힘이라는 실체는 무슨 작용을 하는 것일까요? 그것은 끊임없이 한 가지 특별한 과제를 가집니다.

19   여러분이 음식물을 먹을 때는 갖가지 무기질도 받아들이지 않습니까? 음식 속에 염분이 들어 있으니 수프를 짜게 해서 먹지 않더라도 여러분은 무기질을 섭취하게 됩니다. 여러분 자신이 무기질을 섭취하려는 욕구를 가지고 있기도 합니다. 그러면 이 무기질로 여러분이 하는 일은 무엇입니까? 사실 여러분의 머리가 무기질로 할 수 있

는 것이란 많지 않습니다. 가슴-몸통 체계도 마찬가지입니다. 그런데 사지 체계는 여러분 안에서 이 무기질이 고유한 형태의 결정체가 되는 것을 막습니다. 사지 체계의 여러 가지 힘이 발달하지 않으면, 여러분이 섭취한 염분은 소금 덩어리가 됩니다. 여러분의 사지 체계와 골격과 근육 체계는 땅에서 무기질이 만들어지는 것에 끊임없이 대항하는 경향을, 다시 말해서 무기질을 해체하려는 경향이 있습니다. 인간 안에 있는 무기질을 해체하는 힘들은 사지 체계에서 나옵니다.

20   질병의 과정이 단순히 식물적인 것을 넘어설 때, 다시 말해서 육체가 자신 안에 식물적인 것뿐 아니라 무기질의 결정화까지 시작되도록 방치하면, 당뇨병*처럼 극심하고 파괴적인 형태의 질병이 생깁니다. 그러면 인간의 신체는 사지가 세계로부터 얻는 힘으로 끊임없이 해체해야 하는 무기질을 제대로 해체할 능력이 없게 됩니다. 오늘날 사람들이 신체 내부의 병적인 무기질화에 기인하는 질병 형태들을 물리칠 수 없는 것은 우리가 감각기관, 두뇌, 신경섬유 다발 등의 상호 연관성에서 얻어내야 할 대응 수단을 충분히 동원하지 못하기 때문입니다. 두뇌와 신경 안에 있는 붕괴되는 이런 물질을 저는 특별한 뜻으로 가상 물질이라고 부릅니다만, 이 가상 물질을 어떤 형태로든 사용해야 우리가 통풍*이나 당뇨병 등을 이겨낼 수 있습니다. 오늘 제가 제시한 관점에서 인간과 자연의 연관성을 통찰할 때에 비로소 이 영역에서 인류를 치유할 수 있게 될 것입니다.

21   인간의 신체를 규명하는 유일한 방법은 인간이 먼저 자신의

과정을 아는 것, 즉 인간이 자기 안에 있는 무기질을 해체하고* 내부의 식물계를 원래대로 돌려 놓고 배출해서 동물계를 정신화해야 한다는 사실을 아는 것입니다. 그리고 신체의 발달에 관해 교사가 알아야 할 모든 것은 제가 이 자리에서 제시한 인류학적, 인지학적 관찰의 바탕입니다. 이를 바탕으로 어떤 교육학이 세워져야 할지에 대해서는 내일 계속 말씀드리도록 하겠습니다.

제13강

1919년 9월 4일, 슈투트가르트

1   우리는 외부 세계와의 관계에서 인간을 파악할 수 있으며, 이 연속 강좌에서 얻은 통찰을 바탕으로 우리는 아이와 외부 세계와의 관계에서 우리가 아이를 어떻게 대해야 할 것인지에 대한 통찰도 얻을 수 있습니다. 다만 이 통찰을 적절한 방식으로 삶에 적용하는 것이 관건입니다. 여러분이 유념하실 것은 우리가 무엇보다 외부 세계에 대한 인간의 이중적인 관계를 알아야 한다는 것입니다. 그러려면 사지인간과 머리인간의 완전히 상반된 형상을 알고 있어야 합니다.

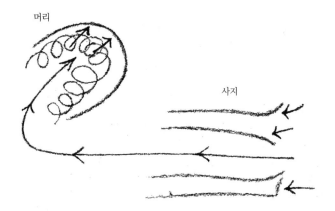

머리

사지

2   우리가 터득해야 할 어려운 표상이 있습니다. 사지인간에 담긴 여러 형태를 파악하는 것은 머리의 형태들을 장갑이나 양말처럼

안팎을 뒤집어서 떠올려 볼 수 있어야 가능해진다는 것입니다. 그렇게 해서 드러나는 것은 인간의 삶 전체에 큰 의미가 있습니다. 이를 도식적으로 그린 것을 보고 우리는 이렇게 말할 수 있습니다. 머리 형태는 안쪽에서 바깥으로 눌러 부풀리듯 만들어졌다고 말입니다. 인간의 사지를 생각해 보면 이마 부분에서 안팎을 뒤집어 바깥에서 안쪽으로 눌러서 만들어진 것으로 떠올리게 됩니다. 이런 뒤집어진 형태는 인간의 삶에 아주 큰 의미가 있습니다. 그리고 여러분 내면의 인간적인 것이 안쪽에서 여러분의 이마 쪽을 향한다고 생각해 보십시오. 손바닥, 발바닥을 잘 들여다보십시오. 손바닥과 발바닥에는 끊임없이 일종의 압력이 작용하고 있는데, 그것은 여러분의 이마 안쪽에서 바깥으로 향하는 압력과 같은 것으로, 다만 방향만 반대로 작용합니다. 여러분이 손바닥을 외부 세계로 향하게 하고 발바닥을 바닥에 대고 서면, 내부에서 이마를 향해 흐르는 것과 동일한 것이 바깥에서 발바닥을 거쳐 안으로 흘러듭니다. 이것은 대단히 중요한 사실입니다. 이것이 대단히 중요한 이유는 이를 통해서 우리가 정신적-영혼적인 것이 어떻게 인간 안에 있게 되는지를 이해하기 때문입니다. 그 사실에서 보는 것처럼, 정신적-영혼적인 것은 하나의 흐름입니다. 실제로 이 정신적-영혼적인 것은 하나의 흐름으로 인간 안으로 뚫고 들어옵니다.

3   그렇다면 이 정신적-영혼적인 것과 인간은 어떤 관계일까요? 물이 흘러가다가 둑에 막히는 모습을 떠올려 보십시오. 그럴 때면 물이 고이고 물결이 반대 방향으로 움직입니다. 마찬가지로 정신적-영혼적인 것은 인간 안에서 솟구쳐 흐릅니다. 인간은 정신적-영혼적인

것을 막아 고이게 하는 장치입니다. 정신적-영혼적인 것은 원래 인간을 관통해서 계속 흐르기를 원하지만, 인간이 그것을 붙잡아 그 흐름을 느리게 합니다. 그렇게 인간은 정신적-영혼적인 것을 자기 안에 고이도록 합니다. 그런데 제가 하나의 흐름이라고 표현한 이 움직임이 사실은 아주 기묘한 것입니다. 인간을 뚫고 들어오는 정신적-영혼적인 것의 움직임을 하나의 흐름이라고 표현했습니다만, 그렇다면 그것은 외적인 신체와의 관계에서는 어떻게 움직일까요? 그것은 끊임없이 인간을 흡수합니다.

4   인간은 외부 세계를 마주하고 있습니다. 정신적-영혼적인 것은 그런 인간을 지속적으로 흡수하려 도모합니다. 그래서 우리는 우리의 표피를 끊임없이 벗어 던집니다. 그리고 정신이 충분히 강하지 않으면, 우리는 손톱을 자르듯이 신체에서 어떤 부분들을 잘라 버려야 합니다. 정신이 외부로부터 오면서 그것들을 흡수해서 파괴하려 하기 때문입니다. 정신은 모든 것을 파괴하고, 신체는 정신의 이런 파괴를 막습니다. 그래서 인간 안에는 정신적-영혼적인 것의 파괴 작용과 신체의 지속적인 생성 작용이 균형을 이루어야 합니다. 이 흐름 안으로 밀려 들어와 있는 것이 가슴-몸통 체계입니다. 그리고 가슴-몸통 체계는 밀고 들어오는 정신적-영혼적인 것의 파괴 행위에 맞서 물질적인 것을 인간 안으로 집어넣습니다. 이 점에서 여러분은 가슴-몸통 체계에서 돌출해 있는 인간의 사지도 사실은 정신적인 것임을 알아채게 됩니다. 인간 안에서 물질을 만들어 내는 활동이 가장 적게 이루어지는 곳이 사지 내부이기 때문입니다. 가슴-몸통 체계에서 사지의 물

질대사 과정을 통해 사지 안으로 보내는 것만 사지에 의해 물질로 변합니다. 우리 사지는 고도로 정신적이며, 움직이면서 신체를 소모하는 것도 사지입니다. 그리고 본래 신체는 태어나면서부터 자기 안에 맹아로 있는 것의 발달에 의존합니다. 사지가 너무 적게, 또는 적절하지 않게 움직이면 신체를 충분히 소모하지 못합니다. 그런데 가슴-몸통 체계는 자신을 위해서는 다행히도 사지가 자신을 충분히 소모하지 못하는 위치에 있습니다. 그래서 소모되지 않고 가슴-몸통 체계에 남아 있는 부분은 인간 안에서 잉여 물질이 만들어지는 데 사용됩니다. 인간은 영혼적-정신적인 존재로 태어나므로 이 잉여 물질은 태어날 때부터 인간 안에 맹아로 존재하는 것 안으로, 다시 말해서 신체적 본질에 더하여 본래부터 인간 안에 있어야 하는 것 안으로 스며듭니다. 그런데 인간에게 있어야 하는 것 안으로 스며들 때 이 잉여 물질에 동반되는 것이 있습니다. 그것은 인간에게 있어서는 안 되는 것, 즉 단지 지상에 태어난 인간이기에 물질적으로 들어 있기는 하지만 엄밀한 의미로 보면 정신적-영혼적인 본질이 아닌 것입니다. 즉, 잉여 물질이 스며들 때 점점 더 많은 지방이 동반됩니다. 그리고 이 지방이 인간 안에 비정상적인 방식으로 쌓이면, 그것은 흡수 과정으로서, 소모 과정으로서 밀려드는 정신적-영혼적인 과정에 실제로 지나치게 저항함으로써 이 정신적-영혼적인 과정이 머리 체계까지 가는 것을 어렵게 만듭니다. 그러므로 아이들이 지방을 만들어 내는 음식을 너무 많이 먹도록 하는 것은 옳지 않습니다. 지방이 많아지면 아이들의 머리가 정신적-영혼적인 것과 분리됩니다. 지방이 정신적-영혼적인 것이 움직이는 경로를 차지하는 바람에 머리가 비게 되기 때문입니다. 그러니 아이의 전체적인 환경과 함께 작용해서 아이가 비만해지지 않도록 할 방법을 찾아내는 것이 중요합니다. 나중에 나이가 들면 갖가지 원인으로 비만해지지만, 아동기에는 발달 상황이 특수한 아이가 아닌 경우, 즉 그저 유난히 약한 몸으로 발달한 아이의 경우에는 몸이 약해서 쉽사리 비만해지는 것이므로, 적절한 영양 공급을 통해서 이런 평범한 아이들이 지나치게 비만해지지 않도록 조력할 수 있습니다.

5   그러나 이런 사실들의 중요성을 헤아리지 못하면 책임감 있게 대처하지 못하게 됩니다. 아이에게 지나치게 많은 지방을 섭취하도록 하면, 인간 안으로 자신의 정신적이고 영혼적인 것을 흐르게 함으로써 인간에게서 어떤 것을 예정하고 있는 세계 과정에 우리가 끼어들게 된다는 사실을 헤아리지 못한다면 말입니다. 아이를 지나치게 비만해지도록 한다면 우리는 정말로 세계 과정의 일을 그르치는 것입니다.

6   이는 보시다시피 인간의 이 머리 안에서 대단히 기이한 일이 일어나기 때문입니다. 물이 둑에 막히면 고이듯 인간 안에서 고이는 모든 정신적-영혼적인 것은 거꾸로 뿜어지게 됩니다. 다시 말하면, 미시시피 강의 흐름이 모래를 옮기는 것처럼 정신적이고 영혼적인 것의 흐름에 실려 옮겨지는 것은 두뇌 안으로도 뿜어지고, 이로써 정신적이고 영혼적인 것이 고이는 두뇌의 내부에서 그 흐름이 반대 방향으로 바뀝니다. 그리고 물질적인 것이 되돌아오면서 두뇌 안에서는 그 물질이 지속적으로 붕괴합니다. 그리고 아직 생명이 스며들어 있

는 물질이 붕괴하면, 즉 제가 설명한 것처럼 부딪혀 되돌아오면, 신경이 생겨납니다. 신경이 생겨나는 것은 정신에 의해 생명 안으로 들어온 물질이 붕괴하면서 살아 있는 유기체 안에서 사멸할 때입니다. 따라서 신경이란 살아 있는 유기체 안에서 사멸한 물질이며, 그로 인해 생명은 위치가 바뀌면서 정체되고, 물질은 부스러져 붕괴합니다. 이를 통해 인간 안에 통로가 생기는데, 인간 전체로 뻗어나간 이 통로는 사멸한 물질, 즉 신경으로 채워집니다. 그리고 거기에서 정신적-영혼적인 것이 인간 안으로 뿜어집니다. 신경을 따라서 정신적-영혼적인 것이 인간 안으로 속속들이 뿜어지는데, 이는 정신적-영혼적인 것이 해체되는 물질을 필요로 하기 때문입니다. 정신적-영혼적인 것은 인간의 표면에서 물질이 붕괴해서 비늘처럼 떨어져 나가게 합니다. 이 정신적-영혼적인 것은 인간 안에서 물질이 일단 사멸한 다음에 인간을 채우는 일에만 관여합니다. 죽은 물질인 신경섬유를 따라서 정신적-영혼적인 것이 인간 내부에서 움직입니다.

7   이런 식으로 우리는 정신적-영혼적인 것이 인간 안에서 실제로 어떻게 작동하는지 들여다보게 됩니다. 정신적-영혼적인 것이 바깥쪽에서 들어가 흡입하고 잠식하는 과정을 보는 것입니다. 그것이 뚫고 들어가서 고여 역류하고 물질을 죽이는 것을 보게 됩니다. 신경 안에서 물질이 부서지는 모습, 그 다음에는 정신적-영혼적인 것이 유기적으로 살아 있는 것을 뚫고 움직이지 못하기 때문에 안으로부터 스스로 길을 만들어가면서 피부까지 뚫고 올라오는 것을 보게 됩니다.

8   그렇다면 여러분은 유기적인 것, 살아 있는 것이 무엇이라고 생각하실 수 있을까요? 살아 있는 것이란 정신적-영혼적인 것을 받아들이지만 투과시키지는 않는 것이라고 생각할 수 있습니다. 죽은 것, 물질적인 것, 무기질을 여러분은 정신적-영혼적인 것을 투과시키는 어떤 것으로 생각하실 수 있습니다. 그러면 여러분은 신체적으로 살아 있는 것의 정의, 뼈와 신경, 즉 무기질적-물질적인 것의 정의를 얻게 됩니다. 살아 있고 유기적인 것은 정신을 투과시키지 않으며, 물질적이고 죽은 것은 정신을 투과시킵니다. "피는 아주 특별한 체액이다"* 하고 말하는 것은 피와 정신의 관계가 물리적 물질과 빛의 관계와 같기 때문입니다. 피는 정신을 투과시키지 않고 자기 안에 간직합니다. 신경을 구성하는 물질도 본질적으로 아주 특이한 물질입니다. 그것은 투명한 유리와 빛의 관계와 같습니다. 투명한 유리가 빛을 투과시키는 것처럼 물질적 질료인 신경을 구성하는 물질은 정신을 투과시킵니다.

9   이렇게 여러분은 인간을 구성하는 두 가지 요소의 차이점, 즉 인간 안에서 정신을 투과시키는 무기질, 그리고 인간 안에서 정신을 지니고 있으면서 정신으로 하여금 유기체를 형성하는 형태들을 만들도록 하는 좀 더 동물적이고 좀 더 유기적이며 살아 있는 것, 이 둘 사이의 차이점을 보셨습니다.

10   그런데 이 점에서 인간을 대하는 것과 연관된 온갖 것들이 도출됩니다. 육체적으로 활동할 때 인간은 자신의 사지를 움직이는데,

이는 인간이 온전히 정신 안에서 헤엄을 치고 있다는 말입니다. 이때의 정신은 인간 안에 고여 있는 정신이 아니라 인간 바깥에 있는 정신입니다. 나무를 패거나 걸어가는 등 실용적인 목적이든 아니든 사지를 움직이고 있다면, 그때 여러분은 끊임없이 정신 안에서 이리저리 첨벙거리는 것이며 끊임없이 정신과 관계하고 있는 것입니다. 그렇다면 우리가 하는 정신적인 일, 즉 사고나 독서 등을 할 때는 어떻게 되는 것인지 자문해 보는 것이 중요합니다. 그런 일을 할 때 우리는 우리 안에 있는 정신적이고 영혼적인 것과 관계하고 있습니다. 그 정신적이고 영혼적인 것이 우리 안에 있으니 말입니다. 그런 일을 할 때는 우리가 사지와 함께 정신 안에서 첨벙거리는 것이 아닙니다. 그런 일을 할 때는 정신적이고 영혼적인 것이 우리 안에서 움직이면서 끊임없이 우리의 신체를 이용합니다. 다시 말해서 정신적이고 영혼적인 것이 완전히 우리 안의 신체적이고 육체적인 과정에서 드러나는 것입니다. 그런 일에서는 내부에서 고이는 현상으로 인해 물질이 끊임없이 되던져집니다. 정신적인 일을 할 때 우리의 신체는 과도하게 활동합니다. 이와는 반대로 육체적으로 일할 때는 우리의 정신이 과도하게 활동합니다 내면적으로 우리의 신체와 함께 일하지 않으면 우리는 정신적이고 영혼적인 일을 할 수 없습니다. 우리가 사고를 통해 걸어가는 방향을 정하는 것처럼, 즉 사고로 방향 결정에 작용하는 것처럼, 우리의 정신적이고 영혼적인 것은 육체적인 일에서 가장 크게 우리의 내면에 관여합니다. 그런데 이 정신적이고 영혼적인 것의 관여는 외부로부터 이루어집니다. 우리는 일을 하면서 끊임없이 우주의 정신 안으로 들어갑니다. 육체적인 일을 하는 동안 우리는 우리 자신을 끊임없이 우주의 정신과 연결합니다. 육체적인 일은 정신적으로, 정신적인 일은 신체적으로 인간의 주변과 내면에서 이루어집니다. 육체적인 일이 정신적으로, 정신적인 일이 신체적으로 인간의 주변과 내면에서 이루어진다는 이 모순을 우리는 받아들여 이해해야 합니다. 우리가 육체적으로 일할 때, 정신은 우리를 두루 씻어 냅니다. 우리가 정신적으로 일할 때 물질은 우리에게서 활발하게 활동합니다.*

11   정신적인 것이든 신체적인 것이든 일에 대해서, 휴식과 피로에 대해서 깊이 있게 생각하려 할 때는 이런 사실들을 알고 있어야 합니다. 방금 논의한 것을 정말 깊이 있게 통찰하지 않으면 일, 휴식, 피로에 대해 깊이 있게 생각할 수 없습니다. 사랑하는 친구 여러분, 어느 인간이 지나치게 사지로 일한다면, 즉 지나치게 육체적으로 일한다면 어떤 결과가 생길지 생각해 보십시오. 육체적인 일이 과도하면 인간을 정신과 유사하게 만듭니다. 육체적으로 일할 때는 정신이 인간을 끊임없이 씻어 내니 말입니다. 그렇게 되면 외부에서 인간에게 다가오는 정신이 인간을 지나치게 지배하게 됩니다. 육체적인 일이 과도하면 우리는 지나치게 정신적이 됩니다. 그런 것은 바깥으로부터 우리를 지나치게 정신적으로 만듭니다. 그러면 우리는 자신을 너무 오래 정신에 내맡기게 됩니다. 즉, 너무 오래 잠을 자게 됩니다. 육체적인 일이 지나치면 아주 오래 자야 합니다. 한편 잠을 너무 많이 자는 경우에는 머리 체계가 아니라 가슴-몸통 체계에 기인하는 신체적인 활동이 지나치게 많이 일어나도록 자극됩니다. 그런 활동은 생명을 너무 강하게 자극하는 작용을 하기 때문에 우리는 심하게 열이 나

고 뜨거워집니다. 잠을 너무 많이 자면 피가 우리 안에서 심하게 끓어 오르고, 그렇게 끓어오른 피는 신체 내부에서 하는 자신의 활동을 통해 소모되지 않습니다. 따라서 육체적인 일을 과도하게 하는 사람은 잠을 지나치게 많이 자려는 욕구가 생깁니다.

12   그런데 게으른 사람들도 잠자기를 즐기고 또 오래 잡니다. 왜 그런 것일까요? 분명 그것은 원래 인간이 절대로 일을 그만둘 수 없기 때문입니다. 인간은 절대로 일을 그만둘 수 없습니다. 게으른 사람이 잠을 자게 되는 원인은 그가 하는 미미한 일에 있지 않습니다. 게으른 사람도 종일 다리를 움직이고 이리저리 팔을 휘두르기 때문에 잠을 자게 됩니다. 게으른 사람도 뭔가를 합니다. 겉으로 보면 게으른 사람이라고 해서 부지런한 사람보다 덜 활동하는 것은 아닙니다. 그저 무의미하게 활동할 따름입니다. 부지런한 사람은 외부 세계를 지향하고, 자신의 활동을 의미와 결부시킵니다. 이것이 다른 점입니다. 게으른 사람처럼 의미 없이 하는 활동은 의미 있는 활동으로 이어지지 않고 잠만 더 자게 되는 결과로 이어집니다. 의미 있는 활동은 우리를 정신 안에서만 첨병대도록 두지 않으며, 그런 일에서 의미 있게 움직임으로써 우리가 정신을 서서히 우리 안으로 끌어들이기 때문입니다. 의미 있는 일을 향해 손을 뻗을 때 우리는 정신과 연결되며, 그러면 우리가 정신과 함께 의식적으로 일하기 때문에 정신은 우리가 잠자는 동안 지나치게 무의식적으로 작업할 필요가 없게 됩니다. 그러니 우리가 게으른 사람도 하는 것처럼 그저 활동하는 것 자체가 아니라 얼마나 의미 있게 활동하는지가 중요합니다. 우리가 아이를 위한 교육

자가 될 때는 이 사실을 명심해야 합니다. 언제 인간이 무의미하게 활동할까요? 자신의 신체가 요구하는 대로가 아니라 자신의 주변에서 요구하는 대로 할 때 인간은 의미 있게 활동하게 됩니다. 아이에게서 우리가 고려해야 할 것이 이 점입니다. 한편으로는 우리가 아이의 외적인 신체 활동을 신체적인 것에 치우치는 쪽으로 이끌어 갈 수도 있습니다. 몸을 움직이는 체조에 치중하면서 아이의 몸이 어떤 외적인 움직임을 하도록 이끌어야 하는지만 묻는 것입니다. 이와는 달리 우리는 아이의 외적인 움직임을 의미 있는 움직임, 속속들이 의미가 스며있는 움직임이 되도록 이끌어 아이의 움직임이 정신 안에서 첨병대는 것이 아니라 정신이 이끄는 방향을 따르도록 할 수도 있습니다. 그렇게 하면 우리가 신체적인 움직임을 오이리트미로 발달시키게 됩니다. 단순히 몸만 움직이는 활동을 많이 시키면 시킬수록 우리는 더욱 잠을 자려는 욕구가 일어나고 살이 찌는 경향이 강해지는 방향으로 아이를 잘못 이끌게 됩니다. 인간이란 리듬과 함께 살아가는 존재이므로 완전히 무시할 수 없는 이런 신체적인 움직임에 집중하다가 다시 움직임 하나하나가 소리를 표현하면서 의미를 지니는 오이리트미처럼 의미 있는 움직임에 빠져드는 변화가 많으면 많을수록, 다시 말해서 체조와 오이리트미를 번갈아 시킬수록, 우리는 잠을 자려는 욕구와 깨어있으려는 욕구가 아이에게서 그만큼 더 조화를 이루도록 하게 됩니다. 그러면 의지의 측면에서, 외적인 측면에서 아이의 삶도 한층 문제없이 이루어지게 됩니다. 체조가 날이 갈수록 오로지 신체적인 면만 추구하는 의미 없는 활동이 된 것은 물질주의적인 시대의 부수 현상이었습니다. 심지어 체조를 스포츠로, 아무런 의미 없이 오로지 신체에만 근거한 움직임을 보이도록 할 뿐 아니라 부조리하고 모순적인 의미까지 지닌 스포츠로 올려 놓으려고 하는데, 이는 인간을 물질적으로 사고하는 인간으로 타락시키는 데 그치지 않고 동물적인 감정을 지니는 인간으로까지 타락시키려는 노력과 다르지 않습니다. 과격한 스포츠 활동*은 다윈주의*의 실천입니다. 다윈주의 이론은 인간이 동물에서 유래한다고 주장합니다. 다윈주의를 실천하는 것이 스포츠이며, 이는 인간이 동물에서 유래한다는 윤리를 세우겠다는 것입니다.

13   오늘날 이런 사실들을 이렇게 과격하게 말할 수밖에 없는 것은 교육자로서 자신에게 맡겨진 아이들을 그저 가르치기만 하면 되는 것이 아니기 때문이며, 사회적으로도 영향을 미치고 인류 전체에 이르도록 영향을 미침으로써 근본적으로 인류를 점차 동물화하는 영향력을 가진 것들이 등장하지 않도록 해야 하기 때문입니다. 이는 잘못된 금욕주의가 아니라 진정한 통찰의 객관성에서 얻은 것, 여타의 자연과학적인 인식처럼 완전한 진실입니다.

14   그러면 정신적인 일을 할 때는 어떻게 될까요? 정신적인 일, 즉 사고나 독서 등의 일을 할 때는 신체적이고 육체적인 활동, 내부에서 지속적으로 일어나는 유기적인 물질의 붕괴, 유기적인 물질의 사멸이 끊임없이 동반됩니다. 그러므로 우리가 정신적이고 영혼적인 일을 너무 많이 하면 붕괴되는 유기적 물질이 우리 안에 너무 많게 됩니다. 온종일 쉬지 않고 학문적인 일만 하면서 지내다가 저녁이 되면, 우리 안에는 붕괴된 물질, 붕괴된 유기적 물질이 너무 많아지고, 이 물질

이 우리 안에서 영향을 미쳐 평온히 잠자지 못하도록 방해합니다. 과도한 육체적 활동이 우리를 잠에 취하게 하듯 정신적이고 영혼적인 활동이 과도해도 수면이 방해를 받습니다. 그리고 정신적이고 영혼적으로 지나치게 집중하면, 즉 요즘 사람들은 별로 좋아하지 않지만 어려운 것을 읽느라 생각하면서 독서를 하는 경우, 그러니까 지나치게 생각하면서 읽는 경우, 우리는 잠이 듭니다. 또는 선동가들이나 사람들이 하는 속셈 뻔하고 새로울 것 없는 잡담이 아니라 단어 하나하나를 생각하면서 따라가야 하는 새로운 이야기에 귀를 기울이다 보면, 우리는 피곤해져서 잠에 취하게 됩니다. "어쩔 수 없이" 강연이나 연주회에 가기는 하지만 진정으로 생각하고 느끼면서 그 내용을 이해하는 데 익숙하지 않은 사람이 첫 음이 울려 퍼지거나 첫 마디가 들려올 때 잠이 들고 만다는 것은 누구나 아는 현상입니다. 그런 사람이 의무나 지위 때문에 어쩔 수 없이 참석한 강연이나 연주회 내내 조는 일은 드물지 않습니다.

15   그런데 여기에도 이중적인 것이 있습니다. 의미 있는 외적 활동과 의미 없이 바쁜 일이 서로 다른 것처럼, 똑같이 내면에서 이루어지는 사고와 관찰이라고 해도 기계적으로 이루어지는 경우와 끊임없이 감정이 동반되는 경우는 서로 다릅니다. 끊임없이 관심을 가지고 정신적이고 영혼적인 일을 하면 그런 관심이 우리 가슴의 활동을 활성화하고, 그 결과 신경들이 과도하게 사멸하지 않게 됩니다. 아무 생각 없이 무엇인가를 읽을수록, 다시 말해서 주의를 기울여 내용을 받아들이려는 노력을 적게 할수록, 그만큼 더 여러분은 자기 내부에 있

는 물질의 사멸을 부추기게 됩니다. 관심과 열정으로 모든 것을 추구할수록, 그만큼 더 여러분은 물질이 살아 있도록 하는 피의 활동을 지원할 뿐 아니라, 그만큼 더 정신적인 활동에 의한 수면 장애를 억제하게 됩니다. 사람들은 중요한 시험을 앞두고 물소처럼 쉬지 않고 공부하는데, 물소가 없는 기후에서는 "황소처럼" 공부한다고 해도 좋겠습니다만,[97] 그럴 때 그들은 관심이 없는 것도 많이 공부해야 합니다. 관심이 있는 것만 공부해서는 중요한 시험에 떨어진다는 것이 오늘날의 사정이니 그렇게들 합니다. 그 결과, 물소처럼이든 황소처럼이든 중요한 시험을 위해 저돌적으로 하는 공부로 수면이 엉망이 되고, 덩달아 정상적인 생활이 뒤죽박죽이 되고 맙니다. 이는 특히 아이들에게서 유념해야 할 점입니다. 그러므로 아이들에게 최상이며 이상적인 교육에 가장 잘 들어맞는 것은 늘 중요한 시험 전에 집중적으로 이루어지는 학습 자체를 없애는 일, 즉 중요한 시험들을 싹 없애서 학년말도 학년초와 다를 바 없이 학습이 진행되도록 하는 일입니다. 교사로서 우리는 스스로 다음과 같이 질문할 의무를 받아들여야 합니다. "나는 늘 아이를 잘 관찰했고, 그래서 아이가 무엇을 알고 무엇을 모르는지 잘 알고 있다. 그런데 또 무엇을 위해서 아이가 시험을 치러야 하는가?" 물론 이것은 오늘날의 사정을 생각하면 당분간 그저 이상일 뿐이겠습니다. 그러니 여러분의 저항 본성을 너무 강하게 밀어붙이지는 마시기 바랍니다. 그 대신 우선은 오늘날 우리의 문화에 대항하는 여러분의 의도를 가시처럼 내부로 돌려, 이 분야에서 하는 우리의 모든 일이

---

97) 원문의 "물소처럼 일한다"는 말은 "벼락치기로 공부한다"라고 새기면 되는 상투어.

그렇듯 그 가시가 천천히 내부에서 영향을 미치도록 하시기 바랍니다. 그렇게 해서 사람들이 달리 사고하는 것을 배우면 외적인 사회적 상황도 지금과는 다른 모습이 될 것입니다.

16   그러나 우리는 모든 것을 그 연관성 안에서 생각해야 합니다. 오이리트미에 대해서도, 그것이 의미로 가득한 외적인 활동이며 육체적인 활동의 정신화*임을 아셔야 합니다. 수업을 흥미롭게 만드는 진부하지 않은 방법, 지적 작업에 생명을 불어넣고 말 그대로 피가 돌도록 하는 방법임을 아셔야 합니다.

17   우리는 외부를 향한 작업에 정신을 불어넣어야 합니다. 그리고 내부를 향한 작업, 즉 지적 작업에 피가 돌도록 해야 합니다! 이 두 문장을 깊이 생각하시면, 첫 번째 문장은 교육적으로 의미심장한 동시에 사회적으로도 의미심장한 면이 있고, 두 번째 문장은 교육적으로 의미심장한 동시에 건강상으로도 의미심장한 면이 있음을 아실 것입니다.

제14강

1919년 9월 5일, 슈투트가르트

1   진정한 교육예술을 구축하기 위해 우리가 지금까지 해 온 것과 같은 방법으로 인간을 들여다보면, 그 모든 다양한 것 가운데 인간의 외적, 신체적 삼원성이 눈에 띕니다. 인간 머리의 형성, 머리의 형상에 연관된 모든 것은 가슴의 형성, 몸통의 형성에 전체적으로 연관된 것과 구별될 뿐 아니라 사지의 형성에 연관된 것과도 구별된다는 것을 알게 됩니다. 여기서 우리에게는 이 사지의 형성이 일상적으로 생각하는 것보다 훨씬 복잡한 것으로 여겨집니다. 이는 우리가 알게 된 것처럼 사지에 들어 있는 것이 본래 외부에서 내부로 형성되어 들어갔기 때문에, 다시 말해서 인간의 내부로 이어졌기 때문에 그런 것이며, 그래서 우리가 내부에서 시작하여 외부를 향해 만들어진 것과 어떤 의미로 외부에서 인간 신체 안으로 밀어 넣어진 것이 다르다는 사실을 알아야 합니다.

2   인간 신체의 삼원성을 잘 살펴보면, 인간의 머리 부분, 즉 두개頭蓋가 이미 인간 전체라는 사실, 동물 계열을 완전히 벗어나도록 발달한 인간 전체라는 사실이 아주 분명히 드러납니다.

3   머리에는 본래의 머리가 있습니다. 머리에는 몸통이 있는데, 코를 이루는 모든 부분이 그것입니다. 그리고 머리에는 사지 부분도 있는데, 이 사지 부분은 신체 내부의 공간으로 이어지는 것으로, 입 주변의 모든 부분이 그것입니다. 이렇게 인간의 머리에서 우리는 인간의 신체 전체가 어떤 식으로 머리에 포함되어 있는지 알 수 있습니다. 다만 머리에 있는 가슴 부분은 완전히 자라지 않은 상태입니다. 머리에 있는 가슴 부분이 완전히 자라지 않은 상태여서 코를 이루는 거의 모든 것이 어떻게 폐의 성격을 가진 것과 연관성이 있는지 분명하게 알아볼 수 없을 뿐입니다. 그러나 코를 이루는 것은 폐의 성격을 가진 것과 연관되어 있습니다. 어떻게 보면 이 인간의 코는 폐가 변형된 것과 같습니다. 따라서 코는 호흡 과정을 변화시켜 그것이 물질적인 과정에 더 가깝게 이루어지도록 합니다. 행여나 여러분이 폐를 코보다 덜 정신적인 기관으로 여기신다면 오해입니다. 폐가 코보다 더 정교하게 형성되어 있습니다. 정신적인 것, 적어도 영혼적인 것은 코보다 폐에 더 많이 스며들어 있습니다. 사실을 정말 있는 그대로 알아보면 실제로 코가 몹시 당당하게 인간의 얼굴에서 바깥으로 솟아 있는 것과는 달리, 폐는 코보다 더 영혼적임에도 불구하고 자신의 존재를 훨씬 수줍게 감추고 있습니다.

4   신진대사를 이루는 모든 것, 소화와 영양 섭취 과정을 이루며 사지의 힘에서 나와 인간 안으로 이어지는 모든 것과 유사한 것이 인간의 입을 구성합니다. 또한 입은 부정할 수 없이 영양 섭취와도, 인간의 사지를 이루는 모든 것과도 유사합니다. 그래서 인간의 머리 부분,

두개골은 인간 전체이며, 머리에 속하지 않는 것은 다 자라지 않은 상태일 따름입니다. 가슴과 하체도 머리에 있기는 하지만 다 자라지 않은 상태입니다.

5 　　　이에 반해 사지인간을 관찰하면, 전체적인 겉모습, 즉 외적인 형상의 구성으로 보아 사지인간은 본질적으로 위턱뼈와 아래턱뼈가 변형된 것입니다. 여러분의 입에 위아래를 둘러싸고 있는 것은 위축된 상태의 다리와 발, 팔과 손입니다. 여러분은 이것들을 올바른 위치에 두고 생각하기만 하면 됩니다. 이제 나의 팔과 손이 위턱뼈이고 다리와 발이 아래턱뼈라고 말할 때 제기되는 질문이 있습니다. "그렇다면 이 턱뼈들에서 드러나는 것은 도대체 무엇을 향하고 있을까? 그것은 도대체 무엇을 물고 있을까? 입은 어디에 있을까?" 이런 질문에 여러분은 "몸에서 위팔이 붙어 있는 부분, 넓적다리와 넓적다리뼈가 붙어 있는 부분이 바로 그곳이다." 하고 대답할 수밖에 없습니다. 이것이 인간의 몸통이라면(아래 그림), 여러분은 저 바깥 어딘가에 원래의 머리가 있다고 생각할 수밖에 없습니다. 그리고 그것이 위와 아래를

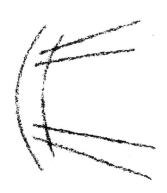

향해서 입을 연다고 생각할 수밖에 없고, 그렇게 되면 여러분은 이 보이지 않는 머리가 자기의 위아래 턱을 여러분의 가슴과 배를 향해서 벌리는 기이한 경향을 지니고 있다고 생각할 수밖에 없습니다.

6   그렇다면 이 보이지 않는 머리는 무엇을 할까요? 이 머리는 끊임없이 여러분을 먹고 여러분을 향해서 주둥이를 벌립니다. 그리고 여러분은 이 외적인 형상에서 사실을 보여 주는 놀라운 상을 마주하게 됩니다. 인간의 실제의 머리가 신체적이고 물질적인 머리인 반면, 사지에 속하는 머리는 정신적인 머리입니다. 그런데 정신적인 머리는 부분적으로 물질적으로 되어 끊임없이 인간을 먹어 치웁니다. 그리고 인간이 죽을 때는 그것이 이미 인간을 완전히 먹어 치운 상태입니다. 우리 사지가 우리를 끊임없이 먹어 치우도록 만들어져 있다는 것은 놀라운 과정입니다. 우리의 유기체와 함께 우리는 끊임없이 우리 정신의 활짝 벌어진 입 안으로 빠져 들어갑니다. 정신은 우리에게 끊임없이 희생적으로 헌신할 것을 요구합니다. 그리고 우리 신체의 형상 자체에 이런 희생적인 헌신이 드러나 있습니다. 다른 지체들에 대한 사지의 관계에서 이미 정신을 향한 이런 희생적인 헌신이 드러나 있다는 것을 보지 못한다면, 우리는 인간의 형상을 이해할 수 없습니다. 그래서 이렇게 말할 수 있겠습니다. 인간 머리의 본성과 사지의 본성은 상반되는 것이고, 그 둘의 중간에 있는 가슴, 즉 몸통의 본성은 어떻게 보면 그 둘의 상반되는 본성 사이에서 균형을 이루고 있는 것이라고 말입니다.

7   실제로 인간의 가슴에는 사지의 본성만큼이나 머리의 본성이 들어 있습니다. 사지의 본성과 머리의 본성은 가슴의 본성 안에서 섞여 들어 있습니다. 가슴은 위쪽으로는 끊임없이 머리가 되려는 성향이 있으며, 아래쪽으로는 안쪽으로 뻗어 들어오는 사지와 외부 세계에 끊임없이 편입되고 적응하려는 성향, 달리 말하면 사지의 본성이 되려는 성향이 있습니다. 가슴 본성의 윗부분은 끊임없이 머리가 되려는 성향이, 아랫부분은 끊임없이 사지가 되려는 성향이 있습니다. 결국 인간의 몸통에서 윗부분은 끊임없이 머리가 되려 하지만 그렇게 될 수 없다는 말입니다. 또 다른 머리가 이를 저지합니다. 그래서 몸통은 머리를 닮은 어떤 것, 즉 머리 형성의 초기 단계라고 할 수 있는 것만 끊임없이 만들어 냅니다. 가슴 형상의 윗부분에서 머리가 만들어지는 첫 단계가 분명히 보이지 않습니까? 그렇습니다. 바로 거기에 후두^{喉頭}가 있습니다. 이렇게 일상 언어에서도 그것을 후두("목구멍 머리")라는 이름으로 부릅니다. 인간의 후두는 전적으로 인간의 머리가 덜 발달한 것으로, 완전한 머리가 될 수는 없는 머리, 그래서 자기가 지닌 머리의 본성이 인간의 언어 안에서만 펼쳐지는 머리입니다. 인간의 언어는 후두가 끊임없이 공기 속에서 머리가 되려고 행하는 시도입니다. 후두가 머리의 가장 윗부분이 되려고 시도하면, 인간의 본성에 의해 가장 강하게 저지당하고 있음을 분명히 보여 주는 소리가 나옵니다. 인간의 후두가 코가 되려 하면, 실제로 존재하는 코가 이를 저지하기 때문에 코가 되지 못합니다. 코가 되려는 후두의 시도는 비음으로 드러납니다. 이미 존재하는 코가 생성되려는 공기의 코를 비음 안에 가두어 둡니다. 말을 할 때 인간이 공기 안에서 머리 부분들을 만들어

내려고 끊임없이 시도한다는 사실, 그러면 이 머리 부분들이 물결처럼 움직이다가 신체적으로 만들어진 머리에서 막힌다는 사실은 대단히 의미심장합니다. 인간의 언어라는 것이 바로 여기서 만들어집니다.

8   그러므로 머리가 어느 정도 신체적으로 완성되는 일곱 살 무렵에 이갈이와 함께 후두에서 밀려 나온 후두를 일종의 골격 체계로 만들 기회가 주어진다는 사실은 놀랄 일이 아닙니다. 다만 그 골격 체계는 영혼적인 것이어야 합니다. 그것은 더 이상 아무런 생각 없이 모방을 통해서만 발달시키던 언어를 문법적인 것을 통해 발달시키도록* 강제됨으로써 가능해집니다. 사랑하는 여러분, 아이가 학교에 입학해서 우리에게 맡겨지면, 신체가 아이에게서 영구치가 나오도록 한 것과 유사한 활동을 영혼적으로 아이에게 실행해야 한다는 것을 의식하도록 합시다! 그런 이유로 우리는 언어에서 나와 쓰기와 읽기에 깊이 작용하는 문법적인 것에 이성적인 방법으로 파고들어야 언어를 견고하게, 오로지 영혼적으로 견고하게 형성해 주게 됩니다. 인간이 만들어 내는 말이 머리가 되려고 한다는 것을 알아야 우리가 인간의 언어와 제대로 된 정서적 관계를 가질 수 있습니다.

9   그런데 인간의 가슴 부분은 위쪽을 향해서 머리가 되려는 성향이 있는 동시에 아래쪽을 향해서는 사지가 되려는 성향을 지니고 있습니다. 후두에서 언어로 나오는 것이 정교해진 머리, 즉 아직 공기 상태인 머리인 것처럼, 인간의 가슴에서 아래쪽으로 나아가 사지로 편입되는 모든 것은 사지의 거친 본성을 지닙니다. 농후해지면서

물질화한 사지 본성은 어느 정도는 외부 세계가 인간 안으로 밀어 넣은 것입니다. 어떻게 해서 물질화한 손과 발, 팔과 다리가 인간 바깥으로 내보내어지지 않고 안으로 밀려들게 되었는지를 두고 자연과학이 그 비밀을 밝힌다면, 그 자연과학은 성의 수수께끼에 대한 해답을 얻을 것입니다. 그렇게 되어야 비로소 인간이 성에 대한 설명을 시작하게 될 것입니다. 그러니 성교육을 어떻게 할 것인지를 두고 벌어지는 오늘날의 그 모든 이야기가 상당히 공허한 것이라는 사실도 전혀 놀랄 일이 아닙니다. 스스로 이해하지 못하는 것을 제대로 설명할 수는 없는 노릇이니 말입니다. 오늘날의 과학은 사지인간의 성격을 몸통인간과 연관 지을 때 드러나는 것을 전혀 이해하지 못합니다. 그러니 일곱 살이 될 때까지 치아의 본성 안으로 밀고 들어간 것을 우리가 학교에 입학한 뒤 첫 몇 해 동안 아이들의 영혼적인 것 안으로 밀어 넣은 것과 마찬가지로, 초등학교의 마지막 몇 해 동안에는 사지의 본성에서 나와 사춘기 이후에 완전히 드러나는 모든 것을 아이의 내면 안으로 밀어 넣어야 한다는 사실을 알고 있어야 합니다.

10   학교에 입학하고 첫 몇 해 동안 쓰기와 읽기를 배우는 능력, 즉 영혼적인 이갈이가 나타나는 것처럼, 폴크스슐레의 끝 무렵인 12, 13, 14, 15세부터는 영혼이 발달시킨 모든 것은 상상하는 활동과 내적 열기로 가득한 모든 것에서 그 모습을 드러냅니다. 이 시기에는 영혼적인 능력 가운데 내적이고 영혼적인 사랑으로 가득한 것에 의존하는 것, 즉 상상력으로서 표현되는 것에 좌우되는 모든 것이 다른 무엇보다 더 생겨납니다. 마지막 몇 해 동안 수업을 할 때 우리는 특히 상상

의 힘에 호소해야 합니다. 우리는 7세가 되어 학교에 들어온 아이에게는 나중에 생길 판단력 안으로 상상을 넣어 주려 하기보다는 훨씬 더 쓰기와 읽기에서 지적인 능력을 발달을 요구해도 괜찮습니다. 판단력은 나중에 12세부터 천천히 생기기 시작하니 말입니다. 아이의 상상을 자극하는 가운데 우리는 이 시기에 아이가 배워야 할 모든 것을 가르쳐야 합니다. 역사와 지리 수업의 내용도 그렇게 가르쳐야 합니다.

11   그리고 예를 들어, "자, 이 렌즈를 보렴. 이건 빛을 모으는 볼록렌즈야. 이런 볼록렌즈가 네 눈 안에도 있어. 사물의 모습이 그려지는 암실이 뭔지 알지? 네 눈이 바로 그런 암실이란다" 하고 가르쳐도 실제로 상상력에 호소하는 수업이 됩니다. 외부 세계가 감각기관을 통해서 인간의 유기체 안으로 들어와 어떤 모습으로 만들어지는지 설명하는 것 또한 아이의 상상력에 호소하는 수업입니다. 인간 유기체 안에 만들어진 것은 살아 있는 동안에는 볼 수 없고 물리적으로 죽어서 몸에서 꺼내어져야 그 모습을 볼 수 있으니 말입니다.

12   기하학, 심지어 산술에 관계된 모든 수업에서도 상상력에 호소하기를 게을리하지 말아야 합니다. 앞서 면적 수업에 대한 교수방법론에서 시도했던 것처럼* 늘 그렇게 한다면, 우리는 아이의 상상에 호소하는 수업을 하는 것입니다. 우리는 아이에게 면적이 무엇인지 지적으로만 이해시키려 하지 말고, 기하학과 산술에서도 아이가 반드시 자신의 상상력을 사용해서 면적의 본질을 진정으로 이해하도록 가르쳐야 한다고 했습니다. 어제 제가 피타고라스의 정리를 다음과 같

은 방식으로 가르치겠다고 나서는 사람이 아무도 없는 것이 이상하다고 말한 것도 그 때문입니다. 다음과 같이 가정해 보자고 했습니다. 여기 세 아이가 있습니다. 그 중 한 아이는 먼지를 불어 첫 번째 정사각형을 완전히 뒤덮어야 합니다. 두 번째 아이는 먼지를 불어 두 번째 정사각형을 완전히 뒤덮고, 세 번째 아이는 먼지를 불어 작은 정사각형을 완전히 뒤덮어야 합니다. 여기서 가장 큰 정사각형이 뒤덮이도록 불어넣은 먼지의 양은 두 번째로 큰 정사각형을 뒤덮은 먼지와 가장 작은 정사각형을 뒤덮은 먼지를 합한 것과 같다는 것을 보여 준다면, 우리는 아이의 상상력을 자극한 것이 됩니다. 이렇게 하면 수학적인 정확성이 아니라 상상력 넘치는 구상을 통해 아이는 먼지를 불어넣음으로써 이해력을 얻게 될 것입니다. 아이가 자신의 상상력으로 면적이 무엇인지 따라가게 된다는 말입니다. 제멋대로 날리다 내려앉는 먼지를 불어 정사각형을 정확하게 채운다는 현실적으로 불가능한 방법으로 피타고라스의 정리를 확인하려면 상상력을 동원해야 하고, 그러면 아이는 상상력으로 피타고라스의 정리를 이해하게 될 것입니다.

13   이렇게 특히 이 나이의 아이들에게서는 상상을 일으키면서 교사로부터 아이에게 전해지는 것이 자극을 통해서 양성되어야 한다는 것을 유념해야 합니다. 교사는 스스로 수업 내용을 생생하게 지니고 있어야 하며, 그 내용이 상상으로 가득 차게 해야 합니다. 그렇게 하려면 수업 내용에 감정적 의지가 스며들도록 하는 수밖에 없습니다. 이것이 몇 년 후에 아이의 삶에 아주 기묘하게 작용하는 일도 드물지 않습니다. 마지막 학년들에서 무엇보다 중요하고 또 긴밀하게 이

루어져야 할 것은 교사와 학생이 대단히 조화롭게 지내는 일입니다. 그러므로 수업 내용을 상상으로 가득하도록 만들면서 늘 새롭게 구성하려고 끊임없이 노력하지 않는 사람은 바람직한 교사가 될 수 없습니다. 한 번 상상으로 가득하도록 만든 것을 몇 해가 지난 뒤에 그대로 반복하면 그것은 사실 이미 지적인 내용으로 굳어버린 상태이기 때문입니다. 상상은 반드시 끊임없이 생생하게 유지되어야 하며, 그렇지 않으면 상상의 산물은 지적인 것으로 굳어버립니다.

14   그런데 바로 이런 사실이 교사가 어떤 사람이어야 하는지를 알려 줍니다. 교사는 평생을 살면서 잠시라도 시대에 뒤떨어져서는 안 됩니다. 풍요로운 인생을 사는 데 서로 결코 어울리지 않는 두 가지가 있으니, 그것은 교사라는 직업과 고루한 태도입니다. 살아가는 동안 행여나 교사라는 직업과 고루한 태도가 만나게 된다면, 이 조합은 인생에서 생길 수 있는 그 어떤 것보다 더 불행한 결과를 낳을 것입니다. 사랑하는 여러분, 여러분의 인생에서 교사라는 직업과 고루한 태도가 합쳐질 수도 있다는 터무니없는 생각을 하게 되지는 않으리라고 믿습니다!

15   또한 이 사실에서 여러분은 수업에 어떤 내적인 도덕성이 있다는 것, 수업에는 내적인 의무가 있다는 것을 알 수 있습니다. 교사에게 주어지는 진정한 절대 명령이 있습니다! 그 절대 명령은 이렇습니다. "상상력을 늘 생생하게 유지하라! 그리고 자신이 고루해진다고 느끼면, 사람들에게는 그저 불행한 일인 그것이 교사인 나에게는 타락

이며 부도덕이라고 말하라!" 이것이 교사의 신념이 되어야 합니다. 사랑하는 여러분, 그런 신념을 지니지 못한 교사는 자신이 교사라는 직업을 위해 배운 것을 세월이 지나면서 점점 다른 직업을 위해 사용하게 된다고 생각해야 합니다. 물론 살아가면서 이 모든 것을 완전한 이상에 맞도록 실천할 수는 없습니다만, 적어도 이상이 무엇인지는 알아야 합니다.

16   하지만 근본적인 사실을 알고 있지 않다면 여러분은 이런 교육적 도덕을 향한 올바른 열정을 얻지 못할 것입니다. 그 근본적인 사실이란 사지와 가슴이 불완전하게 자란 채 들어 있는 머리가 그 자체로 인간 전체라는 인식, 인간의 모든 지체가 각기 인간 전체이지만 사지인간에는 머리가 아주 불완전하게 자란 채 들어있고 가슴인간에는 머리와 사지가 균형을 이루고 있다는 인식을 말합니다. 이런 근본적인 사실을 적용하면, 그것으로부터 여러분의 교육적 도덕을 필수불가결한 열정으로 가득 채울 힘을 얻게 됩니다.

17   인간이 키워 내는 지성은 게을러지고 타락하려는 성향이 강합니다. 그리고 그것이 가장 심하게 타락하는 일은 그 지성을 오로지 물질주의적인 사고로 계속 채울 때 일어납니다. 정신에서 얻어진 사고로 채워지면 지성은 날개를 단 듯 고양됩니다. 그리고 그런 사고는 우리가 상상이라는 경로를 우회할 때 우리 영혼 안으로 들어옵니다.

18   19세기 후반에는 수업 방식에 환상을 들여 놓는 것을 두고 얼

마나 비판이 난무했습니까! 19세기 전반에는 셸링처럼 교육학에서 훨씬 건전하게 사고하는 인물들이 있었습니다. 셸링*이 쓴 아름답고 흥미진진한 저서 《대학 연구 방법에 관한 강의》[98]를 읽어 보시기 바랍니다. 물론 이 저서는 초·중등학교가 아니라 대학 교육을 위한 것입니다만, 그 안에는 19세기 전반의 교육 정신이 생생하게 들어 있습니다. 그 뒤 19세기 후반에 사람들이 영혼적인 삶을 추구할 용기를 잃었을 뿐 아니라 상상에 몰두하는 순간 거짓의 손아귀에 떨어진다고 믿게 되면서, 이전의 그 교육 정신은 형태만 바뀐 비방으로 뒤덮이고 말았습니다. 사람들은 자주적이고 자유롭게 사고할 용기가 없었고, 그러면서 또 거짓 대신 진실에 동참할 용기도 없었습니다. 그들은 자유롭게 사고하기를 두려워했는데, 그럴 경우 곧바로 거짓을 자기 영혼 안으로

---

98) 프리드리히 빌헬름 요제프 폰 셸링Friedrich Wilhelm Joseph von Schelling(1775~1854)은 피히테, 헤겔과 더불어 독일 관념론을 대표하는 철학자이다. 튀빙엔 대학에서 신학과 철학을 공부한 뒤, 예나, 뷔르츠부르크, 에를랑엔, 베를린 대학 등에서 가르쳤다. 그의 철학적 성과는 독일 강단 철학에서 오랫동안 잊혀졌다가 사후 수십 년이 지난 뒤에야 지그문트 프로이트에 의해 인용되기 시작했고, 그의 주저 《선험적 관념론의 체계》, 《인간 자유의 본질》 등이 관념론의 주된 성과 가운데 하나로 거론된 것은 그로부터 다시 수십 년이 지나 마르틴 하이데거, 카를 야스퍼스 등 현대 철학자들에 의해서였다. 여기에 언급된 1803년의 저서 《대학 연구 방법에 관한 강의》(Vorlesungen über die Methode des akademischen Studiums)는 "대학 수업 방법론에 대하여" 등으로 번역된 제목이 부르는 오해처럼 대학의 교수방법론을 구체적으로 제시한 저작이 아니라 방법적이고 학문적인 사고가 자유롭고 보편적인 사회 교육을 위해 지니는 역할과 의미를 논의하여 그 기초를 마련하려는 것이었다. 루돌프 슈타이너 저작에는 셸링의 영향을 짐작케 하는 부분이 적지 않게 등장한다. 특히 셸링 철학이 중기 이후에 자연철학으로 옮겨가면서 등장하는 생명의 인과적 연쇄, 창조하는 자아, 자연의 정신성 등의 개념은 동양 철학의 연기론과 함께 생명 발달에 대한 슈타이너의 사고에 직접 연결된다. 루돌프 슈타이너의 《Die Philosophie der Freiheit》(자유의 철학), GA 4, 《Vom Menschenrätsel》(인간의 수수께끼에 관하여), GA 20 등 참조.

들여 놓게 된다고 생각했기 때문입니다. 그러므로 교사는 제가 방금 말씀드린 것, 즉 수업 내용을 상상으로 가득 채우는 일에 더하여 진실을 향한 용기를 가져야 합니다. 이렇게 진실을 향한 용기를 갖지 않으면, 교사는 수업을, 특히 좀 더 자란 아이들을 위한 수업을 자신의 의지대로 꾸려갈 수 없습니다. 사랑하는 여러분, 진실을 향한 용기가 생겨나면, 그것은 반드시 진실에 대한 강렬한 책임감과 짝을 이루어야 합니다.

19   상상의 필요성, 진실에 대한 감각, 책임감이야말로 교육학의 핵심을 이루는 세 가지 힘입니다. 그리고 교육학을 받아들이려는 사람은 먼저 다음과 같은 표어를 명심해야 할 것입니다.

상상력으로 자신을 채우라.
진실을 향한 용기를 가져라.
영혼적인 책임감을 도야하라.

1919년 9월 7일
루돌프 슈타이너의 자유 발도르프 학교
개교 기념 행사 인사말*

《일반 인간학》(Allgemeine Menschenkunde). 루돌프 슈타이너는 자유 발도르프 학교의 창립을 앞두고 그곳에서 가르칠 교사들을 위한 교육 과정의 첫 부분인 교육학 강좌에 이런 이름을 붙였다. 그도 그럴 것이, 슈타이너가 자신의 교육예술을 구축한 바탕은 인간 존재에서 눈에 보이는 부분에 관한 것만이 아니라 감춰진 영혼과 정신에 관한 것도 포함하는 총체적인 지식이기 때문이다. 그리고 그는 인간 안에 영원히 살아 있는 본질적 핵심과 자연 및 역사의 발달을 생각하는 이 교육법을 통해서 원초적 형상에 따라 그 물질적인 외형이 만들어진 세계에 대한 명료한 의식을 구축하려 했다.

개교 기념사에서 그는 이렇게 말했다.

"이 새로운 학교는 참으로 우리가 사는 이 시대와 다가올 시대에 인류의 발달의 측면에서 요구되는 것을 위해 세워져야 합니다.

또한 그런 조건을 채우기 위해 교육과 수업에 도입될 모든 것은 분명 신성한 세 가지 의무로 나타납니다."

그의 말은 다음과 같이 이어진다.

"교사와 교육자가 발달하고 성장하는 인간인 아이들과의 사회적 공동체 안에서 말 그대로 공동체를 위해 봉사한다고 해도, 인간 공동체 안에서 겪는 그 모든 감정과 인식과 활동이 교사와 교육자 스스로가 짊어지는 신성한 의무와 하나가 되어 있지 않다면 무슨 소용이겠습니까!

우리가 아이들을 직접 가르치는 동안 인간에 대해, 그리고 세계에 대해 최종적으로 우리가 알 수 있는 모든 것을 사회를 형성하게 될 것 안으로 활발히 넘겨주어야 비로소 그 모든 것이 제대로 열매를 맺을 수 있게 됩니다.

우리가 예술적으로 완성할 수 있는 모든 것을 최상의 상태까지 끌어올리려면, 먼저 우리가 진흙이나 물감처럼 죽은 것이 아니라 완성되지 않은 채 맡겨진 살아 있는 인간을 일정한 정도까지 예술적, 교육적으로 완성된 인간으로 만드는 가장 위대한 예술을 해야 합니다. 태어나는 모든 인간 안에서 새로이 등장하여 모습을 드러내는 신적이고 정신적인 것을 양육하는 일이야말로 가장 신성하고 종교적인 의무 아니겠습니까? 그런 교육 작업이 최상의 의미로 종교적 예배 아

303

니겠습니까? 우리의 모든 신성하기 짝이 없는 활동, 즉 종교적 감정을 지향하는 인간의 모든 활동은 발달하고 있는 아이에게서 맹아로 잠재하는 것으로 보이는 인간의 신적이고 정신적인 것을 양육하려고 실천하는 신성한 활동과 하나가 되어야 하지 않겠습니까!

생동하는 과학!

생동하는 예술!

생동하는 종교!

이것이 바로 교육이며, 이것이 바로 수업입니다. 수업과 교육을 이런 의미로 이해한다면, 다른 관점에서 교육예술의 원리, 의도, 원칙으로 제시된 것을 쉽사리 비판하게 되지는 않을 것입니다. 오늘날의 문화가 교육예술과 수업예술에 무엇을 강요하고 있는지를 제대로 통찰할 수 있는 사람이라면 우리 시대에 전반적인 정신적 개혁이 얼마나 필요한지 깨닫지 못할 리가 없습니다. 그런 사람이라면 오늘날 '과학적 교육'이라고 일컫는 영역에서 펼쳐지는 것과는 완전히 다른 무엇인가가 미래에 교사이자 교육자인 우리의 작업 안으로 흘러들어야 한다는 사실을 속속들이 인식하지 못할 리가 없습니다. 그런데도 지금 미래를 향하여 인간을 키워야 할 교사가 오늘날의 과학적 관념과 그 사고 방식을 배우고 있다면 어떻겠습니까! 오늘날의 과학을 폄훼하면서 질책할 생각은 조금도 없습니다. 자연에 대한 인식에 기초한 과학적 관념과 방법론으로 오늘날의 과학이 인류의 발달에 승리를 가져다준 모든 것, 또 장래에도 그렇게 될 모든 것을 저는 소중하게 여깁니다. 그런데 바로 그렇기 때문에 오늘날의 과학적, 정신적 관념에서 나오는 것이 교육과 수업의 예술 안으로 흘러들어 풍요로운 열매를 맺지 못하고 있다는 것이 저의 생각입니다. 오늘날의 과학적, 정신적 관념의 위대함은 인간을 다루고 인간의 가슴, 즉 인간적 정서를 통찰하는 일이 아닌, 뭔가 다른 일에 있기 때문에 그렇습니다. 오늘날 우리는 정신적 관념에서 솟아나는 것을 사용해서 훌륭한 기술적 진보를 이룰 수 있습니다. 사회적 관계에서도 인간에 대한 자유로운 관념을 얻을 수 있습니다. 오늘날 대다수 사람들에게는 이상하게 들릴 수 있겠지만, 시간이 지날수록 인간의 심장은 하나의 펌프이고 인간의 신체는 기계 장치라고 믿게 된 과학적 신념, 그런 과학에서 나오는 감정과 감각으로는 성장하는 인간을 위한 예술적인 교육자가 될 수 있을 만큼 우리 자신을 생동적으로 만들지 못합니다. 우리 시대를 죽은 기술에 정통하도록 만드는 것을 바탕으로 해서는 살아 있는 교육예술을 펼칠 수 없습니다. 이제 정신과학을 통해 우리가 추구하는 새로운 정신이 인류의 발달에 개입해야 합니다. 살아 있는 인간을 오로지 자연과학적 방법으로만 이해할 수 있는 펌프와 흡입기의 운반자와 기계 장치로 보는 관념에서 우리를 벗어나게 할 그런 정신 말입니다. 자연의 모든 존재 안에 정신이 들어 있고 인간은 그런 정신을 인식할 수 있다는 확신이 인류의 정신적 관념 안으로 들어와야 합니다.

그래서 우리의 발도르프 사업에 앞서 교사들을 위해 이루어진 교육 과정에서 우리는 인류학과 교육학의 기초를 마련하여, 그것이 인간 안에 있는 죽은 것을 다시 살려 내는 교육예술이자 인간학이 되도록 했습니다. 죽은 것, 오늘날 우리의 사멸해 가는 문화에 담긴 비밀이기도 한 이 죽은 것을 자연 법칙으로 받아들이면, 죽은 것이 인간으로 하여금 알게 하고 통찰하게 합니다. 그러나 무엇보다 교육 활동에서 그런 죽은 것은 열정이 솟아나는 바탕인 정서를 약화시킵니다. 그것은 의지를 약하게 만듭니다. 그것은 인간을 사회적 현존 전반에 조화롭게 들여놓지 않습니다. 우리가 추구하는 과학은 그저 과학에 불과한 과학이 아니라 삶과 감정 자체인 과학입니다. 그것은 지식으로서 인간 영혼 안으로 흘러드는 순간 그 안에서 사랑으로서 머물게 되는 힘을 일깨우는 과학, 그리하여 활동하는 의지, 영혼의 온기를 가진 작업, 무엇보다 살아 있는 것, 즉 성장하는 인간에게 전이되는 작업으로 흘러나오는 그런 과학입니다. 우리는 새로운 과학적 관념이 필요합니다. 우리는 일차적으로 모든 교육예술, 모든 수업예술을 위한 새로운 정신이 필요합니다. …

　　인류의 발달에서 울려 나오는 부름이 우리가 사는 이 시대에 필요한 새로운 정신을 요구한다는 확신, 그리고 우리가 이 새로운 정신을 무엇보다 교육 체계에 끌어들여야 한다는 확신이 이 방향에서 모범적인 사례가 되어야 할 발도르프 학교가 지향하는 것들의 바탕을 이루고 있습니다. 그리고 최근에 교육예술과 수업예술을 건강하게 살려 내는 데 힘을 보태기 위해 노력한 뛰어난 사람들의 요구 안에 무의식적으로 들어 있는 것에도 귀를 기울여 보았습니다. …

　　통찰력 있는 교육학자는 이런 질문을 던집니다. "정신과 영혼과 신체로 하여금 달마다, 아니 그 정도는 아니더라도 해마다 다른 모습을 보이도록 만드는 인간 본성의 숨은 힘들이 무엇인지도 우리가 알 수 있을까요?" 그러면서 이 교육학자는 덧붙입니다. "진정한 역사학이 없다면 우리는 개별적인 인간이 어떻게 발달하는지도 알 수 없을 것입니다. 한 인간 안에는 인류 전체가 역사적 발달 과정에서 걸어온 것이 집약적으로 드러나니 말입니다."

이런 사람들은 역사의 흐름을 주재하는 위대한 법칙들에 대해 말하려 할 때, 인류 발달의 이 위대하고 광범위한 역사적 법칙들에서 우리 인간을 위해 흘러나오는 것이 무엇인지 지금 이해하려 할 때, 오늘날의 과학이 근본적으로 보아 답을 주지 못한다고 느낍니다. 태어나서 첫 호흡을 할 때부터 죽을 때까지 섭취하는 식품의 성질을 바탕으로 개개인을 이해하려 한다면, 그것은 몹시 어리석은 노력이 될 것입니다. 하지만 인간의 발달 전체에 대한 파악이라는 면에서 인간은 근본적으로 보면 예나 지금이나 여전히 그런 어리석은 노력을 합니다.

인간에 관해서 우리는 이같이 같은 생리적인 과정이 인간의 발달에 어떻게 개입하는지 알아야 합니다. 오늘날의 과학에는 아직 존재하지 않는 완전히 새로운 생리학을 통해 신체에서 일어나는 모든 비밀을 알아야 합니다. 그뿐 아니라 그런 근본적인 변화에 동반하는 영혼적인 변화가 무엇인지도 알아야 합니다. 우리는 인간 본성의 변형생성에 대해 알아야 합니다. 아무리 무기력하다고 해도 우리는 개별적인 인간이 그 가장 내면적인 본질로부터 변형생성, 근본적인 변화를 겪는다는 사실은 최소한 인식해야 합니다. 인류 발달의 전체 역사에서 사람들은 이 점을 인정한 적이 없습니다. 사람들은 고대에도, 중세에도, 근대에도 똑같은 방법들을 적용합니다. 게다가 인류 역사의 발달 과정 곳곳에 커다란 도약이 일어난다는 사실을 인정하지 않습니다. 역사의 발달을 돌이켜 보면, 15세기에 마지막 도약이 있었음을 알게 됩니다. 근대에 인류에게서 지금 우리가 알고 있는 감정, 사고, 의지가 된 모든 것은 15세기 이래로 비로소 문명화된 인류 안에서 내밀한 특성을 얻게 되었습니다. 그리고 이 문명화된 인류가 10세기, 8세기의 인류와 다른 것은 12살이 된 아이가 7세가 안 된 어린아이들과 다른 것과 마찬가지입니다. 인간의 가장 깊은 본성을 바탕으로 이같이 이루어지는 법칙처럼, 15세기에는 인류라는 존재의 가장 깊은 내면으로부터 근본적인 변화가 이루어졌습니다. 오늘날 20세기를 살아가는 우리가 개성과 사회적 형성과 인격 실현을 지향하여 노력하는 모든 것은 앞에서 언급한 시점 이래로 역사의 내적 힘들이 이루어 낸 것의 결과일 따름입니다.

오늘날 인간 자신의 모습을 이해하기 위해서는 인류의 발달 과정을 이런 식으로 이해해야 합니다. …

성장하는 세대를 깊이 들여다보는 사람이라면, 인간은 자신이 일함으로써, 자신이 사고하고 느낌으로써, 그리고 성인으로서 미래를 위해 노력함으로써 역사의 품을 벗어나 성장해왔음을 분명히 느낄 것입니다. 그리고 오늘날 사람들이 지향하는 직업을 이루는 것, 국가 구조를 이루는 것은 그런 인간 자체에서 유래했습니다! 그런 것들은 이 인간들에게 그저 외적인 요소로만 더해져 있는 것이 아닙니다! 그러니 우리의 교육이 인간의 본질 자체를 위한 것인지, 아니면 현실적인 직업을 위한 것인지를 물을 수는 없습니다. 제대로 들여다보면 그 두 가지가 결국은 동일한 것이기 때문입니다!

오늘 우리가 저 바깥에 있는 직업과 인간을 생동적으로 이해하게 되면, 아직 살아서 직업을 가지고 있는 이전 세대들이 인류의 품을 벗어나 오늘날까지 무엇을 이루어 왔는지 알게 될 것입니다.

인간으로 교육하는 것과 직업을 위해 교육하는 것을 분리해서는 우리 스스로 교사로, 교육자로 느끼는 데 충분치 않습니다. 이를 위해서는 겉으로는 보이지 않는 어떤 것, 직업이나 국가 구조 등 외적인 것 안에는 결코 있을 수 없는 어떤 것이 우리 안에 있어야 합니다. 다음 세대들이 비로소 삶의 외적 차원에서 실현하게 될 무엇인가가 우리 안에 있어야 합니다. 인류가 이룰 다음 발달과 하나가 되어 예언자적으로 작용할 무엇인가가 우리 안에 있어야 합니다. 이렇게 하나가 된 것과 함께하는 것이 바로 교사 세계의 교육적이며 예술적인 감정, 사고, 의지입니다. 지식이 되기 전에 먼저 예술이 되는 영혼적이며 정신적인 생명의 피처럼 우리가 성장하는 인간에 관해 알고 있는 것이 교사 세계 안으로 흘러드는 것이야말로 오늘날 생동하는 교육학과 교수법에서 추구해야 할 일입니다. 그리고 아이의 가슴, 아이의 정서,

아이의 지성 안으로 들어가야 할 것은 오로지 이런 생동하는 교수법에서만 나올 수 있습니다. …

우리의 '도그마', 우리의 원칙, 우리가 가진 세계관의 내용 등을 성장하는 인간에게 가르치는 일은 우리의 관심사가 전혀 아닙니다. 우리는 교조적인 교육을 실현하기 위해 노력하지 않습니다. 우리는 정신과학을 통해 얻을 수 있는 것이 생동하는 교육 행위가 되도록 노력합니다. 우리가 지향하는 바는 생동하는 정신과학에서 얻을 수 있는 영혼적인 인간 교육을 우리의 방법론에, 우리의 교수방법론에 포함시키는 일입니다. 죽은 과학에서는 지식만이 나올 수 있을 뿐이지만 생동하는 정신과학에서는 방법론, 교수방법론이 나오고, 정신적이고 영혼적인 의미의 실천적인 요령이 나오게 됩니다. 우리는 무엇보다도 가르치고 교육할 수 있게 되기를 추구합니다.

하지만 우리가 약속한 것, 즉 종교 수업을 담당할 여러 교단이 자신의 세계관에 관한 원칙을 우리 학교에서 가르칠 수 있다는 약속은 성실하게 지켜질 것입니다. 다만 우리가 기대하는 것은, 그들이 우리 학교에서 가르치게 될 세계관에 대해 우리가 조금도 관여하지 않는 것과 마찬가지로 우선은 아주 부족하나마 우리가 예술을 통해 학교에서 가르치려고 하는 것이 방해받는 일이 없어야 한다는 것입니다. 먼저 교육학, 교수법으로서의 교육예술이 정신적인 세계관을 바탕으로 만들어져야 그 교육예술이 세계관 문제를 올바르게 통찰하고 그런 문제들과 연결될 것임을 우리가 알기 때문에 그렇습니다. 그러므로 우리는 세계관을 가르치는 학교를 설립하지 않을 것입니다. 발도르프 학교를 통해 교육과 예술을 위한 학교를 설립하는 것이 우리가 지향하는 바입니다."

일반 인간학에 관한 강의 다음에는 교수방법론 강의가 이어졌고, 뒤이어 자유 토론 방식의 세미나가 열렸다. 이렇게 세 부분으로 이루어진 연속 강좌는 루돌프 슈타이너 교육예술의 기초가 되어 영혼적으로, 그리고 물질적으로 위기에 빠져 들어가는 우리 인류에게 치유의 도구로 전달되었다.

1932년 8월, 도르나흐에서 **마리 슈타이너**Marie Steiner

이 책의
판본 성립에 관하여

1932년에 발행된 초판 서두에 실린 자유 발도르프 학교 교사 진의 감사의 말은 교사 교육 강좌가 진행된 정황을 다음과 같이 전하고 있다.

"제1차 세계대전이 끝난 후, 루돌프 슈타이너 박사는 인지학 협회 회원들의 요청에 부응하여 슈투트가르트에서도 사회 유기체의 삼원적 구조에 대해 일련의 포괄적인 강연을 진행했으며, 이 강연의 내용을 담은 책이 《사회 문제의 핵심 사항들》이다. 당시 루돌프 슈타이너 박사의 강연에 자극을 받은 상업 고문관 에밀 몰트 씨는 자유로운 정신 생활의 시발점이 될 학교를 설립하기로 결심했다. 루돌프 슈타이너 박사는 그의 요청대로 학교의 정신적인 지도자 역할을 맡았으며, 그때부터 학교의 발전을 위해 지칠 줄 모르고 일했다.

자유 발도르프 학교의 개교에 앞서 교사 교육 과정이 열렸는데, 루돌프 슈타이너 박사는 이 과정을 맡아 1919년 8, 9월에 걸쳐 3

주 동안 발도르프 학교의 첫 교사진을 비롯해서 발도르프 교육학의 뜻을 실천하려는 인사들을 상대로 강의를 진행했다.

이 교육 과정은 세 부분으로 구성되었다. 먼저 우리 시대와 다가올 미래에 맞는 교육학의 기초가 될 인지학적 인간학에 대한 14차례의 강의가 이루어졌다. 그 강의의 내용을 실은 것이 바로 이 책이다. 강의 다음에는 매번 방법론과 교수법에서 인지학적 인간학을 어떻게 구현할 것인지를 다루는 강의가 이어졌다. 이 두 번째 강의는 항상 이 책의 내용과 연결되어 있었고, 그래서 첫 번째 강의와 내용상 일체를 이루고 있다.

이 두 강의에 뒤이어 세미나 형식의 토론이 진행되었는데, 토론에서 루돌프 슈타이너는 각 수업 영역의 실천적 구성과 교육 문제들의 해결 방안을 교사 후보들과 논의했다. 이 토론 역시 출간되어 있다.

이 교육 과정에 참석한 사람들은 작은 모임에서 조용한 가운데 이루어지긴 했지만 인류의 더 높은 발달을 도울 정신적 사건을 체험했다. 자유 발도르프 학교 교사들은 이 저작과 함께 세상으로 나아가, 이를 이해하고 받아들이는 모든 곳에서 교육과 수업의 결실을 맺기 위해 동행하려 한다."

이 판본을 위한 기본 원고들이 사용되었다.

- 속기록: 인사말의 속기록은 루돌프 마이어Rudolf Meyer 씨가 그리고 1919년 9월 1~5일 강의의 속기록은 이를 위해 쾰른에서 슈투트가르트까지 온 홈멜Hummel 부인이 작성하였다. 다른 일자의 속기록은 여러 참석자들이 작성하였다. 속기 원본들은 현재 남아 있지 않

다. 강의가 끝난 후에 몇몇 참석자가 속기록을 정리하여 등사판을 만들었다.

　　- 1920년대에 만든 강의 원고의 복제본은 남아 있으며, 여기에는 여러 참가자들이 남긴 보충 내용이 들어 있다.

　　- 첫 번째 출판은 1932년 스위스 도르나흐에서 이루어졌는데, 여기에는 강의 참가자들의 기록에 기초한 보충 내용이 포함되어 있었다.

　　- E. A. 카를 슈톡마이어Karl Stockmeyer 의 강의 필기.

칠판 그림: 강의 중에 루돌프 슈타이너가 그린 칠판 그림은 강의 후에 즉시 지워졌다. 이 책에 삽입된 그림들은 여러 참가자의 스케치를 바탕으로 재현한 것이다. 카를 슈톡마이어 씨가 손으로 쓴 상세한 노트 덕분에 이전 간행본에는 들어 있지 않은 그림을 추가하고 몇 군데 그림을 텍스트에 맞게 수정할 수 있었다.

표제: 이 책의 표제는 루돌프 슈타이너의 뜻에 따라 정해졌다. 이에 관해서는 이 책의 "부록"에 있는 마리 슈타이너의 언급을 참조할 것.

슈투트가르트 교사 대상 강의(1919~1921)를 위한 메모장 그림들: 루돌프 슈타이너가 작성한 이 메모장은 〈루돌프 슈타이너 전집 논총〉 제31호(도르나흐 1970)에 게재되었다.

이전 출간물: 연도 미상의 원고 복제판(1920년대 초); 인쇄본 초판, 마리

314

슈타이너 편찬, 도르나흐 1932(8월 20일자 인사말 없음); 제2판, 드레스덴 1940, 마리 슈타이너 발행; 제3판, 프라이부르크 1947, 마리 슈타이너 발행, 카를 슈톡마이어의 후기, 주석, 사항 색인 포함; 제4개정판, 도르나흐 1951; 제5판, 도르나흐 1960(전집); 제6판, 도르나흐 1968; 제7개정판, 도르나흐 1973, 1919년 8월 20일자 인사말 추가; 제8판 도르나흐 1980, 영인본; 제4판~제8판의 발행인: 니더호이저H. R. Niederhäuser.

제9판에 관하여: 현존하는 모든 자료를 바탕으로 본문, 그림 등을 다시 한 번 철저하게 검토했다. 이로 인한 텍스트 수정과 그림 배치 등은 본문 참조에서 밝히고, 경우에 따라서는 그 근거를 제시했다. 구두점, 철자, 오식 관련 수정 사항은 여기에 표시하지 않았다. 교사 교육 과정이 시작되기 전날 행한 인사말은 이전 판본에서는 제14강 뒤에 실었으나, 제9판에서는 시간적인 순서에 맞추어 제1강 앞으로 옮겼다. 그리고 이전 판본들에서 서두에 실었던 "발도르프 학교 개교 기념 행사 인사말"(마리 슈타이너)을 권말 부록으로 옮겼다. 목차와 참조의 내용을 크게 늘렸는데, 여기에는 볼프강 샤트Wolfgang Schad 씨가 작성한 중요한 참조 사항들이 포함되어 있다. 카를 슈톡마이어 씨가 증보한 제3판 (1947) 사항 색인을 참조하여 사항 색인과 인명 색인을 추가했다.

본문 주석

루돌프 슈타이너 전집(GA)에 포함된 저작에는 전집의 일련번호가 병기되어 있다. 권말 루돌 프 슈타이너 전집 목록 참조.

27

인사말: 여기에 실린 텍스트는 루돌프 마이어의 불완전한 속기, 에밀 몰트와 E. A. 카를 슈톡 마이어의 메모를 바탕으로 한 것이다. 텍스트의 정리는 에리히 가베르트Erich Gabert가 맡았다.

교사 교육 과정 개회식 참석자: 베르타 몰트Berta Molt, 에밀 몰트, 카롤리네 폰 하이데브란트Caroline von Heydebrand, E. A. 카를 슈톡마이어, 레오니 폰 미르바흐Leoni von Mirbach, 엘프리데 헤르만Elfriede Herrmann, 루돌프 트라이흘러Rudolf Treichler, 헤르타 쾨겔Hertha Kögel, 파울 바우만Paul Baumann, 루돌프 마이어Rudolf Meyer, 요한네스 가이어Johannes Geyer, 헤 르베르트 한Herbert Hahn, 프리드리히 욀슐레겔Friedrich Ölschlegel.

위의 인물들 외의 교사 교육 과정 참가자: 마리 슈타이너Marie Steiner, 엘리자베트 돌푸스-바우만Elisabeth Dollfus-Baumann, 한나 랑Hannah Lang, 루트비히 놀Ludwig Noll, 미타 발러- 퓔레Mieta Waller-Pyle, 헤르만 하이슬러Hermann Heisler.

객원 참가자: 안드레아스 쾨르너Andreas Körner, 루이제 키저Luise Kieser, 발터 요한네스 슈타인 Walter Johannes Stein, 알렉산더 슈트라코슈Alexander Strakosch, 카를 에밀 볼퍼Karl Emil Wolfer. 교 사 교육 과정의 객원 참가는 다른 지역에 발도르프 학교를 설립하려는 인지학협회 회원들로 한정되었다. 그밖에 문화위원회에 속하는 교육자들에게도 초대장이 발송되었다. 카를 에밀 볼퍼와 안드레아스 쾨르너는 "홍보"를 위해 초대되었다.

그리고 이다 울란트Ida Uhland, 마리아 울란트Maria Uhland도 초대되었지만, 소속 교 육청의 허가가 나지 않아 참석하지 못했다.

33

일종의 기도: 이 부분은 속기록에 들어 있지 않지만, 교사 교육 과정에 참가한 카롤리네 폰 하이데브란트(1886~1938)와 헤르베르트 한(1890~1970)이 강의에서 한 루돌프 슈타이너의 말을 기억하여 기록했다. 두 사람의 기록 다음에는 마찬가지로 교사 교육 과정에 참가했던 발터

요한네스 슈타인이 강의의 기억을 되살려 일기장에 기록한 내용이 이어진다.

카롤리네 폰 하이데브란트의 기록

"다음과 같은 의식을 가질 수 있도록 우리의 사고를 형성하도록 합시다. 누구든 그 뒤에는 수호천사가 서 있습니다. 사람의 머리에 천사가 부드럽게 손을 얹고 있습니다. 이 천사가 여러분이 필요로 하는 힘을 줍니다. - 여러분의 머리 위에 대천사들이 원무를 추듯 떠 있습니다. 대천사들은 한 사람이 다른 사람에게 주어야 할 어떤 것을 그 사람에게서 다른 사람에게로 전달해 줍니다. 대천사들은 여러분의 영혼이 서로 이어지도록 합니다. 그렇게 되면 여러분이 필요로 하는 용기勇氣가 생깁니다. (그 용기로 대천사들이 그릇을 만듭니다.) - 지혜의 빛이 아르카이Archai의 초월적 존재들에 의해 우리에게 주어집니다. 이 초월적 존재들은 우리 위의 원무 속에 머물지 않고, 태초의 시간에서 와서 자신을 드러내고는 아득히 먼 시간 속으로 사라집니다. 그들은 오로지 물방울 형태로 이 공간 안으로 뻗어 들어옵니다. (작용하는 시대정신이 시간의 빛 한 방울을 용기勇氣의 그릇 안으로 떨어뜨립니다.)"

헤르베르트 한의 기록

"우리가 이 제5문화기의 교육에 적극적인 관심을 가지고 교사로서 활동하기를 원할 때 세 번째 위계의 존재들이 우리의 일과 연결되기 시작한다고 생각해도 좋을 것입니다.
우리는 앞으로 형성될 교사진의 모든 구성원 뒤에 천사가 서 있는 모습을 봅니다. 천사는 자신이 보호하도록 맡은 지상 인간의 머리에 두 손을 얹고 있습니다. 그리고 이 자세와 몸짓으로 천사는 힘이 인간에게로 흘러들게 합니다. 그것은 과업을 완성하는 데 필요한 힘을 부여합니다. 창조적으로 상상하고 상상력을 강하게 일깨우는 천사가 모든 인간 뒤에 서 있습니다. 눈을 들면 미래의 교사진의 머리 위에 한 무리의 *대천사*가 떠 있는 모습이 보입니다. 원을 이루어 돌고 돌면서, 대천사들은 한 사람의 교사와 천사의 정신적 조우에서 생기는 결과로서 자라나려는 것을 다른 모든 사람들에게 전달합니다. 또한 대천사들은 다른 모든 이들의 힘으로 풍요로워진 것을 다시 그 한 사람의 교사에게 가져다 줍니다. - 마치 정신적인 조형 작업처럼 움직이는 이 원무 속에서 그릇 하나가 공동의 노력으로 하나가 된 이들의 머리 위에 만들어집니다. 그리고 이 그릇의 성분은 아주 분명합니다. 그것은 용기로 만들어졌습니다. 동시에 순환을 이루며 연결해 주는 대천사들은 영감의 힘들을 자신의 움직임과 형성 활동에 흘러들게 합니다. 그 힘들이 우리의 과업에 필요한 영감의 샘을 열어 줍니다.

눈길을 더 높이 들면, 관찰자는 *아르카이*들의 경지까지 보게 됩니다. 아르카이들의 전체 모습이 드러나지는 않습니다. 하지만 그들의 영역, 즉 빛의 영역으로부터 아르카이들은 용기로 만들어진 그릇에 한 방울이 떨어지도록 합니다. 이 새로운 학교의 설립과 설립자 뒤에 서 있는 우리 시대의 선한 정신이 이 빛의 방울을 선사한다는 것을 우리는 느낄 수 있습니다. 이 빛의 선물 안에서 작용하는 것은 창조적인 직관의 힘입니다. 이 창조적인 직관의 힘들은 지금 이 새로운 교육적 과업에 발을 들여놓는 이에게 필수적인 직관을 깨워 내려 합니다.

세 번째 위계의 존재들은 이렇게 힘과 용기와 빛을 선사하면서 이제 이루어지는 학교의 설립에 참여하고 있습니다. 상상력과 영감과 직관을 불어넣으면서 그 존재들은 우리가 이 지상에서 하는 일에 참여하기를 원합니다."

헤르베르트 한의 이전 기록(일자 미상)

"여러분 모두의 위에 여러분의 천사가 서 있다고 상상해 보십시오. 그 천사가 여러분에게 힘을 주기를 원합니다.

여러분 모두의 위에는 대천사의 무리가 윤무하듯 둥글게 떠 있어, 여러분 각자가 얻는 일의 열매와 경험을 다른 모든 사람들에게 전달합니다. 그렇게 윤무하고 전달하면서 *대천사*들은 용기의 그릇을 만듭니다.

높은 곳에서 아르카이의 하나인 선한 시대정신이 빛 한 방울을 그 그릇 안으로 떨어뜨립니다. 그렇게 아르카이는 빛 한 방울을 선사합니다."

발터 요한네스 슈타인의 1919년 8월 21일자 일기

"교사 교육 과정 시작. 슈타이너 박사가 오전 9시에 강의가 시작함.

　　힘 - 천사

　　용기 - 대천사

　　빛 - 아르카이

몰트 씨에게 그런 생각을 불어넣은 [선한 정신 존재들]에게 … 감사를 표하다. 우리의 행위가 이루는 것을 신들이 이어받아 작업할 것이다."

35
친애하는 몰트 씨: 에밀 몰트Emil Molt(1876~1936), 슈투트가르트 소재 발도르프 아스토리아 담배공장 대표, 상업고문관. 회사에 소속된 사람들을 위해 노동자 교육 과정을 설치했다. 이것이 훗날 노동자의 자녀를 위한 학교를 설립한다는 생각으로 이어졌고, 그는 이 "발도르프 학교"를 세우고 이끌어 가는 일을 루돌프 슈타이너에게 부탁했다. 몰트는 1919년에 루돌프 슈타이너의 사회삼원론을 가장 열성적으로 대변한 사람들 가운데 하나였다.《Entwurf

meiner Lebensbeschreibung》(에밀 몰트 자서전), 에밀 몰트, 슈투트가르트 1972, 〈루돌프 슈타이너 전집 논총〉, 제103호, 도르나흐 1989 참조.

"우리의 활동을 여는 장엄한 개막에 이어 … 협력한 것이라는 말씀을 드리고 싶습니다": 속기록의 타자본을 근거로 추가함.

38
인간의 이기심: 이기심이 인간의 세 측면과 죽을 운명에 연결되어 있다는 것에 관해서는 《Ursprungsimpulse der Geisteswissenschaft》(정신과학의 근원적 동기), GA 96 중 1907년 6월 12일자 강의 참조.

40
출생 이전의 교육: 이에 관해서는 《Geistige Hierarchien und ihre Widerspiegelung in der physischen Welt》(정신적 위계, 그리고 물질세계에 반영된 정신적 위계), GA 110 중 1909년 4월 21일자 강의 참조.

41
저는 이런 예를 든 적이 있습니다: 《Die Geheimwissenschaft im Umriß》(한국어판: 비밀학 개요, 한국인지학출판사 2023), GA 13의 "Die Weltenentwicklung und der Mensch"(세계의 발달과 인간), p. 170f. 참조.

42
아이가 물질의 차원에 들어서게 되면: 이에 관해서는 루돌프 슈타이너의 저서 《Kosmologie, Religion und Philosophie》(한국어판: 철학, 우주론, 종교, 인지학에서 바라본 세 영역, 루돌프 슈타이너 전집발간위원회 역, 한국인지학출판사 2018), GA 25, 특히 6장 "Der Übergang vom seelisch-geistigen Dasein in der Menschenentwicklung zum sinnlich-physishen"(사람의 발달 과정 중 영혼적·정신적 존재에서 감각적·물질적 존재로 옮겨가는 과정) 참조.

43
인간을 구성하는 이 세 가지 요소: 인간을 구성하는 세 요소에 관해서는 특히 《Theosophie》(신지학), GA 9, 《Die Geheimwissenschaft im Umriß》(비밀학 개요), GA 13의 "Wesen der Menschheit"(인간의 본질), 《Pfade der Seelenerlebnisse》(영혼 체험의 길), GA 58, 《Metamorphosen des Seelenlebens》(영혼 활동의 변형생성), GA 59 참조.

44
그러면 영혼정신 또는 정신영혼에 육신 또는 신체가 더해지고: 신체적-물질적인 것과 정신적-영혼적인 것의 관계에 대해서는 《Menschenerkenntnis und Unterrichtsgestaltung》(인간 인식과 수업 구성), GA 302의 1921년 6월 13/15일자 강의, 《Menschenwerden,

Weltenseele und Weltengeist. Zweiter Teil》(인간의 발달, 세계영혼, 세계정신. 제2부), GA 206의 1921년 8월 15일자 강의, 《Geistige Zusammenhänge in der Gestaltung des menschlichen Organismus》(인간 유기체 형성에서의 정신과의 연관성), GA 218의 1922년 11월 20일자 강의 등 참조.

45
물질적인 인간의 삼원 체계 전체: 인간의 전체적 본질이 아니라 자연적 유기체의 삼원 구조에 관해서는 《Von Seelenrätseln》(영혼의 수수께끼에 관하여), GA 21의6장 "Die physischen und geistigen Abhängigkeiten der Menschen-Wesenheit"(인간 본질의 물질적, 정신적 종속성) 참조.

46
숨을 들이쉴 때 우리는 지속적으로 뇌수腦水를 두뇌 안으로 밀어 넣습니다: 이에 관해서는 《Zeitgeschichtliche Betrachtungen. Das Karma der Unwahrhaftigkeit. Zweiter Teil》(시대사적 관찰. 허위의 카르마. 제2부), GA 174의 1914년 1월 15일자 강의, 《Kunst und Kunsterkenntnis》(예술과 예술 인식), GA 271의 1918년 5월 6일자 및 6월 1일자 강의 참조.

48
아이가 취하는 수면은 어른의 수면과 다르다는 특징이 있습니다: 아이의 수면에 관해서는 《Menschenwerden, Weltenseele und Weltengeist. Zweiter Teil》(인간의 발달, 세계영혼, 세계정신. 제2부), GA 206의 1921년 8월 7일자 강의의 설명 참조.

48
깰 때부터 잠들기 전까지 체험한 것: 이에 관해서는 《Die Geheimwissenschaft im Umriß》(비밀학 개요), GA 13의 "Schlaf und Tod"(수면과 죽음) 참조.

52
정신영혼: 이전 판본의 발행인에 의해 추가되었다.

53
헤르바르트의 교육학, 심리학: 요한 프리드리히 헤르바르트, 1776~1841, 철학자, 교육학자. 독일 괴팅엔에서 가르쳤으며, 한때 스위스 베른에서 가정교사로 일했다. 교육학이라는 학문의 기초를 놓았다는 평가를 받는데, 그의 교육학은 실천철학(윤리학) 및 심리학과 깊이 연결되어 있다. 저작으로 《Allgemeine Pädagogik》(일반 교육학), 1835, 《Lehrbuch zur Psychologie》(심리학 교본), 1816, 《Umriß pädagogischer Vorlesungen》(교육학 강의 개요), 1835 등이 있다. 루돌프 슈타이너는 저서 《Die Rätsel der Philosophie》(철학의 수수께끼), GA 18의 "Reaktionäre Weltanschauungen"(반동적인 세계관들)에서 그의 세계관을 언급하고 있다. 《Spirituelle Seelenlehre und Weltbetrachtung》(영적 영혼론과 세계 관찰), GA 52

의 1903년 12월 4일자 강의도 참조.

55

사람들이 보통 사고라고 부르는 것: 이에 관해서는 《Die Philosophie der Freiheit》(자유의 철학), GA 4의 7장 "Die menschliche Individualität"(인간의 개별성)도 참조.

55

사고, 감정, 의지: 《Die Ergänzung heutiger Wissenschaft durch Anthroposophie》 (오늘날의 과학을 보완하는 인지학), GA 73의 1918년 10월 10일자 강의, 《Menschliches Seelenleben und Geistesstreben im Zusammenhange mit Welt- und Erdenentwicklung》(우주와 지구의 발달에 연관된 인간의 영혼 활동 및 정신적 추구), GA 212의 1922 년 4월 29/30일 강의 참조.

55

사고는 그림의 성격을 지녔습니다: 이에 관해서는 《Anthroposopihe. Eine Zusammen-fassung nach einundzwanzig Jahren》(인지학. 지난 21년의 요약), GA 234의 1924년 1월 19일자 강의 참조.

56

"나는 생각한다. 그러므로 나는 존재한다": 철학자, 수학자, 천문학자, 물리학자인 르네 데카르트René Descartes(1596-1650)의 말이다. 그는 여러 곳에서 장교로 복무했으며, 오랫동안 네덜란드에서 살았고, 나중에는 스웨덴의 크리스티나 여왕의 부름을 받아 스웨덴으로 이주했다가 그곳에서 사망했다. 《Principia Philosophiae》(철학 원리), 암스테르담 1644, 그 중에서도 특히 1부 1, 7, 11~14행을 참조할 것. "Cogito, ergo sum"(나는 생각한다. 그러므로 나는 존재한다)는 이 유명한 명제는 《Principia Philosophiae》의 7항에 다음과 같이 실려 있다. "그런 식으로 의심스러운 모든 것을 거부하면서 그것을 오류로 취급한다면, 우리는 신도, 하늘도, 육신도 없다고 쉽게 가정할 수 있다. 그러면 우리 자신에게도 손과 발만이 아니라 그 어떤 육신도 존재하지 않는다고 가정하게 된다. 하지만 우리는 그런 생각을 하는 우리가 존재하지 않는다고는 가정할 수 없다. 왜냐하면, 어떤 것이 무엇인가를 생각한다면, 그 어떤 것이 생각하는 순간에 존재하지 않는다고 가정할 수는 없기 때문이다. 따라서 "Ego cogito, ergo sum"(나는 생각한다. 그러므로 나는 존재한다)는 명제는 올바르게 철학하는 모든 사람이 얻는 인식 가운데 가장 원초적이고 가장 확실한 인식이다." 《Die Philosophie der Freiheit》(자유의 철학), GA 4의 3장 "세계 이해를 위한 사고", 《Die Polarität von Dauer und Entwicklung im Menschenleben》(인간 생애에서 그 기간과 발달의 양극성), GA 184의 1918년 10월 12일자 강의, 《Ergebnis der Geistesforschung》(정신 연구의 결과), GA 62의 1913년 4얼 10일자 강의, 《Vom Menschenrätsel》(인간의 수수께끼에 관하여), GA 20의 3장 "Das Weltbild des deutschen Idealismus"(독일 관념론의 세계상) 등에서 루돌프 슈타이너는 명제를 다루고 있다. 《Die Rätsel der Philosophie》(철학의 수수께끼), GA 18의 "Die Weltanschauungen

des jüngsten Zeitalters der Gedankenentwicklung"(최근 사상의 세계관들)도 참조할 것.

57

우리가 사고하는 행위를 할 때에도: "사고하는"은 이전의 발행인들이 첫 등사판을 근거로 덧붙인 것이다.

58

그림 1: 이전 판본에 실린 그림들은 등사본(312쪽 "이 책의 판본 성립에 관하여" 참조)을 기반으로 했다. 속기록을 기반으로 한 활판 작업을 검토한 결과, 주제를 다룰 때 루돌프 슈타이너는 먼저 이 책에 실린 그림으로 내용을 선명하게 보여 주었다는 것이 확인되었다. 원래 이 위치에 실렸던 그림은 내용에 맞는 위치로 옮겼다.

59

그러면 이제 의지(der Wille)에 대해서도 같은 식으로 질문해 봅시다: 위 본문 59쪽의 내용, 《Die Philosophie der Freiheit》(자유의 철학), GA 4의 9장 "Die Idee der Freiheit"(자유의 관념) 참조. 또한 1922년 1월 17일자 강의 "Anthroposophie und die Rätsel der Seele"(인지학 그리고 영혼의 수수께끼)도 참조. 이 강의는 격월간지 〈Zur Pädagogik Rudolf Steiners〉 4년차 1호에 게재되었으며, 단행본 《Das Wesen der Anthroposophie》, GA 80에 수록하기에 앞서 잡지 〈Die Menschenschule〉(인간의 학교) 1937년 11년차 7/8호에 게재되었다.

60

이전의 삶을 상으로 파악해야 하는 사고 ... 죽음 이후에 올 삶의 맹아로 파악해야 하는 의지: 사고와 이전의 삶의 관계, 의지와 죽음 이후에 올 삶의 관계에 관해서는 《Soziales Verständnis aus geisteswissenschaftlicher Ereknntnis》(정신과학적 인식에서 얻는 사회적 이해), GA 191의 1919년 10월 18일자 강의 참조.

60

아르투르 쇼펜하우어(1788-1860): 독일 괴팅엔 대학, 베를린 대학에서 자연과학과 철학을 공부했다. 바이마르의 예나 대학과 드레스덴 대학에서 박사학위를 받은 뒤, 베를린 대학에 자리를 얻었으나 별다른 성과가 없었다. 무시당하고 인정받지 못한다는 생각에 고독과 절망에 빠진 그는 결국 1833년 프랑크푸르트에 정착했다. 1840년대에 들어서야 비로소 그는 사람들의 관심을 끌었고, 1870년대에는 그야말로 "주류 철학자"가 되었다. 정신적-영혼적인 것의 맹아인 의지에 관해서는 1819년에 발표된 그의 주저 《Die Welt als Wille und Vorstellung》(의지와 표상으로서의 세계)에서 특히 제4권 "Die Welt als Wille, Bejahung und Verneinung des Willens"(의지, 그리고 의지의 긍정과 부정으로서의 세계) 참조. 루돌프 슈타이너가 코타 출판사 판 아르투르 쇼펜하우어 전집을 위해 썼으며 《Biographien und biographische Skizzen》(전기들, 전기적 단편들), GA 33에 수록된 쇼펜하우어의 일생도 참조. 또한 《Die Rätsel der Philosophie》(철학의 수수께끼), GA 18의 "Reaktionäre

Weltanschauungen"(반동적 세계관들), 《Die Brücke zwischen der Weltgeistigkeit und dem Physischen des Menschen》(세계의 정신과 인간의 신체를 연결하는 다리), GA 202의 1920년 12월 4일자 강의 참조.

62

여러분이 《신지학》이라는 책을 통해 이미 알고 계시는 것: 《Theosophie》(신지학)(1904), GA 9의 "Die drei Welten"(세 개의 세계) 가운데 "1. Die Seelenwelt"(1. 영혼의 세계) 참조.

62

그림 3: 이 그림은 속기록 기반의 타자본과 등사본에 실린 스케치를 재현하여 실은 것이다. 아래 그림은 이전 판본들에 실려 있던 것이다.

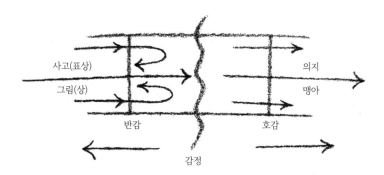

64

이 힘이 여러분의 반감과 만납니다: 속기록 기반의 타자본에 실린 문장. 교사 교육 과정 참가자들의 노트로 보완된 나중의 등사본에는 "이 힘이 여러분의 반감 안에서 활동합니다"라고 되어 있다.

64

기억이란 우리 안에서 작용하는 반감의 결과물에 지나지 않습니다: 이에 관해서는 《Philosophie und Anthroposophie. Gesammelte Aufsätze 1904~1923》(철학과 인지학. 1904~1923년 논문 모음), GA 35의 "Frühere Geheimhaltung und jetzige Veröffentlichung übersinnlicher Erkenntnisse"(이전에는 감춰졌고 지금은 공개된 초감각적 인식들) 참조. 이 부분만 따로 출간되어 있기도 하다.

64

이제 개념이 생겨납니다: 이에 관해서는 《Von Seelenrätseln》(영혼의 수수께끼에 관하여), GA 21의 4장 3 "Von der Abstraktheit der Begriffe"(개념의 추상성에 대하여), 《Die Philosophie der Freiheit》(자유의 철학), GA 4의 3 "Die Welt als Wahrnehmung"(지각으로서의 세계) 참조.

65
사고가 반감을 통해 기억으로 변하는 것처럼: 이전 발행인들이 보충한 부분.

66
이 상상력이 감각적 관찰을 제공합니다: 첫 복사판에 따른 부분. 속기록에는 "이 상상력이 생생한 개념들을 제공합니다"라고 되어 있다. 이 부분은 어느 교사 교육 과정 참가자의 메모와도 일치한다.

66
우리가 분필을 보고 하얗다고 느끼는 것은 의지의 작용에 기인하는 것이며, 이때 의지는 호감과 환상을 거쳐 상상력이 됩니다: 호감, 환상, 상상력의 연관성에 대해서는 《Anthroposophie, Psychosophie, Pneumatosophie》(인지학, 심지학, 영지학), GA 115의 1911년 12월 15일자 강의도 참조할 것. 다만 GA 115에서는 상상력을 한층 높은 단계의 인식으로 언급한다.

67
저는 여러분에게 영혼적인 인간을 설명했습니다: 위 주석 65("여러분이 《신지학》이라는 책을 통해 이미 알고 계시는 것") 참조.

69
아무리 생리학이 감각신경과 운동신경에 대해서 무엇인가를 알고 있다고 믿고 설명한다 해도: 《Das Karma des Berufes》(직업의 카르마), GA 172의 1916년 11월 6일자 강의에서 루돌프 슈타이너는 이른바 감각신경과 운동신경에 관해 다음과 같이 말한다. "신경은 모두 통합적으로 조직되어 있으며, 제각기 하나의 기능을 맡고 있습니다. 이른바 운동신경과 이른바 감각신경이 유일하게 다른 점은, 감각신경이 외부 세계를 지각하는 기능을 하는 반면에 이른바 운동신경은 자기 유기체를 지각하는 기능을 한다는 것입니다. 또한 《Von Seelenrätseln》(영혼의 수수께끼에 관하여), GA 21의 6 《Die physischen und die geistigen Abhängigkeiten der Menschen-Wesenheit》(인간 본질의 물질적, 정신적 종속성), 《Die Erneuerung der pädagogisch-didaktischen Kunst durch Geisteswissenschaft》(정신과학을 통한 교육-교수법 예술의 개혁), GA 301의 1920년 4월 21일자 강의, 《Geisteswissenschaftliche Behandlung sozialer und pädagogischer Fragen》(사회적, 교육적 문제에 대한 정신과학적 대처), GA 192의 1919년 12월 7/12일 강의, 《Zur Frage der motorischen und sensitiven Nerven》(루돌프 슈타이너 저작 발췌 모음), 마르부르크 1979에 수록된 헤르베르트 헨젤Herbert Hensel과 한스 유르겐 쇼이얼레Hans Jürgen Scheurle의 요약, 《Die menschliche Nervenorganisation und die soziale Frage》(인간의 신경 조직과 사회 문제), 슈투트가르트1992의 2부로 수록된 "기록", 볼프강 샤트Wolfgang Schad 발행 등 참조.

70

호감과 반감이 서로 섞이면서 움직이는 세 가지 중심이 우리 안에 있는 것처럼 말입니다: 이에 관해서는 《Eine okkultive Physiologie》(비의적 생리학), GA 128의 1911년 3월 20/21일자 강의를 참조할 것.

71

한 신경이 척수 후각으로 들어가면: 이전 판본들에는 "척수"가 아니라 "척추"로 되어 있다. 등사본에서 이미 척수라는 단어가 나타난다. 여기서 루돌프 슈타이너는 척추의 전방에 있는 가시돌기를 언급하는 것으로 보이는데, 구심신경은 전방의 가시돌기를 향해 이어지고, 원심신경은 후방의 가시돌기에서 나온다. - 속기록의 타자본에서 이 부분은 다음과 같다. "그런 도약은 척수에서도 나타나는데, 예를 들어 어느 한 신경이 전방의 가시돌기를 향해 가면, 다른 신경은 전방의 돌기에서 나옵니다."

71

호감, 반감과 함께 신체적인 것 안으로 들어갑니다: 이전 발행인들이 "신체적인 것 안으로"를 추가했다.

72

그런데 우리 인간은 … 뚜렷이 나뉜 모습을 하고 있습니다: 위 본문 주석 49, "물질적인 인간의 삼원 체계 전체"를 참조할 것.

74

인간의 머리에는 정말로 우주를 닮은 형상이 있습니다: 신체 부분들과 우주의 관계에 대해서는 《Anthroposophische Leitsätze》(인지학의 기본 원칙들), GA 26(한국어판: 인지학의 기본 원칙들, 한국인지학출판사 2023)의 원칙 32~37, 《Die Brücke zwischen der Weltgeistigkeit und dem Physischen des Menschen》(세계의 정신과 인간의 신체를 연결하는 다리), GA 202의 1920년 11월 26일자 강의를 참조할 것.

75

아이를 상대로 추상적인 것을 너무 많이 사용하면, 여러분은 아이로 하여금 혈액 안에 이산화탄소로 바뀌는 과정(에) … 지나치게 몰두하도록 조장하는 셈이 됩니다: 루돌프 슈타이너가 여러 강의에서 언급하는 이 주제에 대해서는 특히 《Erziehung und Unterricht aus Menschenerkenntnis》(인간에 대한 인식을 바탕으로 하는 교육과 수업), GA 302a의 1923년 10월 16일자 강의를 참조할 것.

75

혈액 안에: "안에"는 속기록에 따른 보충.
이산화탄소로 바뀌는 과정, 즉 혈중 이산화탄소 형성: "이산화탄소 형성"은 속기의 다른 해

독 방법을 근거로 이전 발행인들이 보충한 것.

76

교육이란 언제나 우리가 출생 이전에 이루어진 초감각적 활동을 이어가는 활동이라는 사실: 이에 관해서는 《Inneres Wesen des Menschen und Leben zwischen Tod und neuer Geburt》(인간의 내적 본질, 그리고 죽음과 새로운 출생 사이의 삶), GA 153의 1914년 4월 10일자 강의 참조.

77

사회 유기체의 정신적 부분: 사회 유기체의 삼원성에 관해서는 특히 《Kernpunkte der sozialen Frage》(사회 문제의 핵심)(1919), GA 23 참조.

79

서기 869년에 확정되어 … 교회의 교의: 제8차 콘스탄티노폴리스 보편 공의회는 서기 869년 동방교회의 수장 포티오스 대주교에 대항할 목적으로 열렸다. 이 공의회의 문헌 "반 포티오스 헌장" 11항은 다음과 같이 선언한다. "구약과 신약 성경의 가르침에 따르면, 인간에게는 하나의 지적이고 이성적인 영혼만이 있으며, 하느님의 뜻대로 말하는 모든 교부들과 스승들도 이런 견해를 확인하고 있다. 그럼에도 어떤 이들은 …… 신성모독에 빠져, 인간이 두 가지 영혼을 지니고 있다는 몰염치한 주장을 내세우면서, 비학문적인 어떤 연구를 근거로 자신들의 이단적 교설이 지혜에 의해 입증된다고 주장하고 있다."(역자의 번역이므로 가톨릭 교회의 공식 번역문과 다를 수 있음) 루돌프 슈타이너가 대단히 높이 평가하는 가톨릭 철학자 오토 빌만 Otto Willmann은 세 권으로 된 저서 《Geschichte des Idealismus》(관념론의 역사, 브라운슈바이크 1894) 제2권 8장 54항(111쪽)에서 다음과 같이 쓰고 있다. "영지주의자들이 사도 바오로("바울")의 영적 인간과 물질적 인간의 구분을 악용하여 영적 인간을 완전한 인간으로 여기고 물질적 인간을 교회의 법칙들에 얽매인 신자들의 모습이라고 설명한 것으로 인해, 교회는 인간의 *삼원성을 명시적으로 폐기*하게 되었다." 루돌프 슈타이너는 수많은 강의에서 이 공의회의 결론을 언급하고 있다. 《Erdensterben und Weltenleben. Anthroposophischen Lebensgaben. Bewußtseins-Notwendigkeiten für Gegenwart und Zukunft》(지상의 죽음과 우주의 삶. 현재와 미래를 위해 필요한 의식), GA 181의 1918년 2월 5일과 4월 2일자 강의, 《Die Polarität von Dauer und Entwicklung im Menschenleben》(인간 생애에서 그 기간과 발달의 양극성), GA 184의 1918년 9월 8일자 강의, 《Die Sendung Michaels》(미카엘의 사명), GA 194의 1919년 11월 21일자 강의 등 참조. 이 주제에 관해서는 《Mitteilungen aus der anthroposophischen Arbeiten Deutschland》(독일 내 인지학 관련 활동 소식)에 게재된 슈테판 레버Stefan Leber의 논문 〈Zum Konzil 869〉(869년 공의회에 관하여), 〈교육예술〉 1964년 10/11호에 게재된 요한네스 가이어Johannes Geyer의 〈Ein Konzil und seine kulturgeschichtliche Folgen〉(어느 공의회와 그 문화사적 결과), 《Der Kampf um das Menschenbild. Das achte ökumenische Konzil von 869 und seine Folgen》(869년 보편 공의회와 그 결과), H. H. 셰플러Schöffler 발행, 괴테아눔 도르나흐 1986의 여러 논문 참조.

79
율리우스 로베르트 폰 마이어: 1814~1878. 독일의 의사, 자연과학자. 1842년 에너지 보존
의 법칙을 세우고, 기계적 운동과 열의 동등성을 추론했다. "열과 운동은 상호변환된다." -
《Bemerkungen über das mechanishe Äquivalent der Wärme》(열의 운동적 동등성에 대
한 관찰, 1851), "결국 힘이란 파괴할 수 없고 변화가 가능하며 헤아릴 수 없는 대상이다." "중
력과 운동의 상관관계로부터는 중력의 본질이 운동임을 거의 추론할 수 없으며, 이는 열에
관해서 마찬가지이다. 오히려 반대로 추론할 수 있는 것은, 단순 운동이든 빛처럼 진동하는
운동이든 운동이 열이 되려면 운동이기를 중단해야 한다는 사실이다." - 《Bemerkungen
über die Kräfte der unbelebten Natur》(무생물 자연의 힘들에 대한 관찰, 1842) 이에 관해서는
《Robert Mayer über die Erhaltung der Kraft. Vier Abhandlungen》(로베르트 마이어의
힘의 보존. 4제), 알베르트 노이베르거Albert Neuberger 발행, 라이프치히(연도 미상) 참조. 이 책에
는 위의 저술을 비롯하여 〈Die organische Bewegung und in ihrem Zusammenhang
mit dem Stoffwechsel〉(유기체 운동과 물질대사의 관계, 1845), 〈Über die quantitative und
qualitative Bestimmung der Kräfte〉(힘에 대한 정량적, 정성적 규정, 1841)이 수록되어 있다.
로베르트 마이어가 세운 이 법칙의 의미에 관해서는 《Erdensterben und Weltenleben.
Anthroposophischen Lebensgaben. Bewußtseins-Notwendigkeiten für Gegenwart
und Zukuft》(지상의 죽음과 우주의 삶. 현재와 미래를 위해 필요한 의식), GA 181의 1918년 4월 16일자
강의 참조.

82
먼저 감각, 즉 열두 가지 감각 전부를 통해 우리를 외부 세계와 연결하는 것은: 194쪽에 대한
주석 참조.

82
플라톤: BC 428~348. 《티마이오스》에서 그는 이렇게 말한다. "(신들은) 그 감각기관들 가운데
빛으로 가득한 눈을 가장 먼저 만들고, 그것을 다음과 같은 이유로 여기에(얼굴에) 붙였습니
다. 그들은(신들은) 타오르는 성질을 가진 불이 아니라 약한 빛을 내는 성질을 지닌 불로 하여
금 날마다 밝은 낮에 고유한 물질이 되도록 했습니다. 자세히 말하자면, 그들은 우리의 내부
에 있으며 그것과 유사한 순수한 불로 하여금 눈을 통과해서 흘러들어 눈 전체를, 그 중에서
도 안구의 중심을 매끄럽고 빽빽하게 하여, 더 거친 다른 불이 들어오는 것을 완전히 막고 순
수한 불만 안구로 들어오도록 한 것입니다. 그로써 낮의 빛이 눈에서 흘러나오는 불을 둘러
싸면 유사한 불이 흘러 그 유사한 불과 결합하는데, 내부에서 나오는 불과 외부에서 다가오
는 불이 시선 방향에서 만나 하나의 전체를 이룹니다."(번역과 괄호 안 내용: 역자) 플라톤에 관해
서는 《Das Christentum als mystische Tatsache und die Mysterien des Altertums》
(신비적 사실로서의 그리스도교와 고대의 신비들), GA 8의 "Plato als Mystiker"(신비가로서의 플라
톤), 《Die Rätsel der Philosophie》(철학의 수수께끼), GA 18의 "Die Weltanschauung der
griechischen Denker"(그리스 사상가들의 세계관), 《Über Philosophie, Geschichte und
Literatur》(철학, 역사, 문학에 관하여), GA 51에 수록된 1901년 겨울 베를린 노동자교육학교 강

의 요약본 "그리스인들의 세계관"의 등 참조.

84
뭔가 정신적인 행동을 하기 위해: 첫 복사본의 텍스트를 따름.

84
로체의 철학에서 말하는 국지 표식 이론: 루돌프 헤르만 로체Rudolf Hermann Lotze(1817~1881)
는 독일 괴팅엔과 베를린에서 활동한 독일의 생리학자이자 철학자로, 물활론을 반대하여 자
연기계론을 내세웠다. 그는 자신의 세계관을 "목적론적 관념론"이라고 불렀다. 자신의 저
작 《Mikrokosmus. Ideen zur Naturgeschichte und Geschichte der Menschheit.
Versuch einer Anthropologie》(소우주. 자연사의 관념과 인류의 역사. 인류학의 시도), 라이프
치히(연도 미상) 제1권 2부 2장 347, 349, 359쪽에서 다음과 같이 "국지 표식"을 언급한다.
"… 영혼이 모든 인상에 대해 공간 안에서의 특정한 장소를 자신이 생각하는 대로 지정하
는 불가피한 근거가 감각기관 안에서의 인상의 원래 장소에 있지 않다는 것, … 그뿐 아
니라 그 근거가 유일하게 어떤 종류의 질적 특성에 있으며, 인상이 신체와 접촉하는 장소
의 고유한 특성으로 인해 그 인상이 자신의 다른 질적 속성에 더하여 그 질적 특성을 추
가로 얻는다는 것이 국지 표식이다. 오로지 그런 차이점들만 의식할 수 있으며, 의식에게
는 그 차이점들이 특징 또는 국지 표시의 역할을 하고, 이 특징 또는 표시의 인도로 의식
이 인상들을 재처리하여 공간적인 상으로 만들게 되는 것이다. …" 루돌프 헤르만 로체
의 다른 저작들: 《Der Zusammenhang der Dinge》(사물들의 연관 관계, 베를린, 연도 미상),
《Grundzüge der praktischen Philosohie》(실천철학 개요, 라이프치히 1889), 《Grundzüge
der Religionsphilosohie》(종교철학 개요, 라이프치히 1894), 《Allgemeine Physiologie des
körperlichen Lebens》(신체 활동의 일반 생리학, 1851). 루돌프 슈타이너는 《Die Rätsel der
Philosophie》(철학의 수수께끼), GA 18의 "Moderne idealistische Weltanschauungen"(근
대의 관념론적 세계관들), 《Geisteswissenschaft als Lebensgut》(삶의 자산인 정신과학), GA 63의
1914년 1월 15일자 강의 등에서 로체를 언급하고 있다.

84
그러나 … 우리의 감각 유기체는: 이전 발행본을 근거로 보충했다. 속기록에는 "우리의 하부
유기체는"으로 되어 있다.

86
출생 이전의 삶을 사는 동안: E. A. 카를 슈톡마이어에 따르면(《일반 인간학》 프라이부르크 1947,
256쪽 주석 24 참조), 이 부분은 아마도 "출생 이전의 삶을 마친 다음에는"이라는 의미일 것이다.

87
감각에 얽매이지 않으면서 그 안에 의지가 함께하는 순수한 사고: 《Die Philosophie der
Freiheit》(자유의 철학), GA 4, 특히 9장 "Die Idee der Freiheit"(자유의 관념) 참조.

88

칸트·라플라스 성운 상태: 여기서 루돌프 슈타이너가 언급하는 것은 철학자이자 수학자 임마누엘 칸트Immanuel Kant(1724~1804)의 "성운 가설"(이 성운 가설에 따르면 지구는 원초의 성운으로부터 만들어졌다는 가설)과 프랑스의 수학자이자 천문학자 피에르 시몽 라플라스Pierre-Simon Laplace(1749~1827)가 칸트와는 상관없이 주장하고 또 많은 점에서 칸트의 가설과는 다르기도 한 이론이다. 칸트의 저작 《Allgemeine Naturgeschichte und Theorie des Himmels》(일반 자연사와 천체 이론) 라이프치히(연도 미상), 라플라스의 《Exposition du Système du monde》(지구 체계의 서술), 1796, 《Traité de Mécanique céleste》(천체 역학 논설), 총5권, 파리 1799~1825 등 참조.

89

그런 식으로 인간은 발달의 초기 상태에서는 동물계와 하나가 되어 있었는데: 이에 관해서는 《Die Geheimwissenschaft im Umriß》(비밀학 개요), GA 13의 "Die Weltentwicklung und der Mensch"(지구의 발달과 인간)을 참조할 것.

90

인간의 시신이 계속해서 지구로 들어가는 것이 현실에서 일어나는 과정이며 또 계속 영향을 미치고 있음을: 지구 발달에 대한 인간 시신의 의미에 관해서는 《Die Polarität von Dauer und Entwicklung im Menschenleben》(인간 생애에서 그 기간과 발달의 양극성), GA 184의 1918년 9월 22일자 강의, 《Die Brücke zwischen der Weltgeistigkeit und dem Physischen des Menschen》(세계의 정신과 인간의 신체를 연결하는 다리), GA 202의 1920년 12월 18일자 강의, 《Faust, der strebende Mensch》(파우스트, 노력하는 인간), GA 272의 1916년 9월 4일자 강의를 참조할 것. 또한 이 주제에 관해서는 연속강좌 《Von Jesus zu Christus》(예수에서 그리스도로), GA 131을 참조할 것.

93

신경이란 무엇일까요? 《Grundlegendes für eine Erweiterung der Heilkunst》(치유예술의 확장을 위한 기초), GA 27의 4장 "혈액과 신경" 참조.

94

한편으로 뼈, 그리고 또 다른 편으로 혈액 및 근육, 이 둘 사이에: "뼈", "한편으로", "또다른 편으로" 등은 이전 발행인들이 보충한 부분이다.

94

우리 눈 안으로 뼈-신경 체계가 조금 밀고 들어오면서 공막에서는 뼈 체계가 후퇴하면서 약화된 뼈 체계인: 첫 복사본의 문장.

94

눈 안에서는 근육과 혈액 안에 있는 의지적 본질과 뼈-신경 체계 안에 들어 있는 표상 활동 사이의 연결이 가능해집니다: 신경과 혈액 활동에서 동물과 인간의 눈의 차이점에 관해서는 《Die Erkenntnis des Menschenwesens nach Leib, Seele und Geist》(신체, 영혼, 정신에 의거한 인간 본질의 인식), GA 347의 1922년 9월 13일자 강의 참조.

97

에두아르트 폰 하르트만: 1842~1906. 군대에 들어갔으나 무릎 질병으로 거동이 힘들어지는 바람에 1865년 제대했다. 그 뒤로 철학을 공부하여 1867년 박사학위를 받고, 1869년에는 《Die Philosophie des Unbewußten. Versuch einer Weltanschauung》(무의식의 철학. 세계관의 시도)를 발표했다. 특히 이 책의 14장 "Das Ziel des Weltprozesses und die Bedeutung des Bewußtseins"(세계 과정의 목적과 의식의 의미)를 볼 것. "거대한 규모의 작업을 통해 지구를 폭파하기를 원한다"는 그의 제안에 관해서는 《Geisteswissenschaft als Lebensgut》(삶의 자산인 정신과학), GA 63의 1914년 3월 26일자 강의, 《Die Geschichte der Menschheit und die Weltanschauungen der Kulturvölker》(인류의 역사와 문화민족들의 세계관), GA 353 등 참조. 전반적인 에두아르트 폰 하르트만에 관해서는 《Die Rätsel der Philosophie》(철학의 수수께끼), GA 18의 "Moderne idealistische Weltanschauungen"(근대의 관념론적 세계관들), 《Lucifer-Gnosis》(루시퍼-그노시스), GA 34에 수록된 "에두아르트 폰 하르트만을 위한 추모사" 등 참조.

98

저의 첫 저작들에는: 《Einleitung zu Goethes naturwissenschaftlichen Schriften》(괴테 자연과학 저술 입문, 1884~1897), GA 1, 《Grundlinien einer Erkenntnistheorie der Goetheschen Weltanschauung》(1886, 한국어판: 괴테 세계관의 인식론적 기초, 박지요 역, 한국 인지학출판사 2019), GA 2, 《Wahrheit und Wissenschaft》(진리와 학문, 1892), GA 3, 《Die Philosophie der Freiheit. Grundzüge einer modernen Weltanschauung - Seelische Beobachtungsresultate nach naturwissenschaftliche Methode》(자유의 철학. 근대 세계관 개요 - 자연과학적 방법에 의한 관찰 결과, 1894), GA 4 등 참조.

99

저의 저술 《진리와 학문》의 자유를 다루는 마지막 장에서: 《Wahrheit und Wissenschaft. Vorspiel einer Philosophie der Freiheit》(진리와 학문. 자유의 철학을 위한 서막), GA 3의 8장 "Praktische Schlussbetrachtungen"(실천적 추론 관찰)에서 그는 이렇게 말한다. "우리의 지식 안에서 세계의 가장 내적인 핵이 활발하게 움직이는 것을 우리는 보았다. 우주를 지배하는 규칙적인 조화는 인간의 인식 안에서 드러난다." 이 저술(서문과 마지막 장 "실천적 추론 관찰"을 뺀 채로)로 루돌프 슈타이너는 1891년 하인리히 폰 슈타인Heinrich von Stein 교수의 지도 아래 로스토크 대학에서 박사 학위를 취득했다. 이 저술은 "심심한 존경의 마음으로 에두아르트 폰 하르트만 박사에게" 헌정되었다. 학위 논문의 제목은 《Die Grundfrage der

Erkenntnistheorie mit besonderer Rücksicht auf Fichtes Wissenschaftslehre. Prolegomena zur Verständigng des philosophierenden Bewußtseins mit sich selbst》(피히테 지식학에 대한 특별한 고려를 바탕으로 하는 인식론의 기본 질문. 철학하는 의식과 자기 자신의 소통을 관한 서설)이었다. 루돌프 슈타이너 연구 총서 제5권 《Rudolf Steiners Dissertation》(루돌프 슈타이너의 학위 논문), 도르나흐 1991 참조.

102

제가 드린 말씀을 기억하신다면, … 어떤 관계로: 속기록의 타자본에 따라 보완된 부분.

102

어제 있었던 반semi 공개 강좌에서 제가 드린 말씀: 《Die Waldorfschule und ihr Geist》(발도르프 학교와 그 정신)의 1919년 8월 24일자 강의를 참조할 것. 단행본으로 출간되었으며, GA 297에 수록됨.

103

신체가 가장 먼저 세상에 태어납니다: 이에 관해서는 《Lucifer-Gnosis》(루시퍼-그노시스), GA 34에 수록된 "Die Erziehung des Kindes vom Gesichtspunkte der Geisteswissenschaft"(정신과학의 관점에서 본 아동 교육), 《Die gesunde Entwicklung des Menschenwesens. Eine Einführung in die anthroposophische Pädagogik und Didaktik》(인간의 건강한 발달. 인지학적 교육학 및 교수법 입문), GA 303, 여기서는 특히 1921년 29/31일자 강의와 1922년 1월 1/2/3일자 강의를 참조할 것.

103

신지학: 《Theosophie. Einführung in übersinnliche Welterkenntnis und Menschenbestimmung》(신지학. 초감각적 세계 인식과 인간 정의 입문), GA 9에서 특히 "Das Wesen des Menschen"(인간의 본질), "Wiederverkörperung des Geistes und Schicksal"(정신의 재육화와 운명) 참조.

104

우리가 자아정신이라고 부르는 것: 위 주석 319쪽 "인간을 구성하는 이 세 가지 요소" 참조.

106

죽은 뒤에도 분명한 발달을 이루어 가는데: 죽음과 새로운 탄생 사이의 삶에 관해서는 《Theosophie》(신지학), GA 9의 "Die drei Welten"(세 세계), 《Die Geheimwissenschaft im Umriß》(비밀학 개요), GA 13의 "Schlaf und Tod"(수면과 죽음), 연속강좌 《Inneres Wesen des Menschen und Leben zwischen Tod und neuer Geburt》(인간의 내적 본질 그리고 죽음과 새로운 탄생 사이의 삶), GA 153, 《Das Leben zwischen dem Tod und der neuen Geburt im Verhältnis zu den kosmischen Tatsachen》(우주적 사실들과의 관계에

서 본 죽음과 새로운 탄생 사이의 삶〉, GA 141, 《Der Tod als Lebenswandlung》(생명의 변환인 죽음),
GA 182 등 참조.

110
그 경우 본능은 충동이 됩니다: 이에 관해서는 《Die Philosophie der Freiheit》(자유의 철
학), GA 4, 특히 9장 "Die Idee der Freiheit"(자유의 관념)을 참조할 것. 아동의 본능과 충
동에 관해서는 《Lucifer-Gnosis》(루시퍼-그노시스), GA 34에 수록된 "Die Erziehung des
Kindes vom Gesichtspunkte der Geisteswissenschaft"(정신과학의 관점에서 본 아동 교육)
참조.

110
이는 초감각적인 에테르체가 본능을 장악함으로써 본능이 충동으로 바뀌기 때문입니다: 속
기록을 바탕으로 추가함.

112
헤르바르트에 더 가까워진 심리학자들은: 예를 들어 로베르트 침머만Robert Zimmer-
mann(《Philosophische Propädeutik》, 철학 입문, 1852). 위 320쪽 주석 "헤르바르트의 교육학, 심리
학" 참조.

112
분트주의자들은 의지라는 측면을 중시합니다: 빌헬름 분트Wilhelm Wundt(1832-1920)는 철
학자, 심리학자, 생리학자로, 첫 실험심리학 연구실(라이프치히)을 설립했다. 루돌프 슈
타이너는 종종 분트가 콘스탄티노폴리스 공의회의 교의 편에 서 있다고 언급한다. 이 공
의회에서는 인간이 오로지 신체와 영혼으로 이루어져 있다고 규정했다(이에 관해서는 주
석 xlii 참조). 분트에 관해서는 《Die Rätsel der Philosophie》(철학의 수수께끼), GA 18의
"Moderne idealistische Weltanschauungen"(근대의 관념론적 세계관들), 《Methodische
Grundlagen der Anthroposophie》(인지학의 방법론적 기초), GA 30에 수록된 "Moderne
Seelenforschung"(근대의 영혼 연구) 등 참조.

112
우리는 인간에게서 자아가 주재하는 본능, 충동, 욕구를 동기라고 표현하며: 《Die
Philosophie der Freiheit》(자유의 철학), GA 4, 특히 9장 "Die Idee der Freiheit"(자유의 관
념) 참조.

114
*그것은 죽음 이후에 남는 것 가운데 우리가 "더 잘 했어야 하며, 더 잘 했으면 좋을 텐데." 하
고 느끼는 그 무엇입니다*: 이 책의 제2강(1919년 8월 22일자 강의) 참조.

116

그 두 번째 인간을 두고 오늘날 분석적 심리학이라고 자칭하는 과학 분야, 즉 정신분석학은 헛소리를 많이 늘어놓습니다: 루돌프 슈타이너는 《Individuelle Geistwesen und ihr Wirken in die Seele des Menschen》(개별적인 정신 존재, 그리고 그들이 인간의 영혼에 미치는 작용), GA 178의 11월 10/11일자 강의, 《Erdenleben und Weltenleben. Anthroposophische Lebensgaben. Bewußtseins-Notwendigkeiten für Gegenwart und Zukunft》(지상의 삶과 우주의 삶. 인지학적 삶의 선물. 현재와 미래를 위해 반드시 필요한 의식들), GA 181 등에서 정신분석학에 관해 상세히 언급하고 있다.

116

이 정신분석학이 무엇인지 기술할 때 전형적으로 내놓는 이야기가 있습니다: 루돌프 슈타이너는 마차에 쫓기는 여인 이야기를 자주 언급한다(위에서 언급한 강의들을 참조할 것). 카를 구스타프 융Carl Gustav Jung은 저서 《Die Psychologie der unbewußten Prozesse》(무의식적의 심리학)에서 같은 이야기를 언급한다. 융은 이 저서를 여러 차례 개정했는데, 《Das Unbewußten im normalen und kranken Seelenleben》(내면의 정상 상태와 병든 상태에서의 무의식, 1925), 《Über die Psychologie des Unbewußten》(무의식의 심리학에 대하여, 1942) 등이 그것이다. 1917년판에서 해당 부분은 다음과 같다. "갑자기 놀라는 바람에 심각한 히스테리를 앓게 된 부인을 알고 있다. 어느 날 저녁 그녀는 모임에 갔다가 밤 12시 무렵에 지인들과 함께 귀가하고 있는데, 갑자기 뒤쪽에서 마차 한 대가 달려들었다. 다른 사람들은 피했지만, 그녀는 놀라서 길 한가운데에서 비키지 못하고 마차를 끄는 말들 앞에서 달렸다. 마차꾼이 채찍을 휘두르며 소리를 질렀지만 소용이 없었다. 그녀는 내리 길 위를 달려 다리에 이르렀다. 그 즈음에 힘이 빠진 그녀는 마차에 깔리지 않기 위해 자포자기하여 강으로 뛰어들려 했지만, 다행히 행인들이 그녀를 붙잡았다."

118

요한 프리드리히 헤르바르트: 위 320쪽 주석 참조.

120

루나차르스키가 주도한 학교 개혁의 내용은 아주 끔찍합니다: 아나톨리 바실리예비치 루나차르스키Anatoly Vasilievich Lunacharsky(1875-1933)는 러시아의 작가이자 정치가로, 1917년부터 1929년까지 러시아 인민위원회 교육위원을 지내고, 그 뒤 모스크바 예술원 원장으로 일했다. 그의 저서 《노동자 계급의 문화 과업》에서 그는 다음과 같이 말한다. "그 자체로는 타불라 라사, 즉 아무것도 쓰여 있지 않은 종이인 인간은 아이 때부터 삶의 글자들을 받아들인다. 주변으로부터 받는 첫 번째 인상, 가까운 사람들이 주는 처음에 주는 영향, 낯선 사람들과의 접촉에서 얻는 첫 경험 등의 방식, 그리고 아이가 살아가야 하는 가족, 학교, 사회 구조가 그 아이 인격의 영혼 내용에서 전부를 좌우한다. 영혼은 사회생활의 특정한 정신적, 영혼적 역선力線들이 만나는 교차점같은 것이다." 저서 《대중 교육》에서는 이렇게 말한다. "우리가 주장하는 변증법적 유물론은 우리로 하여금 정확한 교육적 인식을 바탕으로 우리의 교육을 구

축할 것을 요구한다. 우리는 해부학, 생리학, 사회생물학적인 관점에서 아동의 유기체를 아주 정확하게 알아야 하는데, 그래야만 8세 아동이 어떤 의식으로 학교에 가는지, 그런 의식은 어떤 환경에 기인하는 것인지가 분명해지기 때문이다. … 아동 발달의 위생학에 대한 올바른 관찰 없이는, 올바르게 조직된 신체 발달과 운동 없이는 결코 건강한 세대를 확보할 수 없게 된다."

120
지구상에서: 속기록을 바탕으로 수정한 부분. 첫 복사본에는 "자신의 지배 영역에서"로 되어 있다.

122
언젠가 어느 전원기숙학교에 가서: 1905년 여름에 루돌프 슈타이너는 튀링엔Thüringen에 몇 주 머무는 동안 헤르만 리츠Hermann Lietz(1868-1919) 박사가 하우빈다Haubinda에 세운 "독일 전원기숙학교"를 방문했다. 리츠 박사는 이 학교를 "생동하는 인격 함양의 요람"으로 만들 목적이었다. 그것 학생들은 학습, 예술, 손일, 농사 등 여러 영역에서 스스로 선택한 방식으로 활동하도록 되어 있었다. 학생과 교사 사이는 동료 관계여야 했다. "대도시의 주지주의적 폐해"는 거부되었다. 루돌프 슈타이너는 1921년 6월 17일에 열린 회담에서도 이 방문을 언급했다. 《Konferenzen mit den Lehrern der Freien Waldorfschule in Stuttgart》(슈투트가르트 자유발도르프 학교 교사들과의 회담), GA 300b 참조.

123
어제 제가 말씀드린 것을 돌이켜 보면: 이 책의 제3강(1924년 8월 24일자 강의)를 가리킨다. 《Die Waldorfschule und und ihr Geist》(발도르프 학교와 그 정신), GA 297 참조.

130
괴테의 색채론: 퀴르슈너Kürschner의 《Deutsche National-Litteratur》(독일 문학), 1884~1897의 제1권 《Goethes Naturwissenschaftliche Schriften》(괴테 자연과학 저작집, 루돌프 슈타이너 발행)의 주석, GA 1c.

130
특히 그 가운데 생리학적, 교수법적인 부분을: 괴테의 《Entwurf einer Farbenlehre》(색채론 구상)의 "교수법인 부분"에 들어 있는 "생리학적인 색채들"을 가리킬 것이다.

131
감각 활동 안에서도 … 일어나고: 속기록을 바탕으로 보충한 부분.

133
많지 않은 행위들에서는: "많지 않은"은 이전 발행인들이 추가한 부분임.

134
이 의지가 우리를 인간 전체 안에, 그리고 세계 과정 자체 안에 편입시켜 줍니다: 《Die Philosophie der Freiheit》(자유의 철학), GA 4, 특히 9장 "Die Idee der Freiheit"(자유의 관념)과 비교해 볼 것.

135
본능적인 자극: 속기록을 바탕으로 보충.

138
프란츠 브렌타노: 1838~1927. 시인 클레멘스 브렌타노의 조카. 가톨릭 신학자이자 뷔르츠부르크 대학 교수였으나, 1873년 교황 무오론에 반대하여 사제직을 포기하고 대학을 떠났다. 1874년부터는 빈 대학에서 교수와 강사로 가르쳤다. 루돌프 슈타이너는 《Von Seelenrätseln》(영혼의 수수께끼에 관하여), GA 21에서 그의 추모사를 썼다. 《Der Goetheanumgedanke inmitten der Kulturkrisis der Gegenwart》(현대 문화 위기 한가운데의 괴테아눔 사고), GA 36 참조. 브렌타노의 저작으로는 《Die Psychologie des Aristoteles》(아리스토텔레스의 심리학), 마인츠 1867, 《Psychologie vom empirischen Standpunkt》(경험적 관점의 심리학), 라이프치히 1874, 《Vom Ursprung sittlicher Erkenntnis》(도덕적 인식의 원천에 관하여), 라이프치히 1889 등이 있다. 《도덕적 인식의 원천에 관하여. 심리적 현상의 분류》 제2권 7장에서 그는 "판단과 정서 관계의 동종 분류가 불가능한 이유"를 다루고 있다. 이 부분에서 그는 다음과 같이 서술한다. "판단 영역에는 참과 거짓이 있다. 하지만 우리가 아는 배중률에 의하면 그 둘 사이에 중간이란 없으며, 존재와 비존재도 마찬가지이다. 이와는 달리 사랑의 법칙 안에서는 "좋다"와 "나쁘다"만 있지 않고 "더 좋다"와 "덜 좋다", "더 나쁘다"와 "덜 나쁘다"도 있다. 이는 선호의 특성과 연관되어 있는 것으로, 이 선호라는 것은 나의 저서 《도덕적 인식의 원천에 관하여》에서 서술하고 있듯이 판단의 영역에 있는 그 어떤 것과도 상응하지 않는다. … 따라서 올바른 행동에서 판단할 때 결코 거짓을 허락하지 않으면서도 전체를 진실된 것으로 만들기 위해 암묵적으로 나쁜 것도 함께 선택하는 경우가 있다." 빈 시절의 브렌타노에 관한 글에서 알로이스 회플러Alois Höfler는 다음과 같이 말한다. "심리적인 것-신체적인 것이라는 개념의 쌍에서와 마찬가지로, 브렌타노의 표상하기-판단하기라는 구분법에 대해서도 맹렬한 논란이 일어났다. … 독일 철학에서 브렌타노가 이룬 성취(내 생각으로는 그의 가장 크고도 변치 않을 업적)는, 예를 들어 "저 나무는 푸르다"라는 판단에서 중요한 것은, "푸른 나무"라는 말 안에 이미 들어 있는 표상들의 단순한 조합이 아니라 그 언어적 명제를 통해 내가 "나는 저 나무가 푸르다는 것을 믿는다(인정한다, 긍정한다)" 하고 말한다는 사실이다. 지크바르, 분트를 비롯한 많은 이가 브렌타노의 이런 판단 이론을 맹렬하게 비판했다."("내면에서 본 오스트리아", 월간 남독일 〈Süddeutsche Monatshefte〉), 라이프치히, 뮌헨, 1917년 5월호).

138
지크바르트: 크리스토프 폰 지크바르트Christoph von Sigwart(1830~1904)는 튀빙엔 대학에서

신학과 철학을 공부한 뒤, 1864년부터 1904년까지 철학부 교수로 가르쳤다. 그는 목적론적 세계관을 주장했다. 저작: 《Ulrich Zwingli; der Charakter seiner Theologie mit besonderer Rücksicht auf Picus von Mirandula dargestellt》(울리히 츠빙글리; 특히 피코 델라 미란돌라를 참작하여 본 그의 신학적 성격) 슈투트가르트 1855, 《Spinozas neu entdeckter Traktat von Gott, dem Menschen und dessen Glückseligkeit》(새로이 발견된 스피노자의 인간, 인간의 행복에 관한 논문), 고타 1866, 《Logik》(논리학), 프라이부르크 1873~78.

141
리하르트 바그너: 1813~1883. 작곡가, 시인, 음악저술가. 〈뉘른베르크의 명가수〉의 초고는 1840년대에 나왔다(1862년 마인츠에서 출간된 초판). 그러나 첫 공연은 1868년에 이루어졌다. 베크메서는 명가수들을 심사하는 사람으로, 전승된 규칙을 얼마나 잘 지키는지만 따진다. 그의 기준과는 달리, 발터 폰 슈톨칭은 오로지 자신의 느낌과 열정이 이끄는 대로 노래한다. 어느날 한스 작스가 노래의 규칙을 환기시키자, 그는 아무런 어려움 없이 그 규칙을 따르면서도 자신의 느낌을 충분히 담아 노래한다. 그러나 낯선 가사로 인해 베크메서는 영혼에서 우러나는 노래를 하지 못해 사람들 앞에서 웃음거리가 되고 만다. 루돌프 슈타이너는 《Die Erkenntnis des Übermenschlichen in unserer Zeit》(초인적인 것에 대한 우리 시대의 인식), GA 55의 1907년 3월 28일자 강의, 《Das christliche Mysterium》(그리스도교적 신비), GA 97의 1906년 7월 29일자 강의에서 리하르트 바그너에 대해 이야기한다.

142
에두아르트 한슬리크: 1825~1904. 음악 비평가, 작가, 빈 대학 교수. 《Vom Musikalisch-Schönen》(음악적 아름다움에 대하여), 라이프치히 1854의 저자. 이 책 서문에서 한슬리크는 다음과 같이 강조한다. "열정적인 적들은 감정에 해당하는 모든 것에 완벽하게 반대하여 종종 나를 숨막히게 했지만, 선입견 없고 눈이 밝은 독자라면 누구나 내가 감정을 학문과 잘못 뒤섞는 것에 이의를 제기할 따름이라는 사실을 쉽게 알아차린다. 말하자면 나는 음악가를 가르치려는 오만함으로 자신들의 요란한 몽상을 드러내는 미학적 심취자들에 반대하는 것일 뿐이다. 아름다움의 궁극적인 가치는 언제나 감정의 직접적인 표명을 바탕으로 한다는 견해에 나는 늘 완전히 동의한다. 그러나 동시에 나는 감정에 대한 저 흔한 호소로부터는 단 한 가지 법칙도 도출되지 않는다고 확신한다. 바로 이 확신에서 이 연구의 부정적 주제가 만들어진다. 이 부정적 주명제는 먼저, 그리고 무엇보다도 음악이란 "감정을 표하는 것"이라는 견해에 반론을 제기한다. … 앞서 말한 부정적 주제의 반대쪽에는 그에 상응하는 긍정적 주제가 있으니, 바로 음악 작품의 아름다움은 특징적으로 음악적이라는 것, 즉 음악 외적인 이질적 사고 영역과는 상관없이 음의 결합에 내재한다는 것이다. … 그리하여 오늘날 우리는 라하르트 바그너의 〈트리스탄〉, 〈니벨룽의 반지〉 같은 작품, 그리고 "끊임없이 이어지는 멜로디"라는 것에 대한 그의 이론, 즉 원칙이 되어버린 무형식주의, 노래와 악기 연주를 통한 도취를 경험하고 있다. 그리고 바이로이트에는 그것을 숭배하기 위한 성전도 세워져 있다." 한슬리크는 또 이렇게 쓰고 있다. "음악적 미학을 다루는 지금까지의 방식이 빠져 있는 민감한 오류는 음악의 아름다움에 대한 탐구가 아니라 음악에서 우리의 마음을 사로잡는 감정의

표현에 몰두한다는 것이다." … "결국 음악적 현상이 주는 이차적이고 불분명한 감정적 영향에 매달리지 말고, 작품의 내면으로 들어가 그 인상의 특정한 힘을 작품 자체의 유기적인 구성으로부터 밝혀야 한다는 것이다"(번역: 역자) 저작 《음악적인 아름다움에 대하여》에 관해서 루돌프 슈타이너는 《Das Wesen des Musikalischen》(음악적인 것의 본질), GA 283의 1906년 12월 3일자 강의에서도 언급한다.

145
《진리와 학문》 … 《자유의 철학》: 위 330쪽 주석 "저의 첫 저작들에는"을 참조할 것.

146
칸트는 인간이 지각한 주변 세계 안에 무엇이 있는지 분명히 알고 있지 않습니다: 쾨니히스베르크 출신 철학자 임마누엘 칸트(1742~1804)의 저작들, 특히 《Kritik der reinen Vernunft》(순수이성비판), 1782~1786, 《Kritik der praktischen Vernunft》(실천이성비판), 1788, 《Kritik der Urteilskraft》(판단력 비판), 1790을 참조할 것. 예를 들어 《순수이성비판》의 "기초론 1부, 선험적 감성론, § 8"에서 그는 다음과 같이 말한다. "결국 우리가 말하려 한 것은 다음과 같다. 우리의 모든 직관Anschauung은 오로지 현상에 대한 표상일 뿐이다. 우리가 직관하는 사물들은 우리가 직관으로 알아내려는 사물들 자체가 아니며, 그 사물들 사이의 관계 또한 우리에게 나타나는 것과 같은 성질의 것이 아니다. 또한 우리가 우리의 주관Subjekt(주체)을 배제하거나 감관의 주관적 성질만이라도 배제한다면, 공간과 시간 안에서 객관Objek(객체)들 사이의 모든 관계, 심지어 공간과 시간조차 사라질 것이며, 그러니 그것들은(현상으로서의 사물과 그것들 사이의 관계)은 그 자체로는 존재할 수 없으며 오직 우리 안에서만 실존할 수 있다. 우리 감성의 이 모든 수용 능력과는 상관 없이, 대상들 자체의 사정이 어떤지를 우리는 결코 알 수 없다. 우리는 우리 고유의 방식, 모든 인간에게 주어져야 함에도 모든 존재자가 지니고 있지는 않은 우리 고유의 방식 말고는 그것들을 지각하는 다른 방식을 알지 못 한다. … 현상의 술어는 우리 감관과의 관계에서 객관 자체에 덧붙일 수 있다. 장미에 빨간색이나 향기를 (술어로) 덧붙이는 것이 그 예이다. 그러나 가상假象, Schein 은 결코 술어로 대상에 덧붙여질 수 없다. 왜냐하면 그것은 감관과의 관계에서만, 또는 일반적으로는 주관과 연관될 때만 객관 자체에 술어로서 덧붙여지기 때문이다. 처음에 사람들이 토성을 손잡이가 두 개 있다는 술어를 붙인 것이 그 예이다."(번역과 괄호 안 내용: 역자) 칸트의 인식론에 대한 루돌프 슈타이너의 언급이 등장하는 저작은 다음과 같다. 《Grundlinien einer Erkenntnistheorie der Goetheschen Weltanschauung》(1886, 한국어판: 괴테 세계관의 인식론적 기초), GA 2, 36~37쪽, 71~75쪽, 《Wahrheit und Wissenschaft》(1892, 한국어판: 진리와 학문, 박지용 역, 한국인지학출판사 2023), GA 3의 2장 "Kants erkenntnistheoretische Grundfrage"(칸트의 인식론적 기본 질문)과 3장 "Die Erkenntnistheorie nach Kant"(칸트 이후의 인식론), 그리고 4장 "Die Ausgangspunkte der Erkenntnistheorie"(인식론의 출발점)에서 69쪽 이하, 《Die Philosophie der Freiheit. Grundzüge einer modernen Weltanschauung》(자유의 철학. 근대 세계관 개요, 1894), GA 4의 4장 "Die Welt als Wahrnehmung"(지각으로서의 세계), 《Die Rätsel der Philosophie》(철학의 수수께끼), GA 18의 "Das Zeitalter Kants und

Goethes"(칸트와 괴테의 시대), 《Über Philosophie, Geschichte und Literatur》(철학, 역사, 문학에 관하여), GA 51의 "Die Weltanschauungen des Mittelalters und der Neuzeit"(중세와 근세의 세계관들), 《Metamorphosen des Seelenlebens, Pfade der Seelenerlebnisse, Erster Teil》(영혼 활동의 변형생성. 영혼 체험의 길, 1부), GA 58의 1909년 10월 14일자 강의.

154
일상적으로 경험하는 꿈 없는 수면: 《Unsere Toten》(우리의 죽은 자들), GA 261의 1914년 5월 9/10일자 강의 참조.

157
이 지구의 어떤 지역, 예를 들어 남부 이탈리아 같은 곳에서는: 이탈리아 포추올리Pozzuoli 인근 솔파타라Solfatara 화산을 가리킨다. 나폴리 만에 있는 휴화산 솔파타라는 분화구의 직경이 770미터에 이른다. 이 분화구 곳곳의 증기 구멍들("푸마롤리fumaroli")에서는 뜨거운 유황 증기가 분출되고 있어서, 불붙인 종이나 횃불을 가까이하면 증기의 분출이 눈에 보일 정도로 증가한다.

160
깨어 있는 상태에서 그것을 체험한다는 것: 속기록의 타자본의 문구는 그 자체로, 그리고 바로 앞의 서술과도 문맥이 통하지 않는다. 이로 인해 이전의 여러 발행인들은 이 부분을 서로 달리 읽거나 변경했다. 슈톡마이어 판(프라이부르크 1947)에는 이 문장 전체가 빠졌다. 1992년 판의 이 부분은 마리 슈타이너의 첫 발행본(도르나흐 1932)과 일치한다. 속기록 타자본에서 이 부분은 다음과 같다. "… 의지 행위를 하는 중에 깨어난다는 것은, 행동하는 존재인 인간의 잠재적인 고통에 의해 행동할 때의 잠든 상태에 의해 마취됩니다." 1920년대의 원고 복사본은 "의지 행위를 하는 중에 깨어난다는 것은"이라는 부분이 빠졌다. 이것은 바로 전의 발행본(도르나흐 1980)의 기초가 되었는데, 다만 "잠재적인 고통이 행동할 때의 잠든 상태에 의해 마취됩니다."로 바뀌었다.

160
《*어떻게 고차적 세계를 인식할 것인가?*》: 《Wie erlangt man Erkenntnisse der höheren Welten?》, 1904/05, GA 10.

169
여러분이 신체, 영혼, 정신에 대해 올바른 개념을 얻으려면, 인간의 전체 삶의 경로에 주목해야 합니다: 이에 관해서는 《Die Erkenntnis des Übermenschlichen in unserer Zeit》(초인적인 것에 대한 우리 시대의 인식), GA 55의 1907년 2월 28일자 강의를 참조할 것. "전체 삶"의 맥락에서 "머리의 지식"과 "가슴의 지식"에 관해서는 《Mysteienwahrheiten und Weihnachtsimpulse》(신비의 진실과 크리스마스의 자극), GA 180 참조.

170

죽음을 앞둔 칸트: 노년의 칸트에 관해서는 무엇보다 오랫동안 비서로 일했던 라인홀트 베른하르트 야흐만Reinhold Bernhard Jachmann의 《Immanuel Kant geschildert in Briefen an einen Freund》(어느 친구에게 보낸 편지들에 묘사된 임마누엘 칸트), 쾨니히스베르크 1804, 그리고 야흐만의 후임인 에레고트 안드레아스 바지안스키Ehregott Andreas Wasianski의 《Immanuel Kant in seinen letzten Lebensjahren. Ein Beitrag zur Kenntnis seines Charakters und häuslichen Lebens aus dem täglichen Umgangs mit ihm》(임마누엘 칸트의 마지막 몇 년. 함께한 일상을 바탕으로 서술한 그의 성격과 가정생활), 쾨니히스베르크 1804.

171

미슐레: 카를 루트비히 미슐레Karl Ludwig Michelet(1801~1893), 베를린 대학 철학 교수. 헤겔 학파 가운데 좌파, 자유주의파에 속하는 것으로 알려졌다. 1832년 이래로 헤겔 전집의 발간에 참여했다. 자서전 《Wahrheit aus meinem Leben》(내 인생의 진실, 베를린 1884)를 참조할 것. 저작으로는 《Anthropologie und Psychologie》(인류학과 심리학, 베를린 1855~1869), 《Das System der Philosophie als exakter Wissenschaft》(정밀한 학문으로서의 철학, 베를린 1876~1881) 등이 있다. 《Geistige Wirkenskräfte im Zusammenleben von alter und junger Generation (Pädagogischer Jugendkurs)》(기성세대와 신세대의 공존이 주는 정신적 영향력), GA 217에서 루돌프 슈타이너는 에두아르트 폰 하르트만에게서 이 이야기를 들었다고 언급한다. 《Die Rätsel der Philosophie》(철학의 수수께끼), GA 18의 "Nachklänge der Kantschen Vorstellungsart"(칸트 표상 양식의 반향)도 참조할 것.

171

첼러: 에두아르트 첼러Eduard Zeller(1814~1908)는 철학사 전문가로, 베른 대학과 마르부르크 대학에서 신학을 가르쳤으며, 그 후 하이델베르크 대학과 베를린 대학에서 철학 교수로 일했다. 원래 헤겔의 추종자였지만 나중에는 헤겔의 입장과 거리를 두면서 "건전한" 사실주의를 통해 관념론은 보완하려 했다. 저작으로는 《Die Philosophie der Griechen》(그리스인들의 철학, 튀빙엔 1844~1852), 《Die Apostelgeschichte kritisch untersucht》(사도 역사의 비판적 연구, 슈투트가르트 1854), 《Grundriß der Geschichte der griechischen Philosophie》(그리스 철학사 개요, 라이프치히 1883) 등이 있다. 루돌프 슈타이너는 《Die Rätsel der Philosophie》(철학의 수수께끼), GA 18의 "Nachkänge der Kantschen Vorstellungsart"(칸트 사고 양식의 반향)에서 첼러를 언급한다.

174

우리에게서 감각이 일어납니다: 발행인들이 의미에 맞도록 수정한 부분. 이전 발행본들에는 "그에게서…"라고 되어 있다. 이어지는 문장이 "우리는…"으로 시작한다는 것을 참조할 것.

176

모리츠 베네딕트: 1835~1920. 범죄인류학자이자 신경병리학 교수로, 롬브로소와 함께 범

죄인류학라는 분야를 만들었다. 저서 《Die Seelenkunde des Menschen als reine Erfahrungswissenschaft》(순수 경험 학문으로서의 인간영혼학, 라이프치히 1895)의 2장 "Quelle und Grundlage des Seelenlebens"(영혼 활동의 원천과 토대)에서 감각과 감정의 관계를 다루고 있다. 2장 14항에서 그는 이렇게 말한다. "인상에서 풀려나 의식 안에서 기억의 상으로 등장하는 감각은 감정이 된다. 그러나 대부분의 감정은 복합적으로 연결된(연상된) 감각으로부터 생기며, 이때 감각의 전부 또는 대부분은 더 이상 순간적인 외적 자극에 얽매이지 않은 채 단순한 감정으로 드러난다." 이밖에도 《Zur Psycho-Physik der Moral und des Rechtes》(도덕과 법의 심리물리학, 빈 1875), 《Aus meinem Leben》(자서전, 빈 1906), 《Ruten- und Pendellehre》(점占대와 진자의 이론, 빈/라이프치히 1917) 등의 저서가 있다. 루돌프 슈타이너는 《Antworten der Geisteswissenschaft auf die großen Fragen des Daseins》(현존의 중요한 질문들에 대한 정신과학의 대답), GA 60에 수록된 1911년 1월 12일자 강의에서 베네딕트의 "영혼학"을 언급한다. 또 그의 범죄인류학 연구에 대해서는 《Menschengeschichte im Lichte der Geistesforschung》(정신 연구에 비추어 본 인간의 역사), GA 61의 1912년 3월 28일자 강의 등에서 언급한다.

176
라우렌츠 뮐너: 1848~1911. 빈 대학 총장(1894~1895), 신학부 철학 교수, 시인 마리 오이게니 델레 그라치에Marie Eugenie delle Grazie의 교사였다. 모리츠 베네딕트가 자신의 저서 《Die Seelenkunde des Menschen als reine Erfahrungswissenschaft》(순수 경험 학문으로서의 인간 영혼학, 라이프치히 1895)에 쓴 뮐너 추모사, 루돌프 슈타이너가 《Mein Lebensgang》(내 인생의 발자취), GA 28, 《Vom Menschenrätsel》(인간의 수수께끼에 관하여), GA 20에서 묘사하고 있는 뮐너와의 개인적인 만남 등을 참조할 것.

179
언젠가 저는 서로 조금 논쟁을 벌였던 동창생을 만나 그의 말을 듣게 되었습니다: 이 동창생이 누구인지는 알려져 있지 않다.

180
프리츠 마우트너: 1849~1923. 작가, 언어철학자. 철학자들 사이의 논쟁을 오로지 언어를 둘러싼 것이라고 여긴 마우트너는 언어 비판, 즉 용어 비판으로 그런 논쟁의 여지를 없애려 했다. 그에 따르면, 인식의 진보는 "은유적 사용"을 통해 언어가 자라는 가운데서만 가능하다. 저서 《Beiträge zur Kritik der Sprache》(언어비판논문집, 1901/1902), 《Die Sprache》(언어, 1907), 그리고 특히 《Wörterbuch der Philosophie. Neue Beiträge zu einer Kritik der Sprache》(철학 사전. 언어 비판을 위한 새로운 논문, 1910/1911)의 1권(1910)에 수록된 '정신' 항목을 참조할 것. 이 "정신" 항목에서 그는 다음과 같이 말한다. "'spiritus'라는 단어가 마침내 '정신'이라고 번역되었을 때, '숨을 뱉다' '불다'만이 아니라 '파도가 부서지다' '거품이 일다' '부글부글 끓다' 등을 위한 동사 하나가 동시에 감지되었을 것이다. '부글부글 끓다'라는 단어에서 훗날 '가스'라는 말이 만들어졌다. 가스라는 단어의 발명자 반 헬몬트van Helmont는

이 단어를 만든 뒤에 카오스chaos라는 말을 떠올리게 되었다. 홀란드어에서는 가스gas를 강하게 발음하기 때문이었다. 어쨌든 그는 'gären-부글부글 끓다, gäscht-끓어오르는 물'에서 그 말을 만들었을 것이다. 아델룽Adelung은 가스라는 단어에 비판했고, 캄페Campe는 가스 대신 'Luftgeist-공기정신'으로 하자고 제안했다." 이에 관해서는 《Geisteswissenschaftliche Behandlung sozialer und pädagogischer Fragen》(사회적, 교육적 문제에 대한 정신과학적 대처), GA 192의 1919년 4월 23일자 강의를 참조할 것. 마우트너의 저서 《Atheismus und seine Geschichte im Abendlande》(무신론 그리고 서양 무신론의 역사, 슈투트가르트/베를린 1922)에 대한 논의는 《Der Goetheanumgedanke inmitten der Kulturkrisis der Gegenwart》(현대 문화 위기 한가운데의 괴테아눔 사고), GA 36에 "Ein neues Buch über den Atheismus"(무신론에 관한 새로운 책)이라는 제목으로 실려 있다.

187
잠드는 것과 깨어나는 것이라는 실제 현상을 비교해야 기억하고 망각하는 활동을 비교할 수 있습니다: 이에 관해서는 격월간지 〈Zur Pädagogik Rudolf Steiners〉 5년차 1호(1931년 4월)에 게재된 1922년 1월 17일자 강의 "Anthroposophie und die Rätsel der Seele"(인지학 그리고 영혼의 수수께끼)을 참조할 것. 이 강의는 되었으며, 단행본 《Das Wesen der Anthroposophie》, GA 80에 수록하기에 앞서 잡지 〈Die Menschenschule〉(인간의 학교) 1937년 11년차 7/8호에도 게재되었다.

187
인간의 삼원성 같은 것: 인간의 삼원성에 관해서는 무엇보다 《Kernpunkte der sozialen Frage》(사회 문제의 핵심), GA 23, 《Aufsätze über die Dreigliederung des sozialen Organismus und zur Zeitlage》(사회 유기체의 삼원성과 시대 상황에 관하여), GA 24, 〈Beiträge zur Rudolf Steiner Gesamtausgabe〉(루돌프 슈타이너 전집 논총), 24/25, 27/28, 88, 106호 등을 참조할 것.

194
인간에게는 모두 열두 가지의 감각이 있습니다: 이에 관해서는 《Von Seelenrätseln》(영혼의 수수께끼에 관하여), GA 20의 4장 5 "Über die wirklichen Grundlage der intentionalen Beziehung"(의도적인 관계의 실제 근거에 대하여)를 참조할 것. 루돌프 슈타이너의 감각론에 관해서는 《Anthroposophie. Ein Fragment aus dem Jahre 1910》(인지학. 1910년의 단편), GA 45, 연속강좌 《Anthroposophie, Psychosophie, Pneumatosophie》(인지학, 심지학, 영지학), GA 115, 《Weltwesen und Ichheit》(세계의 본질과 자아성), GA 169, 《Das Rätsel des Menschen. Die geistgen Hintergründe der menschlichen Geschichte》(인간의 수수께끼. 인간사의 정신적 배경), GA 170의 1916년 8월 12일과 9월 2일자 강의, 《Menschenwerden, Weltenseele und Weltengeist. Zweiter Teil》(인간의 발달, 세계 영혼, 세계 정신), GA 206의 1921년 7월 22일자 강의, GA 24, 〈Beiträge zur Rudolf Steiner Gesamtausgabe〉(루돌프 슈타이너 전집 논총) 14, 34, 58/59호 등을 참조할 것. 인간의 12감각, 그리고 상상력, 영

감, 직관과 그것들의 관계에 대해서는 《Geisteswissenschaft als Erkenntnis der Grundimpulse sozialer Gestaltung》(사회 형성의 기본 자극에 대한 인식인 정신과학), GA 199(단행본도 있음)의 1920년 8월 8일 강의 등을 참조할 것. 아모스 코메니우스Amos Comenius는 사후에 발표된 저술 《Triertium Catholicum》(보편적 삼분법)에서 이미 다음과 같이 세 무리로 분류된 12감각을 명명했다. 외적 감각Sensus Externi: 촉각Tactus, 미각Gustus, 후각Olfactus, 청각Auditus, 시각Visus. 내적 감각Sensus Interni: 주의 감각Attentionis(vulgo Communis), 상상 감각Imaginationis, 이성 감각Ratiocinii, 기억 감각Memoriae. 중심 감각Sensus Intimi: 정신의 빛 감각Lux Mentis/상식 감각Notitiae Communes, 수의운동 감각Motus Voluntatis/일반본능 감각Instinctus Com, 시각 능력 감각Visi facultatum/충동 또는 의식 감각Impetus seu Conscientia. 밀라다 블레카스타드Milada Blekastad의 《Comenius. Versuch eines Umrisses von Leben, Werk und Schicksal des Jan Amos Komensky》(코메니우스. 얀 아모스 코멘스키의 삶, 업적, 운명의 개요), 베를린/뉴욕, 1992(오슬로/프라하 1969년 초판 693쪽과 비교)를 참조할 것.

195

또 한 가지를 더하는 사람들도 있지만: 예를 들어 테오도르 치엔Theodor Ziehen은 루돌프 슈타이너가 종종 언급하는 그의 저작 《Leitfaden der physiologischen Psychologie》(생리학적 심리학 입문, 예나 1896)의 15차 강의에서 "위치 감각"과 "움직임 감각"을 언급한다. 프레데릭 트레이시Frederick Tracy와 조셉 스팀플Joseph Stimfl 공저 《The Psychology of Childhood》(아동기의 심리학)에는 "온각", "장기 감각(내적 촉각)"이 등장한다. 요제프 클레멘스 크라이비히 Josef Klemens Kreibig는 자신의 저서 《Die Sinne des Menschen》(인간의 감각, 라이프치히/베를린 1900)의 2장에서 기존의 감각들에 "공동 감각(생명 감각)", "정지 감각", "움직임 감지 감각"을 추가한다. 로베르트 침머만도 저서 《Philosophische Propädeutk》(철학 입문, 빈 1867)의 "Empirische Psychologie"(경험적 심리학) 90항에서 "생명 감각"을 언급한다.

196

《자유의 철학》 개정판에서: 《Die Philosophie der Freiheit》(자유의 철학), GA 4, 1918년판 부록을 참조할 것.

199

그 오이리트미 동작에서: 이에 관해서는 《Die Eurythmie. Die Offenbarung der sprechenden Seele》(오이리트미. 말하는 영혼의 시현), GA 277, 《Eurythmie als sichtbarer Gesang》(눈에 보이는 노래인 오이리트미), GA 278, 《Eurythmie als sichtbarer Sprache》(눈에 보이는 언어인 오이리트미), GA 279 등을 비교할 것.

199

우리는 감각의 형태로 이를 의식합니다: 첫 인쇄본에 따라 수정한 부분. 속기록의 타자본에는 "그러나 우리는 감각의 형태만으로 의식하는 것은 아닙니다"라고 되어 있는데, 잘못 받아 적었거나, 아니면 루돌프 슈타이너가 이어서 한 말이 빠진 것으로 보인다.

202
이 문제를 설명하면서 한 말: 이 책 1919년 8월 23일자 강의를 참조할 것.

205
인식 활동과 함께 진동하는 의지이며, 따라서 그 네 가지 감각은 인식 감각에 가깝다는 것입니다: 오식 수정.

205
어제 저는 머리를 공 모양, 몸통을 달 모양, 사지를 선 모양이라고 말했지만: 이에 관해서는 《Erziehungskunst. Methodisch-Didaktisches》(교육예술. 교수방법론), GA 294의 1919년 8월 28일자 강의를 참조할 것.

209
논리적으로 행위할 때, 즉 사고하고 인식하면서 행위할 때 우리의 행위는 늘 세 부분으로 구성됩니다: 이에 관해서는 《Menschenwerden, Weltenseele und Weltengeist. Erster Teil》(인간의 발달, 세계영혼, 세계정신. 제2부), GA 205의 1921년 7월 3/8일자 강의를 참조할 것.

209
통상적인 논리학에서는 추론을 해체합니다: 아리스토텔레스는 《오르가논》의 여섯 저술에 논리학의 기초를 마련한 《논리학》("분석론")을 포함시켰는데, 이 《논리학》에는 이미 3개의 명제문과 각 명제문의 조합으로 이루어진 4개의 격(모두스)이 제시되어 있었다. 개념, 판단, 추론에 대한 아리스토텔레스 이론의 개괄적인 요약은 쿠르트 프리들라인Curt Friedlein 저 《Geschichte der Philosophie》(철학사, 베를린 1984) 또는 요한네스 히르슈베르거Johannes Hirschberger 저 《Kleine Philosophiegeschichte》(철학의 작은 역사, 프라이부르크/바젤/빈 1985)의 "아리스토텔레스" 항목 등에서 읽을 수 있다.

211
"모든 인간은 죽는다": 헤르만 로체Hermann Lotze 저 《Grundzüge der Logik und Enzyklopädie des Wissens》(논리학의 개요와 지식의 백과사전, 라이프치히 1883), Th. 에렌하우스Th. Ehrenhaus 저 《Psychologie und Logik》(심리학과 논리학, 베를린/라이프치히 1914)의 "Schlüsse"(추론)의 51항 등을 참조할 것.

212
결론, 판단, 개념: 사고하기, 판단하기, 추론하기에 관한 루돌프 슈타이너의 언급은 《Menschenerkenntnis und Unterrichtsgestaltung》(인간 인식과 수업 구성), GA 302의 1921년 6월 13일자 강의에도 등장한다.

212

기억하고 있는 것으로부터: "기억된 것"은 이전 발행인들이 추가한 것. 속기록에는 "전체로 부터"라고 되어 있다.

215

헤르만 바르: 1863~1934. 오스트리아 출신의 시인, 작가, 대학 강사, 연극 평론가. 감수성 이 풍부하고 유연했다. 자연주의로 출발해서 데카당스, 신낭만주의, 인상주의를 거쳐 인상주의에 이르는 등, 문학의 모든 사조에서 늘 앞서나갔다. 루돌프 슈타이너는 그를 "아주 어린 시절부터" 알고 지냈으며 그의 인생 경로를 유심히 지켜보았다. 이에 관해서는 연속 강좌 《Weltwesen und Ichheit》(세계의 본질과 자아성), GA 169의 1916년 6월 6일자 강의, 《Zeitgeschichtliche Betrachtungen, Erster Teil》(시대사적 관찰, 제1부), GA 173의 1916년 10월 10일자 강의를 참조할 것.

217

오징어, 쥐, 인간 등을 나란히 놓아 두고: 이에 관해서는 《Erziehungskunst. Methodisch-Didaktisches》(교육예술. 교수방법론), GA 294의 1919년 8월 28일자 강의, 《Erziehungskunst. Seminarbesprechungen und Lehrplanvorträge》(교육예술. 세미나 토론 및 교과 과정 강의), GA 295의 1919년 8월 29일자 강의를 참조할 것.

218

유연한 개념: 이전 발행인들이 보충한 부분. 속기록에는 "그런 개념"이라고 되어 있다.

218

그런 개념: 초판본부터 바로 전 발행본까지 발행인들이 보충한 부분. 속기록에는 그 다음 부분 "그런 개념도 있습니다"만 기록되어 있다.

218

여러분이 아이에게 우화를 들려주면서 그것을 인간에 적용하거나: 이에 관해서는 《Erziehungskunst. Methodisch-Didaktisches》(교육예술. 교수방법론), GA 294의 1919년 8월 28일자 강의, 《Erziehungskunst. Seminarbesprechungen und Lehrplanvorträge》(교육예술. 세미나 토론 및 교과 과정 강의), GA 295의 1919년 8월 29일자 강의를 참조할 것.

220

여러분에게 두 가지 읽을거리를 제시할 때도 저는 그 점을 고려했습니다: 이에 관해서는 《Erziehungskunst. Seminarbesprechungen und Lehrplanvorträge》(교육예술. 세미나 토론 및 교과 과정 강의), GA 295의 1919년 8월 27일자 강의를 참조할 것.

220
아우구스트 하인리히 호프만 폰 팔러스레벤: 1798~1874. 출신으로 3월 혁명 전 시대의 독일 시인으로, 민속풍의 노래들("Alle Vögel sind schon da" 등)로 알려졌다. 독일 국가("독일인의 노래")의 작사가이기도 하다. 대학에서 신학, 언어학, 고고학을 공부한 뒤, 브레슬라우 대학에서 독일어문학 교수와 도서관 사서로 일했으며, 정치 활동(시집《Unpolitische Lieder》)으로 인해 추방당하기도 했다. 《Erziehungskunst. Seminarbesprechungen und Lehrplanvorträge》(교육예술. 세미나 토론 및 교과 과정 강의), GA 295의 1919년 8월 27일자 강의에서 루돌프 슈타이너는 제비꽃을 소재로 한 그의 시를 낭송하고, 이에 관해 토론했다.

222
실물 수업을 하면서 소크라테스의 문답법을 적용하는 것: 《Geschichte der Philosophie》(철학사, 베를린 1984)에서 쿠르트 프리들라인은 "소크라테스의 문답법"을 다음과 같이 설명한다. "소크라테스의 문답에서는 매번 (두 부분으로 된) 부정적인 사고와 긍정적인 사고라는 서로 다른 사고 단계가 연이어 등장한다. 그는 일단 자신의 견해를 밝히지 않은 채로 대화 상대방의 견해에 완전히 집중하면서, 아무것도 모르는 것처럼 상대방에게서 배우는 자세를 취한다. 그런 다음 부정적 사고 단계의 두 번째 부분에서 소크라테스는 바로 전에 들은 상대방의 주장에서 추론하고 반문함으로써 상대방이 모순에 빠지도록 하여, 결국 상대방으로 하여금 '나는 내가 아무것도 모른다는 사실을 안다'고 고백하게 만든다. 문답법의 이 두 번째 부분은 '소크라테스의 반어'라고 일컬어진다. 그런 다음에 비로소 소크라테스는 두 번째 단계, 즉 긍정적인 사고 단계로 들어가 자신만의 이론을 펼치는데, 이때도 그는 가르치는 자세가 아니라 적절한 질문을 던져 상대방이 그가 전달하려 하는 인식에 이르도록 한다."

224
인간을 구성하는 세 가지 본질이 각기 다른 형태를 지닌다는 사실: 이에 관해서는 《Erziehungskunst. Methodisch-Didaktisches》(교육예술. 교수방법론), GA 294의 1919년 8월 28일자 강의, 《Menschenerkenntnis und Unterrichtsgestaltung》(인간 인식과 수업 구성), GA 302의 1921년 6월 13일자 강의를 참조할 것.

224
우리는 알게 되었습니다: 이에 관해서는 《Erziehungskunst. Methodisch-Didaktisches》(교육예술. 교수방법론), GA 294의 1919년 8월 28일자 강의를 참조할 것.

226
226쪽 그림: 두 그림은 E. A. 카를 슈톡마이어의 스케치에 따른 것이다. 슈톡마이어의 스케치를 바탕으로 문맥에 맞는 그림의 위치를 정할 수 있었다.

227
그 두개골에 예를 들어 위턱뼈와 아래턱뼈가 붙어 있다는 것: 속기록과 그에 따른 초기 판본

들의 이 부분은 "뒤쪽 턱뼈와 앞쪽 턱뼈"라고 되어 있다. E. A. 슈톡마이어의 노트에도 "뒤,
앞"으로 적혀 있으니, 루돌프 슈타이너도 실제로 그렇게 말했을 것이다. 하지만 그 다음 두
번째 문장에서 루돌프 슈타이너는 분명히 "위턱뼈와 아래턱뼈"라고 말한다. 그래서 슈톡마
이어도 앞서 "뒤, 앞"이라고 한 단어 대신 이번에는 "위, 아래"라고 적었다. 루돌프 슈타이너
가 앞에서는 잘못 말했다가 다음다음 문장에서 바로잡은 것인지, 아니면 이전 발행인들이
단 주석처럼 "뒤, 앞"이 태아가 발달하는 모습에서 가져온 것인지는 더 이상 정확하게 확인
할 방법이 없다. 이 문제에 관해 이전 발행인들이 덧붙인 주석은 다음과 같다. "태아 발달의
관점에서 보면, 아가미가 변형되어 생긴 아래턱은 앞쪽(아래쪽)에서 뒤쪽(위쪽) 방향으로 형
성된다. 위턱은 옆쪽(아래쪽)에서 앞쪽으로 발달하는 경향이 있다."

228
괴테가 처음에 관심을 기울인 것은 이른바 두개골의 척추골 기원론이었습니다: 이에 관해서
는 《Einleitungen zu Goethes naturwissenschaftlichen Schriften》(괴테 자연과학 저술 입
문, 1884~1897), GA 1의 3장 "Die Entstehung von Goethes Gedanken über die Bildung
der Tiere"(동물 형성에 관한 괴테 사고의 기원), 《Das Ewige der Menschenseele》(인간 영혼에서
영원한 것), GA 67의 1918년 2월 21일자 강의를 참조할 것.

228
228쪽 그림: 속기록의 타자본에 삽입되어 있던 이 스케치는 이전의 모든 발행본(1~8판)에는
들어 있지 않았다.

228
그런데 괴테는 이전에 베네치아에서 관찰한 양의 두개골에서: 이에 관해서는 〈Tag- und
Jahreshefte〉(괴테 일기) 중 1790년분(조피 판 전집 35권)의 1부 15쪽, 함부르크 판 전집 10권
435쪽을 참조할 것. 일기의 해당 부분은 다음과 같다. "종종 리도Lido의 모래 언덕을 걸었는
데, 그곳에서 나는 크게 손상되지 않은 양의 두개골을 발견했는데 … 그것은 내가 이전에 알
아낸 진실, 즉 모든 두개골은 척추골이 변형되어 생성되었다는 것을 다시 입증하는 것이었
다. … " 루돌프 슈타이너는 자신이 퀴르슈너의 〈Deutscher National-Litteratur〉(독일 국민
문학) 총서의 일환으로 자신이 발행한 《Naturwissenschaftliche Schriften von Goethe》
(괴테 자연과학 저술) 1권의 "인간뿐 아니라 동물도 중간 단계의 뼈가 있다"는 제목의 장에서 이
부분을 인용하고 있다(316쪽). 《괴테 자연과학 저술》 2권의 글 "정신적으로 풍부한 단 하나의
단어를 통한 의미심장한 발굴"이라는 글에서 다시 한 번 같은 이야기를 한다(34쪽). "… 1791
년에 베네치아 유대인 묘지의 모래밭에서 깨어진 숫양의 두개골을 꺼내 들었을 때, 나는 얼
굴뼈 또한 척추에서 발생했다는 사실을 즉시 알아차렸다."

230
다른 여러 강의에서: 《Erziehungskunst. Methodisch-Didaktisches》(교육예술. 교수방법론),
GA 294의 1919년 8월 28일자 강의를 참조할 것.

232
232쪽 그림: 이 그림의 위치가 이전 발행본과 달라진 것은 루돌프 슈타이너가 한 말의 문맥을 고려한 결과이다. E. A. 카를 슈톡마이어에 의한 기록에서는 이 그림이 바로 이 위치에 있다.

235
이렇게 춤이라는 외부를 향한 움직임이 내면을 향한 노래로, 음악으로 바뀝니다: 이에 관해서는 《Das Wesen des Musikalischen und das Tonerlebnis im Menschen》(음악적인 것의 본질과 인간 안에서 이루어지는 소리의 체험), GA 286, 특히 1923년 3월 7일자 강의를 참조할 것.

236
또한 여러 예술 분야 사이의 연관성도 여기에 기인합니다: 이에 관해서는 《Kunst im Lichte der Mysterienweisheit》(신비가 주는 지혜의 빛 안에 있는 예술), GA 275, 《Das Künstlerische in seiner Weltmission》(우주적 사명을 지닌 예술적인 것), GA 271을 참조할 것.

237
869년 공의회: 위 326쪽 본문 주석 참조.

238
머리는 무엇보다 고등 동물에서, 그리고 더 거슬러 올라가면 하등 동물에서 생겼습니다: 이에 관해서는 《Geisteswissenschaft und Medizin》(정신과학과 의학), GA 312의 1920년 3월 23일자 강의를 참조할 것.

241
이전에 다른 맥락에서 말씀드린 적이 있습니다: 《Erziehungskunst. Methodisch-Didaktisches》(교육예술. 교수방법론), GA 294의 1919년 8월 29일자 강의를 참조할 것.

251
다른 관점에서 이미 말씀드린 것처럼: 《Erziehungskunst. Methodisch-Didaktisches》(교육예술. 교수방법론), GA 294의 1919년 8월 21일자 강의를 참조할 것.

254
아이가 지니고 있는 성장의 힘을 방해하는: 속기록에 따른 부분. "그러면 여러분이"는 그 다음에 오는 유사한 문장을 토대로 이전 발행인들이 삽입한 부분. 속기록에는 "방해하여 아이들을 키만 삐죽 크게 하는"으로 되어 있다.

255
학년 초에, 말씀드린 것처럼 특히 9세에서 12세에 이르는 시기가 시작될 때: 《Erziehungskunst.

Methodisch-Didaktisches》(교육예술. 교수방법론), GA 294의 1919년 8월 29일자 강의에서 언급한 부분.

262

그러면 머리는 그것을 말살시키기 위해 두통 또는 머릿속에서 일어나는 유사한 것들을 동원합니다: "두통"이라는 주제에 대해서는 《Grundlegendes für eine Erweiterung der Heilkunst》(치유예술의 확장을 위한 기초), GA 27의 19장, 《Geisteswissenschaft und Medizin》(정신과학과 의학), GA 312의 1920년 4월 5일자 강의, 《Anthroposophische Menschenerkenntnis und Medizin》(인지학적 인간 인식과 의학), GA 319의 1924년 7월 24일자 강의를 참조할 것.

262

전체 식물의 세계와 관계가 있습니다: 인간과 식물 세계의 관계에 대해서는 《Erziehungskunst. Seminarbesprechungen und Lehrplanvorträge》(교육예술. 세미나 토론 및 교과 과정 강의), GA 295의 1919년 8월 30일자 및 9월 1일자 강의를 참조할 것.

265

이전의 다른 기회에서 설명한 것처럼: 《Erziehungskunst. Seminarbesprechungen und Lehrplanvorträge》(교육예술. 세미나 토론 및 교과 과정 강의), GA 295의 1919년 9월 2일자 강의를 참조할 것.

266

어느 질병이든 식물계의 어떤 형태와 일대일로 대응시킬 수 있어야: 이에 관해서는 《Okkultes Lesen und Okkultes Hören》(비의적 읽기와 비의적 듣기), GA 156의 1914년 12월 13일자 강의를 참조할 것.

266

영양 섭취 과정은 호흡과 아주 유사한 방식으로 관찰해야 합니다: 호흡과 영양 섭취의 관계에 대해서는 《Geisteswissenschaftliche Gesichtspunkte zur Therapie》(치유법에 대한 정신과학적 관점들), GA 313의 1921년 4월 16일자 강의를 참조할 것.

269

오늘날의 의학은 세균이나 박테리아의 형태로 된 원인을 찾아내는 것에 무엇보다 큰 가치를 둡니다: "세균"이라는 주제에 대해서는 《Geisteswissenschaft und Medizin》(정신과학과 의학), GA 312의 1920년 3월 24일자, 4월 7일자 강의를 참조할 것.

272

당뇨병: 이에 관해서는 《Grundlegendes für eine Erweiterung der Heilkunst》(치유예술

의 확장을 위한 기초), GA 27의 8장, 《Geisteswissenschaft und Medizin》(정신과학과 의학), GA 312의 1920년 4월 4일자 강의, 《Der Mensch als Zusammenklang des schaffenden, bildenden und gestaltenden Weltenwortes》(창조하고 만들고 형성하는 세계 언어의 조화인 인간), GA 230의 19123년 11월 10일자 강의, 《Die Erkenntnis des Menschenwesens nach Leib, Seele und Geist. Über frühe Erdzustände》(신체, 영혼, 정신에 의거한 인간 본질의 인식. 지구의 초기 상태에 대하여), GA 347의 1922년 9월 13일자 강의를 참조할 것.

272
통풍: 이에 관해서는 《Grundlegendes für eine Erweiterung der Heilkunst》(치유예술의 확장을 위한 기초), GA 27의 6장, 《Physiologisch-Therapeutisches auf Grundlage der Geisteswissenschaft. Zur Therapie und Hygiene》(정신과학을 토대로 하는 생리학과 치유법. 치유법과 건강), GA 314의 1920년 10월 9일자 강의, 《Die Erkenntnis des Menschenwesens nach Leib, Seele und Geist. Über frühe Erdzustände》(신체, 영혼, 정신에 의거한 인간 본질의 인식. 지구의 초기 상태에 대하여), GA 347의 1922년 9월 9일자 강의, 《Mensch und Welt. Das Wirken des Geistes in der Natur. Das Wesen der Bienen》(인간과 세계. 자연에서의 정신의 작용. 벌의 본질), GA 351의 1923년 12월 12일자 강의를 참조할 것.

273
인간이 자기 안에 있는 무기질을 해체하고: 이에 관해서는 《Geisteswissenschaft und Medizin》(정신과학과 의학), GA 312의 1920년 3월 24일자, 4월 4일자 강의를 참조할 것.

280
"피는 아주 특별한 체액이다": 괴테의 《파우스트》 1부 서재 부분의 인용. 이에 관해서는 《Die Erkenntnis des Übersinnlichen in unserer Zeit und deren Bedeutung für das heutige Leben》(우리 시대의 초감각적인 것에 대한 인식과 오늘날의 삶을 위한 그 의미, 별도의 단행본으로도 출간됨), GA 302의 1906년 10월 25일자 강의를 참조할 것.

282
우리가 육체적으로 일할 때, 정신은 우리를 두루 씻어 냅니다. 우리가 정신적으로 일할 때, 물질은 우리에게서 활발하게 활동합니다: 이에 관해서는 《Menschenerkenntnis und Unterrichtsgestaltung》(인간 인식과 수업 구성), GA 302의 1921년 6월 15일자 강의를 참조할 것. 이 문장의 마지막 부분 "물질은 우리에게서 활발하게 활동합니다"는 새로운 방식으로 읽은 속기록에 따른 것으로, 이전에는 "활발하게rege"를 "굼뜨게träge"로 읽었다.

285
과격한 스포츠 활동: 이에 관해서는 《Die gesunde Entwicklung des Menschenwesens. Eine Einführung in die anthroposophische Pädagogik und Didaktik》(인간의 건강한 발달. 인지학적 교육학 및 교수법 입문), GA 303의 1922년 12월 25일자 강의, 헤르만 포펠바움Hermann

Poppelbaum의 《Die Untergründe des Sports. Geistige und seelische Tatsachen》(스포츠의 기초, 정신적, 영혼적 사실들, 도르나흐 1930, 1973년의 제2판)을 참조할 것.

285

다윈주의: 찰스 다윈Charles Darwin(1809~1882)은 영국 출신의 자연과학자, 의사, 지리학자, 식물학자이다. 1859년에 발표한 그의 저작 《종의 기원》(On the Origin of Species by Means of Natural Selection)은 사고와 자연과학적 표상의 새로운 시대를 열었다. 이 저작의 정점은 외부의 영향, 유전 능력, 과잉 생식 등으로 인한 종의 변화 가능성에 바탕을 둔 진화 이론으로, 이는 "생존을 위한 싸움"과 그 결과인 "자연 선택"을 전제로 하는 것이었다. 이 저작의 15장 말미에서 다윈은 다음과 같이 말한다. "창조주가 우리를 둘러싼 모든 생명체들에게 오로지 소수의 형태, 또는 한 가지 형태만을 불어넣은 것은 정말로 위대한 의도이다. ..." 그런데 신의 이런 의도를 인간에게도 적용한 된 것은 시간이 지난 뒤의 일로, 그때부터 "인간은 원숭이에서 유래했다"고 간단히 말하게 되었다. 루돌프 슈타이너는 《Pierers Konversations-Lexikon》(피어러 회화사전, 7판, 1888ff.)의 "다윈"과 "다위니즘" 항목에서 다음과 같이 썼다. "여기서 별도로 언급하는 바는, 다윈과 해켈만이 아니라 그 어떤 권위있는 다윈주의자도 인간이 고릴라와 같은 최상위의 원숭이에서 유래했다고 말하지 않았으며, 오히려 인간과 유인원은 동일한 근원에서 나온 두 가지, 나란히 발달하여 최상으로 조직된 후예들로 여겨진다는 사실이다." 다윈의 다른 저작으로는 《The Descent of Man, and Selection in Relation to Sex》(인간의 유래와 성 선택, 런던 1871), 《The Expression of the Emotions in Man and Animals》(인간과 동물의 감정 표현, 런던 1871) 등이 있다. 루돌프 슈타이너는 《Die Rätsel der Philosophie》(철학의 수수께끼), GA 18의 "Darwinismus und Weltanschauung"("다윈주의와 세계관")에서 다윈의 저작과 19세기 사상에 미친 그 영향을 상세하게 다룬다. 이밖에도 《Menschengeschichte im Lichte der Geistesforschung》(정신 연구에 비추어 본 인간의 역사) GA 61의 "Darwin und die übersinnliche Forschung"(다윈과 초감각적 연구)에 관한 1912년 3월 28일자 강의, 《Die gesunde Entwicklung des Menschenwesens. Eine Einführung in die anthroposophische Pädagogik und Didaktik》(인간의 건강한 발달. 인지학적 교육학 및 교수법 입문), GA 303의 1921년 12월 25일자 강의를 참조할 것.

288

육체적인 활동의 정신화: 속기록과 복사본에는 없는 부분이지만, 교사 교육 강좌의 어느 참석자가 메모한 것을 바탕으로 1932년 발간 초판본에 추가되었다.

294

언어를 문법적인 것을 통해 발달시키도록: 1932년 발간 초판본부터 발행인들이 보충한 부분.

296

앞서 면적 수업에 대한 교수방법론에서 시도했던 것처럼: 《Erziehungskunst. Methodisch-Didaktisches》(교육예술. 교수방법론), GA 294 및 《Erziehungskunst.

Seminarbesprechungen und Lehrplanvorträge》(교육예술. 세미나 토론 및 교과 과정 강의), GA 295의 1919년 9월 1일자 강의와 토론을 참조할 것.

300
프리드리히 빌헬름 요제프 폰 셸링: 1775~1854. 독일 관념론 철학자. 그의 철학은 지식학에서 시작하여 자연철학과 동일철학을 거쳐 종교철학에 이르렀다. 셸링은 16세의 나이로 독일 튀빙엔의 개신교 학사("튀빙어 슈티프트Tübinger Stift")에 받아들여져, 그곳에서 헤겔, 횔덜린과 친교를 맺었다. 신학, 언어학, 철학에 이어 수학과 자연과학을 공부한 뒤, 예나, 뷔르츠부르크, 뮌헨 대학에서 가르쳤다. 저작: 《Über die Möglichkeit einer Form der Philosophie überhaupt》(절대적 철학 형태의 가능성에 대하여, 튀빙엔 1795), 《Bruno oder über das natürliche und göttliche System der Dinge》(브루노 또는 사물의 자연적이며 신적인 체계, 베를린 1802), 《Philosophie und Religion》(철학과 종교, 튀빙엔 1804), 《Über die Gottheiten von Samothrake》(사모트라케의 신들에 관하여 , 1815), 《Philosophie der Offenbarung》(계시의 철학, 1815). 1802년 예나 대학에서 행한 강의 《Die Vorlesungen über die Methode des akademischen Studiums》(대학 연구 방법에 관한 강의, 슈투트가르트/튀빙엔 1803)은 데 그루이터 출판사의 《철학자 사전》에 의하면 "셸링의 철학 전체의 개요를 가장 이해하기 쉬운 형태로 제시하는" 저작이다. 셸링에 대해서는 《Die Rätsel der Philosophie》(철학의 수수께끼), GA 18의 "Die Klassiker der Welt- und Lebensanschauung"(세계관과 인생관의 고전들), 《Vom Menschenrätsel》(인간의 수수께끼에 관하여), GA 20의 "Das Weltbild des deutschen Idealismus"(독일관념론의 세계상), 《Lucifer-Gnosis》(루시퍼-그노시스)의 "Zur Würdigung Schellings"(셸링 헌사), 《Weg und Ziele des geistigen Menschen》(정신적 인간의 행로와 목표), GA 125의 1910년 5월 26일자 강의 등을 참조할 것.

302
개교 기념 행사 인사말: 행사는 1919년 9월 7일에 열렸으며, 인사말 전문은 《Rudolf Steiner in der Waldorfschule. Ansprachen für Kinder, Eltern und Lehrer》(발도르프 학교의 루돌프 슈타이너. 아이들, 부모, 교사를 위한 인사말), GA 298에 수록되어 있음.

인명 색인

괴테, 요한 볼프강Johann Wolfgang von Goethe 135, 141, 167f., 232f.

《파우스트》(Faust)

루나차르스키, 아나톨리 바실리예비치Anatoly Basilievichy Lunacharsky 124

마우트너, 프리츠Fritz Mauthner 184

《언어비판논문집》(Beiräge zu einer Kritik der Sprache)

마이어, 율리우스 로베르트Julius Robert Mayer 83

몰트, 에밀Emil Molt 38f.

뮐너, 라우렌츠Laurenz Müllner 180

미슐레, 카를 루트비히Karl Ludwig Michelet 175

바그너, 리하르트Richard Wagner 145f.

"뉘른베르크의 명가수"(Die Meistersinger) 145

바르, 헤르만Hermann Bahr 219

베네딕트, 모리츠Moriz Benedikt 110

《순수 경험 학문으로서의 인간영혼학》(Die Seelenkunde des Menschen als reine Erfahrungswissenschaft) 110

브렌타노, 프란츠Franz Brentano 142f.

셸링, 프리드리히 빌헬름Friedrich Wilhelm Schelling 303f.

《대학 연구 방법에 관한 강의》(Vorlesungen über die Methode des akademischen Studiums) 303

쇼펜하우어, 아르투르Arthur Schopenhauer 64f.

슈타이너, 루돌프Rudolf Steiner

《진리와 학문》(Wahrheit und Wissenschaft), GA 3 103, 149

《자유의 철학》(Die Philosophie der Freiheit), GA 4 149, 200f.

《신지학》(Theosophie), GA 9 65, 107

《어떻게 고차적 세계를 인식할 것인가?》(Wie erlangt man Erkenntnisse der höheren Welten?), GA 10 164

욘, 요한 아우구스트Johann August John 168

지크바르트, 크리스토프 폰Christoph von Sigwart 142

첼러, 에두아르트Eduard Zeller 175

칸트, 임마누엘Immanuel Kant 150, 174

켈러, 고트프리트Gottfried Keller 126

플라톤Platon 86

한슬리크, 에두아르트Eduard Hanslick 146f.

《음악적 아름다움에 대하여》(Vom Musikalisch-Schönen)

헤르바르트, 요한 프리드리히Johann Friedrich Herbart 57, 115, 123

호프만 폰 팔러스레벤, 아우구스트August Hoffmann von Fallersleben 224

사항 색인

가슴
- 조각달의 형상인 가슴인간 224ff., 239f.
- 가슴은 신체적인 동시에 영혼적이다 237, 242f., 246f.
- 가슴은 뒤쪽으로는 신체, 앞쪽으로는 영혼이다 232
- 가슴의 "중심점" 230
- 가슴은 정신적으로 꿈꾸는 상태이다 245f.
- 머리에서 자라는 가슴 289f.

가슴 체계 224~241, 262ff., 272f.
- 거꾸로 된 식물 체계를 만들어 내는 가슴 체계 264ff.
- 가슴 체계와 식물계의 관계 264ff.

가슴-몸통 체계
- 물질적인 것을 인간 안으로 밀어넣기 276ff.
- 가슴-몸통 체계와 지방 형성 277f.

가슴인간 242, 244f., 252
- 가슴인간의 삼원적 구조 293f.
- 가슴인간의 머리와 사지인간 293f.

가위눌림
- 가위눌림이 생기는 과정 162

갈비뼈
- 머리 체계와 사지 체계 사이의 갈비뼈 232.

감각(Empfindung)
- 감각과 영혼의 여러 힘과의 유사성 175ff.
- 감각과 연령대의 관계 178ff.
- 의지적 감정, 감정적 의지인 감각175, 177ff. 183
- 감각에 대한 사실적인 개념 180f.
- 감각을 제대로 파악하지 못하는 오늘날의 감각생리학 235f.

감각(Sinne)
- 12감각 194~205
- 감각의 의지적 본성 82
- 감각에서 일어나는 인식 과정과 의지 과정 196ff.
- 감각에 의해 분해되는 사물(세계) 203
- 감각들 사이의 연관성 204

감각 지각
- 머리가 외부의 움직임을 반사하여 생기는 감각 지각 236

감각 활동 137, 144
- 감각 활동과 영혼의 활동 137

감각기관
- 감각기관의 활동에 들어있는 호감과 반감 130ff.

감각론 194~206
- 오늘날 과학이 말하는 감각론194f.

감각생리학

- 감각에 대한 오늘날 생리학의 견해 195
감각적 지각 영역
- 의지적 감정, 감정적 의지175ff.
- 감각적 지각 영역의 실제적인 과정 184f.
감정
- 감정 안에 있는 의지와 사고의 요소 136
- 감정은 감각 활동 안으로 섞여 든다 137
- 서로 섞여 드는 감정 활동과 사고 활동 317ff.
- 신체에서 드러나는 감정 140f.
- 직관에 의한 감정 165f.
- 호감과 반감의 상호 작용 62
- 감정은 꿈꾸는 상태에서 이루어진다 153
- 연령대에 따른 사고, 감정, 의지 169ff., 178ff.
감정 127, 137ff.
- 감정과 의지 123f.
- 무의식적인 반복을 통한 감정의 도야 124
- 감정과 판단 138
감정 감각 201
감정영혼 43, 107
감정체 44, 110f.
개념 75f., 209ff.
- 추상적인 개념의 작용 75f.
- 개념의 탄생 64
- 개념은 잠자는 상태의 영혼까지 내려간다 214ff.
- 개념은 신체의 형태를 만든다 214
- 개념은 수업을 통해 성장해야 한다 216ff.
- 유연한 개념과 고정된 개념 218f.
결단
- 정신인간 안에 있는 의지인 결단118f.
결정화
- 광물이 자신을 결정화하는 힘과 인간 90
고루한 태도
- 교사의 직무 유기인 고루한 태도 298

골격 체계
- 골격 체계 안에서 작용하는 힘들 269ff.
과일
- 설익은 과일을 먹을 때의 결과 267
과학
- 오늘날의 과학 174, 295
- 생동하는 과학인 교육과 수업 304f.
관상골 228ff.
광물계
- 광물계와 결정화하는 힘 90f.
교사
- 교사의 신성한 의무 303f.
- 교사가 당하는 비웃음 51
- 교사와 아이들의 관계 51
- 교사라는 존재에게 반드시 있어야 하는 것 77f.
- 저학년 교사와 상급 학년 교사의 동등성 77
- 교사와 학생의 내적인 관계 51
- 교사의 삶의 조건인 예술 222f.
- 자연에 의한 발달을 위한 "동료"인 교사 253f.
- 교사는 아이들의 신체 발달을 점검해야 한다 255f.
- 교사는 아이들을 최대한 오랜 기간 맡아야 한다 255f.
- 교사와 학생들의 조화로운 공존 297f.
- 고루한 태도는 교사의 직무 유기 298
- 살아 있는 상상력은 교사의 절대적 의무 298
- 교사는 모든 것에 활발한 관심을 가져야 한다 31f.
교육
- 생동하는 과학, 예술, 종교인 교육 302
- 과학적 교육 304f.
- 직업을 위한 교육 309
- 출생 이전의 교육 40f.
- 출생 이전에 고차적 존재들이 한 일을

이어가는 교육 40ff.
- 교육은 의지에서 감정이 풀려나게 해야
한다 173
- 인간을 한층 발달한 작은 동물로 여기는
견해가 교육에서 낳는 결과 240
- 교육과 수업의 성격 245ff.
- 의지 교육, 정서 교육으로서의 교육
246f.
- 첫 번째 교육은 모유로 이루어진다 249f.
- 교육과 성장 253ff.
- 오늘날의 교육 241
교육 과제
- 우리 시대의 교육 과제 36ff.
- 정신적 의미의 교육 과제 45f.
- 의지 교육, 정서 교육으로서의 교육
246f.
교육 작업
- 종교적 예배로서의 교육 작업 303f.
교육 프로그램
- 사회주의 교육 프로그램 122ff.
교육 행위
- 정신과학을 통한 생동하는 교육 행위
310
교육예술 289, 310
교육자
- 교육자의 과제 42ff.
교육학
- 예술로서의 교육 241
- 교육학의 표어인 상상력, 진실 감각, 책
임감 301
교회
- 가톨릭 교회와 진화론 238f.
구
- 세 개의 구로 이루어진 인간 231f., 237f.
구루병
- 구루병의 발생 원인 94
구성
- 강의의 구성 147, 168f. 224

- 통합체를 이루는 모든 부분을 살필 필요
성 193
- 인간 물질체의 구성 193, 224ff., 242ff.
- 강좌의 구성 30f.
구형
- 머리의 구형 224f, 229f., 237ff.
권위
- 두 번째 7년 주기에서 교육의 원칙이 되
는 권위 208, 219
귀
- 귀의 감각 활동에는 감정 활동이 강하게
동반된다 141
균형감각 199ff.
그리스 인
- 그리스 인들이 훌륭한 조각가였던 이유
233
근육-혈액 체계 94f., 97, 99f.
- 잠자고 있는 근육-혈액 체계 181ff.
- 근육-혈액 체계에 작용하는 우주 의지
227
기도문 "하늘에 계신"
- 의지의 함양 125
기도하는 정서
- 기도하는 정서가 축복 능력으로 변한다
219
기억 64f., 70, 76, 189, 192
- 반감이 강해지면 생기는 기억 64f.
- 혈액과 신경이 함께 작용하는 중심 70
- 흥미를 일깨워 기억을 강화하기192
- 완성된 추론이 기억에 미치는 영향 212f.
- 기억을 너무 많이 요구하면 성장이 빨라
진다 254ff.
- 상상력이 좋은 아이, 기억력이 좋은 아이
255f.
기억하기
- 깨어나기로서의 기억 186, 190ff.
- 기억의 과정 190f.
기하학

- 기하학의 기초는 인간 안에 있다95f.
- 인간이 우주 안에서 하는 움직임인 기하학 97f.
- 기하학 수업에서도 상상력에 호소해야한다 296f.

깨어 있기
- 깨어 있기와 기억 191
- 깨어 있기와 자아 지각 196f.
- 사고하는 인식을 할 때의 깨어 있기 148ff., 158ff.
- 깨어 있기, 꿈꾸기, 잠자기 172, 181f., 184ff., 189f., 209
- 신체 중간 영역의 깨어 있기 180f.

깨어나기
- 기억으로서의 깨어나기 186.

꿈꾸기
- 꿈꾸는 상태인 감정 153f., 159ff.
- 깨어 있는 상태, 꿈꾸는 상태, 잠자는 상태 168, 177, 180f., 185f.
- 아이의 몽상적 본성154f.
- 몽상적 본성에 작용하는 강한 감정 154

노년의 정신 171

노래
- 내면을 향한 움직임인 노래 235f.

노인
- 감정과 사고가 결합하게 되는 노인 170ff., 178f., 187

논리학 209ff.
- 추론, 판단, 개념 209~218

눈
- 눈에서 일어나는 의지*인식 활동 129
- 눈에서 일어나는 혈액*신경 활동 129
- 인간의 눈과 동물의 눈의 차이점들 131f.

단어(말)
- 오늘날 말의 껍질만 쏟아내는 사람들 187
- 머리가 되려는 성향이 있는 말 294

달의 형태

- 달의 형태와 가슴인간 224f.

당뇨병
- 병적인 무기질화로 인한 당뇨병272

도덕적 발달
- 도덕적 발달은 언제나 금욕적이다 136

독
- 건강과 질병에 연관되는 식물의 독 266

독립적 존재의 의식
- 반감과 구분의 결과인 독립적 존재의 의식 132
- 독립적 존재의 정신을 이겨내는 교사 50f.

동기
- 자아에 의해 파악된 의지인 동기 112ff.

동물
- 발달에서 동물을 축출하기 89
- 동물과 인간 108ff.
- 동물의 물질체 108f.
- 주변 세계에 대해 호감이 강한 동물 131f.
- 수업에서 동물을 다룰 때 217f.

동물 형상
- 머리가 끊임없이 동물 형상들을 만든다 260f.
- 머리가 만드는 동물 형상들과 사고의 연관성 260f.
- 동물 형상을 만들려는 경향이 강할 때 생기는 두통 262

동물계(동물 세계)
- 동물계의 정신화 273
- 동물 세계에 대한 아이들의 관심 깨우기 192, 217f.
- 인간의 머리는 동물계 전체를 지나왔다 238f.
- 지속적으로 동물계를 만들어내는 머리 260f.

동물의 물질체
- 본능을 드러내는 동물의 물질체 109

두개골

- 두개골은 척추가 발달한 것 229ff.
두뇌
- 물질체에서 인식이 드러나는 두뇌 73f.
두통(편두통)
- 동물적인 것을 만들려는 경향으로 인한 두통 262
둔감한 아이들
- 둔감한 아이들의 의지 깨우기 155f.
듣기
- 듣기에서 일어나는 감정과 인식 과정 141
리듬
- 잠자는 것과 깨어 있는 것의 리듬 49
마나스 104f.
마넨
- 마나스와의 연관성 105
망각
- 잠들기로서의 망각 186f., 189f.
머리
- 신체 위에서 가만히 쉬고 있는 머리 176, 234f.
- 머리의 둥근 형태 224f., 229f., 237f.
- 온전히 몸인 머리 225, 237, 242ff.
- 머리의 골격 구조 227ff.
- 가장 오래된 지체인 머리 238
- 머리는 동물계에서 유래했다 238f., 259f.
- 머리인간 242ff., 252
- 머리는 태아 발달에서 가장 먼저 형성된다 243
- 아이의 머리는 신체적으로 깨어 있고, 영혼적으로 꿈꾸고 있으며, 정신적으로 잠자고 있다 243ff., 247f., 252
- 머리와 모방의 관계 243f.
- 초감각적으로 동물 형상들을 계속 만드는 머리 260f.
- 안쪽에서 바깥으로 눌러 부풀리듯 만들어진 머리 275

- 머리의 삼원적 구조 290ff., 299
- 머리에 형성된 가슴인간과 사지인간 289ff.
- 사지의 정신적 머리 292
머리 깨우기
- 사지와 가슴을 기초로 머리 깨우기 245f.
머리 체계 72f., 224~244, 259ff.
- 머리 체계, 그리고 우주의 반감 77f.
- 머리 체계에서 인간은 동물계의 발달을 모두 거쳤다 263ff.
머리인간 242ff., 252, 274
머리정신
- 깨어있는 의지에서 잠자는 정신으로 가는 다리를 발견하기 248f., 252
면적의 본질
- 상상력으로 면적의 본질을 이해하기 296f.
명제
- 보편적인 정의가 아닌 명제 101
모방
- 출생 후 첫 10년의 모방 208, 220, 244
모유
- 자연의 정신존재인 모유 249f.
- 모유는 사지인간에 의해 만들어진다 249
- 잠들어 있는 인간 정신을 깨우는 자명종인 모유 249f., 256
몸통인간(가슴인간) 242, 245f., 252
- 몸통인간과 사지인간을 통한 동물적인 것의 극복 260ff.
무기질(광물)
- 사지 체계의 힘에 의해 해체되는 무기질 272
- 무기질을 해체하지 못할 때 생기는 당뇨와 통풍 272
- 무기질은 정신을 투과시킨다 280
문법
- 영혼적인 골격 체계인 문법 294

물질
- 인간 안에서 만들어지는 새로운 물질 80, 100f.
- 인간 안에서 무기질이 하는 작용 271f.
물질적이고 죽은 것
- 물질적이고 죽은 것은 정신을 투과시킨다 280
물질주의
- 각각의 시기에 맞는 과제를 의식하지 못함 37
물질체(신체) 39f, 44, 108ff.
- 물질체를 기계 장치로 여기는 생각 305
미감각 199f.
박테리아
- 박테리아를 찾아나서는 현대 의학 269
반감
- 반감과 탄생 이전의 삶 62ff.
- 인식, 기억, 개념 67
- 호감과 반감의 상호 작용 63
- 사고 안에 있는 반감 130ff.
- 반감과 "독립적인 존재"인 인간 132
- 반감과 자아의 지각 197
- 영혼적인 것은 호감과 반감에 의해 파악된다 205
반복
- 의식적인 반복은 의지를 함양한다 123f.
- 무의식적인 반복은 감정을 함양한다 124
발달
- 아이의 신체 발달에 대한 점검 253ff.
발도르프 학교 306
- 발도르프 학교의 교육 과제 36f.
- 문화 행위인 발도르프 학교 27, 30, 31
- 인지학이라는 세계 이해의 현실적인 효력에 대한 실질적 증거인 발도르프 학교 27
- 공화주의적으로 운영되어야 할 발도르프 학교 29
방사형(반지름)

- 방사형(반지름 모양)인 사지 230f., 239f.
변형
- 척추골의 변형 233f.
보기(시각 활동)
- 사물을 보는 과정에 대한 플라톤의 견해 82
- 인간과 동물이 사물을 보는 과정 82f.
- 색채와 형태를 보기 202ff.
본능
- 물질체 안에 있는 의지인 본능 109ff. 118f.
- 도덕적 이상을 본능에 편입시키기 135f.
분트주의자 112
비음
- 코가 되려는 후두의 시도인 비음 293
뼈 93ff., 227~230
- 죽음을 가져오는 힘들에 의한 뼈의 형성 93
- 두개골과 우주의 지성 227
- 관상골과 피갑골 228ff.
- 척추골의 변형 228f.
사고(표상)
- 그림의 성격을 가진 사고 55ff., 76ff., 81
- 사고와 출생 이전의 삶 57ff.
- 사고와 반감 62ff., 130ff.
- 음성어를 통한 사고의 매개 199
- 머리에서 만들어지는 동물 형태들과 사고의 연관성 261f.
사고(생각하기) 127f., 132f.
- 순수한 사고 86f.
- 사고 활동에 섞여 드는 의지 132f.
- 연령대에 따른 사고, 감정, 의지 169ff., 178ff.
- 사고에 논리가 스며들도록 하기 209
사고감각 199, 205f.
사고방식
- 수업에 영향을 미치는 교사의 사고방식 50

사자
- 사자를 예로 한 추론, 판단, 개념 210f., 211

사지 226~241, 272 ff.
- 구형을 이루는 사지 226ff., 230f., 239
- 두개골의 사지인 턱뼈 227
- 사지의 본질인 근육과 혈관 227
- 몸통에 끼워 넣어진 사지 230f.
- 사지는 두개골이 변형되어 뒤집힌 것 230
- 신체적, 영혼적, 정신적인 사지 231, 237, 242f. 245
- 우주의 움직임과 사지의 관계 234ff.
- 가장 인간적인 기관인 사지 239
- 모유는 사지에서 만들어진다 249
- 사지는 정신적이다 276f.
- 바깥에서 안쪽으로 형성된 사지 275
- 머리에 만들어진 사지 290f.
- 변형된 턱뼈인 사지 291f.
- 사지의 정신적 머리 292f.
- 인간을 "먹어 치우는" 사지 292

사지 체계 73f., 272ff.
- 사지 체계의 중심점 230
- 사지 체계는 무기질을 해체한다 272

사지의 움직임
- 인간의 사지 운동 269ff.

사지인간 242, 245, 249, 252, 274f.
- 깨어 있지만 미완성인 사지인간 245
- 사지인간이 모유를 만든다 249
- 사지인간의 삼원적 구조 292f. 299

사춘기 208, 221

사회생활
- 자연과 정신적인 삶 사이의 사회생활 81

사회적 진보
- 사회적 진보와 교육 121

살아 있고 유기적인 것
- 살아 있고 유기적인 것은 정신을 투과시키지 않는다 280

삶의 경로(연령대)
- 감정적인 의지에서 감정적인 사고로 170
- 아이에서는 신체, 성인에서는 영혼, 노인에서는 정신을 관찰한다 169f.
- 출생 후 첫 20년 208

삼원적 구조
- 신체의 삼원적 구조 72ff. 224~241, 242ff.
- 청소년기의 삼원적 구조 220ff.
- 신체 각 부분의 삼원적 구조 289ff.
- 머리인간의 삼원적 구조 289ff.
- 사지인간의 삼원적 구조 291f.
- 가슴인간의 삼원적 구조 292f.

상(그림)
- 교육에서 상의 중요성 75f.
- 사고하는 인식에서의 상 158ff.

색채론
- 괴테의 색채론 130f., 137

생명감각 200

생명정신 106

성
- 사지 본성이 물질화한 결과인 성 294f.

세계(우주)
- 세계(우주)는 활동의 총합 156

세상은 도덕적이다
- 이갈이 이후 첫 번째 7년 주기의 "세상은 도덕적이다"라는 무의식적인 가정 220f.

세상은 아름답다
- 이갈이 이후 세 번째 7년 주기의 "세상은 아름답다"라는 무의식적인 가정 222f.

세상은 진실되다
- 이갈이 이후 두 번째 7년 주기의 "세상은 진실하다"라는 무의식적인 가정 223

소망
- 자아정신 안에 있는 의지인 소망 113ff.
- 동기와 의도 안에서 나지막이 올리는 소리인 소망 113f.

수업

- 생동하는 과학, 예술, 종교인 수업 304
- 과학적인 수업의 시작 223
- 폴크스슐레 끝 무렵의 수업295ff.
- 인지학과 수업 31

수업 내용
- 수업 내용을 환상으로 채우기 295ff.

수업 방식
- 볼셰비키식 수업 방식 120f.
- 사회주의의 수업 방식 120f.

수학(기하, 산술)
- 수학 수업에서도 상상력에 호소해야 한
  다 296f.

스포츠
- 다원주의를 실천하는 스포츠 285

습관
- 습관에 영향을 미치는 것 192
- 의지 및 기억력과 습관의 관계 192

시감각 194, 196, 201f.

시대(오늘의 시대)
- 이 시대의 곤경과 과제32

시신
- 지구의 발달에 중요한 시신 90

시험
- 중요한 시험들을 완전히 없애기 287

식물계 89, 263~267, 273
- 식물계와 호흡 262ff.
- 반 식물 과정인 호흡 266f.
- 식물계의 변환과 배출 264, 273
- 식물계와 가슴 체계 262ff.
- 질병의 상인 식물계265f.
- 식물계에 있는 독 266

신경
- 신경에 작용하는 출생 이전의 체험 67f.
- 감각신경, 운동신경이라고 하는 것에 대
  하여 67f.
- 교감신경 71f.
- 뼈가 되려는 경향을 가진 신경 93f.
- 깨어 있는 신경 182ff.

- 정신적이며 영혼적인 것과 직접 연관되
  지 않는 기관인 신경 182f.
- 정신적이며 영혼적인 것을 위한 빈 공간
  인 신경 183ff., 279f.
- 인간의 유기 조직에서 빠져나가는 신경
  183

신경과 뼈 체계 93ff., 99f.
- 물질적으로 죽은 것으로 정신을 투과하
  는 신경과 뼈 체계 280

신체
- 물질체 44
- 인간의 신체와 주변 세계의 상호 관계
  258ff.
- 형태적인 상태를 통해 지각되는 신체
  205f.

신체 주변부
- 감각과 신체 주변부 180f.

신체 형태 224ff.

신체-영혼-정신
- 신체의 형상과 신체-영혼-정신 232,
  237f.

실물 수업
- 진부해지기 십상인 실물 수업 222
- 소크라테스의 방법을 적용하는 실물 수
  업 222

실재
- 사고와 직관이 융합하여 이루어지는 실
  재 145f.
- 죽는 순간에 간파하는 실재 146
- 실재는 모순되는 것들로 이루어져 있다
  194

심리학
- 인지학에 근거한 심리학의 필요성 53f.
- 오늘날 심리학의 견해들 78f.
- 인간 본질에 대한 오늘날 심리학의 이분
  법 79

심장
- 하나의 펌프인 심장 305

쓰기
- 문화적 관습인 쓰기와 읽기 251
- 예술로 쓰기를 발달시키기 252
- 쓰기와 읽기를 배우는 능력은 "영혼적인 이갈이"이다 295

아스트랄체 44, 107

아이
- 의지와 감정이 하나로 합쳐진 아이 172f.

아이의 성장
- 성장을 결정하는 영향들 253ff.
- 성장을 저해하는 요소들 254
- 너무 많은 기억을 요구하면 키만 커진다 254
- 너무 많은 상상을 요구하면 성장을 막는 다 254

언어
- 언어의 정신존재 247
- 머리가 되려는 후두의 본성인 언어 293f.

언어감각 199, 205

에너지
- 에너지 보존의 법칙 80f., 100f.

에테르체 39f., 107ff.
- 에테르체가 본능을 장악하면 의지는 충동이 된다 110

연구
- 대학에서의 연구 방법에 관한 셸링의 견해 300

연소 과정
- 연소 과정과 영양 섭취 266f.
- 연소 과정에서 중간 단계인 소화 266f.

영감
- 감정적이며 꿈꾸는 상태인 영감 165ff.

영생불사 문제 38f.

영양 섭취
- 시작과 끝이 제외된 "연소 과정"인 영양 섭취 266f.

영혼 습관
- 영혼 습관은 판단하는 법을 가르치는 방식에 의해 만들어진다 213

영혼 활동
- 서로 섞여 드는 영혼 활동들 129

영혼 활동(영혼의 능력)들
- 영혼 활동들은 서로 섞여 흘러든다 129, 138
- 정신적인 관점에서 본 영혼 활동들148ff.
- 연령대에 따른 영혼 활동들의 연결 173f. 178ff.

영혼론
- 인지학적 영혼론의 필요성 53f.

영혼정신 44ff.

예술
- 생동하는 예술인 교육과 수업 304
- 의지 발달에 중요한 예술 126
- 교사들이 지녀야 할 예술과의 생생한 관계 222
- 음악 예술과 조각 예술의 연관성 236

오이리트미 284, 288
- 체조와 오이리트미를 번갈아 시키기 284
- 지적 작업에 피가 돌도록 하는 오이리트미 288

온감각 199f.

욕구
- 감정체 안의 의지인 욕구 110f.

움직임
- 사지의 움직임과 우주의 움직임 사이의 관계 233ff.
- 머리는 움직임을 진정시킨다 234f.
- 인간의 내면에서 멈춘 움직임인 음악 235f.

움직임 감각 200ff.

위생학
- 미래 위생학의 과제 268f.

유기적인 것
- 정신을 투과하지 않는 유기적이고 살아 있는 것 280

육신
- 육신과 정신영혼의 연결 49
음악적인 것
- 내면에서 정지 상태에 도달한 움직임인
  음악적인 것 235f.
의도
- 후회보다 바람직한 의도 114
- 생명정신 안에 있는 의지인 의도 118f.
의식영혼 43, 107
의식의 여러 상태 156ff., 205
- 성장 중인 인간의 의식 상태들 168
- 정신의 관점에서 본 인간 168, 178,
  180ff., 185f.
- 깨어있는 상태, 꿈꾸는 상태, 잠자는 상
  태 207
의지(Wille)
- 심리학자들을 곤란하게 하는 의지 59
- 죽음 이후의 실재의 맹아인 의지 59ff.
- 미래에 자연이 변하게 될 모습을 파악하
  는 의지 85
- 완전한 의식 상태의 반복을 통한 의지의
  함양 124
- 의지와 호감 130f.
- 의지와 기억 191ff.
- 의지의 조절 191f.
- 깨어 있는 의지에서 잠자는 정신으로 가
  는 다리 248, 251f.
- 폴크스슐레 마지막 시기에 비쳐 들기 시
  작하는 자주적 의지 충동 256
- 의지에서 남겨진 것 103
- 의지적 감각 활동 84f.
의지(Wollen) 128f., 136f.
- 의지에 사고를 스며들게 하기 134
- 무의식 안에서 움직이는 의지 149ff.,
  159ff.
- 잠자는 상태의 의지 163f.
- 연령대에 따른 사고, 감정, 의지 169ff.,
  178ff.

의지와 정서의 교육 102, 123f.
- 의지와 정서의 교육, 그리고 예술적인 연
  습 126
- 교육의 본질인 의지와 정서의 교육 246f.
- 의지 감각들 200f.
의학
- 미래 의학의 과제 268f.
이갈이 243f.
- 머리 발달을 마감하는 단계인 이갈이
  244
이기심
- 오늘날 이기심에 호소하는 것들 38f.
이미지적 상상
- 강화된 환상인 이미지적 상상 65f.
이분법
- 오늘날 심리학에서 이분법이라는 오류
  79
이산화탄소
- 호흡 및 동화작용의 이산화탄소 262ff.
이상
- 본능에 편입되는 이상 135f.
- 이상과 타협 31
이집트 인
- 이집트 인들은 인간과 대우주의 관계에
  대해 추상적인 지식이 있었다 233
인간
- 자연의 발달에 대한 인간의 의미 87ff.
- 우리 안에 있는 "두 번째 인간" 115ff.
- 자신과 주변 세계를 구분하는 인간 131ff.
- 갈피를 잡지 못하고 사는 인간 190f.
- 인간에 대한 관념 218
- 인간을 한층 발달한 작은 동물로 여기는
  견해가 낳은 결과 240
- 대우주의 중심인 인간 240
- 인간은 자기 안의 무기질을 해체하고, 식
  물계를 원래대로 돌려 놓고, 동물계를 정
  신화해야 한다 273
- 정신적-영혼적인 것을 막아 고이게 하는

"장치"인 인간 275f.
- 개별 인간 54
인상
- 인상에 영향을 미치는 개념들 214f.
- 오늘날 사람들의 획일적인 인상 215
인식 148f., 153ff.
- 인식은 상과 연관되어 있다 164f.
- 추론, 판단, 개념은 인식 행위 안에 현존
  한다 212
인식 감각 205f.
읽기
- 문화적 관습인 읽기와 쓰기 251
- 읽기와 쓰기 학습을 위한 능력은 "영혼
  적인 이갈이" 295
입
- 머리의 하체이자 사지인 입 290
자아
- 자아가 파악한 의지인 동기 112f.
- 영혼적 힘들 안에서 자아의 활동 157f.
- 자아는 우주의 상들에서는 깨어 있고, 감
  정에서는 꿈꾸는 상태이며, 의지에서는
  잠들어 있다 158
- 자아, 그리고 영감과 직관 안에 있는 자
  아 161ff.
- 자신의 자아를 지각하는 것 195f.
- 자아는 힘들 안에서 살고 있다 271
자아 지각
- 자아 지각에서 일어나는 반감과 호감 과
  정 197f.
자아감각 195ff., 204f.
- 자아감각은 인식 감각이다 205
자아에 대한 감각
- 자아에 대한 감각과 시각 과정 83f.
자아정신 43, 104f., 118
자연
- 지성과 표상하는 힘의 도움으로 파악하
  는 자연 81ff.
자연 과정

- 인간 안에서 이루어지는 자연 과정
  266ff.
자연 법칙
- 자연 법칙은 자연 안에서 사멸하는 것들
  을 파악한다 82, 306
자연사
- 자연사에서 동물 다루기 217ff.
자유
- 죽어가는 것과 살아있는 것 사이의 자유
  86
- 영혼적인 것은 자유 안에 있다 172
잠들기
- 잠들기의 일종인 망각 186
잠자기(수면)
- 아이는 잠자는 법을 배워야 한다 47f.
- 어른의 수면 48
- 잠자기와 깨어 있기의 리듬 50
- 깨어 있기, 꿈꾸기, 잠자기 168, 177f.,
  180ff., 185f., 205
- 의지에 들어 있는 잠자는 상태 152f.,
  159f., 162f.
- 신체 주변부와 가장 깊은 내면에서 이루
  어지는 인간의 잠 180ff.
- 수면과 망각 186f.
- 수면과 자아 지각 198f.
- 잠든 상태의 의지 감각 201
- 잠을 제대로 자지 못할 때의 결과 189f.
- 과도한 육체적 일로 인한 수면 욕구
  283ff.
- 과도한 정신적 일로 인한 불면 285f.
장엄한 사건
- 세계 질서 안에서 일어난 장엄한 사건인
  발도르프 학교 설립 35
전기
- 땅을 통해 전기가 전달되는 놀라운 현상
  241
정신
- 정신과 영혼의 결합 42f.

- "정신"이라는 말에 대하여 180
- 정신은 의식의 여러 상태를 통해 파악해야 한다 205

정신과학
- 죽은 과학을 대신하여 교육의 기초가 되는 정신과학 314

정신분석학
- 정신분석학과 우리 안에 있는 "두 번째 인간" 115ff.

정신영혼
- 정신영혼과 육신의 연결 44f., 47

정신인간 106

정신적-영혼적인 것
- 하나의 흐름인 정신적-영혼적인 것 275
- 정신적-영혼적인 것을 막아 고이게 하는 장치인 인간 276
- 인간을 흡수하려는 정신적-영혼적인 것 276
- 정신적-영혼적인 것을 위한 빈 공간 183
- 정신적-영혼적 과정을 방해하는 지방 277f.

정신존재
- 언어정신 247
- 자연정신(모유) 249f.

정의
- 특성 확인으로 정의를 대신하기 217

정치
- 인간을 획일적으로 다루는 정치 28f.

조롱(비웃음)
- 교사에 대한 조롱 51

조형물
- 고대 이집트와 그리스 조형물에 드러나는 인간과 우주의 연관성에 대한 지식 233

조화
- 호흡과 신경감각 활동의 조화 46f.

종교
- 생동하는 종교로서의 교육과 수업 304
- 이기적으로 변한 종교 238

종교 수업
- 각 교단에 맡겨지는 종교 교육 31

종교적 예배
- 종교적 예배인 교육 작업 303f.

주변 세계
- 물질체와 주변 세계의 상호 관계 258ff.

죽은 것
- 죽은 것은 정서와 의지를 약화시킨다 306

죽음
- 지구의 죽음과 인간90f.

죽음과 생성
- 자연에서의 죽음과 생성 85, 97

지구
- 지구의 움직임 96

지력
- 의지로 지력 깨우기 252

지방
- 가슴-몸통 체계에서 이루어지는 지방 형성 277
- 정신적-영혼적 과정을 방해하는 지방 277f.

지성
- 노쇠한 의지인 지성 123
- 타락하려는 성향이 강한 지성 299

지성
- 자연 안의 사멸 과정을 파악하는 지성 85f.

지성영혼(정서영혼) 44, 107

직관
- 직관, 그리고 잠자는 의지의 영역 161

진실에 대한 감각
- 교육학의 표어인 진실에 대한 감각 301

질병
- 가슴-몸통 체계에 기인하는 질병들 265
- 질병의 상인 식물들 265ff.
- 당뇨병과 통풍 272

- 질병의 원인 269f.

책임감
- 교육의 모토인 책임감 301

척추골
- 척추골의 변형 228f.
- 괴테의 두개골의 척추골 기원론 228f.

체조
- 몸을 움직이는 것에 치중하는 체조 284
- 체조와 오이리트미를 번갈아 시키기 284

촉감각 194f.

추론 209ff.
- 추론은 개념에 앞선다 210f.
- 추론은 생생한 정신 안에서만 이루어진다 212

춤
- 행성의 움직임을 모방하는 춤 234f.

충동
- 에테르체 안에 있는 의지인 충동 110

카유스는 죽는다
- 논리적 인식의 예 211

칸트주의
- 칸트주의와 실재 145f.

코
- 머리의 가슴 부분인 코 290
- 폐가 변형된 코 290
- 코와 후두 293

코기토 에르고 숨 56

콘스탄티노폴리스 공의회 869년 78, 237f.
- 869년 콘스탄티노폴리스 공의회와 세 개의 구로 구성된 인간 237ff.

턱뼈
- 두개골에 있는 사지인 턱뼈 227
- 사지로 변형된 턱뼈 291

특성 확인하기
- 정의하기 대신 특성 확인하기 217

파악
- 어떤 것을 다른 것에 연관시키는 작업인 파악 169, 180

파우스트
- 《파우스트》 2부 탄생에서 직관의 역할 163f.

판단 210ff., 216
- 판단은 완전히 깨어 있는 상태에서 이루어진다 148f.
- 판단은 사물들을 연결하는 것 203
- 판단은 영혼 습관을 만든다 213
- 판단은 꿈꾸는 상태인 영혼 안으로 내려간다 213, 216

판단 행위
- 판단 행위에서 감정의 역할 138f.
- 판단 행위에 관한 브렌타노와 지크바르트의 논쟁 138f.

판단력
- 판단력은 12세부터 생긴다 296

피갑골 228ff.

피로
- 일, 휴식, 피로 282f.

피타고라스 정리
- 피타고라스 정리의 예에서 보는 상상력의 사용 296f.

하반신(생식 영역)
- 사지 본성과의 연관성 294f.

학교 운영 조직
- 학교 운영 조직은 공화주의적이어야 한다 29

행성의 움직임
- 행성의 움직임을 모방하는 춤 234f.

헤르바르트의 교육학 53

헤르바르트의 심리학 53, 112f., 118

삶
- 정신적 삶의 연속인 신체적 삶 58ff.
- 출생 이전의 삶 58

혈액
- 정신적으로 되려는 혈액 68f.
- 정신을 투과시키지 않는 물질인 혈액

280

혈액·신경
- 혈액과 신경이 접촉하는 곳 100, 140f.
- 혈액*신경과 물질의 새로운 창조 100

호감
- 호감과 죽음 이후의 현존 62ff.
- 의지, 환상, 이미지적 상상 65f.
- 서로 섞여 움직이는 반감과 호감 70f.
- 호감과 의지 활동 133f.
- 호감과 자아 지각 197f.
- 영혼적인 것을 파악하는 호감과 반감 205f.

호흡
- 아이는 호흡하는 법을 배워야 한다 45ff.
- 호흡과 인간 삼원 체계의 연관성 45f.
- 호흡과 신경감각 활동 46f.
- 호흡과 물질대사 45
- 호흡과 식물의 동화작용 263f., 266ff.
- 호흡과 영양 섭취 과정 266
- 호흡과 반식물계 267

환상(상상)
- 강화된 호감인 환상 65, 75
- 환상을 과도하게 요구하면 성장이 저해된다 254f.
- 기억형과 환상형 아이 255f.
- 환상에 호소하는 것은 12세부터 295f.
- 기하학, 산술 수업에서도 환상에 호소하기 296f.
- 수업 내용을 환상으로 채우기 298ff.
- 상상력을 늘 생생하게 유지하는 것은 교사의 절대 명령 298f.
- 환상에 대한 19세기의 견해 299f.

활동 280~288
- 신체적인 활동과 정신적인 활동 280ff.
- 신체적인 활동은 정신적이다 281ff.
- 정신적인 활동은 신체적이다281, 285f.
- 의미 있는 활동과 무의미한 활동의 결과 283f.
- 오이리트미로 지적 활동에 생명을 불어넣기 288
- 관심을 통해 지적 활동에 "피를 통하게 하기" 286f.
- 신체적 활동의 "정신화" 288

후감각 201f.

후두
- 후두와 언어 294
- 가슴인간의 정교해진 머리인 후두 294

후회
- 후회는 이기심에서 나오는 것 114

휴식
- 일, 휴식, 피로 282f.

힘
- 새로 만들어지는 힘들 80
- 기초적인 힘들 156f.
- 생명력 156f.

강연 필사본에 대한
루돌프 슈타이너의 언급

루돌프 슈타이너 자서전
《내 인생의 발자취》(1925년) 35장에서 발췌

지금 내 인지학 활동의 결과물은 두 가지로 나와 있다. 첫째는 전 세계에 출판된 내 책이고, 둘째는 방대한 강좌이다. 이 강좌들은 일단 개인적인 인쇄물로 계획되어 신지학(훗날의 인지학)협회 회원에게만 판매되도록 했다. 후자는 질적으로 고르지는 않지만 잘 만들어진 강연 필기물로, 시간이 부족했던 탓에 내가 교정을 볼 수는 없었다. 구두로 전달된 내용은 구두로 전달된 채로 남아 있다면 가장 좋을 것이다. 그러나 회원들은 강좌 내용을 개인 인쇄물로 갖고 싶어했다. 그래서 그런 인쇄물이 만들어진 것이다. 내가 그것을 교정 볼 시간이 있었더라면 애초에 '회원용'이라는 제한을 둘 필요도 없었을 것이다. 이제 그런 제한을 없앤 지도 1년이 넘었다.

이 책에서는 무엇보다도 이 두 가지, 즉 출판된 내 책들과 이런 개인 인쇄물이 내가 인지학으로서 완성한 내용과 어떻게 조화를 이루는지를 말해 둘 필요가 있다.

현대의 의식 앞에 인지학을 제시하기 위해서 내가 해 온 내면의 노력과 작업을 따라가 보려는 사람은 공적으로 출간된 저술에 의거해야 한다. 그 저술에서 나는 우리 시대의 모든 인식 노력에 맞섰다. 저술에는 나의 '정신적 관조'를 통해 점점 더 형상화되어 드러나는 인지학의 체계가 —물론 여러 면에서 불완전하긴 하지 만— 담겨 있다.

'인지학'을 구축하라는 요구, 그리고 그와 함께 정신세계의 소식을 오늘날의 일반 교양세계로 전달하기 위해 해야 할 일에만 집중하라는 요구와 나란히, 이제 또 다른 요구가 등장했다. 회원들의 영혼의 욕구와 정신을 향한 동경에 전적으로 호응해달라는 요구였다.

회원들은 특히 성경의 기록 내용과 복음서 전반을 인지학적인 관점에서 제시된 설명으로 들으려는 경향이 있었다. 사람들은 강좌를 통해서 인류에게 주어진 이런 계시에 대해 듣고 싶어했다.

이런 요청에 부응하여 협회 내에서 강연 코스를 개최하는 와중에 또 다른 것이 추가되었다. 이 강연에는 회원들만 참석했다. 이들은 인지학의 초기 전달 내용들을 알고 있었다. 이들에게는 인지학 분야에서 앞서 있는 사람들에게 하듯이 그렇게 말할 수 있었다. 이런 내부 강연들에서는 완전히 공개하기로 결정된 저술에서는 찾아볼 수 없는 그런 태도를 취했다.

내부 모임에서 사안에 관해 말할 때는 허용되었던 방식이라도 만일에 처음부터 공개리에 설명하기로 정해져 있었다면 나는 다른 식으로 표현했어야 할 것이다.

그러므로 공개적인 저술과 개인적인 저술, 이 두 가지는 사실상 두 가지 서로 다른 토대에서 생겨난 것이었다. 완전히 공개된 저술들은 내 안에서 씨름하고 노력한 결과물인 데 비해 개인 인쇄물에서는 협회가 함께 씨름하고 노력한다. 나는 회원들의 영혼에서 일어나는 동요에 귀 기울이며, 내가 그들에게서 들은 것 안 에서 생기 있게 살아가는 가운데 강연의 관점들이 생겨난다.

형성 중인 인지학으로부터 나온 가장 순수한 결과가 아닐 수도 있는 것은 어디서든 털끝만치도 말한 적이 없다. 회원의 편견과 선호와 타협할 수 있는 소지는 전혀 없다. 이 개인 인쇄물을 읽는 사람은, 이것이 바로 진정한 의미에서 인지학이 말해야 하는 내용이라고 받아들일 수 있다. 그 때문에 이런 방향에서 비난이 쇄도하면서 회원들 사이에서만 이런 인쇄물을 유포하는 구조를 주저 없이 포기할 수 있었다. 그러므로 내가 확인하지 못한 원본에 오류가 있다면 그냥 받아들이는 수밖에 없다.

판단의 전제조건으로 상정되는 내용을 아는 사람에게는 물론 그런 개인 인쇄물의 내용을 판단하는 일을 허용해줄 수 있다. 그리고 그런 인쇄물은 인지학이 인간과 우주의 본질을 제시하는 한, 적어도 인간과 우주에 대한 인지학적 인식이 판단의 전제조건이 되는 것이 보통이다. 또한 정신세계에서 전해 받은 내용 중에 '인지학적 역사'로서 존재하는 것에 대한 인지학적 인식도 판단의 전제조건이 된다.

한국어판: 《루돌프 슈타이너 자서전 - 내 인생의 발자취》

한국인지학출판사, 2018, 500~502쪽

루돌프 슈타이너 전집 목록

전집 총 354권은 1956년부터 스위스 도르나흐 소재 〈루돌프 슈타이너 유고관리국〉에서 간행되고 있다. 제목 뒤의 출간 연도는 "1883/1897"처럼 연도 표시가 두 번인 경우 초판과 개정판을, "1889-1901"처럼 표시된 것은 저작물의 완성 기간 또는 원고의 연재 기간을 표시한 것이다. 그리고 맨 뒤 괄호 안의 이탤릭체 숫자는 전집번호(GA로 통용)이다.

A. 저작물

1. 저서

Goethes Naturwissenschaftliche Schriften, 5 Bände, 1883/1897 (1a-e); 1925 (1)
괴테의 자연과학서, 총 5권 (루돌프 슈타이너의 서문과 해설)

Grundlinien einer Erkenntnistheorie der Goetheschen Weltanschauung, 1886 (2)
괴테 세계관의 인식론적 기초(한국어판: 괴테 세계관의 인식론적 기초, 박지용 역, 한국인지학출판사 2018

Wahrheit und Wissenschaft. Vorspiel einer 〈Philosophie der Freiheit〉, 1892 (3)
진리와 학문. 〈자유의 철학〉의 서막

Die Philosophie der Freiheit. Grundzüge einer modernen Weltanschauung, 1894 (4)
자유의 철학. 현대 세계관 개요

Friedrich Nietzsche, ein Kämpfer gegen seine Zeit, 1895 (5)
시대에 맞선 투사 니체

Goethes Weltanschauung, 1897 (6)
괴테의 세계관

Die Mystik im Aufgange des neuzeitlichen Geisteslebens und ihr Verhältnis zur

modernen Weltanschauung, 1901 (7)
근대 정신생활 출현기의 신비주의, 그리고 현대 세계관의 관계

Das Christentum als mystische Tatsache und die Mysterien des Altertums, 1902 (8)
신비적 사실로서의 그리스도교와 고대의 신비들

Theosophie. Einführung in übersinnliche Welterkenntnis und Menschenbestimmung,
1904 (9)
신지학. 초감각적 세계 인식과 인간 규정 입문

Wie erlangt man Erkenntnisse der höheren Welten? 1904/1905 (10)
어떻게 초감각적 세계의 인식에 도달할 것인가?

Aus der Akasha-Chronik, 1904-1908 (11)
아카샤 연대기로부터 (한국어판: 인간과 지구의 발달. 아카샤 기록의 해석, 루돌프 슈타이너
전집발간위원회 역, 한국인지학출판사 2018)

Die Stufen der höheren Erkenntnis, 1905-1908 (12)
고차적 인식의 단계들

Die Geheimwissenschaft im Umriß, 1910 (13)
비밀학 개요

Vier Mysteriendramen, 1910-1913 (14)
신비극 4편

Die geistige Führung des Menschen und der Menschheit, 1911 (15)
인류와 인간을 위한 정신적 안내

Anthroposophischer Seelenkalender, 1912 (in 40)
인지학적 영혼달력 (한국어판: 인지학 영혼달력. 루돌프 슈타이너의 명상시 52편, 루돌프 슈
타이너 전집출간위원회 역, 한국인지학출판사 2017)

Ein Weg zur Selbsterkenntnis des Menschen, 1912 (16)
인간의 자기 인식 과정

Die Schwelle der geistigen Welt, 1913 (17)
정신세계의 문턱

Die Rätsel der Philosophie in ihrer Geschichte als Umriß dargestellt, 1914 (18)
철학의 수수께기. 철학사 개요

Vom Menschenrätsel, 1916 (20)
인간의 수수께끼에 관하여

Von Seelenrätseln, 1917 (21)
영혼의 수수께끼에 관하여

Goethes Geistesart in ihrer Offenbarung durch seinen Faust und durch das Märchen von der Schlange und der Lilie, 1918 (22)
〈파우스트〉와 〈뱀과 백합의 동화〉에 나타난 괴테의 정신적 특성

Die Kernpunkte der sozialen Frage in den Lebensnotwendigkeiten der Gegenwart und Zukunft, 1919 (23)
현재와 미래의 삶에 필연적인 사회 문제의 핵심

Aufsätze über die Dreigliederung des sozialen Organismus und zur Zeitlage 1915-1921, (24)
사회 유기체의 3구성과 1915-1921년 시대상에 대한 소고들

Kosmologie, Religion und Philosophie, 1922 (25)
우주론, 종교 그리고 철학 (한국어판: 철학, 우주론, 종교, 인지학에서 바라본 세 영역, 루돌프 슈타이너 전집발간위원회 역, 한국인지학출판사 2018)

Anthroposophische Leitsätze, 1924/1925 (26)
인지학의 주요 원칙

Grundlegendes für eine Erweiterung der Heilkunst nach geisteswissenschaftlichen Erkenntnissen, 1925. Von Dr. R. Steiner und Dr. I. Wegman (27)
정신과학적 인식에 의한 치유예술 확장의 토대

Mein Lebensgang, 1923/25 (28)
내 인생의 발자취 (한국어판: 루돌프 슈타이너 자서전. 내 인생의 발자취, 한국인지학출판사, 2018)

2. 논문 모음

Aufsätze zur Dramaturgie 1889-1901 (29)
희곡론

Methodische Grundlagen der Anthroposohpie 1884-1901 (30)
인지학의 방법론적 토대

Aufsätze zur Kultur- und Zeitgeschichte 1887-1901 (31)
문화사와 시대사에 대한 소고들

Aufsätze zur Literatur 1886-1902 (32)
문학론

Biographien und biographische Skizzen 1894-1905 (33)
전기와 생애에 대한 스케치

Aufsätze aus 〈Lucifer-Gnosis〉 1903-1908 (34)
잡지 〈루시퍼·그노시스〉에 실린 소고들

Philosophie und Anthroposophie 1904-1918 (35)
철학과 인지학

Aufsätze aus 〈Das Goetheanum〉 1921-1925 (36)
인지학 전문 주간지 〈괴테아눔〉에 실린 소고들

3. 유고 간행물

Briefe 서간문 / Wahrspruchworte 잠언집 / Bühnenbearbeitungen 무대 작업들 / Entwürfe zu den Vier Mysteriendramen 1910-1913 신비극 4편의 스케치 / Anthroposophie. Ein Fragment 인지학 미완 원고 / Gesammelte Skizzen und Fragmente 스케치와 미완 원고 모음 / Aus Notizbüchern und -blättern 수첩과 메모장 모음 (38-47)

B. 강연문

1. 공개 강연

Die Berliner öffentlichen Vortragsreihen, 1903/04 bis 1917/18 (51-67)
베를린 공개 기획 강연, 1903~1919/18

Öffentliche Vorträge, Vortragsreihen und Hochschulkurse an anderen Orten Europas
1906- 1924 (68-84)
공개 강연, 기획 강연, 그리고 유럽 각지 대학에서 가진 강좌 내용 모음

2. 인지학협회 회원을 위한 강연

Vorträge und Vortragszyklen allgemein-anthroposophischen Inhalts 일반 인지학 내용의
강연과 연속강연회 : Christologie und Evangelien-Betrachtungen 그리스도론과 복음서
고찰 / Geisteswissenschaftliche Menschenkunde 정신과학적 인간학 / Kosmische und
menschliche Geschichte 우주와 인간의 역사 / Die geistigen Hintergründe der sozialen
Frage 사회 문제의 정신세계적 배경 / Der Mensch in seinem Zusammenhang mit dem
Kosmos 우주적 맥락 안에 존재하는 인간 / Karma-Betrachtungen 카르마 연구 (91-244)

Vorträge und Schriften zur Geschichte der anthroposophischen Bewegung und der
Anthroposophischen Gesellschaft (251-265)
인지학 운동과 인지학협회의 역사에 대한 강연문과 원고들

3. 영역별 강연과 강좌

예술 강연: Allgemein-Künstlerisches 일반 예술에 관한 강연 / Eurythmie 오이리트
미 / Sprachgestaltung und Dramatische Kunst 언어 조형과 연극 예술 / Musik 음악 /
Bildende Künste 조형예술 / Kunstgeschichte 예술사 (271-292)

Vorträge über Erziehung 교육학 (293-311) / Vorträge über Medizin 의학 관련 강연회
(312-319) / Vorträge über Naturwissenschaft 자연과학에 관한 강연회 (302-327)

Vorträge über das soziale Leben und die Dreigliederung des sozialen Organismus 사
회적 양상과 사회 유기체의 3구성론에 관한 강연회 (328-341)

Vorträge für die Arbeiter am Goetheanumbau 1차 괴테아눔 건축 당시 노동자를 위한 강연회 (347-354)

C. 예술 작품

Originalgetreue Wiedergaben von malerischen und graphischen Entwürfen und Skizzen Rudolf Steiners in Kunstmappen oder als Einzelblätter: Entwürfe für die Malerei des Ersten Goetheanum 루돌프 슈타이너가 직접 그린 작품철과 스케치: 회화, 그래픽, 1차 괴테아눔 천정 벽화 스케치의 복사본 / Schulungsskizzen für Maler 화가를 위한 수련 스케치 / Programmbilder für Eurythmie-Aufführungen 오이리트미 공연 프로그램을 위한 그림들 / Eurythmieformen 오이리트미 안무 / Skizzen zu den Eurythmiefiguren, u.a. 오이리트미 동작 모형물 등의 스케치

옮긴이의 말

1. 즐거운 인간학, 괴로운 번역

루돌프 슈타이너가 읽었을 플라톤은 소크라테스의 입을 빌려 이렇게 말합니다. "소마 세마." 육체가 영혼("아니마")의 무덤이라니, 영혼이라는 영원의 이데아가 육체라는 감옥에 갇혀 헤어나지 못하는 고통을 겪는다는 말이겠습니다. 근엄한 스토아 학자들의 표현처럼 그저 진흙 덩어리일 따름인 육체에 갇혀 영혼은 영원한 빛을 보지도, 진리를 따르지도 못할 운명입니다. 그러나 예로부터 육체를 영원한 절대자에 합일하는 도구나 경로로 여겨 깊은 통찰을 얻은 사람들도 있고, "육체라는 무덤의 무덤"에 빛이 드는 사건("무덤을 막았던 돌이 이미 치워져 있었다.")도 알려진 걸 보면, 육체가 영혼의 영원한 무덤이거나 육체의 죽음이 마지막 말이 아닐 수도 있겠다는 생각도 듭니다. 바로 이런 "생각"이 행여 루돌프 슈타이너의 깊고 넓은 통찰을 읽는 길잡이가 될지도 모르겠다는 바람을 가져 봅니다.

루돌프 슈타이너에게 육체는 우주적 질서, 영원한 정신을 담는 껍질인 동시에 우주 질서의 현현이며 육화입니다. 그래서 육체는 우주 질서의 맹아를 틔우는 도구이자 조력자가 됩니다. 지상의 생애는 육체의 죽음으로 소멸되어 영원한 망각에 빠지는 대신, 그 일생의 사건과 말과 행위가 카르마로 남아 다음 생애의 보충과 개선으로 이어집니다. 이렇게 루돌프 슈타이너가 통찰한 인간은 육체에 갇힌 채로 "창살 사이로만" 진실을 보는 데 머무는 플라톤의 인간에 만족하지도 않고, 죽어 신을 만난 자리에서 눈물 흘리며 고난을 겪었다고 말하며 신의 위로를 받고는 영원히 편히 쉬게 되리라는 그리스도교적 종말론에 의지하지도 않습니다. 그의 인간학은 육체와 그 육체에 생명을 부여하는 영혼의 합일을 주장하는 아리스토텔레스의 일원론적 전통에 가깝습니다. 그러면서도 육체와 영혼의 데카르트적인 분리를 넘어, 현대 심리학의 육체화한 자아, 육체화한 의식이라는 개념을 선취했다는 인상까지 줍니다. 이렇게 고전적 통찰에 뿌리를 두는 동시에 시대를 앞서갔을 뿐 아니라 교육 현장에서 입증되기까지 했으니, 루돌프 슈타이너의 인간학을 읽는 일은 무척 즐겁고 보람됩니다. 하지만 이 책을 번역하겠다고 나서는 순간, 즐거운 독서는 홀연히 끝나고 맙니다.

　　루돌프 슈타이너의 사상은 서양의 철학, 과학, 신학 전반에 대한 근본적인 불신을 근간으로 형성되었습니다. 놀라울 정도로 이른 나이에 괴테 자연과학 저작의 편찬을 맡을 만큼 문학에 뛰어났던 그에게는 "학문적 엄밀함"이 설득의 기준이 될 수 없었습니다. 물질과 비물질, 가시적인 것과 불가시한 것 등 다양한 차원에서 일어나는 인간과 세계의 움직임과 변화를 올바르게 포착하는 일은 데카르트적인 의미의 엄밀한 학문으로는 결코 불가능하다는 것이 그의 깨달음이며 사고의 동인이었습니다. 결국 그의 어법과 논지는 아무렇지도 않은 듯, 때로는 고의적으로 과학적 정밀함을 비켜가고, 철학이 요구하는 엄격한 논리는 너무나 자주 무시됩니다. 젊은 시절에 학위 논문이 받아들여지지 않아 애를 먹은 것도, 그리고 사후에는 시대와 분야를 뛰어넘는 통찰력에도 불구하고 "그의 사상은 도무지 철학이라고 할 수 없다!"는 야박한 평가절하를 당한 것도 모두 그런 연유였습니다.

　　루돌프 슈타이너의 저술이나 강연은 그의 정신사적 편력에 큰 영향을 미친 근대 독일 관념론자들의 "복합건축"스러운 글쓰기와는 달리 그 구조가 비교적 간결합니다. 그럼에도 격식을 벗어나 거침이 없는 그의 어법은 번역자들에게는 자주 악몽이 됩니다. 에두르지 않는다면서 생경하고, 표현할 어휘가 없는 지점에 이르면 종잡기 어려운 조어가 쏟아집니다. 그 바람에 독일어와 가까운 인도유럽어족의 번역자들조차 오독의 여지를 무릅쓰고 기계적

직역이나 "창조적 의역"에 기대는 일이 잦습니다.

그의 후반기 저작, 특히 이 책《일반 인간학 - 교육의 기초인 인지학적 인간 이해》의 번역에는 작업을 어렵게 하는 몇 가지 이유가 더 있습니다. 무엇보다 이 책에는 청년기에 자연과학과 문학에서 철학으로 옮겨갔다가 중년을 지나면서 신지학을 만나고 헤어진 다음에 자신만의 인지학을 구축하기까지 루돌프 슈타이너가 밟은 굽이진 정신사적 여정이 축약되어 있습니다. 이로 인해 그의 세계관에는 서양 정신사 전체를 관통하는 방대한 사상적 편린이 흩뿌려져 있으며, 그 서술은 이른바 "강단 학문"에 익숙한 우리에게는 혼란스럽기만 한 개인적이거나 비의적인 통찰로, 또 그런 통찰을 표현하느라 사용한 생소한 개념으로 가득합니다. 게다가 이 책을 포함하여 후반기 저작 대부분은 강연을 위한 원고나 청중의 속기록과 메모 등 비교적 불확실한 기록물을 정리한 것으로, 텍스트의 완성도를 따지기 어려운 부분이 적지 않습니다. 이 책의 경우에 루돌프 슈타이너는 강좌 원고나 속기록을 검토하지 않았음을 언급한 적이 있습니다. 다행히 판본 성립과 개정 과정에서 발행인들이 치밀한 작업으로 보완한 덕분에 서술의 일관성을 둘러싼 고민은 덜한 편입니다.

2. 이 책의 번역 및 표기를 위한 원칙

1) 유연한 우리말 번역에 치중하느라 원문의 밀도 높은 함의와 뉘앙스를 잃어서는 안 되며, 동시에 원문의 정확한 전달에 매달리느라 한국어 사용자의 보편적인 언어 이해에서 벗어나서도 안 된다는 것. 조화를 기대하기 어려운 이 두 가지 요구는 모든 번역자를 갈등과 회의에, 때로는 좌절에 빠뜨립니다. 역자도 당연히 예외가 아니어서, 이런 한계를 늘 눈앞에 두고 노력한다는 정도로 도의적 책임을 면할 뿐입니다. 직역, 의역, 뭐라도 좋으니 끌어다 댈 수 있는 재주를 한껏 부려 저자의 의도를 밝히고 그 숨결과 음성까지 전달해야 비로소 "의미의 동등성"에 도달하겠지만, 그런 번역의 이상은 그저 높은 목표일 따름입니다.

2) 주요 용어의 번역에서 역자를 괴롭힌 가장 중요한 고민과 질문은

다음과 같습니다.

- 루돌프 슈타이너 사상의 짧은 국내 수용사에서 드러난 용어의 난맥상을 어떤 기준으로 정리해야 할까?
- 선택한 역어가 우리말의 틀과 일상적인 언어 이해에 적합한가?
- 근대 서양 정신사의 흐름 안에서 루돌프 슈타이너 용어의 형성 과정을 추적하는 일은 어디까지 해야 할까?
- 한자를 바탕으로 한 많은 조어가 우리말에서 통용되는 조어 원칙에 맞는가?

　　3) 일상적인 독일어 구문과 어휘는 되도록 우리의 일상어로 옮기고, 그리스어, 라틴어 등에서 유래한 특별한 어휘는 그에 상응하는 전문 용어로 옮기는 것을 원칙으로 했습니다. 우리 언어 생활의 고유한 틀을 희생하는 축자적 번역은 번역서의 의의가 아무리 크다 해도 오히려 원문의 내용과 독자의 이해를 왜곡한다는 것이 역자의 생각입니다. 따라서 그런 왜곡을 피하려고 애썼습니다.

　　4) 용어, 개념 등의 표기는 국립국어원의 어문 규정과 외래어 및 외국어 표기법을 기준으로 했으나, 지명, 인명 등에서 명백히 잘못된 용례로 여겨지는 몇 가지는 역자의 재량으로 달리 표기했습니다.

　　5) 동음이의어이거나 특별한 의미의 이해에 필요한 표현과 용어, 인명, 지명 등에는 원어를 병기했습니다. 단행본의 서명과 장 제목, 정기간행물의 논문 제목 등에도 원어를 병기했습니다. 인지학과 발도르프 교육학에 대해 더 깊고 넓게 공부하려는 독자를 배려하느라 읽기에 조금 번거로워진 것을 양해하시기 바랍니다.

　　6) 루돌프 슈타이너가 자신의 시점을 기준으로 사용하는 시대 구분은 19세기 역사학의 시대 구분과 대체로 일치하지만, 때로는 그런 시대 구분을 의식하지 않고 "가까운 과거, 근대, 현재(오늘날의 기준으로 근대)" 등의 표현을 사용하기도 했습니다. 일반적으로 번역에서는 편의상 "중세, 근세, 근대, 현대" 등의 역어를 사용합니다. 그러나 "근세"라는 모호한 일본식 역어는 되도록 피하려 했습니다. 독자가 적극적으로 루돌프 슈타이너의 시점과 맥락에 따라 새길 일입니다.

7) 발행인들의 본문 주석과 별도로 역자가 다음과 같은 이유로 상당한 분량의 역주를 본문에 각주로 붙였습니다.
- 원서의 본문 주석은 기본적으로 해당 내용과 용어를 다루는 1차 문헌 및 2차 문헌을 안내하는 데 중점을 두고 있습니다.
- 본문 주석 가운데 상당수는 번역서를 읽는 독자들과는 인문적 소양의 방향이 다른 독일어권 독자들을 염두에 두고 있습니다.
- 본문 주석이 소개하는 많은 2차 문헌이 오늘날에는 거의 접근할 수 없는 것들입니다.
- 우리 교육자와 연구자를 위해 1, 2차 문헌을 안내하고 서양 정신사의 맥락에서 해당 내용과 용어를 이해하는 데 필요한 배경 지식을 소개하는 보완이 필요하다고 판단했습니다.

1차 문헌 안내는 발행인들의 미주와 역자의 각주가 겹치거나 그 내용이 서로 다른 경우도 적지 않습니다. 무엇보다도 역자의 설명에 숨어 있을 오류와 미진함은 전적으로 역자의 책임이라는 점도 언급해 두고 싶습니다.

8) 본문 주석과 역주에는 이미 시중에 한국어판이 있는 루돌프 슈타이너 저작과 서양 고전에서 인용된 부분이 역자의 번역으로 들어있습니다. 시중에 있는 출판물과 역자의 번역이 서로 다른 것은, 전집의 경우에는 용어와 구문의 번역 원칙이 역자의 생각과 상당히 다르고,《티마이오스》(플라톤),《순수이성비판》(임마누엘 칸트) 등 고전에서 길게 인용된 부분은 출판물의 번역에 역자가 동의할 수 없는 부분이 들어 있기 때문입니다. 그런 경우에는 인용문 말미에 "(번역: 역자)"라고 적어 번역의 책임이 온전히 역자에게 있음을 밝혔습니다.

9) 이 한국어판은 1992년에 개정·보완된 원서를 기본으로 했습니다. 그리고 용어 등 주요 개념의 역어에 대한 최근까지의 고민을 반영한 까닭에, 이 책에 등장하는 서제와 용어가 이전에 나온 한국인지학출판사의 루돌프 슈타이너 전집 간행물 및 인지학·발도르프 교육학 관련 단행본들에 사용된 것과는 다른 경우가 있습니다.

3. 루돌프 슈타이너 용어의 번역어에 관하여

도무지 달리 옮길 방법이 없어 낯선 용어를 그대로 옮길지, 아니면 원어에 근접하면서 통상적이라고 여겨지는 어휘를 선택할지는 어느 분야에서든 번역자의 소관이 아닌 경우가 많습니다. 인지학과 발도르프 교육학 분야에서 오래 익어 두루 이해하기에 어려움이 없는 용어라면 역자 역시 관행적인 역어를 받아들였습니다. 그러나 언급한 대로 우리말의 고유한 틀과 조어 원칙을 깨뜨린다고 여겨지는 용어는 이정희 박사, 김훈태 선생님 등 전문가들과 협의하여 여러 곳에서 달리 옮겼습니다. 이 과감함이 무모한 시도로 남지 않으려면 앞으로 독자 제위의 토론과 연구를 통해 오류가 바로잡히고 바람직한 역어가 제안되어야 할 것입니다.

새로운 것은 생소하고 이해하기 어렵습니다. 루돌프 슈타이너의 인지학도 예외가 아닙니다. 더구나 그의 어법에는 그리스도교 신비주의 전통만이 아니라 신지학의 세계 이해까지 수용되어 있습니다. 그러니 직역으로는 올바른 말이 안 되고 의역하면 본의가 왜곡되는 난관으로 가득합니다. 루돌프 슈타이너도 스스로 그런 어려움을 호소한 적이 있습니다. "그저 적확한 말이 없어 다른 영역에서 빌려올 수밖에 없었다"고 말입니다. 역자의 난감한 심사를 조금은 위로하는 대목입니다.

역자에게는 또 다른 변명도 있습니다. "Nihil sub sole novum(태양 아래 새로운 것은 없다)." 루돌프 슈타이너가 만들었거나 빌린 그 많은 말도 결국 이 세상에서 쓰이는 말을 이리 자르고 저리 합친 것입니다. 그래서 직역하여 던지거나 두루뭉술 에두르는 무책임함보다는 설명하여 이해를 돕는 친절함을 택했습니다. 물론 그 새롭고 깊은 뜻을 올바로 새기려면 창작자가 간곡히 부탁하는 것처럼 독자의 진지한 토론과 명상, 실천과 기억이 따라야 할 것입니다.

필요한 경우에는 역주로 달기도 했습니다만, 이곳에서 중요한 용어의 역어를 선택한 이유를 언급하려 합니다.

• 우리말로 옮기기에 가장 곤란한 용어는 "정신"으로 옮긴 "Geist", "영혼"으

로 옮긴 "Seele"입니다. 이 두 단어의 번역은 어느 언어에서나 혼란스럽기 그
지없습니다. 영어에서는 보통 "Geist-soul, Seele-mind"로 구분해서 옮깁니
다. "soul"의 어원은 독일어 "Seele"입니다. "Seele"는 옛 독일어에서 물과 연
관된 말로, 물위에 떠도는 것, 신령한 존재를 가리켰습니다. 그리스도교 전통
에서도 인간에게서 불멸하는 요소를 "Seele"로 여깁니다. 그러나 오늘날 영어
권에서 "정신"에 해당하는 말을 찾으면 예외없이 "soul, mind, spirit, psyche"
가 떼지어 등장하고, "영혼"은 "soul, spirit, anima" 등으로 안내합니다. 독일
어 사전도 마찬가지입니다. "상기된, 무서운"이라는 고대어에서 유래한 독일
어 "Geist"는 라틴어 성서를 옮기는 과정에서 그리스어 "πνεῦμα(프네우마,
숨, 호흡)"의 라틴어 역어를 포함하고 있는 "Spiritus Sanctus(성령)"를 옮기는
데 쓰였습니다. 성서 번역을 계기로, 신의 숨결이 불어넣어져 인간에게 생명
이 생긴다는 중근동의 보편적인 창조론 용어가 독일어권 그리스도교 전통에
서 창조하는 힘, 생명력, 불멸성으로 고착되었고, 이것이 현대에 이르도록 독
일어 사용자들이 "Geist"라는 말을 이해하는 원천입니다. 관념론에서는 이를
통상적인 "정신, 기운, 기조" 등으로 썼습니다. 사정이 이러니, 독일어 "Geist"
를 다른 인도게르만어 번역에서 참고하기는 어렵습니다. 한자권의 "영, 혼"을
끌어 대기는 더욱 난감합니다. 정신의 본질이어서 육체의 죽음과 함께 하늘
로 돌아갈 기를 혼, 육체의 본질이어서 땅으로 돌아갈 기를 백이라고 한 주역
의 설명으로는 오늘날 이 책에서 영혼, 정신을 일컫는 말의 외연을 담지 못 하
니 그렇습니다. 이런 이유로 역자는 우주 질서의 주체이자 본질인 것, 불멸하
는 것, 고차적 존재, 인간이 나누어 받아 불멸하는 부분으로 지니고 있는 것을
가리키는 루돌프 슈타이너의 "Geist"를 "정신"으로 옮겨 온 국내 발도르프 교
육계의 주된 견해를 따랐습니다. "Seele"도 혼란스럽기는 마찬가지입니다. 그
리스도교 전통에서 정신, 영혼, 육체라는 인간의 삼분법은 루돌프 슈타이너
의 주장대로 이단적 교리가 된 지 오래입니다. 이와 달리 루돌프 슈타이너는
"Seele"를 인간에게서 물질적 실존(육체)과 정신적 실존(정신)을 연결하고 있
는 내면세계, 즉 의식과 욕망의 기관이며 "생각하고 느끼고 행동하는 활동의
주체"라고 이해합니다. 자아, 자아의 개별성(인도 철학의 "아트만")을 "영혼"

으로 이해하는 경우를 포함해서 아리스토텔레스 이래로 전통적인 서양 사상의 주된 이해이기도 합니다. 또한 루돌프 슈타이너가 "Geist"를 말할 때 언제나 "자연은 눈에 보이는 정신이고 정신은 눈에 보이지 않는 자연"이라는 셸링의 언명을 연상시킨다는 점에서도 이런 역어 선택을 긍정하게 됩니다.

• 지구와 인류의 발달 시대를 구분하는 용어 가운데 "아틀란티스 시대" 다음에 오는 시대를 가리키는 말로 "nachatlantische Entwicklungsepoche"라는 말이 나옵니다. 이를 "후기 아틀란티스 시대"로 옮기는 경우도 있습니다만, 아마도 "post-modernism" 등의 용어를 "후기 모더니즘"이라고 잘못 옮긴 것에 익숙해서 그런 것 같습니다. "후기, 탈-" 등의 역어로 인한 의미의 왜곡을 피하기 위해 여기서는 "포스트 아틀란티스 시대"로 옮겼습니다.

• 이 책에서 핵심 용어 가운데 하나인 "Ich", "das Ich"(인칭대명사 Ich에 관사를 붙인 단순한 말)은 "나", "나임" 등으로는 옮길 수 있습니다만, 여기서는 개별적 인간의 본질을 가리키는 말이기에 "자아"로 통일했습니다. 통상적으로는 자아라고 하면 인식과 행위를 주체로 이해하거나 무의식 체계의 한 요소인 "에고"와 동일시하기도 합니다. 루돌프 슈타이너의 맥락에서 자아는 단순히 객관에서 구분된 어느 주체가 아니라 신체, 영혼, 정신으로 이루어진 각 인간의 개별성과 개별성의 원인의 총체를 가리킵니다. 그러니 심리학의 "에고"와 혼동하지 않아야 합니다. 루돌프 슈타이너가 "에고이스무스"라고 말할 때도 "이기주의"가 아니라 가치중립적이거나 긍정적이기까지 한 의미에서 "자기중심적 사고"로 이해해야 옳습니다.

• 직역하면 "물질적인 몸"이 되는 "physischer Leib"는 신체, 육신 등으로 옮겼습니다. 이 책에서 루돌프 슈타이너는 원래 "생명체의 몸, 덩어리"를 뜻하는 "Leib"와 라틴어 "corpus"에서 온 외래어 "Körper"를 뒤섞어 쓰고 있는데, 한 자어의 뉘앙스를 빌려 둘을 구분하려는 시도는 사실 무의미합니다. 다만 물질체, 에테르체, 아스트랄체라는 구성 요소를 말할 때는 "physischer Leib"를 조

어의 통일성에 맞추어 "물질체"로 썼습니다.

* "Vorstellung"은 역주에서 밝혔듯이 "무엇을 내 앞에 둔다"는 말에서 "상상한다, 소개한다, 사고한다"로 뜻이 전이된 동사의 명사형입니다. 철학에서는 보통 "표상"으로 옮기지만, 이 책에서는 대부분 "사고"라고 했습니다. "상으로 떠올린다"는 말인 "표상"은 서양 철학의 수용 과정에서 사고가 이뤄지는 과정의 속성에 주목하여 만든 일본식 역어입니다. 구체적으로 그림을 떠올리는 과정을 강조하는 부분을 제외하고는 모두 "사고한다, 생각한다"로 옮겼음을 참고하시기 바랍니다.

• 루돌프 슈타이너는 영혼의 활동으로 "Denken, Fühlen, Wollen"이라는 세 가지를 듭니다. 이것들은 "생각한다, 느낀다, ~하기를 원한다"는 동사를 그대로 명사로 쓴 것입니다. 그런 활동이 일어나는 프로세스를 염두에 둔 어법입니다. 이런 명사화된 동사를 우리말로 "~하기"라고 옮기는 대신, 그런 활동의 과정과 결과를 포괄적으로 표현하려는 루돌프 슈타이너의 어법을 살리기에는 사고, 감정, 의지로 하는 편이 낫겠다는 판단입니다. 또한 루돌프 슈타이너에게 "(das) Wollen"은 의지임과 동시에 인간이 의식하지 못하는 가운데 그 의지에 의해 이루어지는 "행동"까지 포함합니다. 따라서 어느 경우에는 "행동, 의지에 의한 행동"이라고 새겨도 무방할 것입니다.

• 루돌프 슈타이너가 "das Seelische(영혼적인 것), das Geistige(정신적인 것)"처럼 형용사에 관사를 붙여 명사화하는 말은 그대로 직역하여 옮겼으니 주의 깊게 읽을 필요가 있습니다. 그가 단순히 영혼이나 정신을 언급하는 것으로 만족하지 않는 이유는 자신이 생각하는 영혼과 정신에 몇 가지 구성 요소가 있다는 관념을 전제하고 있기 때문입니다. "Geistseele(정신영혼) 또는 Seelengeist(영혼정신)"을 "das Ich(자아)"와 동의어로 쓴 것도 그런 맥락입니다.

• 인간의 12감각을 설명할 때 루돌프 슈타이너는 오늘날 이해하는 통상적인 감각 분류와는 다른 말을 사용합니다. 슈타이너식 감각 분류법에서는 균형, 움직임, 타인의 자아를 지각하는 것도 감각에 포함됩니다. 그에게 감각이란 단순히 신경생리적인 과정에 머물지 않고 인간의 내적이면서 정신적인 지각과 연계되어 있기 때문이었습니다. 이런 사정에 더하여 특수한 감각을 부르는 슈타이너식 용어와의 일관성을 유지하기 위해 우리나라 발도르프 교육계에서는 촉각 대신 촉감각, 온각 대신 온감각 등으로 표현하는 관행이 있습니다. 이렇게 통상적인 용어에서 벗어난 역어가 발도르프 교육계에서 의도적으로 달리 사용해 온 관행인 동시에 특별히 본질적인 착오를 초래하지 않는다는 점에서 역자 또한 그런 용어를 번역에 수용했습니다.

• "Geistselbst"라는 용어는 원어의 구조나 종래의 역어와는 달리 "자아정신"으로 옮겼습니다. 원어는 인간의 자아에서 불멸하는 고차적 부분("das höhere Ich"), 자아의 개별성을 주재하는 차원높은 정신을 가리키는 말로 이해됩니다. "정신자체"라고 옮기면 자아와의 연계를 놓치고, "정신자아"라고 하면 두 요소의 관계가 모호해집니다.

　　이들 역어의 선택은 수정과 개선을 전제로 한 것입니다. 앞으로 토론과 연구를 통해 더 직관적이고 적확한 역어가 발굴되기를 기대합니다.

4. 번역 작업에 함께한 분들

　　이 번역이 완성되는 데 기여한 여러 전문가와 조력자의 실명을 언급하는 것은 역자의 의무이자 자랑입니다. 그들의 기여에 비하면 이 공동의 성과물에서 차지하는 역자의 몫은 초라하기 그지없습니다.

　　발도르프 교육학의 국내 수용에 헌신해 온 사단법인 한국슈타이너인지학센터 대표 이정희 선생님은 번역문 전체를 꼼꼼하게 검토했습니다. 독어독문학 박사이자 슈투트가르트 발도르프 사범대학 졸업자인 선생님은 인지학과 발도르프 교육학에 관한 깊은 통찰로 역자가 번역에서 놓치거나 잘못 옮긴 것을 짚어냈습니다. 선생님의 열정적인 모범과 독려가 없었다면 이 번역은 완성되지 않았을 것입니다. 발도르프 교육의 올바른 이해와 확산을 위해 꿋꿋이 〈슈타이너사상연구소〉를 꾸려 온 김훈태 선생님은 원고 전체의 우리말 오류를 바로잡아 다듬었습니다. 또한 현장 경험과 오랜 연구에서 나온 깊은 이해로 내용과 용어의 오역과 누락을 밝혀냈습니다. 서울오이리트메움예술원이 배출한 1기 오이리트미스트 김계연 선생님은 놀라운 인내심으로 인쇄 전 원고의 최종 확인에 큰 힘을 보탰습니다. 엘마르 슈뢰더Elmar Schroeder, 게르하르트 할렌Gerhard Hallen, 마르가레타 레버Margareta Leber 교수님은 깊이 있는 강의와 번역에 관한 조언으로 인지학과 발도르프 교육학에 대한 역자의 이해를 도왔습니다. 국제 강좌와 루돌프 슈타이너 전집 발간을 위해 현장에서 힘들고 궂은 일을 도맡아 온 한국슈타이너인지학센터 이창미, 신영주 전·현 센터장을 중심으로 한교숙, 최은영, 장주현, 허지혜 선생님이 베푼 진심 어린 배려에 역자는 새로운 용기와 자극을 얻곤 했습니다. 출판사 씽크스마트 김태영 대표는 혁신 교육에 대한 깊은 이해와 애정으로 인지학과 발도르프 교육학 서적의 출판을 맡아 왔습니다. 역자의 강좌와 독일어 코스에 참가한 존경하는 선생님들의 진지하고 순수한 모습은 늘 역자의 영혼을 맑게 씻었습니다.

마지막으로 이 역서를 읽는 독자들께 진심으로 감사드립니다. 인지학과 발도르프 교육학에 대한 독자의 관심과 참여야말로 루돌프 슈타이너 사상을 바탕으로 교육을, 세상을 바꿀 핵심임을 확신하며, 역자의 이 작은 수고를 독자들께 바칩니다.

2023년 3월 22일,
여상훈

인지학 영혼달력

루돌프 슈타이너 명상시 52편

루돌프 슈타이너 지음 / 8,000원
발행 한국인지학출판사

발도르프 교육과 인지학의 창시자인 저자가 봄에 접어드는 4월 첫째 주를 시작으로 1년 52주, 52개의 잠언을 모아 엮은 책입니다. 계절의 흐름에 따른 우주 순환과 자기 내면의 변화, 그리고 그 사이의 의미 가득한 연결을 생생한 이미지로 그려냈습니다.

루돌프 슈타이너 자서전

내 인생의 발자취

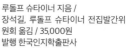

루돌프 슈타이너 지음 /
장석길, 루돌프 슈타이너 전집발간위원회 옮김 / 35,000원
발행 한국인지학출판사

발도르프 교육학의 창시자, 인지학 설계자가 육성으로 들려주는 깨우침의 기록이자 고백록.

인간과 지구의 발달

아카샤 기록의 해석

루돌프 슈타이너 지음 /
장석길, 루돌프 슈타이너 전집발간위원회 옮김 / 25,000원
발행 한국인지학출판사

우주와 인류가 걸어온 역사의 본질은 무엇일까? "아카샤"(우주 만물)에 새겨진 생성과 발달의 흔적은 우리에게 어떤 이야기를 들려주는가? 인간과 지구의 발달을 설명하는 루돌프 슈타이너의 인지학 논집 <아카샤 기록으로부터>의 한국어 초역본.

유아 그림의 수수께끼

성장의 발자국 읽기

미하엘라 슈트라우스 지음 /
여상훈 옮김 / 24,000원

발도르프 교육의 고전, 영유아기 그림 언어에 담긴 수수께끼를 풀어주는 열쇠.

철학·우주론·종교

인지학에서 바라본 세 영역

루돌프 슈타이너 지음 /
루돌프 슈타이너 전집발간위원회 옮김 / 13,000원
발행 한국인지학출판사

괴테 세계관의 인식론적 기초

루돌프 슈타이너 지음 / 14,000원
박지용 옮김 / 발행 한국인지학출판사

슈타이너 인지학의 정신과학적 토대가 된 괴테의 통찰
칸트 인식론을 극복할 단초를 발견하여 이를 체계화하는 사상적 여정을 그린 역작이다.

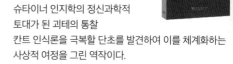
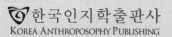

한국인지학출판사
KOREA ANTHROPOSOPHY PUBLISHING

www.steinercenter.org | waldorfnews.co.kr
04090 서울특별시 송파구 마천로 76 성암빌딩 5층